I0528704

www.ingramcontent.com/pod-product-compliance
Lightning Source LLC
Chambersburg PA
CBHW051310120626
46547CB00015B/2173
9781957109343

מלכים

THE ISRAEL BIBLE

KINGS

EDITED BY
Rabbi Tuly Weisz

ISRAEL 365

The Israel Bible: Kings

First Edition, 2021

The Israel Bible was produced by Israel365 in cooperation with Teach for Israel and is used with permission from Teach for Israel. All rights reserved. The English translation was adapted by Israel365 from the JPS Tanakh. Copyright © 1985 by the Jewish Publication Society. All rights reserved.

Cover image used under license from Shutterstock.com

ISBN 978-1-957109-34-3

A CIP catalogue record for this title is available from the British Library

The Israel Bible: Kings is a holy book that contains the name of God and should be treated with respect.

Table of Contents

Introduction

The Hebrew Bible is commonly known as the *Tanakh* which stands for *Torah* (the Five Books of Moses), *Neviim* (the Prophets) and *Ketuvim* (the Writings). The *Tanakh* consists of 24 books that are considered by Jews to be the word of God. While these books have been referred to as the "Old Testament," many Jews reject this label since it implies the replacement of the Hebrew Bible with something newer and prefer the more authentic Jewish name.

The *Tanakh* is not only the most important book known to man, it is God's word that is perfect and absolute. It is therefore a daunting undertaking to publish an edition of the *Tanakh*, and the responsibilities are awesome. There is no room for error or carelessness in dealing with the eternal word of God. Further, upon embarking on such a serious initiative, we ask ourselves if our efforts are gratuitous. Considering the many editions of the Bible in print, is there truly a need for yet another one?

While there are numerous Bibles in circulation today, its most central aspect – the Land of Israel – has often been overlooked. References to Israel appear on nearly every page, and the city of Jerusalem is specifically referred to hundreds of times throughout the Bible. The essential link between Israel and *Torah* is emphasized repeatedly in verses such as, "For instruction (*Torah*) shall come forth from *Tzion*, the word of *Hashem* from *Yerushalayim*" (Micah 4:2).

The miraculous return of the People of Israel to the Land of Israel in our own generation provides the perfect moment for a new volume to fill this void in biblical literature. *The Israel Bible* includes many special features elucidating God's focus on Israel throughout *Tanakh* and there are many additional, multimedia features available on our website **www.theisraelbible.com**.

Ordering and Presentation – In presenting *The Israel Bible*, our goal is to spread awareness of the biblical significance of the Land of Israel as well as the Jewish people's eternal connection to the land, based on the text of the *Tanakh*, the Hebrew Bible. We aim to honor "the God, the People and the Land of Israel" from an Orthodox Jewish perspective. To that end, *The Israel Bible* follows the traditional Jewish ordering of the books and the customary Hebrew division of chapters. Therefore, for example, we count 24 books of *Tanakh* with *Sefer Divrei Hayamim* (Chronicles) appearing last. It is our hope that our rich content will speak to all Jews and non-Jews who appreciate Israel as the God given land of the Jewish people.

English Translation – Throughout history, Jews have studied the Bible in Hebrew, as any form of translation would miss much of the nuance of the original holy tongue in which *Torah* has been transmitted since the days of Moses. However, as many Jews settled in America in the 19th Century, the need for an English translation became necessary. To be sure, there were already English translations prepared over the centuries by Christians, but in the words of the original editors of the Jewish Publication Society (JPS), "The Jew cannot afford to have his Bible translation prepared for him by others. He cannot have it as a gift, even as he cannot borrow his soul from others."

JPS set out in the late 1800s to publish an authoritative English translation "in the spirit of Jewish tradition." It was compiled over decades by some of the leading Jewish scholars of the time. They formed committees and subcommittees to compare existing English versions, considering medieval and modern Jewish commentators. The monumental JPS translation, originally published in 1917, has been updated in recent years, and *The Israel Bible* is proud to utilize the 1984 New Jewish Publication Society (NJPS) version with its modern, clear language, as well as its wide-ranging acceptance as an accurate and high-quality translation. We applied the NJPS translation verbatim, except for a select list of nouns which we replaced with their traditional Hebrew names. This is true even when we found the NJPS translation to be different than the popular translation of a word or phrase and when the NJPS switched the order of the text for the sake of clarity (see, for example, Ezekiel 24:22–24).

Hebrew Transliteration – To give our readers an authentic *Tanakh* experience, every verse that has commentary is transliterated from Hebrew into English. The Hebrew alphabet chart includes our standards for transliteration and pronunciation of Hebrew verses, enabling readers of *The Israel Bible* to decipher key biblical passages in the holy language. Readers can hear the entire Bible read in Hebrew on our website **www.theisraelbible.com**.

There are various standards when it comes to transliterating Hebrew words into English letters. While we have relied primarily on the classical Hebrew transliteration, we have occasionally deviated for the sake of simplicity, clarity and to reflect common usage.

In addition to whole verses, we have also transliterated many proper nouns in the English translation so that our readers can learn the names of key biblical figures and locations in their Hebrew form. As a rule, we chose to transliterate names of people that were central in the establishment and functioning of the nation of Israel, as well as significant places in the Holy Land. Therefore, regarding Adam's sons, for example, only *Shet* (Seth) is transliterated since it was from him that *Noach* (Noah), and ultimately *Avraham* (Abraham), descended. For this reason, there might be verses or sections of *The Israel Bible* that contains multiple names and only some of them are transliterated.

For the same reason, we have transliterated the names of the books of *Tanakh* when referring to them in our introductions and commentary. When referencing a specific chapter or verse, however, we use the English names of the books in our citations for clarity. We also transliterated ideas and concepts that are central to Judaism such as *Shabbat* (Sabbath), the names of the Jewish holidays and the *Beit Hamikdash* (Temple), as well as biblical measurements. Finally, the name of God is transliterated. Out of respect, Orthodox Jews generally refer to the Lord as *Hashem*, which literally means 'the Name.' Referring to God as *Hashem* reminds us that we feel close to Him but also recognize our distance at the same time. To stress this moniker, we transliterated both the Tetragrammaton as well as the name *Elohim* as *Hashem*.

Study Notes – Our unique commentary was compiled by Orthodox Jewish scholars who live in Israel. It is an anthology in the sense that most of the commentary is not original, but draws from traditional teachings of early Jewish Sages and modern rabbinic commentators. We also include quotations from individuals who have played a significant part in the past century of modern Israeli history including Israeli prime ministers, poets and military leaders.

Our commentary can be broken into four categories, three of which are identified by an icon at the beginning of the study note:

 Israel lessons are indicated with an icon bearing the map of Israel and focus on the Land of Israel and the modern State of Israel.

 Jewish lessons are indicated with a *Torah* scroll and teach a concept in Judaism or a classic idea from rabbinic thought.

 Hebrew lessons are represented by an icon bearing the letter *aleph* and focus on the meaning of a Hebrew word or phrase.

All other comments are considered general comments and are not assigned an icon.

Supplemental Material – In addition to our unique translation and original commentary, *The Israel Bible* offers supplementary material to enrich the learning experience of our readers. Before every book of *Tanakh*, we provide an introduction, as well as information, generally in the form of a map, a chart or a list, which is central to the specific book.

Maps – As the purpose of *The Israel Bible* is to highlight the biblical significance of the Land of Israel, significant time was spent researching and preparing maps to bring the physical contours of the holy land to life with great accuracy. However, since there is a lack of information regarding the precise locations of certain ancient cities, some of the places on our maps are approximate or subject to debate. In these cases, we followed the opinion that we are most comfortable with, but acknowledge that there is room for disagreement. We continue to produce new maps, which are available on our website **www.theisraelbible.com/maps**.

Torah **Readings** – The *Torah* is not just a work that is studied privately, it is also read out loud in synagogue. Every *Shabbat* and holiday a portion of the *Torah* is read, as well as a related section from *Neviim*, the prophets, called the *haftarah*. We included the blessings recited before and after the reading of the *Torah*, a list of the weekly *Torah* portions and their corresponding *haftarot*, and a chart of the *Torah* readings for special days with their corresponding *haftarot*. Readers can always find the current week's *Torah* portion by visiting **www.theisraelbible.com/weekly-torah-portion**. In this volume, we indicate where a new *Torah* portion begins by highlighting the Hebrew verse number with a gray box so readers can follow along with the communal *Torah* readings. Furthermore, we have included prayers for the State of Israel and the soldiers of the Israel Defense Forces (IDF) that are generally recited following the *Torah* reading in synagogue. It is our constant prayer that God watch over the State of Israel and the members of the IDF, who defend Israel every hour of every day.

In 1948, the State of Israel was created providing a modern answer to Isaiah's ancient question, "Is a nation born all at once?" (Isaiah 66:8). *The Israel Bible* was first published in the 70th year of God's miraculous restoration of the People of Israel to the Land of Israel. Jewish wisdom teaches that 70 is a significant number: *Moshe* (Moses) translated the *Torah* into 70 languages for all 70 nations of the world. From our very origins, the Jewish people were meant to be a light unto the 70 nations, spreading God's truth to the masses.

In the seven decades since the modern rebirth of the State of Israel, God's plan has been unfolding with unprecedented speed, dramatic highs and heartbreaking lows. Never has Israel been at the forefront of the world's attention as it is in our generation. Efforts to vilify the Jewish State seem to spread every day across the globe. At the same time, so does the growing movement of millions of non-Jewish biblical Zionists who stand with the nation of Israel as an expression of their commitment to God's word. As we seek to understand the clash of these two conflicting worldviews, the need for *The Israel Bible* has never been so important.

Standing on the great shoulders of those who came before us and emanating from the land that has always served as the birthplace for the Bible, we conclude with a heartfelt prayer: May the Almighty bless our efforts in offering this *Tanakh* to influence the hearts, minds and actions of its readers. In this way, it is our hope to spread God's name so that the publication of *The Israel Bible* brings us one step closer to the final redemption of Israel and the entire world.

Rabbi Tuly Weisz
Editor, *The Israel Bible*

Foreword

The mandate to study God's word daily is interestingly not found in the Five Books of Moses (Pentateuch), but rather in the first book of our prophetic writings: "Let not this Book of the Teaching cease from your lips, but recite it day and night, so that you may observe faithfully all that is written in it. Only then will you prosper in your undertakings and only then will you be successful" (Joshua 1:8). Charged with bringing the Israelites into the land covenantally promised to Abraham, Isaac and Jacob, God ensures Joshua of His protection if the nation observes His ways as dictated in the Divine constitution known as the *Torah*.

In Jewish tradition, Joshua (1:8) is directly linked with Deuteronomy (11:14), "You shall gather in your new grain and wine, and oil."[1] Our Sages deduced from this scriptural combination the importance of merging *Torah* study with a profession. Completely dedicating oneself to the study of *Torah* without having the financial means to sustain this lifestyle can lead one to eventually straying from observance of God's will. Poverty and crime can have an intimate relationship.

We must also be careful that our work does not affect our daily study of Scripture. The addiction of becoming a workaholic and not making *Torah* study a priority can also lead one into temptations that can violate our personal relationship with Him as well as our fellow human beings. The goal is to achieve a healthy balance between our study of God's word and our daily work.

The Deuteronomic verse quoted above is part of the second section of the Shema[2] that discusses the concept of reward and punishment. Sanctifying God by fulfilling His commandments results in the Land of Israel practically benefitting from rains that occur in the right season and reaping the abundance from the fields. However, if the nation follows pagan gods and practices, the consequences are devastating – famine and death. The Land of Israel is intrinsically linked with the keeping of the *Torah*. Covenant Land comes with covenant responsibility.

---

1. Talmud Bavli Berachot 35b
2. Consisting of three sections within the Five Books of Moses (Deut. 6:4–8; 11:13–22 and Numbers 15:37–42), the *Shema* is proclamation of accepting God's Kingdom in our lives, loyalty to His commandments and remembering His redemptive act of liberating us from Egypt. Jews recite the *Shema* twice a day as stated in Deut. 6:7.

Born into slavery, Joshua is now leading His people into the Promised Land. More than 500 years separates him from his ancestral forefather Abraham. The historical narratives that took place between Abraham leaving everything behind to follow God in Genesis 12 and the death of Moses in the last chapter of Deuteronomy are filled with intrigue, suspense, joy, sorrow and hope. What began as a family is now a nation actualizing its mission to be a kingdom of priests to the world. However, for the Israelites to succeed in the Land of Israel, they must see the *Torah* as the only compass to direct their lives.

The biblical episodes after our first entry into the land are well known. Our ancestors' triumphs and sins are all on public record. We learned the harsh reality of Leviticus (18:28) "So let not the land spew you out for defiling it as it spewed out the nation that came before you." Twice, we lost the privilege to be stewards of the Land of Israel and to fulfill our nation state mandate to be a light to the world. However, when the annals of history were ready to archive the Jewish people after the Holocaust, God kept His covenantal promise and gathered us from the four corners of the globe to come home. The year 1948 was a game changer. Biblical prophecies were and are being realized. We are now living in the birth pangs of the messianic era.

In our morning prayers, we recite a series of blessings over the *Torah* that include petitioning God to have a sweet tooth for His word, to study it without any ulterior motive and to have Him to teach it to us. They are some congregations that invoke the following liturgical prayer after the completion of these blessings: *May the Torah be my faith and El Shaddai my help. Blessed be the name of His glorious kingdom forever and all time.*

According to Jewish tradition, the neglect of not blessing the *Torah* before engaging in its study was one of the reasons for the destruction of the Temple.[3] This is deduced from the redundancy of words in Jeremiah (9:12) that talks about Israel not following God: "... Because they forsook the teaching I had set before them. They did not obey Me and they did not follow it [did not make a blessing before studying it]." Our inability to properly cherish God's greatest gift to the world, the *Torah*, led to our eventual exile from our land.

On Israel's Independence Day, Jews around the world recite Psalms 113–118 to express our gratitude to God for His Divine hand in helping establish the State of Israel. We have learned from our past and realize the privilege to see firsthand the land, people and *Torah* operating all together in our generation.

---

3. Babylonian Talmud Nedarim 81a

When Rabbi Tuly Weisz approached me about his intent to publish *The Israel Bible* that would highlight commentary about the special relationship between the land and people, I saw this project as another way to publicly demonstrate our appreciation to God for having the State of Israel. In addition, it is another educational tool to ensure biblical literacy. If we are to truly enjoy the Land of Israel, it is incumbent upon us to continually study the *Torah*. Isaiah once prophesied that the Jewish people would return to Zion with songs, "crowned with everlasting joy" (35:10). *The Israel Bible* provides us the lyrical content to express our joy in living in the land that God calls holy.

Rabbi Shlomo Riskin
Chief Rabbi of Efrat
Founder of the Center for Jewish-Christian
Understanding & Cooperation (CJCUC)

Introduction to Sefer Melachim
The Book of Kings

Introduction and commentary by Rabbi Shmuel Jablon

Though *Sefer Melachim* (Book of Kings) is divided into two parts, Jewish tradition considers it a single book of 47 chapters. As we study these chapters, we experience both the highest points of the history of the Children of Israel, and the lowest. Despite the tragic ending, the high points of the book allow us to maintain hope for future.

The book begins with King *Shlomo* ascending the throne of his father, King *David*, as the first heir to the Davidic dynasty. Unlike his father, King *Shlomo* rules over a kingdom that is united, strong and at peace. He is well-known for his wisdom and for his righteousness as a judge. He is also blessed with the opportunity to build the *Beit Hamikdash* in *Yerushalayim*. The *Beit Hamikdash* becomes the focal point of prayers and of the service of *Hashem*, for the People of Israel and all those who believe in the One true God. It is an awe-inspiring structure that serves to honor and glorify the Almighty, and to bring His children closer to Him. This is one of the highest points in the history of Israel – the people live as a secure, prosperous and free nation in the Land of Israel, they are able to serve *Hashem* in the most meaningful of ways, and to serve as a light to the other nations.

Unfortunately, the People of Israel are unable to maintain the heights of spiritual and political achievement attained during the times of King *Shlomo*. After his death, the kingdom is divided into two parts: the northern kingdom of *Yisrael* and the southern kingdom of *Yehuda*. Accounts of the sins of the nation and its leaders dominate the second half of *Sefer Melachim*. Idol worship becomes rampant, and even reaches the Holy Temple.

To be sure, there are important kings and righteous leaders who offer hope. For example, we learn of King *Chizkiyahu*, who serves *Hashem* and merits a miraculous rescue of the city of *Yerushalayim*, and of King *Yoshiyahu*, who, after discovering a *Torah* scroll hidden away by his predecessors, leads the people in nationwide repentance. However, such heartening events are overshadowed by the eventual destruction of both kingdoms and exile of their inhabitants. *Sefer Melachim* ends with the exile of the people of the kingdom of *Yehuda* to Babylonia and the burning of the *Beit Hamikdash* in *Yerushalayim*.

It would be tempting to close the book with feelings of despair. But, Jewish tradition teaches that just as the *Beit Hamikdash* was destroyed on the ninth day of the Hebrew month of *Av*, the *Mashiach*, a future king from the House of *David*, will be born on that same date. Thus, at the very depths of our grief, we find hope for the future. We know that the People of Israel will yet reach incredible heights, just as they did in the days of King *Shlomo*. This is hinted at in the story of *Eliyahu* the prophet, who does not die but rather ascends to the next world in a fiery chariot. *Eliyahu*, who is said to be the prophet who will announce the arrival of the *Mashiach*, is thus our link to both the past and the future.

We live in times of redemption. The Children of Israel have come home from the four corners of the earth to *Eretz Yisrael*, and have achieved sovereignty for the first time in millennia. As in the days of King *Shlomo*, the righteous among the nations admire the Jewish State for its wisdom, justice and concern for all mankind. *Yerushalayim* is again the center of prayer to *Hashem*. All of this, coming so soon after the Holocaust and generations of persecution, is clearly a miracle from God.

There is still a long way to go until the complete redemption. However, *Sefer Melachim* reminds us of the heights the People of Israel can reach, and the profound impact this can have on the entire world. We pray that the State and People of Israel reach these heights, and that our generation will be blessed with complete redemption.

Chart of the Kings of Israel

Relevant Verses	Years of Reign	Kings of Yehuda (Judah)	Years from Creation*	Secular date**	Kings of Yisrael (Israel)	Years of Reign	Relevant Verses
I Samuel 9–31	2	Shaul	2882	1012 BCE	Shaul	2	I Samuel 9–31
II Samuel 2– I Kings 2	40	David	2884	1010 BCE	David	40	II Samuel 2– I Kings 2
I Kings 2–11	40	Shlomo	2924	970 BCE	Shlomo	40	I Kings 2–11
I Kings 12:1–19, 14:21–31	17	Rechovam	2964	931 BCE	Yerovam son of Nevat	22	I Kings 12:20–14:20
I Kings 15:1–8	3	Aviyam	2981	914 BCE			
I Kings 15:9–24	41	Asa	2983	911 BCE			
			2985	909 BCE	Nadav	2	I Kings 15:25–32
			2986	908 BCE	Basha	24	I Kings 15:33–16:7
			3009	885 BCE	Eila	2	I Kings 16:8–14
			3010	884 BCE	Zimri	7 days	I Kings 16:15–20
			3010	884 BCE	Omri	12	I Kings 16:21–28
			3021	873 BCE	Achav	22	I Kings 16:29–22:40
I Kings 22:41–51	25	Yehoshafat	3024	870 BCE			
			3042	852 BCE	Achazyahu	2	I Kings 22:52– II Kings 1:18
			3043	851 BCE	Yehoram	12	II Kings 3:1–9:26
II Kings 8:16–24	8	Yehoram	3047	851 BCE			
II Kings 8:25–9:29	1	Achazyahu	3055	842 BCE	Yehu	28	II Kings 9:1–10:36
II Kings 11:1–20	6	Atalya	3056	842 BCE			
II Kings 11:2–12:22	40	Yehoash	3062	842 BCE			
			3083	819 BCE	Yehoachaz	17	II Kings 13:1–9
			3099	805 BCE	Yoash	16	II Kings 13:10–25
II Kings 14:1–22	29	Amatzya	3100	805 BCE			
			3115	790 BCE	Yeravam son of Yoash	41	II Kings 14:23–29
II Kings 15:1–7	52	Uzziyahu	3115	788 BCE			
			3153	750 BCE	Zecharya	6 months	II Kings 15:8–12
			3153	749 BCE	Shalum	1 month	II Kings 15:13–16

Relevant Verses	Years of Reign	Kings of Yehuda (Judah)	Years from Creation*	Secular date**	Kings of Yisrael (Israel)	Years of Reign	Relevant Verses
			3153	749 BCE	Menachem son of Gadi	10	II Kings 15:17–22
			3163	738 BCE	Pekachya	2	II Kings 15:23–26
			3165	736 BCE	Pekach son of Remalya	20	II Kings 15:27–31
II Kings 15:32–38	16	Yotam	3167	758 BCE			
II Kings 16:1–20	16	Achaz	3183	742 BCE			
			3185	732 BCE	Hoshea son of Eila	9	II Kings 17:1–6
II Kings 18:1–20:21	29	Chizkiyahu	3198	726 BCE			
			3205	722 BCE	Exile of Ten Tribes – end of the Kingdom of Yisrael		II Kings 17:5–41
II Kings 21:1–18	55	Menashe	3228	697 BCE			
II Kings 21:19–26	2	Amon	3283	642 BCE			
II Kings 22:1–23:30	31	Yoshiyahu	3285	640 BCE			
II Kings 23:31–35	3 months	Yehoachaz	3316	609 BCE			
II Kings 23:34–24:7	11	Yehoyakim	3316	609 BCE			
II Kings 24:8–17	3 months	Yehoyachin	3327	598 BCE			
II Kings 24:17–25:7	11	Tzidkiyahu	3327	597 BCE			
II Kings 25:8–21		Destruction of the Beit Hamikdash and exile of Yehuda	3338	586 BCE			

* The Hebrew dates for this chart, which are counted from creation, were taken from "The Sequence of Events in the Old Testament," by Eliezer Shulman. The secular dates are based on "The Chronology of the Kings of Israel and Judah" by Gershon Galil.

** There is about a 165 year discrepancy between the traditional Jewish dates, which are based on the second-century rabbinic work Seder Olam, and the accepted historical dates. Thus, while secular historians date the destruction of the first Beit Hamikdash as having occurred in 586 BCE, the traditional Jewish dating of the same event is 422 BCE. The gap in the chronology narrows over time and eventually disappears around the time of the destruction of the second Beit Hamikdash.

1 [1] King *David* was now old, advanced in years; and though they covered him with bedclothes, he never felt warm.

א וְהַמֶּלֶךְ דָּוִד זָקֵן בָּא בַּיָּמִים וַיְכַסֻּהוּ בַּבְּגָדִים וְלֹא יִחַם לוֹ׃

2 His courtiers said to him, "Let a young virgin be sought for my lord the king, to wait upon Your Majesty and be his attendant; and let her lie in your bosom, and my lord the king will be warm."

ב וַיֹּאמְרוּ לוֹ עֲבָדָיו יְבַקְשׁוּ לַאדֹנִי הַמֶּלֶךְ נַעֲרָה בְתוּלָה וְעָמְדָה לִפְנֵי הַמֶּלֶךְ וּתְהִי־לוֹ סֹכֶנֶת וְשָׁכְבָה בְחֵיקֶךָ וְחַם לַאדֹנִי הַמֶּלֶךְ׃

3 So they looked for a beautiful girl throughout the territory of *Yisrael*. They found Abishag the Shunammite and brought her to the king.

ג וַיְבַקְשׁוּ נַעֲרָה יָפָה בְּכֹל גְּבוּל יִשְׂרָאֵל וַיִּמְצְאוּ אֶת־אֲבִישַׁג הַשּׁוּנַמִּית וַיָּבִאוּ אֹתָהּ לַמֶּלֶךְ׃

4 The girl was exceedingly beautiful. She became the king's attendant and waited upon him; but the king was not intimate with her.

ד וְהַנַּעֲרָה יָפָה עַד־מְאֹד וַתְּהִי לַמֶּלֶךְ סֹכֶנֶת וַתְּשָׁרְתֵהוּ וְהַמֶּלֶךְ לֹא יְדָעָהּ׃

5 Now *Adoniyahu* son of Haggith went about boasting, "I will be king!" He provided himself with chariots and horses, and an escort of fifty outrunners.

ה וַאֲדֹנִיָּה בֶן־חַגִּית מִתְנַשֵּׂא לֵאמֹר אֲנִי אֶמְלֹךְ וַיַּעַשׂ לוֹ רֶכֶב וּפָרָשִׁים וַחֲמִשִּׁים אִישׁ רָצִים לְפָנָיו׃

6 His father had never scolded him: "Why did you do that?" He was the one born after *Avshalom* and, like him, was very handsome.

ו וְלֹא־עֲצָבוֹ אָבִיו מִיָּמָיו לֵאמֹר מַדּוּעַ כָּכָה עָשִׂיתָ וְגַם־הוּא טוֹב־תֹּאַר מְאֹד וְאֹתוֹ יָלְדָה אַחֲרֵי אַבְשָׁלוֹם׃

7 He conferred with *Yoav* son of *Tzeruya* and with the *Kohen Evyatar*, and they supported *Adoniyahu*;

ז וַיִּהְיוּ דְבָרָיו עִם יוֹאָב בֶּן־צְרוּיָה וְעִם אֶבְיָתָר הַכֹּהֵן וַיַּעְזְרוּ אַחֲרֵי אֲדֹנִיָּה׃

8 but the *Kohen Tzadok*, Benaiah son of *Yehoyada*, the *Navi Natan*, *Shim'i* and Rei, and *David*'s own fighting men did not side with *Adoniyahu*.

ח וְצָדוֹק הַכֹּהֵן וּבְנָיָהוּ בֶן־יְהוֹיָדָע וְנָתָן הַנָּבִיא וְשִׁמְעִי וְרֵעִי וְהַגִּבּוֹרִים אֲשֶׁר לְדָוִד לֹא הָיוּ עִם־אֲדֹנִיָּהוּ׃

9 *Adoniyahu* made a sacrificial feast of sheep, oxen, and fatlings at the Zoheleth stone which is near En-rogel; he invited all his brother princes and all the king's courtiers of the tribe of *Yehuda*;

ט וַיִּזְבַּח אֲדֹנִיָּהוּ צֹאן וּבָקָר וּמְרִיא עִם אֶבֶן הַזֹּחֶלֶת אֲשֶׁר־אֵצֶל עֵין רֹגֵל וַיִּקְרָא אֶת־כָּל־אֶחָיו בְּנֵי הַמֶּלֶךְ וּלְכָל־אַנְשֵׁי יְהוּדָה עַבְדֵי הַמֶּלֶךְ׃

10 but he did not invite the *Navi Natan*, or Benaiah, or the fighting men, or his brother *Shlomo*.

י וְאֶת־נָתָן הַנָּבִיא וּבְנָיָהוּ וְאֶת־הַגִּבּוֹרִים וְאֶת־שְׁלֹמֹה אָחִיו לֹא קָרָא׃

11 Then *Natan* said to *Batsheva*, *Shlomo*'s mother, "You must have heard that *Adoniyahu* son of Haggith has assumed the kingship without the knowledge of our lord *David*.

יא וַיֹּאמֶר נָתָן אֶל־בַּת־שֶׁבַע אֵם־שְׁלֹמֹה לֵאמֹר הֲלוֹא שָׁמַעַתְּ כִּי מָלַךְ אֲדֹנִיָּהוּ בֶן־חַגִּית וַאדֹנֵינוּ דָוִד לֹא יָדָע׃

12 Now take my advice, so that you may save your life and the life of your son *Shlomo*.

יב וְעַתָּה לְכִי אִיעָצֵךְ נָא עֵצָה וּמַלְּטִי אֶת־נַפְשֵׁךְ וְאֶת־נֶפֶשׁ בְּנֵךְ שְׁלֹמֹה׃

13 Go immediately to King *David* and say to him, 'Did not you, O lord king, swear to your maidservant: "Your son *Shlomo* shall succeed me as king, and he shall sit upon my throne"? Then why has *Adoniyahu* become king?'

יג לְכִי וּבֹאִי אֶל־הַמֶּלֶךְ דָּוִד וְאָמַרְתְּ אֵלָיו הֲלֹא־אַתָּה אֲדֹנִי הַמֶּלֶךְ נִשְׁבַּעְתָּ לַאֲמָתְךָ לֵאמֹר כִּי־שְׁלֹמֹה בְנֵךְ יִמְלֹךְ אַחֲרַי וְהוּא יֵשֵׁב עַל־כִּסְאִי וּמַדּוּעַ מָלַךְ אֲדֹנִיָהוּ׃

14 While you are still there talking with the king, I will come in after you and confirm your words."

יד הִנֵּה עוֹדָךְ מְדַבֶּרֶת שָׁם עִם־הַמֶּלֶךְ וַאֲנִי אָבוֹא אַחֲרַיִךְ וּמִלֵּאתִי אֶת־דְּבָרָיִךְ:

15 So *Batsheva* went to the king in his chamber. – The king was very old, and Abishag the Shunammite was waiting on the king.

טו וַתָּבֹא בַת־שֶׁבַע אֶל־הַמֶּלֶךְ הַחַדְרָה וְהַמֶּלֶךְ זָקֵן מְאֹד וַאֲבִישַׁג הַשּׁוּנַמִּית מְשָׁרַת אֶת־הַמֶּלֶךְ:

16 *Batsheva* bowed low in homage to the king; and the king asked, "What troubles you?"

טז וַתִּקֹּד בַּת־שֶׁבַע וַתִּשְׁתַּחוּ לַמֶּלֶךְ וַיֹּאמֶר הַמֶּלֶךְ מַה־לָּךְ:

17 She answered him, "My lord, you yourself swore to your maidservant by *Hashem* your God: 'Your son *Shlomo* shall succeed me as king, and he shall sit upon my throne.'

יז וַתֹּאמֶר לוֹ אֲדֹנִי אַתָּה נִשְׁבַּעְתָּ בַּיהוָה אֱלֹהֶיךָ לַאֲמָתֶךָ כִּי־שְׁלֹמֹה בְנֵךְ יִמְלֹךְ אַחֲרָי וְהוּא יֵשֵׁב עַל־כִּסְאִי:

18 Yet now *Adoniyahu* has become king, and you, my lord the king, know nothing about it.

יח וְעַתָּה הִנֵּה אֲדֹנִיָּה מָלָךְ וְעַתָּה אֲדֹנִי הַמֶּלֶךְ לֹא יָדָעְתָּ:

19 He has prepared a sacrificial feast of a great many oxen, fatlings, and sheep, and he has invited all the king's sons and *Evyatar* the *Kohen* and *Yoav* commander of the army; but he has not invited your servant *Shlomo*.

יט וַיִּזְבַּח שׁוֹר וּמְרִיא־וְצֹאן לָרֹב וַיִּקְרָא לְכָל־בְּנֵי הַמֶּלֶךְ וּלְאֶבְיָתָר הַכֹּהֵן וּלְיֹאָב שַׂר הַצָּבָא וְלִשְׁלֹמֹה עַבְדְּךָ לֹא קָרָא:

20 And so the eyes of all *Yisrael* are upon you, O lord king, to tell them who shall succeed my lord the king on the throne.

כ וְאַתָּה אֲדֹנִי הַמֶּלֶךְ עֵינֵי כָל־יִשְׂרָאֵל עָלֶיךָ לְהַגִּיד לָהֶם מִי יֵשֵׁב עַל־כִּסֵּא אֲדֹנִי־הַמֶּלֶךְ אַחֲרָיו:

21 Otherwise, when my lord the king lies down with his fathers, my son *Shlomo* and I will be regarded as traitors."

כא וְהָיָה כִּשְׁכַב אֲדֹנִי־הַמֶּלֶךְ עִם־אֲבֹתָיו וְהָיִיתִי אֲנִי וּבְנִי שְׁלֹמֹה חַטָּאִים:

22 She was still talking to the king when the *Navi Natan* arrived.

כב וְהִנֵּה עוֹדֶנָּה מְדַבֶּרֶת עִם־הַמֶּלֶךְ וְנָתָן הַנָּבִיא בָּא:

23 They announced to the king, "The *Navi Natan* is here," and he entered the king's presence. Bowing low to the king with his face to the ground,

כג וַיַּגִּידוּ לַמֶּלֶךְ לֵאמֹר הִנֵּה נָתָן הַנָּבִיא וַיָּבֹא לִפְנֵי הַמֶּלֶךְ וַיִּשְׁתַּחוּ לַמֶּלֶךְ עַל־אַפָּיו אָרְצָה:

24 *Natan* said, "O lord king, you must have said, '*Adoniyahu* shall succeed me as king and he shall sit upon my throne.'

כד וַיֹּאמֶר נָתָן אֲדֹנִי הַמֶּלֶךְ אַתָּה אָמַרְתָּ אֲדֹנִיָּהוּ יִמְלֹךְ אַחֲרָי וְהוּא יֵשֵׁב עַל־כִּסְאִי:

25 For he has gone down today and prepared a sacrificial feast of a great many oxen, fatlings, and sheep. He invited all the king's sons and the army officers and *Evyatar* the *Kohen*. At this very moment they are eating and drinking with him, and they are shouting, 'Long live King *Adoniyahu*!'

כה כִּי יָרַד הַיּוֹם וַיִּזְבַּח שׁוֹר וּמְרִיא־וְצֹאן לָרֹב וַיִּקְרָא לְכָל־בְּנֵי הַמֶּלֶךְ וּלְשָׂרֵי הַצָּבָא וּלְאֶבְיָתָר הַכֹּהֵן וְהִנָּם אֹכְלִים וְשֹׁתִים לְפָנָיו וַיֹּאמְרוּ יְחִי הַמֶּלֶךְ אֲדֹנִיָּהוּ:

26 But he did not invite me your servant, or the *Kohen Tzadok*, or Benaiah son of *Yehoyada*, or your servant *Shlomo*.

כו וְלִי אֲנִי־עַבְדֶּךָ וּלְצָדֹק הַכֹּהֵן וְלִבְנָיָהוּ בֶן־יְהוֹיָדָע וְלִשְׁלֹמֹה עַבְדְּךָ לֹא קָרָא:

2

27 Can this decision have come from my lord the king, without your telling your servant who is to succeed to the throne of my lord the king?"

כז אִם מֵאֵת אֲדֹנִי הַמֶּלֶךְ נִהְיָה הַדָּבָר הַזֶּה
וְלֹא הוֹדַעְתָּ אֶת־עבדיך [עַבְדְּךָ] מִי
יֵשֵׁב עַל־כִּסֵּא אֲדֹנִי־הַמֶּלֶךְ אַחֲרָיו׃

28 King *David*'s response was: "Summon *Batsheva*!" She entered the king's presence and stood before the king.

כח וַיַּעַן הַמֶּלֶךְ דָּוִד וַיֹּאמֶר קִרְאוּ־לִי לְבַת־
שָׁבַע וַתָּבֹא לִפְנֵי הַמֶּלֶךְ וַתַּעֲמֹד לִפְנֵי
הַמֶּלֶךְ׃

29 And the king took an oath, saying, "As *Hashem* lives, who has rescued me from every trouble:

כט וַיִּשָּׁבַע הַמֶּלֶךְ וַיֹּאמַר חַי־יְהֹוָה אֲשֶׁר־
פָּדָה אֶת־נַפְשִׁי מִכָּל־צָרָה׃

30 The oath I swore to you by *Hashem*, the God of *Yisrael*, that your son *Shlomo* should succeed me as king and that he should sit upon my throne in my stead, I will fulfill this very day!"

ל כִּי כַּאֲשֶׁר נִשְׁבַּעְתִּי לָךְ בַּיהֹוָה אֱלֹהֵי
יִשְׂרָאֵל לֵאמֹר כִּי־שְׁלֹמֹה בְנֵךְ יִמְלֹךְ
אַחֲרַי וְהוּא יֵשֵׁב עַל־כִּסְאִי תַּחְתָּי כִּי כֵּן
אֶעֱשֶׂה הַיּוֹם הַזֶּה׃

31 *Batsheva* bowed low in homage to the king with her face to the ground, and she said, "May my lord King *David* live forever!"

לא וַתִּקֹּד בַּת־שֶׁבַע אַפַּיִם אֶרֶץ וַתִּשְׁתַּחוּ
לַמֶּלֶךְ וַתֹּאמֶר יְחִי אֲדֹנִי הַמֶּלֶךְ דָּוִד
לְעֹלָם׃

va-ti-KOD bat SHE-va a-PA-yim E-retz va-tish-TA-khu la-ME-lekh
va-TO-mer y'-KHEE a-do-NEE ha-ME-lekh da-VID l'-o-LAM

32 Then King *David* said, "Summon to me the *Kohen Tzadok*, the *Navi Natan*, and Benaiah son of *Yehoyada*." When they came before the king,

לב וַיֹּאמֶר הַמֶּלֶךְ דָּוִד קִרְאוּ־לִי לְצָדוֹק
הַכֹּהֵן וּלְנָתָן הַנָּבִיא וְלִבְנָיָהוּ בֶּן־יְהוֹיָדָע
וַיָּבֹאוּ לִפְנֵי הַמֶּלֶךְ׃

33 the king said to them, "Take my loyal soldiers, and have my son *Shlomo* ride on my mule and bring him down to *Gichon*.

לג וַיֹּאמֶר הַמֶּלֶךְ לָהֶם קְחוּ עִמָּכֶם אֶת־
עַבְדֵי אֲדֹנֵיכֶם וְהִרְכַּבְתֶּם אֶת־שְׁלֹמֹה
בְנִי עַל־הַפִּרְדָּה אֲשֶׁר־לִי וְהוֹרַדְתֶּם אֹתוֹ
אֶל־גִּחוֹן׃

34 Let the *Kohen Tzadok* and the *Navi Natan* anoint him there king over *Yisrael*, whereupon you shall sound the *shofar* and shout, 'Long live King *Shlomo*!'

לד וּמָשַׁח אֹתוֹ שָׁם צָדוֹק הַכֹּהֵן וְנָתָן
הַנָּבִיא לְמֶלֶךְ עַל־יִשְׂרָאֵל וּתְקַעְתֶּם
בַּשּׁוֹפָר וַאֲמַרְתֶּם יְחִי הַמֶּלֶךְ שְׁלֹמֹה׃

35 Then march up after him, and let him come in and sit on my throne. For he shall succeed me as king; him I designate to be ruler of *Yisrael* and *Yehuda*."

לה וַעֲלִיתֶם אַחֲרָיו וּבָא וְיָשַׁב עַל־כִּסְאִי
וְהוּא יִמְלֹךְ תַּחְתָּי וְאֹתוֹ צִוִּיתִי לִהְיוֹת
נָגִיד עַל־יִשְׂרָאֵל וְעַל־יְהוּדָה׃

36 Benaiah son of *Yehoyada* spoke up and said to the king, "*Amen*! And may *Hashem*, the God of my lord the king, so ordain.

לו וַיַּעַן בְּנָיָהוּ בֶן־יְהוֹיָדָע אֶת־הַמֶּלֶךְ וַיֹּאמֶר
אָמֵן כֵּן יֹאמַר יְהֹוָה אֱלֹהֵי אֲדֹנִי הַמֶּלֶךְ׃

1:31 May my lord King *David* live forever While on his sickbed, King *David* promises *Batsheva* that their son *Shlomo* will follow him to the throne. *Batsheva* then bows and says "May my lord King *David* live forever." As all people must one day die, her words are somewhat puzzling. However, her statement must be understood on a deeper level. King *David* represents the eternal monarchy over the Nation of Israel in the Land of Israel. By praying for him to "live forever" *Batsheva* is actually praying for the eternity of the people, the land and the sovereign monarchy of Israel. Her prayers are answered with the anointing of King *Shlomo*, who solidifies the kingdom and helps it attain the heights of holiness with the building of the *Beit Hamikdash* in *Yerushalayim*.

Model of the second *Beit Hamikdash* in *Yerushalayim*

37 As *Hashem* was with my lord the king, so may He be with *Shlomo*; and may He exalt his throne even higher than the throne of my lord King *David*."

לז כַּאֲשֶׁר הָיָה יְהֹוָה עִם־אֲדֹנִי הַמֶּלֶךְ כֵּן
יהי [יִהְיֶה] עִם־שְׁלֹמֹה וִיגַדֵּל אֶת־כִּסְאוֹ
מִכִּסֵּא אֲדֹנִי הַמֶּלֶךְ דָּוִד:

38 Then the *Kohen Tzadok*, and the *Navi Natan*, and Benaiah son of *Yehoyada* went down with the Cherethites and the Pelethites. They had *Shlomo* ride on King *David*'s mule and they led him to *Gichon*.

לח וַיֵּרֶד צָדוֹק הַכֹּהֵן וְנָתָן הַנָּבִיא וּבְנָיָהוּ
בֶּן־יְהוֹיָדָע וְהַכְּרֵתִי וְהַפְּלֵתִי וַיַּרְכִּבוּ
אֶת־שְׁלֹמֹה עַל־פִּרְדַּת הַמֶּלֶךְ דָּוִד וַיֹּלִכוּ
אֹתוֹ עַל־גִּחוֹן:

39 The *Kohen Tzadok* took the horn of oil from the Tent and anointed *Shlomo*. They sounded the *shofar* and all the people shouted, "Long live King *Shlomo*!"

לט וַיִּקַּח צָדוֹק הַכֹּהֵן אֶת־קֶרֶן הַשֶּׁמֶן מִן־
הָאֹהֶל וַיִּמְשַׁח אֶת־שְׁלֹמֹה וַיִּתְקְעוּ
בַּשּׁוֹפָר וַיֹּאמְרוּ כָּל־הָעָם יְחִי הַמֶּלֶךְ
שְׁלֹמֹה:

40 All the people then marched up behind him, playing on flutes and making merry till the earth was split open by the uproar.

מ וַיַּעֲלוּ כָל־הָעָם אַחֲרָיו וְהָעָם מְחַלְּלִים
בַּחֲלִלִים וּשְׂמֵחִים שִׂמְחָה גְדוֹלָה
וַתִּבָּקַע הָאָרֶץ בְּקוֹלָם:

41 *Adoniyahu* and all the guests who were with him, who had just finished eating, heard it. When *Yoav* heard the sound of the *shofar*, he said, "Why is the city in such an uproar?"

מא וַיִּשְׁמַע אֲדֹנִיָּהוּ וְכָל־הַקְּרֻאִים אֲשֶׁר
אִתּוֹ וְהֵם כִּלּוּ לֶאֱכֹל וַיִּשְׁמַע יוֹאָב אֶת־
קוֹל הַשּׁוֹפָר וַיֹּאמֶר מַדּוּעַ קוֹל־הַקִּרְיָה
הוֹמָה:

42 He was still speaking when the *Kohen Yonatan* son of *Evyatar* arrived. "Come in," said *Adoniyahu*. "You are a worthy man, and you surely bring good news."

מב עוֹדֶנּוּ מְדַבֵּר וְהִנֵּה יוֹנָתָן בֶּן־אֶבְיָתָר
הַכֹּהֵן בָּא וַיֹּאמֶר אֲדֹנִיָּהוּ בֹּא כִּי אִישׁ
חַיִל אַתָּה וְטוֹב תְּבַשֵּׂר:

43 But *Yonatan* replied to *Adoniyahu*, "Alas, our lord King *David* has made *Shlomo* king!

מג וַיַּעַן יוֹנָתָן וַיֹּאמֶר לַאֲדֹנִיָּהוּ אֲבָל אֲדֹנֵינוּ
הַמֶּלֶךְ־דָּוִד הִמְלִיךְ אֶת־שְׁלֹמֹה:

44 The king sent with him the *Kohen Tzadok* and the *Navi Natan* and Benaiah son of *Yehoyada*, and the Cherethites and Pelethites. They had him ride on the king's mule,

מד וַיִּשְׁלַח אִתּוֹ־הַמֶּלֶךְ אֶת־צָדוֹק הַכֹּהֵן
וְאֶת־נָתָן הַנָּבִיא וּבְנָיָהוּ בֶּן־יְהוֹיָדָע
וְהַכְּרֵתִי וְהַפְּלֵתִי וַיַּרְכִּבוּ אֹתוֹ עַל פִּרְדַּת
הַמֶּלֶךְ:

45 and the *Kohen Tzadok* and the *Navi Natan* anointed him king at *Gichon*. Then they came up from there making merry, and the city went into an uproar. That's the noise you heard.

מה וַיִּמְשְׁחוּ אֹתוֹ צָדוֹק הַכֹּהֵן וְנָתָן הַנָּבִיא
לְמֶלֶךְ בְּגִחוֹן וַיַּעֲלוּ מִשָּׁם שְׂמֵחִים
וַתֵּהֹם הַקִּרְיָה הוּא הַקּוֹל אֲשֶׁר
שְׁמַעְתֶּם:

46 Further, *Shlomo* seated himself on the royal throne;

מו וְגַם יָשַׁב שְׁלֹמֹה עַל כִּסֵּא הַמְּלוּכָה:

47 further, the king's courtiers came to congratulate our lord King *David*, saying, 'May *Hashem* make the renown of *Shlomo* even greater than yours, and may He exalt his throne even higher than yours!' And the king bowed low on his couch.

מז וְגַם־בָּאוּ עַבְדֵי הַמֶּלֶךְ לְבָרֵךְ אֶת־
אֲדֹנֵינוּ הַמֶּלֶךְ דָּוִד לֵאמֹר יֵיטֵב אלהיך
[אֱלֹהִים] אֶת־שֵׁם שְׁלֹמֹה מִשְּׁמֶךָ וִיגַדֵּל
אֶת־כִּסְאוֹ מִכִּסְאֶךָ וַיִּשְׁתַּחוּ הַמֶּלֶךְ עַל־
הַמִּשְׁכָּב:

48 And further, this is what the king said, 'Praised be *Hashem*, the God of *Yisrael* who has this day provided a successor to my throne, while my own eyes can see it.'"

מח וְגַם־כָּכָה אָמַר הַמֶּלֶךְ בָּרוּךְ יְהֹוָה אֱלֹהֵי
יִשְׂרָאֵל אֲשֶׁר נָתַן הַיּוֹם יֹשֵׁב עַל־כִּסְאִי
וְעֵינַי רֹאוֹת:

49 Thereupon, all of *Adoniyahu*'s guests rose in alarm and each went his own way.

מט וַיֶּחֶרְדוּ וַיָּקֻמוּ כָּל־הַקְּרֻאִים אֲשֶׁר
לַאֲדֹנִיָּהוּ וַיֵּלְכוּ אִישׁ לְדַרְכּוֹ:

50 *Adoniyahu*, in fear of *Shlomo*, went at once [to the Tent] and grasped the horns of the *Mizbayach*.

נ וַאֲדֹנִיָּהוּ יָרֵא מִפְּנֵי שְׁלֹמֹה וַיָּקָם וַיֵּלֶךְ
וַיַּחֲזֵק בְּקַרְנוֹת הַמִּזְבֵּחַ:

51 It was reported to *Shlomo*: "*Adoniyahu* is in fear of King *Shlomo* and has grasped the horns of the *Mizbayach*, saying, 'Let King *Shlomo* first swear to me that he will not put his servant to the sword.'"

נא וַיֻּגַּד לִשְׁלֹמֹה לֵאמֹר הִנֵּה אֲדֹנִיָּהוּ יָרֵא
אֶת־הַמֶּלֶךְ שְׁלֹמֹה וְהִנֵּה אָחַז בְּקַרְנוֹת
הַמִּזְבֵּחַ לֵאמֹר יִשָּׁבַע־לִי כַיּוֹם הַמֶּלֶךְ
שְׁלֹמֹה אִם־יָמִית אֶת־עַבְדּוֹ בֶּחָרֶב:

52 *Shlomo* said, "If he behaves worthily, not a hair of his head shall fall to the ground; but if he is caught in any offense, he shall die."

נב וַיֹּאמֶר שְׁלֹמֹה אִם יִהְיֶה לְבֶן־חַיִל לֹא־
יִפֹּל מִשַּׂעֲרָתוֹ אָרְצָה וְאִם־רָעָה תִמָּצֵא־
בוֹ וָמֵת:

53 So King *Shlomo* sent and had him taken down from the *Mizbayach*. He came and bowed before King *Shlomo*, and *Shlomo* said to him, "Go home."

נג וַיִּשְׁלַח הַמֶּלֶךְ שְׁלֹמֹה וַיֹּרִדֻהוּ מֵעַל
הַמִּזְבֵּחַ וַיָּבֹא וַיִּשְׁתַּחוּ לַמֶּלֶךְ שְׁלֹמֹה
וַיֹּאמֶר־לוֹ שְׁלֹמֹה לֵךְ לְבֵיתֶךָ:

2 1 When *David*'s life was drawing to a close, he instructed his son *Shlomo* as follows:

ב א וַיִּקְרְבוּ יְמֵי־דָוִד לָמוּת וַיְצַו אֶת־שְׁלֹמֹה
בְנוֹ לֵאמֹר:

2 "I am going the way of all the earth; be strong and show yourself a man.

ב אָנֹכִי הֹלֵךְ בְּדֶרֶךְ כָּל־הָאָרֶץ וְחָזַקְתָּ
וְהָיִיתָ לְאִישׁ:

3 Keep the charge of *Hashem* your God, walking in His ways and following His laws, His commandments, His rules, and His admonitions as recorded in the Teaching of *Moshe*, in order that you may succeed in whatever you undertake and wherever you turn.

ג וְשָׁמַרְתָּ אֶת־מִשְׁמֶרֶת יְהֹוָה אֱלֹהֶיךָ
לָלֶכֶת בִּדְרָכָיו לִשְׁמֹר חֻקֹּתָיו מִצְוֹתָיו
וּמִשְׁפָּטָיו וְעֵדְוֹתָיו כַּכָּתוּב בְּתוֹרַת
מֹשֶׁה לְמַעַן תַּשְׂכִּיל אֵת כָּל־אֲשֶׁר
תַּעֲשֶׂה וְאֵת כָּל־אֲשֶׁר תִּפְנֶה שָׁם:

4 Then *Hashem* will fulfill the promise that He made concerning me: 'If your descendants are scrupulous in their conduct, and walk before Me faithfully, with all their heart and soul, your line on the throne of *Yisrael* shall never end!'

ד לְמַעַן יָקִים יְהֹוָה אֶת־דְּבָרוֹ אֲשֶׁר דִּבֶּר
עָלַי לֵאמֹר אִם־יִשְׁמְרוּ בָנֶיךָ אֶת־דַּרְכָּם
לָלֶכֶת לְפָנַי בֶּאֱמֶת בְּכָל־לְבָבָם וּבְכָל־
נַפְשָׁם לֵאמֹר לֹא־יִכָּרֵת לְךָ אִישׁ מֵעַל
כִּסֵּא יִשְׂרָאֵל:

5 "Further, you know what *Yoav* son of *Tzeruya* did to me, what he did to the two commanders of *Yisrael*'s forces, *Avner* son of Ner and *Amasa* son of Jether: he killed them, shedding blood of war in peacetime, staining the girdle of his loins and the sandals on his feet with blood of war.

ה וְגַם אַתָּה יָדַעְתָּ אֵת אֲשֶׁר־עָשָׂה לִי
יוֹאָב בֶּן־צְרוּיָה אֲשֶׁר עָשָׂה לִשְׁנֵי־שָׂרֵי
צִבְאוֹת יִשְׂרָאֵל לְאַבְנֵר בֶּן־נֵר וְלַעֲמָשָׂא
בֶן־יֶתֶר וַיַּהַרְגֵם וַיָּשֶׂם דְּמֵי־מִלְחָמָה
בְּשָׁלֹם וַיִּתֵּן דְּמֵי מִלְחָמָה בַּחֲגֹרָתוֹ אֲשֶׁר
בְּמָתְנָיו וּבְנַעֲלוֹ אֲשֶׁר בְּרַגְלָיו:

6 So act in accordance with your wisdom, and see that his white hair does not go down to Sheol in peace.

ו וְעָשִׂיתָ כְּחָכְמָתֶךָ וְלֹא־תוֹרֵד שֵׂיבָתוֹ
בְּשָׁלֹם שְׁאֹל:

7 "But deal graciously with the sons of *Barzilai* the Giladite, for they befriended me when I fled from your brother *Avshalom*; let them be among those that eat at your table.

ז וְלִבְנֵי בַרְזִלַּי הַגִּלְעָדִי תַּעֲשֶׂה־חֶסֶד וְהָיוּ
בְּאֹכְלֵי שֻׁלְחָנֶךָ כִּי־כֵן קָרְבוּ אֵלַי בְּבָרְחִי
מִפְּנֵי אַבְשָׁלוֹם אָחִיךָ:

8 "You must also deal with *Shim'i* son of Gera, the *Binyamin*ite from Bahurim. He insulted me outrageously when I was on my way to Mahanaim; but he came down to meet me at the *Yarden*, and I swore to him by *Hashem*: 'I will not put you to the sword.'

ח וְהִנֵּה עִמְּךָ שִׁמְעִי בֶן־גֵּרָא בֶן־הַיְמִינִי מִבַּחֻרִים וְהוּא קִלְלַנִי קְלָלָה נִמְרֶצֶת בְּיוֹם לֶכְתִּי מַחֲנָיִם וְהוּא־יָרַד לִקְרָאתִי הַיַּרְדֵּן וָאֶשָּׁבַע לוֹ בַיהוָֹה לֵאמֹר אִם־אֲמִיתְךָ בֶּחָרֶב:

9 So do not let him go unpunished; for you are a wise man and you will know how to deal with him and send his gray hair down to Sheol in blood."

ט וְעַתָּה אַל־תְּנַקֵּהוּ כִּי אִישׁ חָכָם אָתָּה וְיָדַעְתָּ אֵת אֲשֶׁר תַּעֲשֶׂה־לּוֹ וְהוֹרַדְתָּ אֶת־שֵׂיבָתוֹ בְּדָם שְׁאוֹל:

10 So *David* slept with his fathers, and he was buried in the City of *David*.

י וַיִּשְׁכַּב דָּוִד עִם־אֲבֹתָיו וַיִּקָּבֵר בְּעִיר דָּוִד:

11 The length of *David*'s reign over *Yisrael* was forty years: he reigned seven years in *Chevron*, and he reigned thirty-three years in *Yerushalayim*.

יא וְהַיָּמִים אֲשֶׁר מָלַךְ דָּוִד עַל־יִשְׂרָאֵל אַרְבָּעִים שָׁנָה בְּחֶבְרוֹן מָלַךְ שֶׁבַע שָׁנִים וּבִירוּשָׁלַם מָלַךְ שְׁלֹשִׁים וְשָׁלֹשׁ שָׁנִים:

12 And *Shlomo* sat upon the throne of his father *David*, and his rule was firmly established.

יב וּשְׁלֹמֹה יָשַׁב עַל־כִּסֵּא דָּוִד אָבִיו וַתִּכֹּן מַלְכֻתוֹ מְאֹד:

ush-lo-MO ya-SHAV al ki-SAY da-VID a-VEEV va-ti-KON mal-khu-TO m'-OD

13 *Adoniyahu* son of Haggith came to see *Batsheva*, *Shlomo*'s mother. She said, "Do you come with friendly intent?" "Yes," he replied;

יג וַיָּבֹא אֲדֹנִיָּהוּ בֶן־חַגֵּית אֶל־בַּת־שֶׁבַע אֵם־שְׁלֹמֹה וַתֹּאמֶר הֲשָׁלוֹם בֹּאֶךָ וַיֹּאמֶר שָׁלוֹם:

14 and he continued, "I would like to have a word with you." "Speak up," she said.

יד וַיֹּאמֶר דָּבָר לִי אֵלָיִךְ וַתֹּאמֶר דַּבֵּר:

15 Then he said, "You know that the kingship was rightly mine and that all *Yisrael* wanted me to reign. But the kingship passed on to my brother; it came to him by the will of *Hashem*.

טו וַיֹּאמֶר אַתְּ יָדַעַתְּ כִּי־לִי הָיְתָה הַמְּלוּכָה וְעָלַי שָׂמוּ כָל־יִשְׂרָאֵל פְּנֵיהֶם לִמְלֹךְ וַתִּסֹּב הַמְּלוּכָה וַתְּהִי לְאָחִי כִּי מֵיהוָֹה הָיְתָה לּוֹ:

16 And now I have one request to make of you; do not refuse me." She said, "Speak up."

טז וְעַתָּה שְׁאֵלָה אַחַת אָנֹכִי שֹׁאֵל מֵאִתָּךְ אַל־תָּשִׁבִי אֶת־פָּנָי וַתֹּאמֶר אֵלָיו דַּבֵּר:

17 He replied, "Please ask King *Shlomo* – for he won't refuse you – to give me Abishag the Shunammite as wife."

יז וַיֹּאמֶר אִמְרִי־נָא לִשְׁלֹמֹה הַמֶּלֶךְ כִּי לֹא־יָשִׁיב אֶת־פָּנָיִךְ וְיִתֶּן־לִי אֶת־אֲבִישַׁג הַשּׁוּנַמִּית לְאִשָּׁה:

18 "Very well," said *Batsheva*, "I will speak to the king in your behalf."

יח וַתֹּאמֶר בַּת־שֶׁבַע טוֹב אָנֹכִי אֲדַבֵּר עָלֶיךָ אֶל־הַמֶּלֶךְ:

2:12 His rule was firmly established King *Shlomo*'s throne is "firmly established." Unlike his father *David*, *Shlomo* rules a kingdom that is consistently strong and at peace. Under his rule, the Kingdom of Israel grows into a world power, with the ability to spread monotheism throughout the world, and becomes a shining example of a just society. The knowledge of the One true God and His insistence on justice and righteousness is key to building a just society, as this keeps people from oppressing others and encourages them to make the world a better place. Today's State of Israel embraces this same opportunity on a daily basis, shining as a moral light in a world all too often darkened by hate, poverty and injustice.

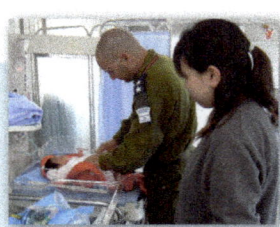

An IDF doctor in Japan following an earthquake and tsunami, 2011

19 So *Batsheva* went to King *Shlomo* to speak to him about *Adoniyahu*. The king rose to greet her and bowed down to her. He sat on his throne; and he had a throne placed for the queen mother, and she sat on his right.

יט וַתָּבֹא בַת־שֶׁבַע אֶל־הַמֶּלֶךְ שְׁלֹמֹה
לְדַבֶּר־לוֹ עַל־אֲדֹנִיָּהוּ וַיָּקָם הַמֶּלֶךְ
לִקְרָאתָהּ וַיִּשְׁתַּחוּ לָהּ וַיֵּשֶׁב עַל־כִּסְאוֹ
וַיָּשֶׂם כִּסֵּא לְאֵם הַמֶּלֶךְ וַתֵּשֶׁב לִימִינוֹ:

20 She said, "I have one small request to make of you, do not refuse me." He responded, "Ask, Mother; I shall not refuse you."

כ וַתֹּאמֶר שְׁאֵלָה אַחַת קְטַנָּה אָנֹכִי
שֹׁאֶלֶת מֵאִתָּךְ אַל־תָּשֶׁב אֶת־פָּנָי
וַיֹּאמֶר־לָהּ הַמֶּלֶךְ שַׁאֲלִי אִמִּי כִּי לֹא־
אָשִׁיב אֶת־פָּנָיִךְ:

21 Then she said, "Let Abishag the Shunammite be given to your brother *Adoniyahu* as wife."

כא וַתֹּאמֶר יֻתַּן אֶת־אֲבִישַׁג הַשֻּׁנַמִּית
לַאֲדֹנִיָּהוּ אָחִיךָ לְאִשָּׁה:

22 The king replied to his mother, "Why request Abishag the Shunammite for *Adoniyahu*? Request the kingship for him! For he is my older brother, and the *Kohen Evyatar* and *Yoav* son of *Tzeruya* are on his side."

כב וַיַּעַן הַמֶּלֶךְ שְׁלֹמֹה וַיֹּאמֶר לְאִמּוֹ וְלָמָה
אַתְּ שֹׁאֶלֶת אֶת־אֲבִישַׁג הַשֻּׁנַמִּית
לַאֲדֹנִיָּהוּ וְשַׁאֲלִי־לוֹ אֶת־הַמְּלוּכָה כִּי
הוּא אָחִי הַגָּדוֹל מִמֶּנִּי וְלוֹ וּלְאֶבְיָתָר
הַכֹּהֵן וּלְיוֹאָב בֶּן־צְרוּיָה:

23 Thereupon, King *Shlomo* swore by *Hashem*, saying, "So may *Hashem* do to me and even more, if broaching this matter does not cost *Adoniyahu* his life!

כג וַיִּשָּׁבַע הַמֶּלֶךְ שְׁלֹמֹה בַּיהוָה לֵאמֹר כֹּה
יַעֲשֶׂה־לִּי אֱלֹהִים וְכֹה יוֹסִיף כִּי בְנַפְשׁוֹ
דִּבֶּר אֲדֹנִיָּהוּ אֶת־הַדָּבָר הַזֶּה:

24 Now, as *Hashem* lives, who has established me and set me on the throne of my father *David* and who has provided him with a house, as he promised, *Adoniyahu* shall be put to death this very day!"

כד וְעַתָּה חַי־יְהוָה אֲשֶׁר הֱכִינַנִי ויושיביני
[וַיּוֹשִׁיבַנִי] עַל־כִּסֵּא דָּוִד אָבִי וַאֲשֶׁר
עָשָׂה־לִי בַּיִת כַּאֲשֶׁר דִּבֵּר כִּי הַיּוֹם יוּמַת
אֲדֹנִיָּהוּ:

25 And *Shlomo* instructed Benaiah son of *Yehoyada*, who struck *Adoniyahu* down; and so he died.

כה וַיִּשְׁלַח הַמֶּלֶךְ שְׁלֹמֹה בְּיַד בְּנָיָהוּ בֶן־
יְהוֹיָדָע וַיִּפְגַּע־בּוֹ וַיָּמֹת:

26 To the *Kohen Evyatar*, the king said, "Go to your estate at *Anatot*! You deserve to die, but I shall not put you to death at this time, because you carried the *Aron* of my God before my father *David* and because you shared all the hardships that my father endured."

כו וּלְאֶבְיָתָר הַכֹּהֵן אָמַר הַמֶּלֶךְ עֲנָתֹת לֵךְ
עַל־שָׂדֶיךָ כִּי אִישׁ מָוֶת אָתָּה וּבַיּוֹם הַזֶּה
לֹא אֲמִיתֶךָ כִּי־נָשָׂאתָ אֶת־אֲרוֹן אֲדֹנָי
יְהוִה לִפְנֵי דָּוִד אָבִי וְכִי הִתְעַנִּיתָ בְּכֹל
אֲשֶׁר־הִתְעַנָּה אָבִי:

27 So *Shlomo* dismissed *Evyatar* from his office of *Kohen* of *Hashem* – thus fulfilling what *Hashem* had spoken at *Shilo* regarding the house of *Eli*.

כז וַיְגָרֶשׁ שְׁלֹמֹה אֶת־אֶבְיָתָר מִהְיוֹת כֹּהֵן
לַיהוָה לְמַלֵּא אֶת־דְּבַר יְהוָה אֲשֶׁר דִּבֶּר
עַל־בֵּית עֵלִי בְּשִׁלֹה:

28 When the news reached *Yoav*, he fled to the Tent of *Hashem* and grasped the horns of the *Mizbayach* – for *Yoav* had sided with *Adoniyahu*, though he had not sided with *Avshalom*.

כח וְהַשְּׁמֻעָה בָּאָה עַד־יוֹאָב כִּי יוֹאָב נָטָה
אַחֲרֵי אֲדֹנִיָּה וְאַחֲרֵי אַבְשָׁלוֹם לֹא
נָטָה וַיָּנָס יוֹאָב אֶל־אֹהֶל יְהוָה וַיַּחֲזֵק
בְּקַרְנוֹת הַמִּזְבֵּחַ:

29 King *Shlomo* was told that *Yoav* had fled to the Tent of *Hashem* and that he was there by the *Mizbayach*; so *Shlomo* sent Benaiah son of *Yehoyada*, saying, "Go and strike him down."

כט וַיֻּגַּד לַמֶּלֶךְ שְׁלֹמֹה כִּי נָס יוֹאָב אֶל־
אֹהֶל יְהוָה וְהִנֵּה אֵצֶל הַמִּזְבֵּחַ וַיִּשְׁלַח
שְׁלֹמֹה אֶת־בְּנָיָהוּ בֶן־יְהוֹיָדָע לֵאמֹר לֵךְ
פְּגַע־בּוֹ:

30 Benaiah went to the Tent of *Hashem* and said to him, "Thus said the king: Come out!" "No!" he replied; "I will die here." Benaiah reported back to the king that *Yoav* had answered thus and thus,

ל וַיָּבֹא בְנָיָהוּ אֶל־אֹהֶל יְהֹוָה וַיֹּאמֶר אֵלָיו
כֹּה־אָמַר הַמֶּלֶךְ צֵא וַיֹּאמֶר לֹא כִּי פֹה
אָמוּת וַיָּשֶׁב בְּנָיָהוּ אֶת־הַמֶּלֶךְ דָּבָר
לֵאמֹר כֹּה־דִבֶּר יוֹאָב וְכֹה עָנָנִי:

31 and the king said, "Do just as he said; strike him down and bury him, and remove guilt from me and my father's house for the blood of the innocent that *Yoav* has shed.

לא וַיֹּאמֶר לוֹ הַמֶּלֶךְ עֲשֵׂה כַּאֲשֶׁר דִּבֶּר
וּפְגַע־בּוֹ וּקְבַרְתּוֹ וַהֲסִירֹתָ דְּמֵי חִנָּם
אֲשֶׁר שָׁפַךְ יוֹאָב מֵעָלַי וּמֵעַל בֵּית אָבִי:

32 Thus *Hashem* will bring his blood guilt down upon his own head, because, unbeknown to my father, he struck down with the sword two men more righteous and honorable than he – *Avner* son of Ner, the army commander of *Yisrael*, and *Amasa* son of Jether, the army commander of *Yehuda*.

לב וְהֵשִׁיב יְהֹוָה אֶת־דָּמוֹ עַל־רֹאשׁוֹ אֲשֶׁר
פָּגַע בִּשְׁנֵי־אֲנָשִׁים צַדִּקִים וְטֹבִים
מִמֶּנּוּ וַיַּהַרְגֵם בַּחֶרֶב וְאָבִי דָוִד לֹא יָדָע
אֶת־אַבְנֵר בֶּן־נֵר שַׂר־צְבָא יִשְׂרָאֵל וְאֶת־
עֲמָשָׂא בֶן־יֶתֶר שַׂר־צְבָא יְהוּדָה:

33 May the guilt for their blood come down upon the head of *Yoav* and his descendants forever, and may good fortune from *Hashem* be granted forever to *David* and his descendants, his house and his throne."

לג וְשָׁבוּ דְמֵיהֶם בְּרֹאשׁ יוֹאָב וּבְרֹאשׁ זַרְעוֹ
לְעֹלָם וּלְדָוִד וּלְזַרְעוֹ וּלְבֵיתוֹ וּלְכִסְאוֹ
יִהְיֶה שָׁלוֹם עַד־עוֹלָם מֵעִם יְהֹוָה:

34 So Benaiah son of *Yehoyada* went up and struck him down. And he was buried at his home in the wilderness.

לד וַיַּעַל בְּנָיָהוּ בֶּן־יְהוֹיָדָע וַיִּפְגַּע־בּוֹ
וַיְמִתֵהוּ וַיִּקָּבֵר בְּבֵיתוֹ בַּמִּדְבָּר:

35 In his place, the king appointed Benaiah son of *Yehoyada* over the army, and in place of *Evyatar*, the king appointed the *Kohen Tzadok*.

לה וַיִּתֵּן הַמֶּלֶךְ אֶת־בְּנָיָהוּ בֶן־יְהוֹיָדָע
תַּחְתָּיו עַל־הַצָּבָא וְאֶת־צָדוֹק הַכֹּהֵן נָתַן
הַמֶּלֶךְ תַּחַת אֶבְיָתָר:

36 Then the king summoned *Shim'i* and said to him, "Build yourself a house in *Yerushalayim* and stay there – do not ever go out from there anywhere else.

לו וַיִּשְׁלַח הַמֶּלֶךְ וַיִּקְרָא לְשִׁמְעִי וַיֹּאמֶר
לוֹ בְּנֵה־לְךָ בַיִת בִּירוּשָׁלַםִ וְיָשַׁבְתָּ שָׁם
וְלֹא־תֵצֵא מִשָּׁם אָנֶה וָאָנָה:

37 On the very day that you go out and cross the Wadi Kidron, you can be sure that you will die; your blood shall be on your own head."

לז וְהָיָה בְּיוֹם צֵאתְךָ וְעָבַרְתָּ אֶת־נַחַל
קִדְרוֹן יָדֹעַ תֵּדַע כִּי מוֹת תָּמוּת דָּמְךָ
יִהְיֶה בְרֹאשֶׁךָ:

38 "That is fair," said *Shim'i* to the king, "your servant will do just as my lord the king has spoken." And for a long time, *Shim'i* remained in *Yerushalayim*.

לח וַיֹּאמֶר שִׁמְעִי לַמֶּלֶךְ טוֹב הַדָּבָר כַּאֲשֶׁר
דִּבֶּר אֲדֹנִי הַמֶּלֶךְ כֵּן יַעֲשֶׂה עַבְדֶּךָ וַיֵּשֶׁב
שִׁמְעִי בִּירוּשָׁלַםִ יָמִים רַבִּים:

39 Three years later, two slaves of *Shim'i* ran away to King Achish son of Maacah of Gath. *Shim'i* was told, "Your slaves are in Gath."

לט וַיְהִי מִקֵּץ שָׁלֹשׁ שָׁנִים וַיִּבְרְחוּ שְׁנֵי־
עֲבָדִים לְשִׁמְעִי אֶל־אָכִישׁ בֶּן־מַעֲכָה
מֶלֶךְ גַּת וַיַּגִּידוּ לְשִׁמְעִי לֵאמֹר הִנֵּה
עֲבָדֶיךָ בְּגַת:

40 *Shim'i* thereupon saddled his ass and went to Achish in Gath to claim his slaves; and *Shim'i* returned from Gath with his slaves.

מ וַיָּקָם שִׁמְעִי וַיַּחֲבֹשׁ אֶת־חֲמֹרוֹ וַיֵּלֶךְ
גַּתָה אֶל־אָכִישׁ לְבַקֵּשׁ אֶת־עֲבָדָיו וַיֵּלֶךְ
שִׁמְעִי וַיָּבֵא אֶת־עֲבָדָיו מִגַּת:

41 *Shlomo* was told that *Shim'i* had gone from *Yerushalayim* to Gath and back,

מא וַיֻּגַּד לִשְׁלֹמֹה כִּי־הָלַךְ שִׁמְעִי מִירוּשָׁלִַם גַּת וַיָּשֹׁב׃

42 and the king summoned *Shim'i* and said to him, "Did I not adjure you by *Hashem* and warn you, 'On the very day that you leave and go anywhere else, you can be sure that you will die,' and did you not say to me, 'It is fair; I accept'?

מב וַיִּשְׁלַח הַמֶּלֶךְ וַיִּקְרָא לְשִׁמְעִי וַיֹּאמֶר אֵלָיו הֲלוֹא הִשְׁבַּעְתִּיךָ בַיהֹוָה וָאָעִד בְּךָ לֵאמֹר בְּיוֹם צֵאתְךָ וְהָלַכְתָּ אָנֶה וָאָנָה יָדֹעַ תֵּדַע כִּי מוֹת תָּמוּת וַתֹּאמֶר אֵלַי טוֹב הַדָּבָר שָׁמָעְתִּי׃

43 Why did you not abide by the oath before *Hashem* and by the orders which I gave you?"

מג וּמַדּוּעַ לֹא שָׁמַרְתָּ אֵת שְׁבֻעַת יְהֹוָה וְאֶת־הַמִּצְוָה אֲשֶׁר־צִוִּיתִי עָלֶיךָ׃

44 The king said further to *Shim'i*, "You know all the wrong, which you remember very well, that you did to my father *David*. Now *Hashem* brings down your wrongdoing upon your own head.

מד וַיֹּאמֶר הַמֶּלֶךְ אֶל־שִׁמְעִי אַתָּה יָדַעְתָּ אֵת כָּל־הָרָעָה אֲשֶׁר יָדַע לְבָבְךָ אֲשֶׁר עָשִׂיתָ לְדָוִד אָבִי וְהֵשִׁיב יְהֹוָה אֶת־רָעָתְךָ בְּרֹאשֶׁךָ׃

45 But King *Shlomo* shall be blessed, and the throne of *David* shall be established before *Hashem* forever."

מה וְהַמֶּלֶךְ שְׁלֹמֹה בָּרוּךְ וְכִסֵּא דָוִד יִהְיֶה נָכוֹן לִפְנֵי יְהֹוָה עַד־עוֹלָם׃

46 The king gave orders to Benaiah son of *Yehoyada* and he went out and struck *Shim'i* down; and so he died.Thus the kingdom was secured in *Shlomo*'s hands.

מו וַיְצַו הַמֶּלֶךְ אֶת־בְּנָיָהוּ בֶּן־יְהוֹיָדָע וַיֵּצֵא וַיִּפְגַּע־בּוֹ וַיָּמֹת וְהַמַּמְלָכָה נָכוֹנָה בְּיַד־שְׁלֹמֹה׃

3

1 *Shlomo* allied himself by marriage with Pharaoh king of Egypt. He married Pharaoh's daughter and brought her to the City of *David* [to live there] until he had finished building his palace, and the House of *Hashem*, and the walls around *Yerushalayim*.

ג

א וַיִּתְחַתֵּן שְׁלֹמֹה אֶת־פַּרְעֹה מֶלֶךְ מִצְרָיִם וַיִּקַּח אֶת־בַּת־פַּרְעֹה וַיְבִיאֶהָ אֶל־עִיר דָּוִד עַד כַּלֹּתוֹ לִבְנוֹת אֶת־בֵּיתוֹ וְאֶת־בֵּית יְהֹוָה וְאֶת־חוֹמַת יְרוּשָׁלִַם סָבִיב׃

2 The people, however, continued to offer sacrifices at the open shrines, because up to that time no house had been built for the name of *Hashem*.

ב רַק הָעָם מְזַבְּחִים בַּבָּמוֹת כִּי לֹא־נִבְנָה בַיִת לְשֵׁם יְהֹוָה עַד הַיָּמִים הָהֵם׃

3 And *Shlomo*, though he loved *Hashem* and followed the practices of his father *David*, also sacrificed and offered at the shrines.

ג וַיֶּאֱהַב שְׁלֹמֹה אֶת־יְהֹוָה לָלֶכֶת בְּחֻקּוֹת דָּוִד אָבִיו רַק בַּבָּמוֹת הוּא מְזַבֵּחַ וּמַקְטִיר׃

4 The king went to *Givon* to sacrifice there, for that was the largest shrine; on that altar *Shlomo* presented a thousand burnt offerings.

ד וַיֵּלֶךְ הַמֶּלֶךְ גִּבְעֹנָה לִזְבֹּחַ שָׁם כִּי הִיא הַבָּמָה הַגְּדוֹלָה אֶלֶף עֹלוֹת יַעֲלֶה שְׁלֹמֹה עַל הַמִּזְבֵּחַ הַהוּא׃

5 At *Givon Hashem* appeared to *Shlomo* in a dream by night; and *Hashem* said, "Ask, what shall I grant you?"

ה בְּגִבְעוֹן נִרְאָה יְהֹוָה אֶל־שְׁלֹמֹה בַּחֲלוֹם הַלָּיְלָה וַיֹּאמֶר אֱלֹהִים שְׁאַל מָה אֶתֶּן־לָךְ׃

6 *Shlomo* said, "You dealt most graciously with Your servant my father *David*, because he walked before You in faithfulness and righteousness and in integrity of heart. You have continued this great kindness to him by giving him a son to occupy his throne, as is now the case.

ו וַיֹּאמֶר שְׁלֹמֹה אַתָּה עָשִׂיתָ עִם־עַבְדְּךָ דָוִד אָבִי חֶסֶד גָּדוֹל כַּאֲשֶׁר הָלַךְ לְפָנֶיךָ בֶּאֱמֶת וּבִצְדָקָה וּבְיִשְׁרַת לֵבָב עִמָּךְ וַתִּשְׁמָר־לוֹ אֶת־הַחֶסֶד הַגָּדוֹל הַזֶּה וַתִּתֶּן־לוֹ בֵן יֹשֵׁב עַל־כִּסְאוֹ כַּיּוֹם הַזֶּה׃

7 And now, *Hashem* my God, You have made Your servant king in place of my father *David*; but I am a young lad, with no experience in leadership.

ז וְעַתָּה יְהֹוָה אֱלֹהָי אַתָּה הִמְלַכְתָּ אֶת־
עַבְדְּךָ תַּחַת דָּוִד אָבִי וְאָנֹכִי נַעַר קָטֹן
לֹא אֵדַע צֵאת וָבֹא׃

8 Your servant finds himself in the midst of the people You have chosen, a people too numerous to be numbered or counted.

ח וְעַבְדְּךָ בְּתוֹךְ עַמְּךָ אֲשֶׁר בָּחָרְתָּ עַם־רָב
אֲשֶׁר לֹא־יִמָּנֶה וְלֹא יִסָּפֵר מֵרֹב׃

9 Grant, then, Your servant an understanding mind to judge Your people, to distinguish between good and bad; for who can judge this vast people of Yours?"

ט וְנָתַתָּ לְעַבְדְּךָ לֵב שֹׁמֵעַ לִשְׁפֹּט אֶת־
עַמְּךָ לְהָבִין בֵּין־טוֹב לְרָע כִּי מִי יוּכַל
לִשְׁפֹּט אֶת־עַמְּךָ הַכָּבֵד הַזֶּה׃

v'-na-ta-TA l'-av-d'-KHA LAYV sho-MAY-a lish-POT et a-m'-KHA l'-ha-VEEN bayn TOV l'-RA KEE MEE yu-KHAL lish-POT et a-m'-KHA ha-ka-VAYD ha-ZEH

10 *Hashem* was pleased that *Shlomo* had asked for this.

י וַיִּיטַב הַדָּבָר בְּעֵינֵי אֲדֹנָי כִּי שָׁאַל
שְׁלֹמֹה אֶת־הַדָּבָר הַזֶּה׃

11 And *Hashem* said to him, "Because you asked for this – you did not ask for long life, you did not ask for riches, you did not ask for the life of your enemies, but you asked for discernment in dispensing justice

יא וַיֹּאמֶר אֱלֹהִים אֵלָיו יַעַן אֲשֶׁר שָׁאַלְתָּ
אֶת־הַדָּבָר הַזֶּה וְלֹא־שָׁאַלְתָּ לְּךָ יָמִים
רַבִּים וְלֹא־שָׁאַלְתָּ לְּךָ עֹשֶׁר וְלֹא שָׁאַלְתָּ
נֶפֶשׁ אֹיְבֶיךָ וְשָׁאַלְתָּ לְּךָ הָבִין לִשְׁמֹעַ
מִשְׁפָּט׃

12 I now do as you have spoken. I grant you a wise and discerning mind; there has never been anyone like you before, nor will anyone like you arise again.

יב הִנֵּה עָשִׂיתִי כִּדְבָרֶיךָ הִנֵּה נָתַתִּי לְךָ לֵב
חָכָם וְנָבוֹן אֲשֶׁר כָּמוֹךָ לֹא־הָיָה לְפָנֶיךָ
וְאַחֲרֶיךָ לֹא־יָקוּם כָּמוֹךָ׃

13 And I also grant you what you did not ask for – both riches and glory all your life – the like of which no king has ever had.

יג וְגַם אֲשֶׁר לֹא־שָׁאַלְתָּ נָתַתִּי לָךְ גַּם־עֹשֶׁר
גַּם־כָּבוֹד אֲשֶׁר לֹא־הָיָה כָמוֹךָ אִישׁ
בַּמְּלָכִים כָּל־יָמֶיךָ׃

14 And I will further grant you long life, if you will walk in My ways and observe My laws and commandments, as did your father *David*."

יד וְאִם תֵּלֵךְ בִּדְרָכַי לִשְׁמֹר חֻקַּי וּמִצְוֺתַי
כַּאֲשֶׁר הָלַךְ דָּוִיד אָבִיךָ וְהַאַרַכְתִּי אֶת־
יָמֶיךָ׃

15 Then *Shlomo* awoke: it was a dream! He went to *Yerushalayim*, stood before the *Aron Brit Hashem*, and sacrificed burnt offerings and presented offerings of well-being; and he made a banquet for all his courtiers.

טו וַיִּקַץ שְׁלֹמֹה וְהִנֵּה חֲלוֹם וַיָּבוֹא יְרוּשָׁלַםִ
וַיַּעֲמֹד לִפְנֵי אֲרוֹן בְּרִית־אֲדֹנָי וַיַּעַל
עֹלוֹת וַיַּעַשׂ שְׁלָמִים וַיַּעַשׂ מִשְׁתֶּה
לְכָל־עֲבָדָיו׃

3:9 Grant, then, Your servant an understanding mind to judge Your people King *Shlomo* attains prophecy and *Hashem* asks him what he desires. Though he could have sought riches or long life, he asks for "an understanding mind" so that he can properly judge the Children of Israel. According to Jewish tradition, King *Shlomo* becomes the wisest of all men and masters all subjects and languages, even those of the animals (I Kings 5:9–14). He also demonstrates deep understanding of human beings, as demonstrated by the well-known case, described in this chapter, where he correctly discerns who is the true mother of a disputed baby. The People of Israel rejoice in their king's wisdom, and thus unite behind him (see 4:1). This is King *Shlomo*'s reward for asking *Hashem* for something that would not only help him, but would bring benefit to the nation and the entire world. Going beyond one's individual needs to serve the nation is one of the signs of a true leader.

Solomon's Pillars, named for King *Shlomo*, in Timna Park

¹⁶ Later two prostitutes came to the king and stood before him.

טז אָז תָּבֹאנָה שְׁתַּיִם נָשִׁים זֹנוֹת אֶל־הַמֶּלֶךְ וַתַּעֲמֹדְנָה לְפָנָיו:

¹⁷ The first woman said, "Please, my lord! This woman and I live in the same house; and I gave birth to a child while she was in the house.

יז וַתֹּאמֶר הָאִשָּׁה הָאַחַת בִּי אֲדֹנִי אֲנִי וְהָאִשָּׁה הַזֹּאת יֹשְׁבֹת בְּבַיִת אֶחָד וָאֵלֵד עִמָּהּ בַּבָּיִת:

¹⁸ On the third day after I was delivered, this woman also gave birth to a child. We were alone; there was no one else with us in the house, just the two of us in the house.

יח וַיְהִי בַּיּוֹם הַשְּׁלִישִׁי לְלִדְתִּי וַתֵּלֶד גַּם־הָאִשָּׁה הַזֹּאת וַאֲנַחְנוּ יַחְדָּו אֵין־זָר אִתָּנוּ בַּבַּיִת זוּלָתִי שְׁתַּיִם־אֲנַחְנוּ בַּבָּיִת:

¹⁹ During the night this woman's child died, because she lay on it.

יט וַיָּמָת בֶּן־הָאִשָּׁה הַזֹּאת לָיְלָה אֲשֶׁר שָׁכְבָה עָלָיו:

²⁰ She arose in the night and took my son from my side while your maidservant was asleep, and laid him in her bosom; and she laid her dead son in my bosom.

כ וַתָּקָם בְּתוֹךְ הַלַּיְלָה וַתִּקַּח אֶת־בְּנִי מֵאֶצְלִי וַאֲמָתְךָ יְשֵׁנָה וַתַּשְׁכִּיבֵהוּ בְּחֵיקָהּ וְאֶת־בְּנָהּ הַמֵּת הִשְׁכִּיבָה בְחֵיקִי:

²¹ When I arose in the morning to nurse my son, there he was, dead; but when I looked at him closely in the morning, it was not the son I had borne."

כא וָאָקֻם בַּבֹּקֶר לְהֵינִיק אֶת־בְּנִי וְהִנֵּה־מֵת וָאֶתְבּוֹנֵן אֵלָיו בַּבֹּקֶר וְהִנֵּה לֹא־הָיָה בְנִי אֲשֶׁר יָלָדְתִּי:

²² The other woman spoke up, "No, the live one is my son, and the dead one is yours!" But the first insisted, "No, the dead boy is yours; mine is the live one!" And they went on arguing before the king.

כב וַתֹּאמֶר הָאִשָּׁה הָאַחֶרֶת לֹא כִי בְּנִי הַחַי וּבְנֵךְ הַמֵּת וְזֹאת אֹמֶרֶת לֹא כִי בְּנֵךְ הַמֵּת וּבְנִי הֶחָי וַתְּדַבֵּרְנָה לִפְנֵי הַמֶּלֶךְ:

²³ The king said, "One says, 'This is my son, the live one, and the dead one is yours'; and the other says, 'No, the dead boy is yours, mine is the live one.'

כג וַיֹּאמֶר הַמֶּלֶךְ זֹאת אֹמֶרֶת זֶה־בְּנִי הַחַי וּבְנֵךְ הַמֵּת וְזֹאת אֹמֶרֶת לֹא כִי בְּנֵךְ הַמֵּת וּבְנִי הֶחָי:

²⁴ So the king gave the order, "Fetch me a sword." A sword was brought before the king,

כד וַיֹּאמֶר הַמֶּלֶךְ קְחוּ לִי־חָרֶב וַיָּבִאוּ הַחֶרֶב לִפְנֵי הַמֶּלֶךְ:

²⁵ and the king said, "Cut the live child in two, and give half to one and half to the other."

כה וַיֹּאמֶר הַמֶּלֶךְ גִּזְרוּ אֶת־הַיֶּלֶד הַחַי לִשְׁנָיִם וּתְנוּ אֶת־הַחֲצִי לְאַחַת וְאֶת־הַחֲצִי לְאֶחָת:

²⁶ But the woman whose son was the live one pleaded with the king, for she was overcome with compassion for her son. "Please, my lord," she cried, "give her the live child; only don't kill it!" The other insisted, "It shall be neither yours nor mine; cut it in two!"

כו וַתֹּאמֶר הָאִשָּׁה אֲשֶׁר־בְּנָהּ הַחַי אֶל־הַמֶּלֶךְ כִּי־נִכְמְרוּ רַחֲמֶיהָ עַל־בְּנָהּ וַתֹּאמֶר בִּי אֲדֹנִי תְּנוּ־לָהּ אֶת־הַיָּלוּד הַחַי וְהָמֵת אַל־תְּמִיתֻהוּ וְזֹאת אֹמֶרֶת גַּם־לִי גַם־לָךְ לֹא יִהְיֶה גְּזֹרוּ:

²⁷ Then the king spoke up. "Give the live child to her," he said, "and do not put it to death; she is its mother."

כז וַיַּעַן הַמֶּלֶךְ וַיֹּאמֶר תְּנוּ־לָהּ אֶת־הַיָּלוּד הַחַי וְהָמֵת לֹא תְמִיתֻהוּ הִיא אִמּוֹ:

28 When all *Yisrael* heard the decision that the king had rendered, they stood in awe of the king; for they saw that he possessed divine wisdom to execute justice.

כח וַיִּשְׁמְעוּ כׇל־יִשְׂרָאֵל אֶת־הַמִּשְׁפָּט אֲשֶׁר שָׁפַט הַמֶּלֶךְ וַיִּרְאוּ מִפְּנֵי הַמֶּלֶךְ כִּי רָאוּ כִּי־חׇכְמַת אֱלֹהִים בְּקִרְבּוֹ לַעֲשׂוֹת מִשְׁפָּט׃

4 1 King *Shlomo* was now king over all *Yisrael*.

ד א וַיְהִי הַמֶּלֶךְ שְׁלֹמֹה מֶלֶךְ עַל־כׇּל־יִשְׂרָאֵל׃

2 These were his officials: *Azarya* son of *Tzadok* – the *Kohen*;

ב וְאֵלֶּה הַשָּׂרִים אֲשֶׁר־לוֹ עֲזַרְיָהוּ בֶן־צָדוֹק הַכֹּהֵן׃

3 Elihoreph and *Achiya* sons of Shisha – scribes; *Yehoshafat* son of *Achilud* – recorder;

ג אֱלִיחֹרֶף וַאֲחִיָּה בְּנֵי שִׁישָׁא סֹפְרִים יְהוֹשָׁפָט בֶּן־אֲחִילוּד הַמַּזְכִּיר׃

4 Benaiah son of *Yehoyada* – over the army; *Tzadok* and *Evyatar* – *Kohanim*;

ד וּבְנָיָהוּ בֶּן־יְהוֹיָדָע עַל־הַצָּבָא וְצָדוֹק וְאֶבְיָתָר כֹּהֲנִים׃

5 *Azarya* son of *Natan* – in charge of the prefects; Zabud son of *Natan* the *Kohen* – companion of the king;

ה וַעֲזַרְיָהוּ בֶן־נָתָן עַל־הַנִּצָּבִים וְזָבוּד בֶּן־נָתָן כֹּהֵן רֵעֶה הַמֶּלֶךְ׃

6 Ahishar – in charge of the palace; and Adoniram son of Abda – in charge of the forced labor.

ו וַאֲחִישָׁר עַל־הַבָּיִת וַאֲדֹנִירָם בֶּן־עַבְדָּא עַל־הַמַּס׃

7 *Shlomo* had twelve prefects governing all *Yisrael*, who provided food for the king and his household; each had to provide food for one month in the year.

ז וְלִשְׁלֹמֹה שְׁנֵים־עָשָׂר נִצָּבִים עַל־כׇּל־יִשְׂרָאֵל וְכִלְכְּלוּ אֶת־הַמֶּלֶךְ וְאֶת־בֵּיתוֹ חֹדֶשׁ בַּשָּׁנָה יִהְיֶה עַל־אחד [הָאֶחָד] לְכַלְכֵּל׃

8 And these were their names: Ben-hur, in the hill country of *Efraim*;

ח וְאֵלֶּה שְׁמוֹתָם בֶּן־חוּר בְּהַר אֶפְרָיִם׃

9 Bendeker, in Makaz, Shaalbim, *Beit Shemesh*, and Elon-beth-hanan;

ט בֶּן־דֶּקֶר בְּמָקַץ וּבְשַׁעַלְבִים וּבֵית שָׁמֶשׁ וְאֵילוֹן בֵּית חָנָן׃

10 Ben-hesed in Arubboth – he governed Socho and all the Hepher area;

י בֶּן־חֶסֶד בָּאֲרֻבּוֹת לוֹ שֹׂכֹה וְכׇל־אֶרֶץ חֵפֶר׃

11 Ben-abinadab, [in] all of Naphath-dor (*Shlomo*'s daughter Taphath was his wife);

יא בֶּן־אֲבִינָדָב כׇּל־נָפַת דֹּאר טָפַת בַּת־שְׁלֹמֹה הָיְתָה לּוֹ לְאִשָּׁה׃

12 Baana son of *Achilud* [in] Taanach and Megiddo and all *Beit-Shean*, which is beside Zarethan, below *Yizrael* – from *Beit-Shean* to Abel-meholah as far as the other side of Jokmeam;

יב בַּעֲנָא בֶּן־אֲחִילוּד תַּעְנַךְ וּמְגִדּוֹ וְכׇל־בֵּית שְׁאָן אֲשֶׁר אֵצֶל צָרְתַנָה מִתַּחַת לְיִזְרְעֶאל מִבֵּית שְׁאָן עַד אָבֵל מְחוֹלָה עַד מֵעֵבֶר לְיׇקְמֳעָם׃

13 Ben-geber, in Ramoth-gilead – he governed the villages of *Yair* son of *Menashe* which are in *Gilad*, and he also governed the district of Argob which is in Bashan, sixty large towns with walls and bronze bars;

יג בֶּן־גֶּבֶר בְּרָמֹת גִּלְעָד לוֹ חַוֺּת יָאִיר בֶּן־מְנַשֶּׁה אֲשֶׁר בַּגִּלְעָד לוֹ חֶבֶל אַרְגֹּב אֲשֶׁר בַּבָּשָׁן שִׁשִּׁים עָרִים גְּדֹלוֹת חוֹמָה וּבְרִיחַ נְחֹשֶׁת׃

14 Ahinadab son of *Ido*, in Mahanaim;

יד אֲחִינָדָב בֶּן־עִדֹּא מַחֲנָיְמָה׃

15 Ahimaaz, in *Naftali* (he too took a daughter of *Shlomo* – Basemath – to wife);

טו אֲחִימַעַץ בְּנַפְתָּלִי גַּם־הוּא לָקַח אֶת־בָּשְׂמַת בַּת־שְׁלֹמֹה לְאִשָּׁה׃

16 Baanah son of Hushi, in *Asher* and Bealoth;

טז בַּעֲנָא בֶּן־חוּשַׁי בְּאָשֵׁר וּבְעָלוֹת׃

17 *Yehoshafat* son of Paruah, in *Yissachar*;

יז יְהוֹשָׁפָט בֶּן־פָּרוּחַ בְּיִשָּׂשכָר׃

18 *Shim'i* son of Ela, in *Binyamin*;

יח שִׁמְעִי בֶן־אֵלָא בְּבִנְיָמִן׃

19 Geber son of *Uri*, in the region of *Gilad*, the country of Sihon, king of the Amorites, and Og, king of Bashan; and one prefect who was in the land.

יט גֶּבֶר בֶּן־אֻרִי בְּאֶרֶץ גִּלְעָד אֶרֶץ סִיחוֹן מֶלֶךְ הָאֱמֹרִי וְעֹג מֶלֶךְ הַבָּשָׁן וּנְצִיב אֶחָד אֲשֶׁר בָּאָרֶץ׃

20 *Yehuda* and *Yisrael* were as numerous as the sands of the sea; they ate and drank and were content.

כ יְהוּדָה וְיִשְׂרָאֵל רַבִּים כַּחוֹל אֲשֶׁר־עַל־הַיָּם לָרֹב אֹכְלִים וְשֹׁתִים וּשְׂמֵחִים׃

y'-hu-DAH v'-yis-ra-AYL ra-BEEM ka-KHOL a-asher al ha-YAM
la-ROV o-kh'-LEEM v'-sho-TEEM us-may-KHEEM

5 1 *Shlomo*'s rule extended over all the kingdoms from the Euphrates to the land of the Philistines and the boundary of Egypt. They brought *Shlomo* tribute and were subject to him all his life.

א וּשְׁלֹמֹה הָיָה מוֹשֵׁל בְּכָל־הַמַּמְלָכוֹת מִן־הַנָּהָר אֶרֶץ פְּלִשְׁתִּים וְעַד גְּבוּל מִצְרָיִם מַגִּשִׁים מִנְחָה וְעֹבְדִים אֶת־שְׁלֹמֹה כָּל־יְמֵי חַיָּיו׃

2 *Shlomo*'s daily provisions consisted of 30 *kor*s of semolina, and 60 *kor*s of [ordinary] flour,

ב וַיְהִי לֶחֶם־שְׁלֹמֹה לְיוֹם אֶחָד שְׁלֹשִׁים כֹּר סֹלֶת וְשִׁשִּׁים כֹּר קָמַח׃

3 10 fattened oxen, 20 pasture-fed oxen, and 100 sheep and goats, besides deer and gazelles, roebucks and fatted geese.

ג עֲשָׂרָה בָקָר בְּרִאִים וְעֶשְׂרִים בָּקָר רְעִי וּמֵאָה צֹאן לְבַד מֵאַיָּל וּצְבִי וְיַחְמוּר וּבַרְבֻּרִים אֲבוּסִים׃

4 For he controlled the whole region west of the Euphrates – all the kings west of the Euphrates, from Tiphsah to *Azza* – and he had peace on all his borders roundabout.

ד כִּי־הוּא רֹדֶה בְּכָל־עֵבֶר הַנָּהָר מִתִּפְסַח וְעַד־עַזָּה בְּכָל־מַלְכֵי עֵבֶר הַנָּהָר וְשָׁלוֹם הָיָה לוֹ מִכָּל־עֲבָרָיו מִסָּבִיב׃

5 All the days of *Shlomo*, *Yehuda* and *Yisrael* from *Dan* to *Be'er Sheva* dwelt in safety, everyone under his own vine and under his own fig tree.

ה וַיֵּשֶׁב יְהוּדָה וְיִשְׂרָאֵל לָבֶטַח אִישׁ תַּחַת גַּפְנוֹ וְתַחַת תְּאֵנָתוֹ מִדָּן וְעַד־בְּאֵר שָׁבַע כֹּל יְמֵי שְׁלֹמֹה׃

6 *Shlomo* had 40,000 stalls of horses for his chariotry and 12,000 horsemen.

ו וַיְהִי לִשְׁלֹמֹה אַרְבָּעִים אֶלֶף אֻרְוֹת סוּסִים לְמֶרְכָּבוֹ וּשְׁנֵים־עָשָׂר אֶלֶף פָּרָשִׁים׃

7 All those prefects, each during his month, would furnish provisions for King *Shlomo* and for all who were admitted to King *Shlomo*'s table; they did not fall short in anything.

ז וְכִלְכְּלוּ הַנִּצָּבִים הָאֵלֶּה אֶת־הַמֶּלֶךְ שְׁלֹמֹה וְאֵת כָּל־הַקָּרֵב אֶל־שֻׁלְחַן הַמֶּלֶךְ־שְׁלֹמֹה אִישׁ חָדְשׁוֹ לֹא יְעַדְּרוּ דָּבָר׃

8 They would also, each in his turn, deliver barley and straw for the horses and the swift steeds to the places where they were stationed.

ח וְהַשְּׂעֹרִים וְהַתֶּבֶן לַסּוּסִים וְלָרֶכֶשׁ יָבִאוּ אֶל־הַמָּקוֹם אֲשֶׁר יִהְיֶה־שָּׁם אִישׁ כְּמִשְׁפָּטוֹ׃

4:20 *Yehuda* and *Yisrael* were as numerous as the sands of the sea Unlike King *David* who began his rule only over *Yehuda*, King *Shlomo* rises to power over a united kingdom comprising all of *Yehuda* and *Yisrael*. As *Radak* notes, everyone in the kingdom recognizes King *Shlomo's* rule, due to the universal recognition of his God-given wisdom. The chapter ends with the reward for unity among the People of Israel: they become as numerous as the sand on the sea shore and successful in the Land of Israel, thereby seeing the fulfillment of the blessing *Hashem* gave to *Avraham* (Genesis 22:17).

Mediterranean coast at Caesarea

9 *Hashem* endowed *Shlomo* with wisdom and discernment in great measure, with understanding as vast as the sands on the seashore.

ט וַיִּתֵּן אֱלֹהִים חׇכְמָה לִשְׁלֹמֹה וּתְבוּנָה הַרְבֵּה מְאֹד וְרֹחַב לֵב כַּחוֹל אֲשֶׁר עַל־שְׂפַת הַיָּם׃

10 *Shlomo*'s wisdom was greater than the wisdom of all the Kedemites and than all the wisdom of the Egyptians.

י וַתֵּרֶב חׇכְמַת שְׁלֹמֹה מֵחׇכְמַת כׇּל־בְּנֵי־קֶדֶם וּמִכֹּל חׇכְמַת מִצְרָיִם׃

11 He was the wisest of all men: [wiser] than Ethan the Ezrahite, and *Hayman*, Chalkol, and Darda the sons of Mahol. His fame spread among all the surrounding nations.

יא וַיֶּחְכַּם מִכׇּל־הָאָדָם מֵאֵיתָן הָאֶזְרָחִי וְהֵימָן וְכַלְכֹּל וְדַרְדַּע בְּנֵי מָחוֹל וַיְהִי־שְׁמוֹ בְכׇל־הַגּוֹיִם סָבִיב׃

12 He composed three thousand proverbs, and his songs numbered one thousand and five.

יב וַיְדַבֵּר שְׁלֹשֶׁת אֲלָפִים מָשָׁל וַיְהִי שִׁירוֹ חֲמִשָּׁה וָאָלֶף׃

13 He discoursed about trees, from the cedar in Lebanon to the hyssop that grows out of the wall; and he discoursed about beasts, birds, creeping things, and fishes.

יג וַיְדַבֵּר עַל־הָעֵצִים מִן־הָאֶרֶז אֲשֶׁר בַּלְּבָנוֹן וְעַד הָאֵזוֹב אֲשֶׁר יֹצֵא בַּקִּיר וַיְדַבֵּר עַל־הַבְּהֵמָה וְעַל־הָעוֹף וְעַל־הָרֶמֶשׂ וְעַל־הַדָּגִים׃

14 Men of all peoples came to hear *Shlomo*'s wisdom, [sent] by all the kings of the earth who had heard of his wisdom.

יד וַיָּבֹאוּ מִכׇּל־הָעַמִּים לִשְׁמֹעַ אֵת חׇכְמַת שְׁלֹמֹה מֵאֵת כׇּל־מַלְכֵי הָאָרֶץ אֲשֶׁר שָׁמְעוּ אֶת־חׇכְמָתוֹ׃

15 King Hiram of Tyre sent his officials to *Shlomo* when he heard that he had been anointed king in place of his father; for Hiram had always been a friend of *David*.

טו וַיִּשְׁלַח חִירָם מֶלֶךְ־צוֹר אֶת־עֲבָדָיו אֶל־שְׁלֹמֹה כִּי שָׁמַע כִּי אֹתוֹ מָשְׁחוּ לְמֶלֶךְ תַּחַת אָבִיהוּ כִּי אֹהֵב הָיָה חִירָם לְדָוִד כׇּל־הַיָּמִים׃

16 *Shlomo* sent this message to Hiram:

טז וַיִּשְׁלַח שְׁלֹמֹה אֶל־חִירָם לֵאמֹר׃

17 "You know that my father *David* could not build a house for the name of *Hashem* his God because of the enemies that encompassed him, until *Hashem* had placed them under the soles of his feet.

יז אַתָּה יָדַעְתָּ אֶת־דָּוִד אָבִי כִּי לֹא יָכֹל לִבְנוֹת בַּיִת לְשֵׁם יְהֹוָה אֱלֹהָיו מִפְּנֵי הַמִּלְחָמָה אֲשֶׁר סְבָבֻהוּ עַד תֵּת־יְהֹוָה אֹתָם תַּחַת כַּפּוֹת רגלו [רַגְלָי׃]

18 But now *Hashem* my God has given me respite all around; there is no adversary and no mischance.

יח וְעַתָּה הֵנִיחַ יְהֹוָה אֱלֹהַי לִי מִסָּבִיב אֵין שָׂטָן וְאֵין פֶּגַע רָע׃

19 And so I propose to build a house for the name of *Hashem* my God, as *Hashem* promised my father *David*, saying, 'Your son, whom I will set on your throne in your place, shall build the house for My name.'

יט וְהִנְנִי אֹמֵר לִבְנוֹת בַּיִת לְשֵׁם יְהֹוָה אֱלֹהָי כַּאֲשֶׁר דִּבֶּר יְהֹוָה אֶל־דָּוִד אָבִי לֵאמֹר בִּנְךָ אֲשֶׁר אֶתֵּן תַּחְתֶּיךָ עַל־כִּסְאֶךָ הוּא־יִבְנֶה הַבַּיִת לִשְׁמִי׃

v'-hi-n'-NEE o-MAYR liv-NOT BA-yit l'-SHAYM a-do-NAI e-lo-HAI ka-a-SHER di-BER a-do-NAI el da-VID a-VEE lay-MOR bin-KHA a-SHER e-TAYN takh-TE-kha al kis-E-kha hu yiv-NEH ha-BA-yit lish-MEE

5:19 I propose to build a house for the name of *Hashem* my God Because King *Shlomo* reigns over a united and strong kingdom living at peace, he is able to embark upon the building of the *Beit Hamikdash* in *Yerushalayim*. The Talmud (*Zevachim* 118) relates that the *Mishkan* stood in *Gilgal* for 14 years, in *Shilo*

[20] Please, then, give orders for cedars to be cut for me in the Lebanon. My servants will work with yours, and I will pay you any wages you may ask for your servants; for as you know, there is none among us who knows how to cut timber like the Sidonians."

כ וְעַתָּה צַוֵּה וְיִכְרְתוּ־לִי אֲרָזִים מִן־הַלְּבָנוֹן
וַעֲבָדַי יִהְיוּ עִם־עֲבָדֶיךָ וּשְׂכַר עֲבָדֶיךָ
אֶתֵּן לְךָ כְּכֹל אֲשֶׁר תֹּאמֵר כִּי אַתָּה
יָדַעְתָּ כִּי אֵין בָּנוּ אִישׁ יֹדֵעַ לִכְרָת־עֵצִים
כַּצִּדֹנִים׃

[21] When Hiram heard *Shlomo*'s message, he was overjoyed. "Praised be *Hashem* this day," he said, "for granting *David* a wise son to govern this great people."

כא וַיְהִי כִּשְׁמֹעַ חִירָם אֶת־דִּבְרֵי שְׁלֹמֹה
וַיִּשְׂמַח מְאֹד וַיֹּאמֶר בָּרוּךְ יְהֹוָה הַיּוֹם
אֲשֶׁר נָתַן לְדָוִד בֵּן חָכָם עַל־הָעָם הָרָב
הַזֶּה׃

Kings

[22] So Hiram sent word to *Shlomo*: "I have your message; I will supply all the cedar and cypress logs you require.

כב וַיִּשְׁלַח חִירָם אֶל־שְׁלֹמֹה לֵאמֹר
שָׁמַעְתִּי אֵת אֲשֶׁר־שָׁלַחְתָּ אֵלָי אֲנִי
אֶעֱשֶׂה אֶת־כָּל־חֶפְצְךָ בַּעֲצֵי אֲרָזִים
וּבַעֲצֵי בְרוֹשִׁים׃

[23] My servants will bring them down to the sea from the Lebanon; and at the sea I will make them into floats and [deliver them] to any place that you designate to me. There I shall break them up for you to carry away. You, in turn, will supply the food I require for my household."

כג עֲבָדַי יֹרִדוּ מִן־הַלְּבָנוֹן יָמָּה וַאֲנִי
אֲשִׂימֵם דֹּבְרוֹת בַּיָּם עַד־הַמָּקוֹם אֲשֶׁר־
תִּשְׁלַח אֵלַי וְנִפַּצְתִּים שָׁם וְאַתָּה תִשָּׂא
וְאַתָּה תַּעֲשֶׂה אֶת־חֶפְצִי לָתֵת לֶחֶם
בֵּיתִי׃

[24] So Hiram kept *Shlomo* provided with all the cedar and cypress wood he required,

כד וַיְהִי חִירוֹם נֹתֵן לִשְׁלֹמֹה עֲצֵי אֲרָזִים
וַעֲצֵי בְרוֹשִׁים כָּל־חֶפְצוֹ׃

[25] and *Shlomo* delivered to Hiram 20,000 *kor*s of wheat as provisions for his household and 20 *kor*s of beaten oil. Such was *Shlomo*'s annual payment to Hiram.

כה וּשְׁלֹמֹה נָתַן לְחִירָם עֶשְׂרִים אֶלֶף כֹּר
חִטִּים מַכֹּלֶת לְבֵיתוֹ וְעֶשְׂרִים כֹּר שֶׁמֶן
כָּתִית כֹּה־יִתֵּן שְׁלֹמֹה לְחִירָם שָׁנָה
בְשָׁנָה׃

[26] *Hashem* had given *Shlomo* wisdom, as He had promised him. There was friendship between Hiram and *Shlomo*, and the two of them made a treaty.

כו וַיהֹוָה נָתַן חָכְמָה לִשְׁלֹמֹה כַּאֲשֶׁר דִּבֶּר־
לוֹ וַיְהִי שָׁלֹם בֵּין חִירָם וּבֵין שְׁלֹמֹה
וַיִּכְרְתוּ בְרִית שְׁנֵיהֶם׃

[27] King *Shlomo* imposed forced labor on all *Yisrael*; the levy came to 30,000 men.

כז וַיַּעַל הַמֶּלֶךְ שְׁלֹמֹה מַס מִכָּל־יִשְׂרָאֵל
וַיְהִי הַמַּס שְׁלֹשִׁים אֶלֶף אִישׁ׃

Model of the *Mishkan* at Timna Park

for 369 years, and in *Nov* and *Givon* together for another 57 years, equaling a total of 440 years. After this period, work on a permanent House of God can finally begin. This monumental project is the high point of the history of the People of Israel. The purpose of the exodus from Egypt was to receive the *Torah* and to observe it in *Eretz Yisrael*, which includes serving *Hashem* in the place He chose – the *Beit Hamikdash* in *Yerushalayim* (see Exodus 6:6–8). This Temple would serve as a focal point for worship of God, by the Children of Israel and the rest of the world.

28 He sent them to the Lebanon in shifts of 10,000 a month: they would spend one month in the Lebanon and two months at home. Adoniram was in charge of the forced labor.

כח וַיִּשְׁלָחֵם לְבָנוֹנָה עֲשֶׂרֶת אֲלָפִים בַּחֹדֶשׁ חֲלִיפוֹת חֹדֶשׁ יִהְיוּ בַלְּבָנוֹן שְׁנַיִם חֳדָשִׁים בְּבֵיתוֹ וַאֲדֹנִירָם עַל־הַמַּס׃

29 *Shlomo* also had 70,000 porters and 80,000 quarriers in the hills,

כט וַיְהִי לִשְׁלֹמֹה שִׁבְעִים אֶלֶף נֹשֵׂא סַבָּל וּשְׁמֹנִים אֶלֶף חֹצֵב בָּהָר׃

30 apart from *Shlomo*'s 3,300 officials who were in charge of the work and supervised the gangs doing the work.

ל לְבַד מִשָּׂרֵי הַנִּצָּבִים לִשְׁלֹמֹה אֲשֶׁר עַל־הַמְּלָאכָה שְׁלֹשֶׁת אֲלָפִים וּשְׁלֹשׁ מֵאוֹת הָרֹדִים בָּעָם הָעֹשִׂים בַּמְּלָאכָה׃

31 The king ordered huge blocks of choice stone to be quarried, so that the foundations of the house might be laid with hewn stones.

לא וַיְצַו הַמֶּלֶךְ וַיַּסִּעוּ אֲבָנִים גְּדֹלוֹת אֲבָנִים יְקָרוֹת לְיַסֵּד הַבָּיִת אַבְנֵי גָזִית׃

32 *Shlomo*'s masons, Hiram's masons, and the men of Gebal shaped them. Thus the timber and the stones for building the house were made ready.

לב וַיִּפְסְלוּ בֹּנֵי שְׁלֹמֹה וּבֹנֵי חִירוֹם וְהַגִּבְלִים וַיָּכִינוּ הָעֵצִים וְהָאֲבָנִים לִבְנוֹת הַבָּיִת׃

6 1 In the four hundred and eightieth year after the Israelites left the land of Egypt, in the month of Ziv – that is, the second month – in the fourth year of his reign over *Yisrael*, *Shlomo* began to build the House of *Hashem*.

ו א וַיְהִי בִשְׁמוֹנִים שָׁנָה וְאַרְבַּע מֵאוֹת שָׁנָה לְצֵאת בְּנֵי־יִשְׂרָאֵל מֵאֶרֶץ־מִצְרַיִם בַּשָּׁנָה הָרְבִיעִית בְּחֹדֶשׁ זִו הוּא הַחֹדֶשׁ הַשֵּׁנִי לִמְלֹךְ שְׁלֹמֹה עַל־יִשְׂרָאֵל וַיִּבֶן הַבַּיִת לַיהֹוָה׃

2 The House which King *Shlomo* built for *Hashem* was 60 *amot* long, 20 *amot* wide, and 30 *amot* high.

ב וְהַבַּיִת אֲשֶׁר בָּנָה הַמֶּלֶךְ שְׁלֹמֹה לַיהֹוָה שִׁשִּׁים־אַמָּה אָרְכּוֹ וְעֶשְׂרִים רָחְבּוֹ וּשְׁלֹשִׁים אַמָּה קוֹמָתוֹ׃

3 The portico in front of the Great Hall of the House was 20 *amot* long – along the width of the House – and 10 *amot* deep to the front of the House.

ג וְהָאוּלָם עַל־פְּנֵי הֵיכַל הַבַּיִת עֶשְׂרִים אַמָּה אָרְכּוֹ עַל־פְּנֵי רֹחַב הַבָּיִת עֶשֶׂר בָּאַמָּה רָחְבּוֹ עַל־פְּנֵי הַבָּיִת׃

4 He made windows for the House, recessed and latticed.

ד וַיַּעַשׂ לַבָּיִת חַלּוֹנֵי שְׁקֻפִים אֲטֻמִים׃

5 Against the outside wall of the House – the outside walls of the House enclosing the Great Hall and the Shrine – he built a storied structure; and he made side chambers all around.

ה וַיִּבֶן עַל־קִיר הַבַּיִת יצוע [יָצִיעַ] סָבִיב אֶת־קִירוֹת הַבַּיִת סָבִיב לַהֵיכָל וְלַדְּבִיר וַיַּעַשׂ צְלָעוֹת סָבִיב׃

6 The lowest story was 5 *amot* wide, the middle one 6 *amot* wide, and the third 7 *amot* wide; for he had provided recesses around the outside of the House so as not to penetrate the walls of the House.

ו היצוע [הַיָּצִיעַ] הַתַּחְתֹּנָה חָמֵשׁ בָּאַמָּה רָחְבָּהּ וְהַתִּיכֹנָה שֵׁשׁ בָּאַמָּה רָחְבָּהּ וְהַשְּׁלִישִׁית שֶׁבַע בָּאַמָּה רָחְבָּהּ כִּי מִגְרָעוֹת נָתַן לַבַּיִת סָבִיב חוּצָה לְבִלְתִּי אֲחֹז בְּקִירוֹת־הַבָּיִת׃

7 When the House was built, only finished stones cut at the quarry were used, so that no hammer or ax or any iron tool was heard in the House while it was being built.

ז וְהַבַּיִת בְּהִבָּנֹתוֹ אֶבֶן־שְׁלֵמָה מַסָּע נִבְנָה וּמַקָּבוֹת וְהַגַּרְזֶן כָּל־כְּלִי בַרְזֶל לֹא־נִשְׁמַע בַּבַּיִת בְּהִבָּנֹתוֹ׃

8 The entrance to the middle [story of] the side chambers was on the right side of the House; and winding stairs led up to the middle chambers, and from the middle chambers to the third story.

ח פֶּתַח הַצֵּלָע הַתִּיכֹנָה אֶל־כֶּתֶף הַבַּיִת הַיְמָנִית וּבְלוּלִּים יַעֲלוּ עַל־הַתִּיכֹנָה וּמִן־הַתִּיכֹנָה אֶל־הַשְּׁלִשִׁים׃

9 When he finished building the House, he paneled the House with beams and planks of cedar.

ט וַיִּבֶן אֶת־הַבַּיִת וַיְכַלֵּהוּ וַיִּסְפֹּן אֶת־הַבַּיִת גֵּבִים וּשְׂדֵרֹת בָּאֲרָזִים׃

10 He built the storied structure against the entire House – each story 5 *amot* high, so that it encased the House with timbers of cedar.

י וַיִּבֶן אֶת־היצוע [הַיָּצִיעַ] עַל־כָּל־הַבַּיִת חָמֵשׁ אַמּוֹת קוֹמָתוֹ וַיֶּאֱחֹז אֶת־הַבַּיִת בַּעֲצֵי אֲרָזִים׃

11 Then the word of *Hashem* came to *Shlomo*,

יא וַיְהִי דְּבַר־יְהֹוָה אֶל־שְׁלֹמֹה לֵאמֹר׃

12 "With regard to this House you are building – if you follow My laws and observe My rules and faithfully keep My commandments, I will fulfill for you the promise that I gave to your father *David*:

יב הַבַּיִת הַזֶּה אֲשֶׁר־אַתָּה בֹנֶה אִם־תֵּלֵךְ בְּחֻקֹּתַי וְאֶת־מִשְׁפָּטַי תַּעֲשֶׂה וְשָׁמַרְתָּ אֶת־כָּל־מִצְוֺתַי לָלֶכֶת בָּהֶם וַהֲקִמֹתִי אֶת־דְּבָרִי אִתָּךְ אֲשֶׁר דִּבַּרְתִּי אֶל־דָּוִד אָבִיךָ׃

13 I will abide among the children of *Yisrael*, and I will never forsake My people *Yisrael*."

יג וְשָׁכַנְתִּי בְּתוֹךְ בְּנֵי יִשְׂרָאֵל וְלֹא אֶעֱזֹב אֶת־עַמִּי יִשְׂרָאֵל׃

v'-SHA-khan-TEE b'-TOKH b'-NAY yis-ra-AYL
v'-LO e-e-ZOV et a-MEE yis-ra-AYL

14 When *Shlomo* had completed the construction of the House,

יד וַיִּבֶן שְׁלֹמֹה אֶת־הַבַּיִת וַיְכַלֵּהוּ׃

15 he paneled the walls of the House on the inside with planks of cedar. He also overlaid the walls on the inside with wood, from the floor of the House to the ceiling. And he overlaid the floor of the House with planks of cypress.

טו וַיִּבֶן אֶת־קִירוֹת הַבַּיִת מִבַּיְתָה בְּצַלְעוֹת אֲרָזִים מִקַּרְקַע הַבַּיִת עַד־קִירוֹת הַסִּפֻּן צִפָּה עֵץ מִבָּיִת וַיְצַף אֶת־קַרְקַע הַבַּיִת בְּצַלְעוֹת בְּרוֹשִׁים׃

16 Twenty *amot* from the rear of the House, he built [a partition] of cedar planks from the floor to the walls; he furnished its interior to serve as a shrine, as the Holy of Holies.

טז וַיִּבֶן אֶת־עֶשְׂרִים אַמָּה מירכותי [מִיַּרְכְּתֵי] הַבַּיִת בְּצַלְעוֹת אֲרָזִים מִן־הַקַּרְקַע עַד־הַקִּירוֹת וַיִּבֶן לוֹ מִבַּיִת לִדְבִיר לְקֹדֶשׁ הַקֳּדָשִׁים׃

17 The front part of the House, that is, the Great Hall, measured 40 *amot*.

יז וְאַרְבָּעִים בָּאַמָּה הָיָה הַבַּיִת הוּא הַהֵיכָל לִפְנָי׃

6:13 I will never forsake My people *Yisrael* King *Shlomo* concludes the building of the *Beit Hamikdash* in *Yerushalayim*. This holiest place on earth is a massive and awe-inspiring complex that brings the entire world closer to God. Though *Hashem* will allow it to stand only if the Children of Israel serve Him properly (see 9:8), Rabbi Shlomo Aviner points out that God's commitment in this verse is not conditional. *Hashem*'s covenant with His people is eternal. Though He may "hide His face" at certain points in history, He will never leave His people or allow other nations to flourish in the Promised Land. Despite the many years of exile and suffering that the Jewish people have experienced, *Hashem*'s covenant remains, as does the promise of a return to *Eretz Yisrael*. He has begun to fulfill that promise in our era, before our very eyes.

Fireworks over the Old City of *Yerushalayim*

18 The cedar of the interior of the House had carvings of gourds and calyxes; it was all cedar, no stone was exposed.

יח וְאֶרֶז אֶל־הַבַּיִת פְּנִימָה מִקְלַעַת פְּקָעִים
וּפְטוּרֵי צִצִּים הַכֹּל אֶרֶז אֵין אֶבֶן נִרְאָה׃

19 In the innermost part of the House, he fixed a Shrine in which to place the *Aron Brit Hashem.*

יט וּדְבִיר בְּתוֹךְ־הַבַּיִת מִפְּנִימָה הֵכִין לְתִתֵּן
שָׁם אֶת־אֲרוֹן בְּרִית יְהֹוָה׃

20 The interior of the Shrine was 20 *amot* long, 20 *amot* wide, and 20 *amot* high. He overlaid it with solid gold; he similarly overlaid [its] cedar *Mizbayach.*

כ וְלִפְנֵי הַדְּבִיר עֶשְׂרִים אַמָּה אֹרֶךְ
וְעֶשְׂרִים אַמָּה רֹחַב וְעֶשְׂרִים אַמָּה
קוֹמָתוֹ וַיְצַפֵּהוּ זָהָב סָגוּר וַיְצַף מִזְבֵּחַ
אָרֶז׃

21 *Shlomo* overlaid the interior of the House with solid gold; and he inserted golden chains into the door of the Shrine. He overlaid [the Shrine] with gold,

כא וַיְצַף שְׁלֹמֹה אֶת־הַבַּיִת מִפְּנִימָה זָהָב
סָגוּר וַיְעַבֵּר ברתיקות [בְּרַתּוּקוֹת] זָהָב
לִפְנֵי הַדְּבִיר וַיְצַפֵּהוּ זָהָב׃

22 so that the entire House was overlaid with gold; he even overlaid with gold the entire *Mizbayach* of the Shrine. And so the entire House was completed.

כב וְאֶת־כָּל־הַבַּיִת צִפָּה זָהָב עַד־תֹּם כָּל־
הַבָּיִת וְכָל־הַמִּזְבֵּחַ אֲשֶׁר־לַדְּבִיר צִפָּה
זָהָב׃

23 In the Shrine he made two cherubim of olive wood, each 10 *amot* high.

כג וַיַּעַשׂ בַּדְּבִיר שְׁנֵי כְרוּבִים עֲצֵי־שָׁמֶן
עֶשֶׂר אַמּוֹת קוֹמָתוֹ׃

24 [One] had a wing measuring 5 *amot* and another wing measuring 5 *amot,* so that the spread from wingtip to wingtip was 10 *amot;*

כד וְחָמֵשׁ אַמּוֹת כְּנַף הַכְּרוּב הָאֶחָת וְחָמֵשׁ
אַמּוֹת כְּנַף הַכְּרוּב הַשֵּׁנִית עֶשֶׂר אַמּוֹת
מִקְצוֹת כְּנָפָיו וְעַד־קְצוֹת כְּנָפָיו׃

25 and the wingspread of the other cherub was also 10 *amot.* The two cherubim had the same measurements and proportions:

כה וְעֶשֶׂר בָּאַמָּה הַכְּרוּב הַשֵּׁנִי מִדָּה אַחַת
וְקֶצֶב אֶחָד לִשְׁנֵי הַכְּרֻבִים׃

26 the height of the one cherub was 10 *amot,* and so was that of the other cherub.

כו קוֹמַת הַכְּרוּב הָאֶחָד עֶשֶׂר בָּאַמָּה וְכֵן
הַכְּרוּב הַשֵּׁנִי׃

27 He placed the cherubim inside the inner chamber. Since the wings of the cherubim were extended, a wing of the one touched one wall and a wing of the other touched the other wall, while their wings in the center of the chamber touched each other.

כז וַיִּתֵּן אֶת־הַכְּרוּבִים בְּתוֹךְ הַבַּיִת הַפְּנִימִי
וַיִּפְרְשׂוּ אֶת־כַּנְפֵי הַכְּרֻבִים וַתִּגַּע כְּנַף־
הָאֶחָד בַּקִּיר וּכְנַף הַכְּרוּב הַשֵּׁנִי נֹגַעַת
בַּקִּיר הַשֵּׁנִי וְכַנְפֵיהֶם אֶל־תּוֹךְ הַבַּיִת
נֹגְעֹת כָּנָף אֶל־כָּנָף׃

28 He overlaid the cherubim with gold.

כח וַיְצַף אֶת־הַכְּרוּבִים זָהָב׃

29 All over the walls of the House, of both the inner area and the outer area, he carved reliefs of cherubim, palms, and calyxes,

כט וְאֵת כָּל־קִירוֹת הַבַּיִת מֵסַב קָלַע פִּתּוּחֵי
מִקְלְעוֹת כְּרוּבִים וְתִמֹרֹת וּפְטוּרֵי צִצִּים
מִלִּפְנִים וְלַחִיצוֹן׃

30 and he overlaid the floor of the House with gold, both the inner and the outer areas.

ל וְאֶת־קַרְקַע הַבַּיִת צִפָּה זָהָב לִפְנִימָה
וְלַחִיצוֹן׃

31 For the entrance of the Shrine he made doors of olive wood, the pilasters and the doorposts having five sides.

לא וְאֵת פֶּתַח הַדְּבִיר עָשָׂה דַּלְתוֹת עֲצֵי־
שָׁמֶן הָאַיִל מְזֻזוֹת חֲמִשִׁית׃

Kings

32 The double doors were of olive wood, and on them he carved reliefs of cherubim, palms, and calyxes. He overlaid them with gold, hammering the gold onto the cherubim and the palms.

לב וּשְׁתֵּי דַלְתוֹת עֲצֵי־שֶׁמֶן וְקָלַע עֲלֵיהֶם מִקְלְעוֹת כְּרוּבִים וְתִמֹרוֹת וּפְטוּרֵי צִצִים וְצִפָּה זָהָב וַיָּרֶד עַל־הַכְּרוּבִים וְעַל־הַתִּמֹרוֹת אֶת־הַזָּהָב:

33 For the entrance of the Great Hall, too, he made doorposts of oleaster wood, having four sides,

לג וְכֵן עָשָׂה לְפֶתַח הַהֵיכָל מְזוּזוֹת עֲצֵי־שָׁמֶן מֵאֵת רְבִעִית:

34 and the double doors of cypress wood, each door consisting of two rounded planks.

לד וּשְׁתֵּי דַלְתוֹת עֲצֵי בְרוֹשִׁים שְׁנֵי צְלָעִים הַדֶּלֶת הָאַחַת גְּלִילִים וּשְׁנֵי קְלָעִים הַדֶּלֶת הַשֵּׁנִית גְּלִילִים:

35 On them he carved cherubim, palms, and calyxes, overlaying them with gold applied evenly over the carvings.

לה וְקָלַע כְּרוּבִים וְתִמֹרוֹת וּפְטֻרֵי צִצִים וְצִפָּה זָהָב מְיֻשָּׁר עַל־הַמְּחֻקֶּה:

36 He built the inner enclosure of three courses of hewn stones and one course of cedar beams.

לו וַיִּבֶן אֶת־הֶחָצֵר הַפְּנִימִית שְׁלֹשָׁה טוּרֵי גָזִית וְטוּר כְּרֻתֹת אֲרָזִים:

37 In the fourth year, in the month of Ziv, the foundations of the House were laid;

לז בַּשָּׁנָה הָרְבִיעִית יֻסַּד בֵּית יְהֹוָה בְּיֶרַח זִו:

38 and in the eleventh year, in the month of Bul – that is, the eighth month – the House was completed according to all its details and all its specifications. It took him seven years to build it.

לח וּבַשָּׁנָה הָאַחַת עֶשְׂרֵה בְּיֶרַח בּוּל הוּא הַחֹדֶשׁ הַשְּׁמִינִי כָּלָה הַבַּיִת לְכָל־דְּבָרָיו וּלְכָל־משׁפטו [מִשְׁפָּטָיו] וַיִּבְנֵהוּ שֶׁבַע שָׁנִים:

7 1 And it took *Shlomo* thirteen years to build his palace, until his whole palace was completed.

א וְאֶת־בֵּיתוֹ בָּנָה שְׁלֹמֹה שְׁלֹשׁ עֶשְׂרֵה שָׁנָה וַיְכַל אֶת־כָּל־בֵּיתוֹ:

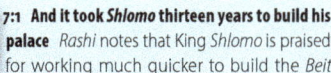

v'-et bay-TO ba-NAH sh'-lo-MO sh'-LOSH es-RAY
sha-NAH vai-KHAL et kol bay-TO

2 He built the Lebanon Forest House with four rows of cedar columns, and with hewn cedar beams above the columns. Its length was 100 *amot*, its breadth 50 *amot*, and its height 30 *amot*.

ב וַיִּבֶן אֶת־בֵּית יַעַר הַלְּבָנוֹן מֵאָה אַמָּה אָרְכּוֹ וַחֲמִשִּׁים אַמָּה רָחְבּוֹ וּשְׁלֹשִׁים אַמָּה קוֹמָתוֹ עַל אַרְבָּעָה טוּרֵי עַמּוּדֵי אֲרָזִים וּכְרֻתוֹת אֲרָזִים עַל־הָעַמּוּדִים:

3 It was paneled above with cedar, with the planks that were above on the 45 columns – 15 in each row.

ג וְסָפֻן בָּאֶרֶז מִמַּעַל עַל־הַצְּלָעֹת אֲשֶׁר עַל־הָעַמּוּדִים אַרְבָּעִים וַחֲמִשָּׁה חֲמִשָּׁה עָשָׂר הַטּוּר:

Tel Aviv/Ramat Gan financial district at sunset

7:1 And it took *Shlomo* thirteen years to build his palace *Rashi* notes that King *Shlomo* is praised for working much quicker to build the *Beit Hamikdash* than his own palace. Yet, on the surface, the descriptions of the opulence of his palace seem far from spiritual and out of place. In truth, however, this description communicates an eternal religious value. Rabbi Abraham Isaac Kook teaches that just as a poor, depressed person often has a difficult time serving *Hashem* due to his need to focus on daily survival, an impoverished nation will also have a difficult time serving God. King *Shlomo*, who dwelled in a magnificent palace, represents the nation he rules; under his reign, Israel attains the highest levels of physical and financial power, and is thus also able to attain the highest spiritual levels. We are fortunate to see a glimpse of this today, as the modern State of Israel has miraculously grown from a poor nation to a country with a strong, vibrant economy that can sustain its people both physically and spiritually.

4 And there were three rows of window frames, with three tiers of windows facing each other.

ד וּשְׁקֻפִים שְׁלֹשָׁה טוּרִים וּמֶחֱזָה אֶל־
מֶחֱזָה שָׁלֹשׁ פְּעָמִים׃

5 All the doorways and doorposts had square frames – with three tiers of windows facing each other.

ה וְכָל־הַפְּתָחִים וְהַמְּזוּזוֹת רְבֻעִים שָׁקֶף
וּמוּל מֶחֱזָה אֶל־מֶחֱזָה שָׁלֹשׁ פְּעָמִים׃

6 He made the portico of columns 50 *amot* long and 30 *amot* wide; the portico was in front of [the columns], and there were columns with a canopy in front of them.

ו וְאֵת אוּלָם הָעַמּוּדִים עָשָׂה חֲמִשִּׁים
אַמָּה אָרְכּוֹ וּשְׁלֹשִׁים אַמָּה רָחְבּוֹ וְאוּלָם
עַל־פְּנֵיהֶם וְעַמֻּדִים וְעָב עַל־פְּנֵיהֶם׃

7 He made the throne portico, where he was to pronounce judgment – the Hall of Judgment. It was paneled with cedar from floor to floor.

ז וְאוּלָם הַכִּסֵּא אֲשֶׁר יִשְׁפָּט־שָׁם אֻלָם
הַמִּשְׁפָּט עָשָׂה וְסָפוּן בָּאֶרֶז מֵהַקַּרְקַע
עַד־הַקַּרְקָע׃

8 The house that he used as a residence, in the rear courtyard, back of the portico, was of the same construction. *Shlomo* also constructed a palace like that portico for the daughter of Pharaoh, whom he had married.

ח וּבֵיתוֹ אֲשֶׁר־יֵשֶׁב שָׁם חָצֵר הָאַחֶרֶת
מִבֵּית לָאוּלָם כַּמַּעֲשֶׂה הַזֶּה הָיָה וּבַיִת
יַעֲשֶׂה לְבַת־פַּרְעֹה אֲשֶׁר לָקַח שְׁלֹמֹה
כָּאוּלָם הַזֶּה׃

9 All these buildings, from foundation to coping and all the way out to the great courtyard, were of choice stones, hewn according to measure, smooth on all sides.

ט כָּל־אֵלֶּה אֲבָנִים יְקָרֹת כְּמִדֹּת גָּזִית
מְגֹרָרוֹת בַּמְּגֵרָה מִבַּיִת וּמִחוּץ וּמִמַּסָּד
עַד־הַטְּפָחוֹת וּמִחוּץ עַד־הֶחָצֵר
הַגְּדוֹלָה׃

10 The foundations were huge blocks of choice stone, stones of 10 *amot* and stones of 8 *amot*;

י וּמְיֻסָּד אֲבָנִים יְקָרוֹת אֲבָנִים גְּדֹלוֹת
אַבְנֵי עֶשֶׂר אַמּוֹת וְאַבְנֵי שְׁמֹנֶה אַמּוֹת׃

11 and above were choice stones, hewn according to measure, and cedar wood.

יא וּמִלְמַעְלָה אֲבָנִים יְקָרוֹת כְּמִדּוֹת גָּזִית
וָאָרֶז׃

12 The large surrounding courtyard had three tiers of hewn stone and a row of cedar beams, the same as for the inner court of the House of *Hashem*, and for the portico of the House.

יב וְחָצֵר הַגְּדוֹלָה סָבִיב שְׁלֹשָׁה טוּרִים
גָּזִית וְטוּר כְּרֻתֹת אֲרָזִים וְלַחֲצַר בֵּית־
יְהוָה הַפְּנִימִית וּלְאֻלָם הַבָּיִת׃

13 King *Shlomo* sent for Hiram and brought him down from Tyre.

יג וַיִּשְׁלַח הַמֶּלֶךְ שְׁלֹמֹה וַיִּקַּח אֶת־חִירָם
מִצֹּר׃

14 He was the son of a widow of the tribe of *Naftali*, and his father had been a Tyrian, a coppersmith. He was endowed with skill, ability, and talent for executing all work in bronze. He came to King *Shlomo* and executed all his work.

יד בֶּן־אִשָּׁה אַלְמָנָה הוּא מִמַּטֵּה נַפְתָּלִי
וְאָבִיו אִישׁ־צֹרִי חֹרֵשׁ נְחֹשֶׁת וַיִּמָּלֵא
אֶת־הַחָכְמָה וְאֶת־הַתְּבוּנָה וְאֶת־הַדַּעַת
לַעֲשׂוֹת כָּל־מְלָאכָה בַּנְּחֹשֶׁת וַיָּבוֹא אֶל־
הַמֶּלֶךְ שְׁלֹמֹה וַיַּעַשׂ אֶת־כָּל־מְלַאכְתּוֹ׃

15 He cast two columns of bronze; one column was 18 *amot* high and measured 12 *amot* in circumference, [and similarly] the other column.

טו וַיָּצַר אֶת־שְׁנֵי הָעַמּוּדִים נְחֹשֶׁת שְׁמֹנֶה
עֶשְׂרֵה אַמָּה קוֹמַת הָעַמּוּד הָאֶחָד
וְחוּט שְׁתֵּים־עֶשְׂרֵה אַמָּה יָסֹב אֶת־
הָעַמּוּד הַשֵּׁנִי׃

16 He made two capitals, cast in bronze, to be set upon the two columns, the height of each of the two capitals being 5 *amot*;

טז וּשְׁתֵּי כֹתָרֹת עָשָׂה לָתֵת עַל־רָאשֵׁי
הָעַמּוּדִים מֻצַק נְחֹשֶׁת חָמֵשׁ אַמּוֹת
קוֹמַת הַכֹּתֶרֶת הָאֶחָת וְחָמֵשׁ אַמּוֹת
קוֹמַת הַכֹּתֶרֶת הַשֵּׁנִית׃

17 also nets of meshwork with festoons of chainwork for the capitals that were on the top of the columns, seven for each of the two capitals.

יז שְׂבָכִים מַעֲשֵׂה שְׂבָכָה גְּדִלִים מַעֲשֵׂה
שַׁרְשְׁרוֹת לַכֹּתָרֹת אֲשֶׁר עַל־רֹאשׁ
הָעַמּוּדִים שִׁבְעָה לַכֹּתֶרֶת הָאֶחָת
וְשִׁבְעָה לַכֹּתֶרֶת הַשֵּׁנִית׃

18 He made the columns so that there were two rows [of pomegranates] encircling the top of the one network, to cover the capitals that were on the top of the pomegranates; and he did the same for [the network on] the second capital.

יח וַיַּעַשׂ אֶת־הָעַמּוּדִים וּשְׁנֵי טוּרִים
סָבִיב עַל־הַשְּׂבָכָה הָאֶחָת לְכַסּוֹת אֶת־
הַכֹּתָרֹת אֲשֶׁר עַל־רֹאשׁ הָרִמֹּנִים וְכֵן
עָשָׂה לַכֹּתֶרֶת הַשֵּׁנִית׃

19 The capitals upon the columns of the portico were of lily design, 4 *amot* high;

יט וְכֹתָרֹת אֲשֶׁר עַל־רֹאשׁ הָעַמּוּדִים
מַעֲשֵׂה שׁוּשַׁן בָּאוּלָם אַרְבַּע אַמּוֹת׃

20 so also the capitals upon the two columns extended above and next to the bulge that was beside the network. There were 200 pomegranates in rows around the top of the second capital.

כ וְכֹתָרֹת עַל־שְׁנֵי הָעַמּוּדִים גַּם־מִמַּעַל
מִלְּעֻמַּת הַבֶּטֶן אֲשֶׁר לְעֵבֶר שבכה
[הַשְּׂבָכָה] וְהָרִמּוֹנִים מָאתַיִם טֻרִים
סָבִיב עַל הַכֹּתֶרֶת הַשֵּׁנִית׃

21 He set up the columns at the portico of the Great Hall; he set up one column on the right and named it Jachin, and he set up the other column on the left and named it *Boaz*.

כא וַיָּקֶם אֶת־הָעַמֻּדִים לְאֻלָם הַהֵיכָל וַיָּקֶם
אֶת־הָעַמּוּד הַיְמָנִי וַיִּקְרָא אֶת־שְׁמוֹ יָכִין
וַיָּקֶם אֶת־הָעַמּוּד הַשְּׂמָאלִי וַיִּקְרָא אֶת־
שְׁמוֹ בֹּעַז׃

22 Upon the top of the columns there was a lily design. Thus the work of the columns was completed.

כב וְעַל רֹאשׁ הָעַמּוּדִים מַעֲשֵׂה שׁוֹשָׁן
וַתִּתֹּם מְלֶאכֶת הָעַמּוּדִים׃

23 Then he made the tank of cast metal, 10 *amot* across from brim to brim, completely round; it was 5 *amot* high, and it measured 30 *amot* in circumference.

כג וַיַּעַשׂ אֶת־הַיָּם מוּצָק עֶשֶׂר בָּאַמָּה
מִשְּׂפָתוֹ עַד־שְׂפָתוֹ עָגֹל סָבִיב וְחָמֵשׁ
בָּאַמָּה קוֹמָתוֹ וקוה [וְקָו] שְׁלֹשִׁים
בָּאַמָּה יָסֹב אֹתוֹ סָבִיב׃

24 There were gourds below the brim completely encircling it – ten to an *amah*, encircling the tank; the gourds were in two rows, cast in one piece with it.

כד וּפְקָעִים מִתַּחַת לִשְׂפָתוֹ סָבִיב סֹבְבִים
אֹתוֹ עֶשֶׂר בָּאַמָּה מַקִּפִים אֶת־הַיָּם
סָבִיב שְׁנֵי טוּרִים הַפְּקָעִים יְצֻקִים
בִּיצֻקָתוֹ׃

25 It stood upon twelve oxen: three facing north, three facing west, three facing south, and three facing east, with the tank resting upon them; their haunches were all turned inward.

כה עֹמֵד עַל־שְׁנֵי עָשָׂר בָּקָר שְׁלֹשָׁה פֹנִים
צָפוֹנָה וּשְׁלֹשָׁה פֹנִים יָמָּה וּשְׁלֹשָׁה
פֹנִים נֶגְבָּה וּשְׁלֹשָׁה פֹּנִים מִזְרָחָה וְהַיָּם
עֲלֵיהֶם מִלְמָעְלָה וְכָל־אֲחֹרֵיהֶם בָּיְתָה׃

26 It was a *tefach* thick, and its brim was made like that of a cup, like the petals of a lily. Its capacity was 2,000 *bat*.

כו וְעָבְיוֹ טֶפַח וּשְׂפָתוֹ כְּמַעֲשֵׂה שְׂפַת־כּוֹס
פֶּרַח שׁוֹשָׁן אַלְפַּיִם בַּת יָכִיל׃

27 He made the ten laver stands of bronze. The length of each laver stand was 4 *amot* and the width 4 *amot*, and the height was 3 *amot*.

כז וַיַּעַשׂ אֶת־הַמְּכֹנוֹת עֶשֶׂר נְחֹשֶׁת אַרְבַּע
בָּאַמָּה אֹרֶךְ הַמְּכוֹנָה הָאֶחָת וְאַרְבַּע
בָּאַמָּה רָחְבָּהּ וְשָׁלֹשׁ בָּאַמָּה קוֹמָתָהּ:

28 The structure of the laver stands was as follows: They had insets, and there were insets within the frames;

כח וְזֶה מַעֲשֵׂה הַמְּכוֹנָה מִסְגְּרֹת לָהֶם
וּמִסְגְּרֹת בֵּין הַשְׁלַבִּים:

29 and on the insets within the frames were lions, oxen, and cherubim. Above the frames was a stand; and both above and below the lions and the oxen were spirals of hammered metal.

כט וְעַל־הַמִּסְגְּרוֹת אֲשֶׁר בֵּין הַשְׁלַבִּים
אֲרָיוֹת בָּקָר וּכְרוּבִים וְעַל־הַשְׁלַבִּים כֵּן
מִמָּעַל וּמִתַּחַת לַאֲרָיוֹת וְלַבָּקָר לֹיוֹת
מַעֲשֵׂה מוֹרָד:

30 Each laver stand had four bronze wheels and [two] bronze axletrees. Its four legs had brackets; the brackets were under the laver, cast with spirals beyond each.

ל וְאַרְבָּעָה אוֹפַנֵּי נְחֹשֶׁת לַמְּכוֹנָה הָאַחַת
וְסַרְנֵי נְחֹשֶׁת וְאַרְבָּעָה פַעֲמֹתָיו כְּתֵפֹת
לָהֶם מִתַּחַת לַכִּיֹּר הַכְּתֵפֹת יְצֻקוֹת
מֵעֵבֶר אִישׁ לֹיוֹת:

31 Its funnel, within the crown, rose an *amah* above it; this funnel was round, in the fashion of a stand, an *amah* and a half in diameter. On the funnel too there were carvings.But the insets were square, not round.

לא וּפִיהוּ מִבֵּית לַכֹּתֶרֶת וָמַעְלָה בָּאַמָּה
וּפִיהָ עָגֹל מַעֲשֵׂה־כֵן אַמָּה וַחֲצִי הָאַמָּה
וְגַם־עַל־פִּיהָ מִקְלָעוֹת וּמִסְגְּרֹתֵיהֶם
מְרֻבָּעוֹת לֹא עֲגֻלּוֹת:

32 And below the insets were the four wheels. The axletrees of the wheels were [fixed] in the laver stand, and the height of each wheel was an *amah* and a half.

לב וְאַרְבַּעַת הָאוֹפַנִּים לְמִתַּחַת לַמִּסְגְּרוֹת
וִידוֹת הָאוֹפַנִּים בַּמְּכוֹנָה וְקוֹמַת הָאוֹפַן
הָאֶחָד אַמָּה וַחֲצִי הָאַמָּה:

33 The structure of the wheels was like the structure of chariot wheels; and their axletrees, their rims, their spokes, and their hubs were all of cast metal.

לג וּמַעֲשֵׂה הָאוֹפַנִּים כְּמַעֲשֵׂה אוֹפַן
הַמֶּרְכָּבָה יְדוֹתָם וְגַבֵּיהֶם וְחִשֻּׁקֵיהֶם
וְחִשֻּׁרֵיהֶם הַכֹּל מוּצָק:

34 Four brackets ran to the four corners of each laver stand; the brackets were of a piece with the laver stand.

לד וְאַרְבַּע כְּתֵפוֹת אֶל אַרְבַּע פִּנּוֹת הַמְּכֹנָה
הָאֶחָת מִן־הַמְּכֹנָה כְּתֵפֶיהָ:

35 At the top of the laver stand was a round band half an *amah* high, and together with the top of the laver stand; its sides and its insets were of one piece with it.

לה וּבְרֹאשׁ הַמְּכוֹנָה חֲצִי הָאַמָּה קוֹמָה
עָגֹל סָבִיב וְעַל רֹאשׁ הַמְּכֹנָה יְדֹתֶיהָ
וּמִסְגְּרֹתֶיהָ מִמֶּנָּה:

36 On its surface – on its sides – and on its insets [Hiram] engraved cherubim, lions, and palms, as the clear space on each allowed, with spirals roundabout.

לו וַיְפַתַּח עַל־הַלֻּחֹת יְדֹתֶיהָ וְעַל
ומסגרתיה [מִסְגְּרֹתֶיהָ] כְּרוּבִים אֲרָיוֹת
וְתִמֹרֹת כְּמַעַר־אִישׁ וְלֹיוֹת סָבִיב:

37 It was after this manner that he made the ten laver stands, all of them cast alike, of the same measure and the same form.

לז כָּזֹאת עָשָׂה אֵת עֶשֶׂר הַמְּכֹנוֹת מוּצָק
אֶחָד מִדָּה אַחַת קֶצֶב אֶחָד לְכֻלָּהְנָה:

38 Then he made ten bronze lavers, one laver on each of the ten laver stands, each laver measuring 4 *amot* and each laver containing forty *bat*.

לח וַיַּעַשׂ עֲשָׂרָה כִיֹּרוֹת נְחֹשֶׁת אַרְבָּעִים
בַּת יָכִיל הַכִּיּוֹר הָאֶחָד אַרְבַּע בָּאַמָּה
הַכִּיּוֹר הָאֶחָד כִּיּוֹר אֶחָד עַל־הַמְּכוֹנָה
הָאַחַת לְעֶשֶׂר הַמְּכֹנוֹת:

39 He disposed the laver stands, five at the right side of the House and five at its left side; and the tank he placed on the right side of the House, at the southeast [corner].

לט וַיִּתֵּן אֶת־הַמְּכֹנוֹת חָמֵשׁ עַל־כֶּתֶף הַבַּיִת
מִיָּמִין וְחָמֵשׁ עַל־כֶּתֶף הַבַּיִת מִשְּׂמֹאלוֹ
וְאֶת־הַיָּם נָתַן מִכֶּתֶף הַבַּיִת הַיְמָנִית
קֵדְמָה מִמּוּל נֶגֶב׃

40 Hiram also made the lavers, the scrapers, and the sprinkling bowls. So Hiram finished all the work that he had been doing for King *Shlomo* on the House of *Hashem*:

מ וַיַּעַשׂ חִירוֹם אֶת־הַכִּיֹּרוֹת וְאֶת־הַיָּעִים
וְאֶת־הַמִּזְרָקוֹת וַיְכַל חִירָם לַעֲשׂוֹת
אֶת־כָּל־הַמְּלָאכָה אֲשֶׁר עָשָׂה לַמֶּלֶךְ
שְׁלֹמֹה בֵּית יְהוָה׃

41 the two columns, the two globes of the capitals upon the columns; and the two pieces of network to cover the two globes of the capitals upon the columns;

מא עַמֻּדִים שְׁנַיִם וְגֻלֹּת הַכֹּתָרֹת אֲשֶׁר־עַל־
רֹאשׁ הָעַמֻּדִים שְׁתָּיִם וְהַשְּׂבָכוֹת שְׁתַּיִם
לְכַסּוֹת אֶת־שְׁתֵּי גֻּלֹּת הַכֹּתָרֹת אֲשֶׁר
עַל־רֹאשׁ הָעַמּוּדִים׃

42 the four hundred pomegranates for the two pieces of network, two rows of pomegranates for each network, to cover the two globes of the capitals upon the columns;

מב וְאֶת־הָרִמֹּנִים אַרְבַּע מֵאוֹת לִשְׁתֵּי
הַשְּׂבָכוֹת שְׁנֵי־טוּרִים רִמֹּנִים לַשְּׂבָכָה
הָאֶחָת לְכַסּוֹת אֶת־שְׁתֵּי גֻּלֹּת הַכֹּתָרֹת
אֲשֶׁר עַל־פְּנֵי הָעַמּוּדִים׃

43 the ten stands and the ten lavers upon the stands;

מג וְאֶת־הַמְּכֹנוֹת עָשֶׂר וְאֶת־הַכִּיֹּרֹת עֲשָׂרָה
עַל־הַמְּכֹנוֹת׃

44 the one tank with the twelve oxen underneath the tank;

מד וְאֶת־הַיָּם הָאֶחָד וְאֶת־הַבָּקָר שְׁנֵים־
עָשָׂר תַּחַת הַיָּם׃

45 the pails, the scrapers, and the sprinkling bowls. All those vessels in the House of *Hashem* that Hiram made for King *Shlomo* were of burnished bronze.

מה וְאֶת־הַסִּירוֹת וְאֶת־הַיָּעִים וְאֶת־
הַמִּזְרָקוֹת וְאֵת כָּל־הַכֵּלִים האהל
[הָאֵלֶּה] אֲשֶׁר עָשָׂה חִירָם לַמֶּלֶךְ
שְׁלֹמֹה בֵּית יְהוָה נְחֹשֶׁת מְמֹרָט׃

46 The king had them cast in earthen molds, in the plain of the *Yarden* between Succoth and Zarethan.

מו בְּכִכַּר הַיַּרְדֵּן יְצָקָם הַמֶּלֶךְ בְּמַעֲבֵה
הָאֲדָמָה בֵּין סֻכּוֹת וּבֵין צָרְתָן׃

47 *Shlomo* left all the vessels [unweighed] because of their very great quantity; the weight of the bronze was not reckoned.

מז וַיַּנַּח שְׁלֹמֹה אֶת־כָּל־הַכֵּלִים מֵרֹב מְאֹד
מְאֹד לֹא נֶחְקַר מִשְׁקַל הַנְּחֹשֶׁת׃

48 And *Shlomo* made all the furnishings that were in the House of *Hashem*: the *Mizbayach*, of gold; the table for the bread of display, of gold;

מח וַיַּעַשׂ שְׁלֹמֹה אֵת כָּל־הַכֵּלִים אֲשֶׁר בֵּית
יְהוָה אֵת מִזְבַּח הַזָּהָב וְאֶת־הַשֻּׁלְחָן
אֲשֶׁר עָלָיו לֶחֶם הַפָּנִים זָהָב׃

49 the *menorahs* – five on the right side and five on the left – in front of the Shrine, of solid gold; and the petals, lamps, and tongs, of gold;

מט וְאֶת־הַמְּנֹרוֹת חָמֵשׁ מִיָּמִין וְחָמֵשׁ
מִשְּׂמֹאול לִפְנֵי הַדְּבִיר זָהָב סָגוּר
וְהַפֶּרַח וְהַנֵּרֹת וְהַמֶּלְקַחַיִם זָהָב׃

50 the basins, snuffers, sprinkling bowls, ladles, and fire pans, of solid gold; and the hinge sockets for the doors of the innermost part of the House, the Holy of Holies, and for the doors of the Great Hall of the House, of gold.

נ וְהַסִּפּוֹת וְהַמְזַמְּרוֹת וְהַמִּזְרָקוֹת
וְהַכַּפּוֹת וְהַמַּחְתּוֹת זָהָב סָגוּר וְהַפֹּתוֹת
לְדַלְתוֹת הַבַּיִת הַפְּנִימִי לְקֹדֶשׁ
הַקֳּדָשִׁים לְדַלְתֵי הַבַּיִת לַהֵיכָל זָהָב׃

51 When all the work that King *Shlomo* had done in the House of *Hashem* was completed, *Shlomo* brought in the sacred donations of his father *David* – the silver, the gold, and the vessels – and deposited them in the treasury of the House of *Hashem*.

נא וַתִּשְׁלַם כׇּל־הַמְּלָאכָה אֲשֶׁר עָשָׂה
הַמֶּלֶךְ שְׁלֹמֹה בֵּית יְהֹוָה וַיָּבֵא שְׁלֹמֹה
אֶת־קׇדְשֵׁי דָּוִד אָבִיו אֶת־הַכֶּסֶף וְאֶת־
הַזָּהָב וְאֶת־הַכֵּלִים נָתַן בְּאֹצְרוֹת בֵּית
יְהֹוָה:

8 1 Then *Shlomo* convoked the elders of *Yisrael* – all the heads of the tribes and the ancestral chieftains of the Israelites – before King *Shlomo* in *Yerushalayim*, to bring up the *Aron Brit Hashem* from the City of *David*, that is, *Tzion*.

ח א אָז יַקְהֵל שְׁלֹמֹה אֶת־זִקְנֵי יִשְׂרָאֵל אֶת־
כׇּל־רָאשֵׁי הַמַּטּוֹת נְשִׂיאֵי הָאָבוֹת לִבְנֵי
יִשְׂרָאֵל אֶל־הַמֶּלֶךְ שְׁלֹמֹה יְרוּשָׁלָ͏ִם
לְהַעֲלוֹת אֶת־אֲרוֹן בְּרִית־יְהֹוָה מֵעִיר
דָּוִד הִיא צִיּוֹן:

az yak-HAYL sh'-lo-MOH et zik-NAY yis-ra-AYL et kol ra-SHAY ha-ma-TOT n'-see-AY ha-a-VOT liv-NAY yis-ra-AYL el ha-ME-lekh sh'-lo-MOH y'-ru-sha-la-IM l'-ha-a-LOT et a-RON b'-REET a-do-NAI may-EER da-VID HEE tzi-YON

Kings

2 All the men of *Yisrael* gathered before King *Shlomo* at the Feast, in the month of Ethanim – that is, the seventh month.

ב וַיִּקָּהֲלוּ אֶל־הַמֶּלֶךְ שְׁלֹמֹה כׇּל־אִישׁ
יִשְׂרָאֵל בְּיֶרַח הָאֵתָנִים בֶּחָג הוּא הַחֹדֶשׁ
הַשְּׁבִיעִי:

3 When all the elders of *Yisrael* had come, the *Kohanim* lifted the *Aron*

ג וַיָּבֹאוּ כֹּל זִקְנֵי יִשְׂרָאֵל וַיִּשְׂאוּ הַכֹּהֲנִים
אֶת־הָאָרוֹן:

4 and carried up the *Aron* of *Hashem*. Then the *Kohanim* and the *Leviim* brought the Tent of Meeting and all the holy vessels that were in the Tent.

ד וַיַּעֲלוּ אֶת־אֲרוֹן יְהֹוָה וְאֶת־אֹהֶל מוֹעֵד
וְאֶת־כׇּל־כְּלֵי הַקֹּדֶשׁ אֲשֶׁר בָּאֹהֶל וַיַּעֲלוּ
אֹתָם הַכֹּהֲנִים וְהַלְוִיִּם:

5 Meanwhile, King *Shlomo* and the whole community of *Yisrael*, who were assembled with him before the *Aron*, were sacrificing sheep and oxen in such abundance that they could not be numbered or counted.

ה וְהַמֶּלֶךְ שְׁלֹמֹה וְכׇל־עֲדַת יִשְׂרָאֵל
הַנּוֹעָדִים עָלָיו אִתּוֹ לִפְנֵי הָאָרוֹן
מְזַבְּחִים צֹאן וּבָקָר אֲשֶׁר לֹא־יִסָּפְרוּ
וְלֹא יִמָּנוּ מֵרֹב:

8:1 And the ancestral chieftains of the Israelites The Hebrew term for 'ancestral cheiftains' is *n'see-ay ha'avot* (**נשיאי האבות**). *N'see-ay* is a plural form of the word *nasi* (**נשיא**), which literally means 'elevated,' but is commonly used to mean 'prince' as a title of leadership. In modern Hebrew, it is translated as 'president.' In 1960, the famed IDF General and biblical archaeologist Yigael Yadin was called to present his archaeological findings to Israeli President Yitzchak Ben-Zvi in the presence of Prime Minister Ben Gurion and other members of Knesset. He writes about the phenomenal presentation, "When my time came to report, I projected a slide of a document and read aloud the first line: 'Shimon Bar Kosiba, Nasi of Israel.' And turning the our Head of State, I said, 'Your Excellency, I am honored to be able to tell you that we have discovered fifteen dispatches by the last President of ancient Israel, 1,800 years ago.' For a moment the audience seemed struck dumb. Then the silence was shattered with cries of astonishment and joy." Not only was he a *Nasi*, 'president,' Bar Kosiba (Kokhba) was also the last military leader of ancient Israel. In essence, he "sent" his dispatches to his successor, Yigael Yadin, one of the first generation of Israeli generals in 1,800 years, so that he could turn them over to another *Nasi*, the modern President of Israel.

President
Yitzchak Ben-Zvi
(1884–1963)

Kings

⁶ The *Kohanim* brought the *Aron Brit Hashem* to its place underneath the wings of the cherubim, in the Shrine of the House, in the Holy of Holies;

ו וַיָּבִאוּ הַכֹּהֲנִים אֶת־אֲרוֹן בְּרִית־יְהֹוָה אֶל־מְקוֹמוֹ אֶל־דְּבִיר הַבַּיִת אֶל־קֹדֶשׁ הַקֳּדָשִׁים אֶל־תַּחַת כַּנְפֵי הַכְּרוּבִים:

va-ya-VEE-u ha-ko-ha-NEEM et a-RON b'-reet a-do-NAI el m'-ko-MO el d'-VEER ha-BA-yit el KO-desh ha-ko-da-SHEEM el TA-khat kan-FAY ha-k'-ru-VEEM

⁷ for the cherubim had their wings spread out over the place of the *Aron*, so that the cherubim shielded the *Aron* and its poles from above.

ז כִּי הַכְּרוּבִים פֹּרְשִׂים כְּנָפַיִם אֶל־מְקוֹם הָאָרוֹן וַיָּסֹכּוּ הַכְּרֻבִים עַל־הָאָרוֹן וְעַל־בַּדָּיו מִלְמָעְלָה:

⁸ The poles projected so that the ends of the poles were visible in the sanctuary in front of the Shrine, but they could not be seen outside; and there they remain to this day.

ח וַיַּאֲרִכוּ הַבַּדִּים וַיֵּרָאוּ רָאשֵׁי הַבַּדִּים מִן־הַקֹּדֶשׁ עַל־פְּנֵי הַדְּבִיר וְלֹא יֵרָאוּ הַחוּצָה וַיִּהְיוּ שָׁם עַד הַיּוֹם הַזֶּה:

⁹ There was nothing inside the *Aron* but the two tablets of stone which *Moshe* placed there at Horeb, when *Hashem* made [a covenant] with the Israelites after their departure from the land of Egypt.

ט אֵין בָּאָרוֹן רַק שְׁנֵי לֻחוֹת הָאֲבָנִים אֲשֶׁר הִנִּחַ שָׁם מֹשֶׁה בְּחֹרֵב אֲשֶׁר כָּרַת יְהֹוָה עִם־בְּנֵי יִשְׂרָאֵל בְּצֵאתָם מֵאֶרֶץ מִצְרָיִם:

¹⁰ When the *Kohanim* came out of the sanctuary – for the cloud had filled the House of *Hashem*

י וַיְהִי בְּצֵאת הַכֹּהֲנִים מִן־הַקֹּדֶשׁ וְהֶעָנָן מָלֵא אֶת־בֵּית יְהֹוָה:

¹¹ and the *Kohanim* were not able to remain and perform the service because of the cloud, for the Presence of *Hashem* filled the House of *Hashem*

יא וְלֹא־יָכְלוּ הַכֹּהֲנִים לַעֲמֹד לְשָׁרֵת מִפְּנֵי הֶעָנָן כִּי־מָלֵא כְבוֹד־יְהֹוָה אֶת־בֵּית יְהֹוָה:

¹² then *Shlomo* declared: "*Hashem* has chosen To abide in a thick cloud:

יב אָז אָמַר שְׁלֹמֹה יְהֹוָה אָמַר לִשְׁכֹּן בָּעֲרָפֶל:

¹³ I have now built for You A stately House, A place where You May dwell forever."

יג בָּנֹה בָנִיתִי בֵּית זְבֻל לָךְ מָכוֹן לְשִׁבְתְּךָ עוֹלָמִים:

¹⁴ Then, with the whole congregation of *Yisrael* standing, the king faced about and blessed the whole congregation of *Yisrael*.

יד וַיַּסֵּב הַמֶּלֶךְ אֶת־פָּנָיו וַיְבָרֶךְ אֵת כָּל־קְהַל יִשְׂרָאֵל וְכָל־קְהַל יִשְׂרָאֵל עֹמֵד:

¹⁵ He said: "Praised be *Hashem*, the God of *Yisrael*, who has fulfilled with deeds the promise He made to my father *David*. For He said,

טו וַיֹּאמֶר בָּרוּךְ יְהֹוָה אֱלֹהֵי יִשְׂרָאֵל אֲשֶׁר דִּבֶּר בְּפִיו אֵת דָּוִד אָבִי וּבְיָדוֹ מִלֵּא לֵאמֹר:

8:6 The *Kohanim* brought the *Aron Brit Hashem* The Holy Ark is brought from the City of David to the holiest place on earth: the Holy of Holies in the *Beit Hamikdash*. While the entire *Har Habayit* is endowed with a high degree of spirituality, the Temple's courtyard is infused with a higher level, and the interior of the *Beit Hamikdash* itself with an even higher one. But the highest level of sanctity is found inside the Holy of Holies, the innermost room of Temple. The only person ever allowed to enter this chamber is the *Kohen Gadol* (כהן גדול), 'High Priest,' and only on *Yom Kippur*, the holiest day of the year, as part of the special service of the day. The Ark of the Covenant, which contains the Tablets of the Law, is placed there upon the "Foundation Stone," which is, according to the Sages of the Talmud (*Yoma* 54b), where the creation of the world began. It is the same location where *Avraham* was willing to sacrifice *Yitzchak* (Genesis 22), and the site where the Ark will again rest in the Third *Beit Hamikdash*.

Har Habayit

16 ‘Ever since I brought My people *Yisrael* out of Egypt, I have not chosen a city among all the tribes of *Yisrael* for building a House where My name might abide; but I have chosen *David* to rule My people *Yisrael*.’

טז מִן־הַיּוֹם אֲשֶׁר הוֹצֵאתִי אֶת־עַמִּי אֶת־יִשְׂרָאֵל מִמִּצְרַיִם לֹא־בָחַרְתִּי בְעִיר מִכֹּל שִׁבְטֵי יִשְׂרָאֵל לִבְנוֹת בַּיִת לִהְיוֹת שְׁמִי שָׁם וָאֶבְחַר בְּדָוִד לִהְיוֹת עַל־עַמִּי יִשְׂרָאֵל׃

17 “Now my father *David* had intended to build a House for the name of *Hashem*, the God of *Yisrael*.

יז וַיְהִי עִם־לְבַב דָּוִד אָבִי לִבְנוֹת בַּיִת לְשֵׁם יְהֹוָה אֱלֹהֵי יִשְׂרָאֵל׃

18 But *Hashem* said to my father *David*, ‘As regards your intention to build a House for My name, you did right to have that intention.

יח וַיֹּאמֶר יְהֹוָה אֶל־דָּוִד אָבִי יַעַן אֲשֶׁר הָיָה עִם־לְבָבְךָ לִבְנוֹת בַּיִת לִשְׁמִי הֱטִיבֹתָ כִּי הָיָה עִם־לְבָבֶךָ׃

19 However, you shall not build the House yourself; instead, your son, the issue of your loins, shall build the House for My name.’

יט רַק אַתָּה לֹא תִבְנֶה הַבָּיִת כִּי אִם־בִּנְךָ הַיֹּצֵא מֵחֲלָצֶיךָ הוּא־יִבְנֶה הַבַּיִת לִשְׁמִי׃

20 “And *Hashem* has fulfilled the promise that He made: I have succeeded my father *David* and have ascended the throne of *Yisrael*, as *Hashem* promised. I have built the House for the name of *Hashem*, the God of *Yisrael*;

כ וַיָּקֶם יְהֹוָה אֶת־דְּבָרוֹ אֲשֶׁר דִּבֵּר וָאָקֻם תַּחַת דָּוִד אָבִי וָאֵשֵׁב עַל־כִּסֵּא יִשְׂרָאֵל כַּאֲשֶׁר דִּבֶּר יְהֹוָה וָאֶבְנֶה הַבַּיִת לְשֵׁם יְהֹוָה אֱלֹהֵי יִשְׂרָאֵל׃

21 and I have set a place there for the *Aron*, containing the covenant which *Hashem* made with our fathers when He brought them out from the land of Egypt.”

כא וָאָשִׂם שָׁם מָקוֹם לָאָרוֹן אֲשֶׁר־שָׁם בְּרִית יְהֹוָה אֲשֶׁר כָּרַת עִם־אֲבֹתֵינוּ בְּהוֹצִיאוֹ אֹתָם מֵאֶרֶץ מִצְרָיִם׃

22 Then *Shlomo* stood before the *Mizbayach* of *Hashem* in the presence of the whole community of *Yisrael*; he spread the palms of his hands toward heaven

כב וַיַּעֲמֹד שְׁלֹמֹה לִפְנֵי מִזְבַּח יְהֹוָה נֶגֶד כָּל־קְהַל יִשְׂרָאֵל וַיִּפְרֹשׂ כַּפָּיו הַשָּׁמָיִם׃

23 and said, “O God of *Yisrael*, in the heavens above and on the earth below there is no god like You, who keep Your gracious covenant with Your servants when they walk before You in wholehearted devotion;

כג וַיֹּאמַר יְהֹוָה אֱלֹהֵי יִשְׂרָאֵל אֵין־כָּמוֹךָ אֱלֹהִים בַּשָּׁמַיִם מִמַּעַל וְעַל־הָאָרֶץ מִתָּחַת שֹׁמֵר הַבְּרִית וְהַחֶסֶד לַעֲבָדֶיךָ הַהֹלְכִים לְפָנֶיךָ בְּכָל־לִבָּם׃

24 You who have kept the promises You made to Your servant, my father *David*, fulfilling with deeds the promise You made – as is now the case.

כד אֲשֶׁר שָׁמַרְתָּ לְעַבְדְּךָ דָּוִד אָבִי אֵת אֲשֶׁר־דִּבַּרְתָּ לוֹ וַתְּדַבֵּר בְּפִיךָ וּבְיָדְךָ מִלֵּאתָ כַּיּוֹם הַזֶּה׃

25 And now, O God of *Yisrael*, keep the further promise that You made to Your servant, my father *David*: ‘Your line on the throne of *Yisrael* shall never end, if only your descendants will look to their way and walk before Me as you have walked before Me.’

כה וְעַתָּה יְהֹוָה אֱלֹהֵי יִשְׂרָאֵל שְׁמֹר לְעַבְדְּךָ דָוִד אָבִי אֵת אֲשֶׁר דִּבַּרְתָּ לּוֹ לֵאמֹר לֹא־יִכָּרֵת לְךָ אִישׁ מִלְּפָנַי יֹשֵׁב עַל־כִּסֵּא יִשְׂרָאֵל רַק אִם־יִשְׁמְרוּ בָנֶיךָ אֶת־דַּרְכָּם לָלֶכֶת לְפָנַי כַּאֲשֶׁר הָלַכְתָּ לְפָנָי׃

26 Now, therefore, O God of *Yisrael*, let the promise that You made to Your servant my father *David* be fulfilled.

כו וְעַתָּה אֱלֹהֵי יִשְׂרָאֵל יֵאָמֶן נָא דבריך [דְּבָרְךָ] אֲשֶׁר דִּבַּרְתָּ לְעַבְדְּךָ דָּוִד אָבִי׃

²⁷ "But will *Hashem* really dwell on earth? Even the heavens to their uttermost reaches cannot contain You, how much less this House that I have built!

²⁸ Yet turn, *Hashem* my God, to the prayer and supplication of Your servant, and hear the cry and prayer which Your servant offers before You this day.

²⁹ May Your eyes be open day and night toward this House, toward the place of which You have said, 'My name shall abide there'; may You heed the prayers which Your servant will offer toward this place.

³⁰ And when You hear the supplications which Your servant and Your people *Yisrael* offer toward this place, give heed in Your heavenly abode – give heed and pardon.

³¹ "Whenever one man commits an offense against another, and the latter utters an imprecation to bring a curse upon him, and comes with his imprecation before Your *Mizbayach* in this House,

³² oh, hear in heaven and take action to judge Your servants, condemning him who is in the wrong and bringing down the punishment of his conduct on his head, vindicating him who is in the right by rewarding him according to his righteousness.

³³ "Should Your people *Yisrael* be routed by an enemy because they have sinned against You, and then turn back to You and acknowledge Your name, and they offer prayer and supplication to You in this House,

³⁴ oh, hear in heaven and pardon the sin of Your people *Yisrael*, and restore them to the land that You gave to their fathers.

³⁵ "Should the heavens be shut up and there be no rain, because they have sinned against You, and then they pray toward this place and acknowledge Your name and repent of their sins, when You answer them,

³⁶ oh, hear in heaven and pardon the sin of Your servants, Your people *Yisrael*, after You have shown them the proper way in which they are to walk; and send down rain upon the land which You gave to Your people as their heritage.

כז כִּי הַאֻמְנָם יֵשֵׁב אֱלֹהִים עַל־הָאָרֶץ הִנֵּה הַשָּׁמַיִם וּשְׁמֵי הַשָּׁמַיִם לֹא יְכַלְכְּלוּךָ אַף כִּי־הַבַּיִת הַזֶּה אֲשֶׁר בָּנִיתִי:

כח וּפָנִיתָ אֶל־תְּפִלַּת עַבְדְּךָ וְאֶל־תְּחִנָּתוֹ יְהוָה אֱלֹהָי לִשְׁמֹעַ אֶל־הָרִנָּה וְאֶל־הַתְּפִלָּה אֲשֶׁר עַבְדְּךָ מִתְפַּלֵּל לְפָנֶיךָ הַיּוֹם:

כט לִהְיוֹת עֵינֶךָ פְתֻחוֹת אֶל־הַבַּיִת הַזֶּה לַיְלָה וָיוֹם אֶל־הַמָּקוֹם אֲשֶׁר אָמַרְתָּ יִהְיֶה שְׁמִי שָׁם לִשְׁמֹעַ אֶל־הַתְּפִלָּה אֲשֶׁר יִתְפַּלֵּל עַבְדְּךָ אֶל־הַמָּקוֹם הַזֶּה:

ל וְשָׁמַעְתָּ אֶל־תְּחִנַּת עַבְדְּךָ וְעַמְּךָ יִשְׂרָאֵל אֲשֶׁר יִתְפַּלְלוּ אֶל־הַמָּקוֹם הַזֶּה וְאַתָּה תִּשְׁמַע אֶל־מְקוֹם שִׁבְתְּךָ אֶל־הַשָּׁמַיִם וְשָׁמַעְתָּ וְסָלָחְתָּ:

לא אֵת אֲשֶׁר יֶחֱטָא אִישׁ לְרֵעֵהוּ וְנָשָׁא־בוֹ אָלָה לְהַאֲלֹתוֹ וּבָא אָלָה לִפְנֵי מִזְבַּחֲךָ בַּבַּיִת הַזֶּה:

לב וְאַתָּה תִּשְׁמַע הַשָּׁמַיִם וְעָשִׂיתָ וְשָׁפַטְתָּ אֶת־עֲבָדֶיךָ לְהַרְשִׁיעַ רָשָׁע לָתֵת דַּרְכּוֹ בְּרֹאשׁוֹ וּלְהַצְדִּיק צַדִּיק לָתֶת לוֹ כְּצִדְקָתוֹ:

לג בְּהִנָּגֵף עַמְּךָ יִשְׂרָאֵל לִפְנֵי אוֹיֵב אֲשֶׁר יֶחֶטְאוּ־לָךְ וְשָׁבוּ אֵלֶיךָ וְהוֹדוּ אֶת־שְׁמֶךָ וְהִתְפַּלְלוּ וְהִתְחַנְּנוּ אֵלֶיךָ בַּבַּיִת הַזֶּה:

לד וְאַתָּה תִּשְׁמַע הַשָּׁמַיִם וְסָלַחְתָּ לְחַטַּאת עַמְּךָ יִשְׂרָאֵל וַהֲשֵׁבֹתָם אֶל־הָאֲדָמָה אֲשֶׁר נָתַתָּ לַאֲבוֹתָם:

לה בְּהֵעָצֵר שָׁמַיִם וְלֹא־יִהְיֶה מָטָר כִּי יֶחֶטְאוּ־לָךְ וְהִתְפַּלְלוּ אֶל־הַמָּקוֹם הַזֶּה וְהוֹדוּ אֶת־שְׁמֶךָ וּמֵחַטָּאתָם יְשׁוּבוּן כִּי תַעֲנֵם:

לו וְאַתָּה תִּשְׁמַע הַשָּׁמַיִם וְסָלַחְתָּ לְחַטַּאת עֲבָדֶיךָ וְעַמְּךָ יִשְׂרָאֵל כִּי תוֹרֵם אֶת־הַדֶּרֶךְ הַטּוֹבָה אֲשֶׁר יֵלְכוּ־בָהּ וְנָתַתָּה מָטָר עַל־אַרְצְךָ אֲשֶׁר־נָתַתָּה לְעַמְּךָ לְנַחֲלָה:

37 So, too, if there is a famine in the land, if there is pestilence, blight, mildew, locusts or caterpillars, or if an enemy oppresses them in any of the settlements of the land.

לז רָעָב כִּֽי־יִהְיֶה בָאָרֶץ דֶּבֶר כִּֽי־יִהְיֶה
שִׁדָּפוֹן יֵרָקוֹן אַרְבֶּה חָסִיל כִּי יִהְיֶה כִּי
יָצַר־לוֹ אֹיְבוֹ בְּאֶרֶץ שְׁעָרָיו כׇּל־נֶגַע כׇּל־
מַחֲלָה׃

38 "In any plague and in any disease, in any prayer or supplication offered by any person among all Your people *Yisrael* – each of whom knows his own affliction – when he spreads his palms toward this House,

לח כׇּל־תְּפִלָּה כׇל־תְּחִנָּה אֲשֶׁר תִהְיֶה לְכׇל־
הָאָדָם לְכֹל עַמְּךָ יִשְׂרָאֵל אֲשֶׁר יֵדְעוּן
אִישׁ נֶגַע לְבָבוֹ וּפָרַשׂ כַּפָּיו אֶל־הַבַּיִת
הַזֶּה׃

39 oh, hear in Your heavenly abode, and pardon and take action! Render to each man according to his ways as You know his heart to be – for You alone know the hearts of all men

לט וְאַתָּה תִּשְׁמַע הַשָּׁמַיִם מְכוֹן שִׁבְתֶּךָ
וְסָלַחְתָּ וְעָשִׂיתָ וְנָתַתָּ לָאִישׁ כְּכׇל־דְּרָכָיו
אֲשֶׁר תֵּדַע אֶת־לְבָבוֹ כִּֽי־אַתָּה יָדַעְתָּ
לְבַדְּךָ אֶת־לְבַב כׇּל־בְּנֵי הָאָדָם׃

40 so that they may revere You all the days that they live on the land that You gave to our fathers.

מ לְמַעַן יִרָאוּךָ כׇּל־הַיָּמִים אֲשֶׁר־הֵם חַיִּים
עַל־פְּנֵי הָאֲדָמָה אֲשֶׁר נָתַתָּה לַאֲבֹתֵינוּ׃

41 "Or if a foreigner who is not of Your people *Yisrael* comes from a distant land for the sake of Your name

מא וְגַם אֶל־הַנׇּכְרִי אֲשֶׁר לֹא־מֵעַמְּךָ
יִשְׂרָאֵל הוּא וּבָא מֵאֶרֶץ רְחוֹקָה לְמַעַן
שְׁמֶךָ׃

v'-GAM el ha-nokh-REE a-SHER lo may-a-m'-KHA yis-ra-AYL
HU u-VA may-E-retz r'-kho-KAH l'-MA-an sh'-ME-kha

42 for they shall hear about Your great name and Your mighty hand and Your outstretched arm – when he comes to pray toward this House,

מב כִּי יִשְׁמְעוּן אֶת־שִׁמְךָ הַגָּדוֹל וְאֶת־יָדְךָ
הַחֲזָקָה וּזְרֹעֲךָ הַנְּטוּיָה וּבָא וְהִתְפַּלֵּל
אֶל־הַבַּיִת הַזֶּה׃

43 oh, hear in Your heavenly abode and grant all that the foreigner asks You for. Thus all the peoples of the earth will know Your name and revere You, as does Your people *Yisrael*; and they will recognize that Your name is attached to this House that I have built.

מג אַתָּה תִּשְׁמַע הַשָּׁמַיִם מְכוֹן שִׁבְתֶּךָ
וְעָשִׂיתָ כְּכֹל אֲשֶׁר־יִקְרָא אֵלֶיךָ הַנׇּכְרִי
לְמַעַן יֵדְעוּן כׇּל־עַמֵּי הָאָרֶץ אֶת־שְׁמֶךָ
לְיִרְאָה אֹתְךָ כְּעַמְּךָ יִשְׂרָאֵל וְלָדַעַת כִּֽי־
שִׁמְךָ נִקְרָא עַל־הַבַּיִת הַזֶּה אֲשֶׁר בָּנִיתִי׃

44 "When Your people take the field against their enemy by whatever way You send them, and they pray to *Hashem* in the direction of the city which You have chosen, and of the House which I have built to Your name,

מד כִּֽי־יֵצֵא עַמְּךָ לַמִּלְחָמָה עַל־אֹיְבוֹ בַּדֶּרֶךְ
אֲשֶׁר תִּשְׁלָחֵם וְהִתְפַּלְלוּ אֶל־יְהֹוָה דֶּרֶךְ
הָעִיר אֲשֶׁר בָּחַרְתָּ בָּהּ וְהַבַּיִת אֲשֶׁר־
בָּנִתִי לִשְׁמֶךָ׃

8:41 A foreigner who is not of Your people Israel King *Shlomo* dedicated the first *Beit Hamikdash* on the festival of *Sukkot* and, in his inaugural address, asked *Hashem* to hear the prayers of foreigners who would "come to pray towards this house" (verse 42). The first Temple was constructed with the assistance of members of gentile nations, under the leadership of Hiram of Tyre. Similarly, the second Temple was built thanks to the permission and encouragement of Cyrus of Persia, and the third Temple will one day also be built with the participation of righteous non-Jews (see commentary to Isaiah 2:3). This international participation is necessary, as the the *Beit Hamikdash* is meant to be a "house of prayer for all nations" (Isaiah 56:7). King *Shlomo's* dedication speech has been memorialized on an imposing glass monument standing tall at the Western Wall today, etched with his universal message to inspire visitors and worshippers from all countries, nationalities and backgrounds.

Rabbi Tuly Weisz with Chrisitan tourists at the Western Wall

45 oh, hear in heaven their prayer and supplication and uphold their cause.

מה וְשָׁמַעְתָּ הַשָּׁמַיִם אֶת־תְּפִלָּתָם וְאֶת־תְּחִנָּתָם וְעָשִׂיתָ מִשְׁפָּטָם׃

46 "When they sin against You – for there is no man who does not sin – and You are angry with them and deliver them to the enemy, and their captors carry them off to an enemy land, near or far;

מו כִּי יֶחֶטְאוּ־לָךְ כִּי אֵין אָדָם אֲשֶׁר לֹא־יֶחֱטָא וְאָנַפְתָּ בָם וּנְתַתָּם לִפְנֵי אוֹיֵב וְשָׁבוּם שֹׁבֵיהֶם אֶל־אֶרֶץ הָאוֹיֵב רְחוֹקָה אוֹ קְרוֹבָה׃

47 and then they take it to heart in the land to which they have been carried off, and they repent and make supplication to You in the land of their captors, saying: 'We have sinned, we have acted perversely, we have acted wickedly,'

מז וְהֵשִׁיבוּ אֶל־לִבָּם בָּאָרֶץ אֲשֶׁר נִשְׁבּוּ־שָׁם וְשָׁבוּ וְהִתְחַנְּנוּ אֵלֶיךָ בְּאֶרֶץ שֹׁבֵיהֶם לֵאמֹר חָטָאנוּ וְהֶעֱוִינוּ רָשָׁעְנוּ׃

48 and they turn back to You with all their heart and soul, in the land of the enemies who have carried them off, and they pray to You in the direction of their land which You gave to their fathers, of the city which You have chosen, and of the House which I have built to Your name

מח וְשָׁבוּ אֵלֶיךָ בְּכָל־לְבָבָם וּבְכָל־נַפְשָׁם בְּאֶרֶץ אֹיְבֵיהֶם אֲשֶׁר־שָׁבוּ אֹתָם וְהִתְפַּלְלוּ אֵלֶיךָ דֶּרֶךְ אַרְצָם אֲשֶׁר נָתַתָּה לַאֲבוֹתָם הָעִיר אֲשֶׁר בָּחַרְתָּ וְהַבַּיִת אֲשֶׁר־בנית [בָּנִיתִי] לִשְׁמֶךָ׃

49 oh, give heed in Your heavenly abode to their prayer and supplication, uphold their cause,

מט וְשָׁמַעְתָּ הַשָּׁמַיִם מְכוֹן שִׁבְתְּךָ אֶת־תְּפִלָּתָם וְאֶת־תְּחִנָּתָם וְעָשִׂיתָ מִשְׁפָּטָם׃

50 and pardon Your people who have sinned against You for all the transgressions that they have committed against You. Grant them mercy in the sight of their captors that they may be merciful to them.

נ וְסָלַחְתָּ לְעַמְּךָ אֲשֶׁר חָטְאוּ־לָךְ וּלְכָל־פִּשְׁעֵיהֶם אֲשֶׁר פָּשְׁעוּ־בָךְ וּנְתַתָּם לְרַחֲמִים לִפְנֵי שֹׁבֵיהֶם וְרִחֲמוּם׃

51 For they are Your very own people that You freed from Egypt, from the midst of the iron furnace.

נא כִּי־עַמְּךָ וְנַחֲלָתְךָ הֵם אֲשֶׁר הוֹצֵאתָ מִמִּצְרַיִם מִתּוֹךְ כּוּר הַבַּרְזֶל׃

52 May Your eyes be open to the supplication of Your servant and the supplication of Your people *Yisrael*, and may You heed them whenever they call upon You.

נב לִהְיוֹת עֵינֶיךָ פְתֻחוֹת אֶל־תְּחִנַּת עַבְדְּךָ וְאֶל־תְּחִנַּת עַמְּךָ יִשְׂרָאֵל לִשְׁמֹעַ אֲלֵיהֶם בְּכֹל קָרְאָם אֵלֶיךָ׃

53 For You, O *Hashem*, have set them apart for Yourself from all the peoples of the earth as Your very own, as You promised through *Moshe* Your servant when You freed our fathers from Egypt."

נג כִּי־אַתָּה הִבְדַּלְתָּם לְךָ לְנַחֲלָה מִכֹּל עַמֵּי הָאָרֶץ כַּאֲשֶׁר דִּבַּרְתָּ בְּיַד מֹשֶׁה עַבְדֶּךָ בְּהוֹצִיאֲךָ אֶת־אֲבֹתֵינוּ מִמִּצְרַיִם אֲדֹנָי יְהוִה׃

54 When *Shlomo* finished offering to *Hashem* all this prayer and supplication, he rose from where he had been kneeling, in front of the *Mizbayach* of *Hashem*, his hands spread out toward heaven.

נד וַיְהִי כְּכַלּוֹת שְׁלֹמֹה לְהִתְפַּלֵּל אֶל־יְהוָה אֵת כָּל־הַתְּפִלָּה וְהַתְּחִנָּה הַזֹּאת קָם מִלִּפְנֵי מִזְבַּח יְהוָה מִכְּרֹעַ עַל־בִּרְכָּיו וְכַפָּיו פְּרֻשׂוֹת הַשָּׁמָיִם׃

55 He stood, and in a loud voice blessed the whole congregation of *Yisrael*:

נה וַיַּעֲמֹד וַיְבָרֶךְ אֵת כָּל־קְהַל יִשְׂרָאֵל קוֹל גָּדוֹל לֵאמֹר׃

56 "Praised be *Hashem* who has granted a haven to His people *Yisrael*, just as He promised; not a single word has failed of all the gracious promises that He made through His servant *Moshe*.

נו בָּרוּךְ יְהוָה אֲשֶׁר נָתַן מְנוּחָה לְעַמּוֹ יִשְׂרָאֵל כְּכֹל אֲשֶׁר דִּבֵּר לֹא־נָפַל דָּבָר אֶחָד מִכֹּל דְּבָרוֹ הַטּוֹב אֲשֶׁר דִּבֶּר בְּיַד מֹשֶׁה עַבְדּוֹ׃

57 May *Hashem* our God be with us, as He was with our fathers. May He never abandon or forsake us.

נז יְהִי יְהֹוָה אֱלֹהֵינוּ עִמָּנוּ כַּאֲשֶׁר הָיָה עִם־אֲבֹתֵינוּ אַל־יַעַזְבֵנוּ וְאַל־יִטְּשֵׁנוּ:

58 May He incline our hearts to Him, that we may walk in all His ways and keep the commandments, the laws, and the rules, which He enjoined upon our fathers.

נח לְהַטּוֹת לְבָבֵנוּ אֵלָיו לָלֶכֶת בְּכָל־דְּרָכָיו וְלִשְׁמֹר מִצְוֺתָיו וְחֻקָּיו וּמִשְׁפָּטָיו אֲשֶׁר צִוָּה אֶת־אֲבֹתֵינוּ:

59 And may these words of mine, which I have offered in supplication before *Hashem*, be close to *Hashem* our God day and night, that He may provide for His servant and for His people *Yisrael*, according to each day's needs

נט וְיִהְיוּ דְבָרַי אֵלֶּה אֲשֶׁר הִתְחַנַּנְתִּי לִפְנֵי יְהֹוָה קְרֹבִים אֶל־יְהֹוָה אֱלֹהֵינוּ יוֹמָם וָלָיְלָה לַעֲשׂוֹת מִשְׁפַּט עַבְדּוֹ וּמִשְׁפַּט עַמּוֹ יִשְׂרָאֵל דְּבַר־יוֹם בְּיוֹמוֹ:

60 to the end that all the peoples of the earth may know that *Hashem* alone is *Hashem*, there is no other.

ס לְמַעַן דַּעַת כָּל־עַמֵּי הָאָרֶץ כִּי יְהֹוָה הוּא הָאֱלֹהִים אֵין עוֹד:

61 And may you be wholehearted with *Hashem* our God, to walk in His ways and keep His commandments, even as now."

סא וְהָיָה לְבַבְכֶם שָׁלֵם עִם יְהֹוָה אֱלֹהֵינוּ לָלֶכֶת בְּחֻקָּיו וְלִשְׁמֹר מִצְוֺתָיו כַּיּוֹם הַזֶּה:

62 The king and all *Yisrael* with him offered sacrifices before *Hashem*.

סב וְהַמֶּלֶךְ וְכָל־יִשְׂרָאֵל עִמּוֹ זֹבְחִים זֶבַח לִפְנֵי יְהֹוָה:

63 *Shlomo* offered 22,000 oxen and 120,000 sheep as sacrifices of well-being to *Hashem*. Thus the king and all the Israelites dedicated the House of *Hashem*.

סג וַיִּזְבַּח שְׁלֹמֹה אֵת זֶבַח הַשְּׁלָמִים אֲשֶׁר זָבַח לַיהֹוָה בָּקָר עֶשְׂרִים וּשְׁנַיִם אֶלֶף וְצֹאן מֵאָה וְעֶשְׂרִים אָלֶף וַיַּחְנְכוּ אֶת־בֵּית יְהֹוָה הַמֶּלֶךְ וְכָל־בְּנֵי יִשְׂרָאֵל:

64 That day the king consecrated the center of the court that was in front of the House of *Hashem*. For it was there that he presented the burnt offerings, the meal offerings, and the fat parts of the offerings of well-being, because the bronze *Mizbayach* that was before *Hashem* was too small to hold the burnt offerings, the meal offerings, and the fat parts of the offerings of well-being.

סד בַּיּוֹם הַהוּא קִדַּשׁ הַמֶּלֶךְ אֶת־תּוֹךְ הֶחָצֵר אֲשֶׁר לִפְנֵי בֵית־יְהֹוָה כִּי־עָשָׂה שָׁם אֶת־הָעֹלָה וְאֶת־הַמִּנְחָה וְאֵת חֶלְבֵי הַשְּׁלָמִים כִּי־מִזְבַּח הַנְּחֹשֶׁת אֲשֶׁר לִפְנֵי יְהֹוָה קָטֹן מֵהָכִיל אֶת־הָעֹלָה וְאֶת־הַמִּנְחָה וְאֵת חֶלְבֵי הַשְּׁלָמִים:

65 So *Shlomo* and all *Yisrael* with him – a great assemblage, [coming] from Lebo-hamath to the Wadi of Egypt – observed the Feast at that time before *Hashem* our God, seven days and again seven days, fourteen days in all.

סה וַיַּעַשׂ שְׁלֹמֹה בָעֵת־הַהִיא אֶת־הֶחָג וְכָל־יִשְׂרָאֵל עִמּוֹ קָהָל גָּדוֹל מִלְּבוֹא חֲמָת עַד־נַחַל מִצְרַיִם לִפְנֵי יְהֹוָה אֱלֹהֵינוּ שִׁבְעַת יָמִים וְשִׁבְעַת יָמִים אַרְבָּעָה עָשָׂר יוֹם:

66 On the eighth day he let the people go. They bade the king good-bye and went to their homes, joyful and glad of heart over all the goodness that *Hashem* had shown to His servant *David* and His people *Yisrael*.

סו בַּיּוֹם הַשְּׁמִינִי שִׁלַּח אֶת־הָעָם וַיְבָרֲכוּ אֶת־הַמֶּלֶךְ וַיֵּלְכוּ לְאָהֳלֵיהֶם שְׂמֵחִים וְטוֹבֵי לֵב עַל כָּל־הַטּוֹבָה אֲשֶׁר עָשָׂה יְהֹוָה לְדָוִד עַבְדּוֹ וּלְיִשְׂרָאֵל עַמּוֹ:

9 [1] When *Shlomo* had finished building the House of *Hashem* and the royal palace and everything that *Shlomo* had set his heart on constructing,

א וַיְהִי כְּכַלּוֹת שְׁלֹמֹה לִבְנוֹת אֶת־בֵּית־יְהוָה וְאֶת־בֵּית הַמֶּלֶךְ וְאֵת כָּל־חֵשֶׁק שְׁלֹמֹה אֲשֶׁר חָפֵץ לַעֲשׂוֹת׃

[2] *Hashem* appeared to *Shlomo* a second time, as He had appeared to him at *Givon*.

ב וַיֵּרָא יְהוָה אֶל־שְׁלֹמֹה שֵׁנִית כַּאֲשֶׁר נִרְאָה אֵלָיו בְּגִבְעוֹן׃

[3] *Hashem* said to him, "I have heard the prayer and the supplication which you have offered to Me. I consecrate this House which you have built and I set My name there forever. My eyes and My heart shall ever be there.

ג וַיֹּאמֶר יְהוָה אֵלָיו שָׁמַעְתִּי אֶת־תְּפִלָּתְךָ וְאֶת־תְּחִנָּתְךָ אֲשֶׁר הִתְחַנַּנְתָּה לְפָנַי הִקְדַּשְׁתִּי אֶת־הַבַּיִת הַזֶּה אֲשֶׁר בָּנִתָה לָשׂוּם־שְׁמִי שָׁם עַד־עוֹלָם וְהָיוּ עֵינַי וְלִבִּי שָׁם כָּל־הַיָּמִים׃

[4] As for you, if you walk before Me as your father *David* walked before Me, wholeheartedly and with uprightness, doing all that I have commanded you [and] keeping My laws and My rules,

ד וְאַתָּה אִם־תֵּלֵךְ לְפָנַי כַּאֲשֶׁר הָלַךְ דָּוִד אָבִיךָ בְּתָם־לֵבָב וּבְיֹשֶׁר לַעֲשׂוֹת כְּכֹל אֲשֶׁר צִוִּיתִיךָ חֻקַּי וּמִשְׁפָּטַי תִּשְׁמֹר׃

[5] then I will establish your throne of kingship over *Yisrael* forever, as I promised your father *David*, saying, 'Your line on the throne of *Yisrael* shall never end.'

ה וַהֲקִמֹתִי אֶת־כִּסֵּא מַמְלַכְתְּךָ עַל־יִשְׂרָאֵל לְעֹלָם כַּאֲשֶׁר דִּבַּרְתִּי עַל־דָּוִד אָבִיךָ לֵאמֹר לֹא־יִכָּרֵת לְךָ אִישׁ מֵעַל כִּסֵּא יִשְׂרָאֵל׃

[6] [But] if you and your descendants turn away from Me and do not keep the commandments [and] the laws which I have set before you, and go and serve other gods and worship them,

ו אִם־שׁוֹב תְּשֻׁבוּן אַתֶּם וּבְנֵיכֶם מֵאַחֲרַי וְלֹא תִשְׁמְרוּ מִצְוֺתַי חֻקֹּתַי אֲשֶׁר נָתַתִּי לִפְנֵיכֶם וַהֲלַכְתֶּם וַעֲבַדְתֶּם אֱלֹהִים אֲחֵרִים וְהִשְׁתַּחֲוִיתֶם לָהֶם׃

[7] then I will sweep *Yisrael* off the land which I gave them; I will reject the House which I have consecrated to My name; and *Yisrael* shall become a proverb and a byword among all peoples.

ז וְהִכְרַתִּי אֶת־יִשְׂרָאֵל מֵעַל פְּנֵי הָאֲדָמָה אֲשֶׁר נָתַתִּי לָהֶם וְאֶת־הַבַּיִת אֲשֶׁר הִקְדַּשְׁתִּי לִשְׁמִי אֲשַׁלַּח מֵעַל פָּנָי וְהָיָה יִשְׂרָאֵל לְמָשָׁל וְלִשְׁנִינָה בְּכָל־הָעַמִּים׃

[8] And as for this House, once so exalted, everyone passing by it shall be appalled and shall hiss. And when they ask, 'Why did *Hashem* do thus to the land and to this House?'

ח וְהַבַּיִת הַזֶּה יִהְיֶה עֶלְיוֹן כָּל־עֹבֵר עָלָיו יִשֹּׁם וְשָׁרָק וְאָמְרוּ עַל־מֶה עָשָׂה יְהוָה כָּכָה לָאָרֶץ הַזֹּאת וְלַבַּיִת הַזֶּה׃

[9] they shall be told, 'It is because they forsook *Hashem* their God who freed them from the land of Egypt, and they embraced other gods and worshiped them and served them; therefore *Hashem* has brought all this calamity upon them.'"

ט וְאָמְרוּ עַל אֲשֶׁר עָזְבוּ אֶת־יְהוָה אֱלֹהֵיהֶם אֲשֶׁר הוֹצִיא אֶת־אֲבֹתָם מֵאֶרֶץ מִצְרַיִם וַיַּחֲזִקוּ בֵּאלֹהִים אֲחֵרִים וישתחו [וַיִּשְׁתַּחֲווּ] לָהֶם וַיַּעַבְדֻם עַל־כֵּן הֵבִיא יְהוָה עֲלֵיהֶם אֵת כָּל־הָרָעָה הַזֹּאת׃

[10] At the end of the twenty years during which *Shlomo* constructed the two buildings, *Hashem*'s House and the royal palace

י וַיְהִי מִקְצֵה עֶשְׂרִים שָׁנָה אֲשֶׁר־בָּנָה שְׁלֹמֹה אֶת־שְׁנֵי הַבָּתִּים אֶת־בֵּית יְהוָה וְאֶת־בֵּית הַמֶּלֶךְ׃

[11] since King Hiram of Tyre had supplied *Shlomo* with all the cedar and cypress timber and gold that he required – King *Shlomo* in turn gave Hiram twenty towns in the region of Galilee.

יא חִירָם מֶלֶךְ־צֹר נִשָּׂא אֶת־שְׁלֹמֹה בַּעֲצֵי אֲרָזִים וּבַעֲצֵי בְרוֹשִׁים וּבַזָּהָב לְכָל־חֶפְצוֹ אָז יִתֵּן הַמֶּלֶךְ שְׁלֹמֹה לְחִירָם עֶשְׂרִים עִיר בְּאֶרֶץ הַגָּלִיל׃

Kings

12 But when Hiram came from Tyre to inspect the towns that *Shlomo* had given him, he was not pleased with them.

יב וַיֵּצֵא חִירָם מִצֹּר לִרְאוֹת אֶת־הֶעָרִים אֲשֶׁר נָתַן־לוֹ שְׁלֹמֹה וְלֹא יָשְׁרוּ בְּעֵינָיו:

13 "My brother," he said, "what sort of towns are these you have given me?" So they were named the land of Cabul, as is still the case.

יג וַיֹּאמֶר מָה הֶעָרִים הָאֵלֶּה אֲשֶׁר־נָתַתָּה לִּי אָחִי וַיִּקְרָא לָהֶם אֶרֶץ כָּבוּל עַד הַיּוֹם הַזֶּה:

14 However, Hiram sent the king one hundred and twenty *kikarim* of gold.

יד וַיִּשְׁלַח חִירָם לַמֶּלֶךְ מֵאָה וְעֶשְׂרִים כִּכַּר זָהָב:

15 This was the purpose of the forced labor which *Shlomo* imposed: It was to build the House of Hashem, his own palace, the Millo, and the wall of *Yerushalayim*, and [to fortify] Hazor, Megiddo, and Gezer.

טו וְזֶה דְבַר־הַמַּס אֲשֶׁר־הֶעֱלָה הַמֶּלֶךְ שְׁלֹמֹה לִבְנוֹת אֶת־בֵּית יְהֹוָה וְאֶת־בֵּיתוֹ וְאֶת־הַמִּלּוֹא וְאֵת חוֹמַת יְרוּשָׁלָ͏ִם וְאֶת־חָצֹר וְאֶת־מְגִדּוֹ וְאֶת־גָּזֶר:

*v'-ZEH d'-var ha-MAS a-sher he-e-LAH ha-ME-lekh sh'-lo-MO liv-NOT
et BAYT a-do-NAI v'-et bay-TO v'-et ha-mi-LO v'-AYT kho-MAT
y'-ru-sha-LA-im v'-et kha-TZOR v'-et m'-gi-DO v'-et GA-zer*

16 Pharaoh king of Egypt had come up and captured Gezer; he destroyed it by fire, killed the Canaanites who dwelt in the town, and gave it as dowry to his daughter, *Shlomo*'s wife.

טז פַּרְעֹה מֶלֶךְ־מִצְרַיִם עָלָה וַיִּלְכֹּד אֶת־גֶּזֶר וַיִּשְׂרְפָהּ בָּאֵשׁ וְאֶת־הַכְּנַעֲנִי הַיֹּשֵׁב בָּעִיר הָרָג וַיִּתְּנָהּ שִׁלֻּחִים לְבִתּוֹ אֵשֶׁת שְׁלֹמֹה:

17 So *Shlomo* fortified Gezer, lower Beth-horon,

יז וַיִּבֶן שְׁלֹמֹה אֶת־גָּזֶר וְאֶת־בֵּית חֹרֹן תַּחְתּוֹן:

18 Baalith, and *Tamar* in the wilderness, in the land [of *Yehuda*],

יח וְאֶת־בַּעֲלָת וְאֶת־תמר [תַּדְמֹר] בַּמִּדְבָּר בָּאָרֶץ:

19 and all of *Shlomo*'s garrison towns, chariot towns, and cavalry towns – everything that *Shlomo* set his heart on building in *Yerushalayim* and in the Lebanon, and throughout the territory that he ruled.

יט וְאֵת כָּל־עָרֵי הַמִּסְכְּנוֹת אֲשֶׁר הָיוּ לִשְׁלֹמֹה וְאֵת עָרֵי הָרֶכֶב וְאֵת עָרֵי הַפָּרָשִׁים וְאֵת חֵשֶׁק שְׁלֹמֹה אֲשֶׁר חָשַׁק לִבְנוֹת בִּירוּשָׁלַ͏ִם וּבַלְּבָנוֹן וּבְכֹל אֶרֶץ מֶמְשַׁלְתּוֹ:

20 All the people that were left of the Amorites, Hittites, Perizzites, Hivites, and Jebusites who were not of the Israelite stock

כ כָּל־הָעָם הַנּוֹתָר מִן־הָאֱמֹרִי הַחִתִּי הַפְּרִזִּי הַחִוִּי וְהַיְבוּסִי אֲשֶׁר לֹא־מִבְּנֵי יִשְׂרָאֵל הֵמָּה:

9:15 The wall of *Yerushalayim* The walls of *Yerushalayim*, like those of all ancient cities, have great importance; they are designed to provide physical protection from invaders. In *Yerushalayim*'s case, however, they also have spiritual significance, as certain commandments, like the eating of the Passover sacrifice, must be performed only within the city's walls. The current Old City of *Yerushalayim*, in which the Western Wall and the Temple Mount are located, is still surrounded by walls. These walls are much newer, having been built by the Turkish ruler of the city almost 500 years ago. Yet, they too have spiritual significance as the boundary of the heart of the holiest city on earth.

Walls of the Old City of *Yerushalayim*

[21] those of their descendants who remained in the land and whom the Israelites were not able to annihilate – of these *Shlomo* made a slave force, as is still the case.

כא בְּנֵיהֶם אֲשֶׁר נֹתְרוּ אַחֲרֵיהֶם בָּאָרֶץ
אֲשֶׁר לֹא־יָכְלוּ בְּנֵי יִשְׂרָאֵל לְהַחֲרִימָם
וַיַּעֲלֵם שְׁלֹמֹה לְמַס־עֹבֵד עַד הַיּוֹם הַזֶּה׃

[22] But he did not reduce any Israelites to slavery; they served, rather, as warriors and as his attendants, officials, and officers, and as commanders of his chariotry and cavalry.

כב וּמִבְּנֵי יִשְׂרָאֵל לֹא־נָתַן שְׁלֹמֹה עָבֶד
כִּי־הֵם אַנְשֵׁי הַמִּלְחָמָה וַעֲבָדָיו וְשָׂרָיו
וְשָׁלִשָׁיו וְשָׂרֵי רִכְבּוֹ וּפָרָשָׁיו׃

[23] These were the prefects that were in charge of *Shlomo*'s works and were foremen over the people engaged in the work, who numbered 550.

כג אֵלֶּה שָׂרֵי הַנִּצָּבִים אֲשֶׁר עַל־הַמְּלָאכָה
לִשְׁלֹמֹה חֲמִשִּׁים וַחֲמֵשׁ מֵאוֹת הָרֹדִים
בָּעָם הָעֹשִׂים בַּמְּלָאכָה׃

[24] As soon as Pharaoh's daughter went up from the City of *David* to the palace that he had built for her, he built the Millo.

כד אַךְ בַּת־פַּרְעֹה עָלְתָה מֵעִיר דָּוִד
אֶל־בֵּיתָהּ אֲשֶׁר בָּנָה־לָהּ אָז בָּנָה אֶת־
הַמִּלּוֹא׃

[25] *Shlomo* used to offer burnt offerings and sacrifices of well-being three times a year on the *Mizbayach* that he had built for *Hashem,* and he used to offer incense on the one that was before *Hashem*. And he kept the House in repair.

כה וְהֶעֱלָה שְׁלֹמֹה שָׁלֹשׁ פְּעָמִים בַּשָּׁנָה
עֹלוֹת וּשְׁלָמִים עַל־הַמִּזְבֵּחַ אֲשֶׁר בָּנָה
לַיהֹוָה וְהַקְטֵיר אִתּוֹ אֲשֶׁר לִפְנֵי יְהֹוָה
וְשִׁלַּם אֶת־הַבָּיִת׃

[26] King *Shlomo* also built a fleet of ships at Ezion-geber, which is near Eloth on the shore of the Sea of Reeds in the land of Edom.

כו וָאֳנִי עָשָׂה הַמֶּלֶךְ שְׁלֹמֹה בְּעֶצְיוֹן־גֶּבֶר
אֲשֶׁר אֶת־אֵלוֹת עַל־שְׂפַת יַם־סוּף
בְּאֶרֶץ אֱדוֹם׃

[27] Hiram sent servants of his with the fleet, mariners who were experienced on the sea, to serve with *Shlomo*'s men.

כז וַיִּשְׁלַח חִירָם בָּאֳנִי אֶת־עֲבָדָיו אַנְשֵׁי
אֳנִיּוֹת יֹדְעֵי הַיָּם עִם עַבְדֵי שְׁלֹמֹה׃

[28] They came to Ophir; there they obtained gold in the amount of four hundred and twenty *kikarim,* which they delivered to King *Shlomo*.

כח וַיָּבֹאוּ אוֹפִירָה וַיִּקְחוּ מִשָּׁם זָהָב אַרְבַּע־
מֵאוֹת וְעֶשְׂרִים כִּכָּר וַיָּבִאוּ אֶל־הַמֶּלֶךְ
שְׁלֹמֹה׃

10 [1] The queen of Sheba heard of *Shlomo*'s fame, through the name of *Hashem,* and she came to test him with hard questions.

י א וּמַלְכַּת־שְׁבָא שֹׁמַעַת אֶת־שֵׁמַע שְׁלֹמֹה
לְשֵׁם יְהֹוָה וַתָּבֹא לְנַסֹּתוֹ בְּחִידוֹת׃

[2] She arrived in *Yerushalayim* with a very large retinue, with camels bearing spices, a great quantity of gold, and precious stones. When she came to *Shlomo,* she asked him all that she had in mind.

ב וַתָּבֹא יְרוּשָׁלַמָה בְּחַיִל כָּבֵד מְאֹד
גְּמַלִּים נֹשְׂאִים בְּשָׂמִים וְזָהָב רַב־מְאֹד
וְאֶבֶן יְקָרָה וַתָּבֹא אֶל־שְׁלֹמֹה וַתְּדַבֵּר
אֵלָיו אֵת כָּל־אֲשֶׁר הָיָה עִם־לְבָבָהּ׃

[3] *Shlomo* had answers for all her questions; there was nothing that the king did not know, [nothing] to which he could not give her an answer.

ג וַיַּגֶּד־לָהּ שְׁלֹמֹה אֶת־כָּל־דְּבָרֶיהָ לֹא־הָיָה
דָּבָר נֶעְלָם מִן־הַמֶּלֶךְ אֲשֶׁר לֹא הִגִּיד
לָהּ׃

[4] When the queen of Sheba observed all of *Shlomo*'s wisdom, and the palace he had built,

ד וַתֵּרֶא מַלְכַּת־שְׁבָא אֵת כָּל־חָכְמַת
שְׁלֹמֹה וְהַבַּיִת אֲשֶׁר בָּנָה׃

5 the fare of his table, the seating of his courtiers, the service and attire of his attendants, and his wine service, and the burnt offerings that he offered at the House of *Hashem*, she was left breathless.

ה וּמַאֲכַל שֻׁלְחָנוֹ וּמוֹשַׁב עֲבָדָיו וּמַעֲמַד משרתו [מְשָׁרְתָיו] וּמַלְבֻּשֵׁיהֶם וּמַשְׁקָיו וְעֹלָתוֹ אֲשֶׁר יַעֲלֶה בֵּית יְהֹוָה וְלֹא־הָיָה בָהּ עוֹד רוּחַ:

6 She said to the king, "The report I heard in my own land about you and your wisdom was true.

ו וַתֹּאמֶר אֶל־הַמֶּלֶךְ אֱמֶת הָיָה הַדָּבָר אֲשֶׁר שָׁמַעְתִּי בְּאַרְצִי עַל־דְּבָרֶיךָ וְעַל־ חָכְמָתֶךָ:

7 But I did not believe the reports until I came and saw with my own eyes that not even the half had been told me; your wisdom and wealth surpass the reports that I heard.

ז וְלֹא־הֶאֱמַנְתִּי לַדְּבָרִים עַד אֲשֶׁר־בָּאתִי וַתִּרְאֶינָה עֵינַי וְהִנֵּה לֹא־הֻגַּד־לִי הַחֵצִי הוֹסַפְתָּ חָכְמָה וָטוֹב אֶל־הַשְּׁמוּעָה אֲשֶׁר שָׁמָעְתִּי:

8 How fortunate are your men and how fortunate are these your courtiers, who are always in attendance on you and can hear your wisdom!

ח אַשְׁרֵי אֲנָשֶׁיךָ אַשְׁרֵי עֲבָדֶיךָ אֵלֶּה הָעֹמְדִים לְפָנֶיךָ תָּמִיד הַשֹּׁמְעִים אֶת־ חָכְמָתֶךָ:

9 Praised be *Hashem* your God, who delighted in you and set you on the throne of *Yisrael*. It is because of *Hashem*'s everlasting love for *Yisrael* that He made you king to administer justice and righteousness."

ט יְהִי יְהֹוָה אֱלֹהֶיךָ בָּרוּךְ אֲשֶׁר חָפֵץ בְּךָ לְתִתְּךָ עַל־כִּסֵּא יִשְׂרָאֵל בְּאַהֲבַת יְהֹוָה אֶת־יִשְׂרָאֵל לְעֹלָם וַיְשִׂימְךָ לְמֶלֶךְ לַעֲשׂוֹת מִשְׁפָּט וּצְדָקָה:

10 She presented the king with one hundred and twenty *kikarim* of gold, and a large quantity of spices, and precious stones. Never again did such a vast quantity of spices arrive as that which the queen of Sheba gave to King *Shlomo*.

י וַתִּתֵּן לַמֶּלֶךְ מֵאָה וְעֶשְׂרִים כִּכַּר זָהָב וּבְשָׂמִים הַרְבֵּה מְאֹד וְאֶבֶן יְקָרָה לֹא־ בָא כַבֹּשֶׂם הַהוּא עוֹד לָרֹב אֲשֶׁר־נָתְנָה מַלְכַּת־שְׁבָא לַמֶּלֶךְ שְׁלֹמֹה:

11 Moreover, Hiram's fleet, which carried gold from Ophir, brought in from Ophir a huge quantity of almug wood and precious stones.

יא וְגַם אֳנִי חִירָם אֲשֶׁר־נָשָׂא זָהָב מֵאוֹפִיר הֵבִיא מֵאֹפִיר עֲצֵי אַלְמֻגִּים הַרְבֵּה מְאֹד וְאֶבֶן יְקָרָה:

12 The king used the almug wood for decorations in the House of *Hashem* and in the royal palace, and for harps and lyres for the musicians. Such a quantity of almug wood has never arrived or been seen to this day.

יב וַיַּעַשׂ הַמֶּלֶךְ אֶת־עֲצֵי הָאַלְמֻגִּים מִסְעָד לְבֵית־יְהֹוָה וּלְבֵית הַמֶּלֶךְ וְכִנֹּרוֹת וּנְבָלִים לַשָּׁרִים לֹא בָא־כֵן עֲצֵי אַלְמֻגִּים וְלֹא נִרְאָה עַד הַיּוֹם הַזֶּה:

13 King *Shlomo*, in turn, gave the queen of Sheba everything she wanted and asked for, in addition to what King *Shlomo* gave her out of his royal bounty. Then she and her attendants left and returned to her own land.

יג וְהַמֶּלֶךְ שְׁלֹמֹה נָתַן לְמַלְכַּת־שְׁבָא אֶת־ כָּל־חֶפְצָהּ אֲשֶׁר שָׁאָלָה מִלְּבַד אֲשֶׁר נָתַן־לָהּ כְּיַד הַמֶּלֶךְ שְׁלֹמֹה וַתֵּפֶן וַתֵּלֶךְ לְאַרְצָהּ הִיא וַעֲבָדֶיהָ:

14 The weight of the gold which *Shlomo* received every year was 666 *kikarim* of gold,

יד וַיְהִי מִשְׁקַל הַזָּהָב אֲשֶׁר־בָּא לִשְׁלֹמֹה בְּשָׁנָה אֶחָת שֵׁשׁ מֵאוֹת שִׁשִּׁים וָשֵׁשׁ כִּכַּר זָהָב:

15 besides what came from tradesmen, from the traffic of the merchants, and from all the kings of Arabia and the governors of the regions.

טו לְבַד מֵאַנְשֵׁי הַתָּרִים וּמִסְחַר הָרֹכְלִים וְכָל־מַלְכֵי הָעֶרֶב וּפַחוֹת הָאָרֶץ:

16 King *Shlomo* made 200 shields of beaten gold – 600 *shekalim* of gold to each shield –

טז וַיַּעַשׂ הַמֶּלֶךְ שְׁלֹמֹה מָאתַיִם צִנָּה זָהָב
שָׁחוּט שֵׁשׁ־מֵאוֹת זָהָב יַעֲלֶה עַל־הַצִּנָּה
הָאֶחָת׃

17 and 300 bucklers of beaten gold – three *manim* of gold to each buckler. The king placed them in the Lebanon Forest House.

יז וּשְׁלֹשׁ־מֵאוֹת מָגִנִּים זָהָב שָׁחוּט
שְׁלֹשֶׁת מָנִים זָהָב יַעֲלֶה עַל־הַמָּגֵן
הָאֶחָת וַיִּתְּנֵם הַמֶּלֶךְ בֵּית יַעַר הַלְּבָנוֹן׃

18 The king also made a large throne of ivory, and he overlaid it with refined gold.

יח וַיַּעַשׂ הַמֶּלֶךְ כִּסֵּא־שֵׁן גָּדוֹל וַיְצַפֵּהוּ זָהָב
מוּפָז׃

19 Six steps led up to the throne, and the throne had a back with a rounded top, and arms on either side of the seat. Two lions stood beside the arms,

יט שֵׁשׁ מַעֲלוֹת לַכִּסֵּה וְרֹאשׁ־עָגֹל לַכִּסֵּה
מֵאַחֲרָיו וְיָדֹת מִזֶּה וּמִזֶּה אֶל־מְקוֹם
הַשָּׁבֶת וּשְׁנַיִם אֲרָיוֹת עֹמְדִים אֵצֶל
הַיָּדוֹת׃

20 and twelve lions stood on the six steps, six on either side. No such throne was ever made for any other kingdom.

כ וּשְׁנֵים עָשָׂר אֲרָיִים עֹמְדִים שָׁם עַל־
שֵׁשׁ הַמַּעֲלוֹת מִזֶּה וּמִזֶּה לֹא־נַעֲשָׂה כֵן
לְכָל־מַמְלָכוֹת׃

21 All King *Shlomo*'s drinking cups were of gold, and all the utensils of the Lebanon Forest House were of pure gold: silver did not count for anything in *Shlomo*'s days.

כא וְכֹל כְּלֵי מַשְׁקֵה הַמֶּלֶךְ שְׁלֹמֹה זָהָב וְכֹל
כְּלֵי בֵּית־יַעַר הַלְּבָנוֹן זָהָב סָגוּר אֵין
כֶּסֶף לֹא נֶחְשָׁב בִּימֵי שְׁלֹמֹה לִמְאוּמָה׃

22 For the king had a Tarshish fleet on the sea, along with Hiram's fleet. Once every three years, the Tarshish fleet came in, bearing gold and silver, ivory, apes, and peacocks.

כב כִּי אֳנִי תַרְשִׁישׁ לַמֶּלֶךְ בַּיָּם עִם אֳנִי
חִירָם אַחַת לְשָׁלֹשׁ שָׁנִים תָּבוֹא אֳנִי
תַרְשִׁישׁ נֹשְׂאֵת זָהָב וָכֶסֶף שֶׁנְהַבִּים
וְקֹפִים וְתֻכִּיִּים׃

23 King *Shlomo* excelled all the kings on earth in wealth and in wisdom.

כג וַיִּגְדַּל הַמֶּלֶךְ שְׁלֹמֹה מִכֹּל מַלְכֵי הָאָרֶץ
לְעֹשֶׁר וּלְחָכְמָה׃

24 All the world came to pay homage to *Shlomo* and to listen to the wisdom with which *Hashem* had endowed him;

כד וְכָל־הָאָרֶץ מְבַקְשִׁים אֶת־פְּנֵי שְׁלֹמֹה
לִשְׁמֹעַ אֶת־חָכְמָתוֹ אֲשֶׁר־נָתַן אֱלֹהִים
בְּלִבּוֹ׃

v'-KHOL ha-A-retz m'-vak-SHEEM et p'-NAY sh'-lo-MOH lish-MO-a
et khokh-ma-TO a-sher na-TAN e-lo-HEEM b'-li-BO

25 and each one would bring his tribute – silver and gold objects, robes, weapons and spices, horses and mules – in the amount due each year.

כה וְהֵמָּה מְבִאִים אִישׁ מִנְחָתוֹ כְּלֵי כֶסֶף
וּכְלֵי זָהָב וּשְׂלָמוֹת וְנֵשֶׁק וּבְשָׂמִים
סוּסִים וּפְרָדִים דְּבַר־שָׁנָה בְּשָׁנָה׃

10:24 All the world came to pay homage to *Shlomo* Rabbi Shlomo Aviner points out that this verse represents a great sanctification of *Hashem*'s name. Though King *Shlomo* is the wealthiest, most powerful king of the time, this is not the reason why he is sought out by the entire world. Rather, everyone wishes to be in his presence because of the great wisdom *Hashem* has given him. This demonstrates that Israel is unlike all other kingdoms; it is a holy nation. When Jewish leaders represent the highest levels of ethics and wisdom, they sanctify God's name among all the people of the world.

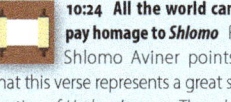

American VP Joe Biden speaking at the funeral of former Israeli PM Ariel Sharon

26 *Shlomo* assembled chariots and horses. He had 1,400 chariots and 12,000 horses, which he stationed in the chariot towns and with the king in *Yerushalayim*.

כו וַיֶּאֱסֹף שְׁלֹמֹה רֶכֶב וּפָרָשִׁים וַיְהִי־לוֹ
אֶלֶף וְאַרְבַּע־מֵאוֹת רֶכֶב וּשְׁנֵים־עָשָׂר
אֶלֶף פָּרָשִׁים וַיַּנְחֵם בְּעָרֵי הָרֶכֶב וְעִם־
הַמֶּלֶךְ בִּירוּשָׁלָםִ׃

27 The king made silver as plentiful in *Yerushalayim* as stones, and cedars as plentiful as sycamores in the Shephelah.

כז וַיִּתֵּן הַמֶּלֶךְ אֶת־הַכֶּסֶף בִּירוּשָׁלַםִ
כָּאֲבָנִים וְאֵת הָאֲרָזִים נָתַן כַּשִּׁקְמִים
אֲשֶׁר־בַּשְּׁפֵלָה לָרֹב׃

28 *Shlomo*'s horses were procured from Mizraim and Kue. The king's dealers would buy them from Kue at a fixed price.

כח וּמוֹצָא הַסּוּסִים אֲשֶׁר לִשְׁלֹמֹה
מִמִּצְרָיִם וּמִקְוֵה סֹחֲרֵי הַמֶּלֶךְ יִקְחוּ
מִקְוֵה בִּמְחִיר׃

29 A chariot imported from Mizraim cost 600 *shekalim* of silver, and a horse 150; these in turn were exported by them to all the kings of the Hittites and the kings of the Arameans.

כט וַתַּעֲלֶה וַתֵּצֵא מֶרְכָּבָה מִמִּצְרַיִם בְּשֵׁשׁ
מֵאוֹת כֶּסֶף וְסוּס בַּחֲמִשִּׁים וּמֵאָה וְכֵן
לְכָל־מַלְכֵי הַחִתִּים וּלְמַלְכֵי אֲרָם בְּיָדָם
יֹצִאוּ׃

11 1 King *Shlomo* loved many foreign women in addition to Pharaoh's daughter – Moabite, Amonite, Edomite, Phoenician, and Hittite women,

יא א וְהַמֶּלֶךְ שְׁלֹמֹה אָהַב נָשִׁים נָכְרִיּוֹת
רַבּוֹת וְאֶת־בַּת־פַּרְעֹה מוֹאֲבִיּוֹת
עַמֳּנִיּוֹת אֲדֹמִיֹּת צֵדְנִיֹּת חִתִּיֹּת׃

v'-ha-ME-lekh sh'-lo-MOH a-HAV na-SHEEM nokh-ri-YOT ra-BOT v'-et bat par-OH mo-a-vee-YOT a-mo-nee-YOT a-do-mee-YOT tzay-d'-nee-YOT khi-tee-YOT

2 from the nations of which *Hashem* had said to the Israelites, "None of you shall join them and none of them shall join you, lest they turn your heart away to follow their gods." Such *Shlomo* clung to and loved.

ב מִן־הַגּוֹיִם אֲשֶׁר אָמַר־יְהֹוָה אֶל־בְּנֵי
יִשְׂרָאֵל לֹא־תָבֹאוּ בָהֶם וְהֵם לֹא־
יָבֹאוּ בָכֶם אָכֵן יַטּוּ אֶת־לְבַבְכֶם אַחֲרֵי
אֱלֹהֵיהֶם בָּהֶם דָּבַק שְׁלֹמֹה לְאַהֲבָה׃

3 He had seven hundred royal wives and three hundred concubines; and his wives turned his heart away.

ג וַיְהִי־לוֹ נָשִׁים שָׂרוֹת שְׁבַע מֵאוֹת
וּפִלַגְשִׁים שְׁלֹשׁ מֵאוֹת וַיַּטּוּ נָשָׁיו אֶת־
לִבּוֹ׃

4 In his old age, his wives turned away *Shlomo*'s heart after other gods, and he was not as wholeheartedly devoted to *Hashem* his God as his father *David* had been.

ד וַיְהִי לְעֵת זִקְנַת שְׁלֹמֹה נָשָׁיו הִטּוּ אֶת־
לְבָבוֹ אַחֲרֵי אֱלֹהִים אֲחֵרִים וְלֹא־הָיָה
לְבָבוֹ שָׁלֵם עִם־יְהֹוָה אֱלֹהָיו כִּלְבַב דָּוִיד
אָבִיו׃

5 *Shlomo* followed Ashtoreth the goddess of the Phoenicians, and Milcom the abomination of the Amonites.

ה וַיֵּלֶךְ שְׁלֹמֹה אַחֲרֵי עַשְׁתֹּרֶת אֱלֹהֵי
צִדֹנִים וְאַחֲרֵי מִלְכֹּם שִׁקֻּץ עַמֹּנִים׃

11:1 King *Shlomo* loved many foreign women It seems shocking that the wise and righteous King *Shlomo* loves and marries foreign women. *Rambam* notes that he certainly does not marry these women without them first converting to Judaism. Yet, they clearly do not convert with a full heart, as evidenced by their continuing idolatrous practices. How, then, can King *Shlomo* make such a mistake? Rabbi Aviner suggests that *Shlomo* thought he could spread belief in *Hashem* throughout the world, and that in order to do that he would need to incorporate representatives of other nations into the People of Israel. Though he has noble intentions, he makes a mistake in not sufficiently protecting himself and the People of Israel from the dangers of foreign influence and idol worship.

Israeli and foreign dignitaries commemorating the 100th Anniversary of the Australian–New Zealand Cavalry Battle in *Beersheva*

6 *Shlomo* did what was displeasing to *Hashem* and did not remain loyal to *Hashem* like his father *David*.

ו וַיַּעַשׂ שְׁלֹמֹה הָרַע בְּעֵינֵי יְהֹוָה וְלֹא
מִלֵּא אַחֲרֵי יְהֹוָה כְּדָוִד אָבִיו׃

7 At that time, *Shlomo* built a shrine for Chemosh the abomination of Moab on the hill near *Yerushalayim*, and one for Molech the abomination of the Amonites.

ז אָז יִבְנֶה שְׁלֹמֹה בָּמָה לִכְמוֹשׁ שִׁקֻּץ
מוֹאָב בָּהָר אֲשֶׁר עַל־פְּנֵי יְרוּשָׁלָ͏ִם
וּלְמֹלֶךְ שִׁקֻּץ בְּנֵי עַמּוֹן׃

8 And he did the same for all his foreign wives who offered and sacrificed to their gods.

ח וְכֵן עָשָׂה לְכָל־נָשָׁיו הַנָּכְרִיּוֹת מַקְטִירוֹת
וּמְזַבְּחוֹת לֵאלֹהֵיהֶן׃

9 *Hashem* was angry with *Shlomo*, because his heart turned away from *Hashem*, the God of *Yisrael*, who had appeared to him twice

ט וַיִּתְאַנַּף יְהֹוָה בִּשְׁלֹמֹה כִּי־נָטָה לְבָבוֹ
מֵעִם יְהֹוָה אֱלֹהֵי יִשְׂרָאֵל הַנִּרְאָה אֵלָיו
פַּעֲמָיִם׃

10 and had commanded him about this matter, not to follow other gods; he did not obey what *Hashem* had commanded.

י וְצִוָּה אֵלָיו עַל־הַדָּבָר הַזֶּה לְבִלְתִּי־לֶכֶת
אַחֲרֵי אֱלֹהִים אֲחֵרִים וְלֹא שָׁמַר אֵת
אֲשֶׁר־צִוָּה יְהֹוָה׃

11 And *Hashem* said to *Shlomo*, "Because you are guilty of this – you have not kept My covenant and the laws which I enjoined upon you – I will tear the kingdom away from you and give it to one of your servants.

יא וַיֹּאמֶר יְהֹוָה לִשְׁלֹמֹה יַעַן אֲשֶׁר הָיְתָה־
זֹּאת עִמָּךְ וְלֹא שָׁמַרְתָּ בְּרִיתִי וְחֻקֹּתַי
אֲשֶׁר צִוִּיתִי עָלֶיךָ קָרֹעַ אֶקְרַע אֶת־
הַמַּמְלָכָה מֵעָלֶיךָ וּנְתַתִּיהָ לְעַבְדֶּךָ׃

12 But, for the sake of your father *David*, I will not do it in your lifetime; I will tear it away from your son.

יב אַךְ־בְּיָמֶיךָ לֹא אֶעֱשֶׂנָּה לְמַעַן דָּוִד אָבִיךָ
מִיַּד בִּנְךָ אֶקְרָעֶנָּה׃

13 However, I will not tear away the whole kingdom; I will give your son one tribe, for the sake of My servant *David* and for the sake of *Yerushalayim* which I have chosen."

יג רַק אֶת־כָּל־הַמַּמְלָכָה לֹא אֶקְרָע שֵׁבֶט
אֶחָד אֶתֵּן לִבְנֶךָ לְמַעַן דָּוִד עַבְדִּי וּלְמַעַן
יְרוּשָׁלַ͏ִם אֲשֶׁר בָּחָרְתִּי׃

14 So *Hashem* raised up an adversary against *Shlomo*, the Edomite Hadad, who was of the royal family of Edom.

יד וַיָּקֶם יְהֹוָה שָׂטָן לִשְׁלֹמֹה אֵת הֲדַד
הָאֲדֹמִי מִזֶּרַע הַמֶּלֶךְ הוּא בֶּאֱדוֹם׃

15 When *David* was in Edom, *Yoav* the army commander went up to bury the slain, and he killed every male in Edom;

טו וַיְהִי בִּהְיוֹת דָּוִד אֶת־אֱדוֹם בַּעֲלוֹת יוֹאָב
שַׂר הַצָּבָא לְקַבֵּר אֶת־הַחֲלָלִים וַיַּךְ כָּל־
זָכָר בֶּאֱדוֹם׃

16 for *Yoav* and all *Yisrael* stayed there for six months until he had killed off every male in Edom.

טז כִּי שֵׁשֶׁת חֳדָשִׁים יָשַׁב־שָׁם יוֹאָב וְכָל־
יִשְׂרָאֵל עַד־הִכְרִית כָּל־זָכָר בֶּאֱדוֹם׃

17 But Hadad, together with some Edomite men, servants of his father, escaped and headed for Egypt; Hadad was then a young boy.

יז וַיִּבְרַח אֲדַד הוּא וַאֲנָשִׁים אֲדֹמִיִּים
מֵעַבְדֵי אָבִיו אִתּוֹ לָבוֹא מִצְרָיִם וַהֲדַד
נַעַר קָטָן׃

18 Setting out from Midian, they came to Paran and took along with them men from Paran. Thus they came to Egypt, to Pharaoh king of Egypt, who gave him a house, assigned a food allowance to him, and granted him an estate.

יח וַיָּקֻמוּ מִמִּדְיָן וַיָּבֹאוּ פָּארָן וַיִּקְחוּ
אֲנָשִׁים עִמָּם מִפָּארָן וַיָּבֹאוּ מִצְרַיִם אֶל־
פַּרְעֹה מֶלֶךְ־מִצְרַיִם וַיִּתֶּן־לוֹ בַיִת וְלֶחֶם
אָמַר לוֹ וְאֶרֶץ נָתַן לוֹ׃

19 Pharaoh took a great liking to Hadad and gave him his sister-in-law, the sister of Queen Tahpenes, as wife.

יט וַיִּמְצָא הֲדַד חֵן בְּעֵינֵי פַרְעֹה מְאֹד וַיִּתֶּן־לוֹ אִשָּׁה אֶת־אֲחוֹת אִשְׁתּוֹ אֲחוֹת תַּחְפְּנֵיס הַגְּבִירָה׃

20 The sister of Tahpenes bore him a son, Genubath. Tahpenes weaned him in Pharaoh's palace, and Genubath remained in Pharaoh's palace among the sons of Pharaoh.

כ וַתֵּלֶד לוֹ אֲחוֹת תַּחְפְּנֵיס אֵת גְּנֻבַת בְּנוֹ וַתִּגְמְלֵהוּ תַחְפְּנֵס בְּתוֹךְ בֵּית פַּרְעֹה וַיְהִי גְנֻבַת בֵּית פַּרְעֹה בְּתוֹךְ בְּנֵי פַרְעֹה׃

21 When Hadad heard in Egypt that *David* had been laid to rest with his fathers and that *Yoav* the army commander was dead, Hadad said to Pharaoh, "Give me leave to go to my own country."

כא וַהֲדַד שָׁמַע בְּמִצְרַיִם כִּי־שָׁכַב דָּוִד עִם־אֲבֹתָיו וְכִי־מֵת יוֹאָב שַׂר־הַצָּבָא וַיֹּאמֶר הֲדַד אֶל־פַּרְעֹה שַׁלְּחֵנִי וְאֵלֵךְ אֶל־אַרְצִי׃

22 Pharaoh replied, "What do you lack with me, that you want to go to your own country?" But he said, "Nevertheless, give me leave to go."

כב וַיֹּאמֶר לוֹ פַרְעֹה כִּי מָה־אַתָּה חָסֵר עִמִּי וְהִנְּךָ מְבַקֵּשׁ לָלֶכֶת אֶל־אַרְצֶךָ וַיֹּאמֶר לֹא כִּי שַׁלֵּחַ תְּשַׁלְּחֵנִי׃

23 Another adversary that *Hashem* raised up against *Shlomo* was Rezon son of Eliada, who had fled from his lord, King Hadadezer of Zobah,

כג וַיָּקֶם אֱלֹהִים לוֹ שָׂטָן אֶת־רְזוֹן בֶּן־אֶלְיָדָע אֲשֶׁר בָּרַח מֵאֵת הֲדַדְעֶזֶר מֶלֶךְ־צוֹבָה אֲדֹנָיו׃

24 when *David* was slaughtering them. He gathered men about him and became captain over a troop; they went to Damascus and settled there, and they established a kingdom in Damascus.

כד וַיִּקְבֹּץ עָלָיו אֲנָשִׁים וַיְהִי שַׂר־גְּדוּד בַּהֲרֹג דָּוִד אֹתָם וַיֵּלְכוּ דַמֶּשֶׂק וַיֵּשְׁבוּ בָהּ וַיִּמְלְכוּ בְּדַמָּשֶׂק׃

25 He was an adversary of *Yisrael* all the days of *Shlomo*, adding to the trouble [caused by] Hadad; he repudiated [the authority of] *Yisrael* and reigned over Aram.

כה וַיְהִי שָׂטָן לְיִשְׂרָאֵל כָּל־יְמֵי שְׁלֹמֹה וְאֶת־הָרָעָה אֲשֶׁר הֲדָד וַיָּקָץ בְּיִשְׂרָאֵל וַיִּמְלֹךְ עַל־אֲרָם׃

26 *Yerovam* son of Nebat, an Ephraimite of Zeredah, the son of a widow whose name was Zeruah, was in *Shlomo*'s service; he raised his hand against the king.

כו וְיָרָבְעָם בֶּן־נְבָט אֶפְרָתִי מִן־הַצְּרֵדָה וְשֵׁם אִמּוֹ צְרוּעָה אִשָּׁה אַלְמָנָה עֶבֶד לִשְׁלֹמֹה וַיָּרֶם יָד בַּמֶּלֶךְ׃

27 The circumstances under which he raised his hand against the king were as follows: *Shlomo* built the Millo and repaired the breach of the city of his father, *David*.

כז וְזֶה הַדָּבָר אֲשֶׁר־הֵרִים יָד בַּמֶּלֶךְ שְׁלֹמֹה בָּנָה אֶת־הַמִּלּוֹא סָגַר אֶת־פֶּרֶץ עִיר דָּוִד אָבִיו׃

28 This *Yerovam* was an able man, and when *Shlomo* saw that the young man was a capable worker, he appointed him over all the forced labor of the House of *Yosef*.

כח וְהָאִישׁ יָרָבְעָם גִּבּוֹר חָיִל וַיַּרְא שְׁלֹמֹה אֶת־הַנַּעַר כִּי־עֹשֵׂה מְלָאכָה הוּא וַיַּפְקֵד אֹתוֹ לְכָל־סֵבֶל בֵּית יוֹסֵף׃

29 During that time *Yerovam* went out of *Yerushalayim* and the *Navi Achiya* of *Shilo* met him on the way. He had put on a new robe; and when the two were alone in the open country,

כט וַיְהִי בָּעֵת הַהִיא וְיָרָבְעָם יָצָא מִירוּשָׁלִַם וַיִּמְצָא אֹתוֹ אֲחִיָּה הַשִּׁילֹנִי הַנָּבִיא בַּדֶּרֶךְ וְהוּא מִתְכַּסֶּה בְּשַׂלְמָה חֲדָשָׁה וּשְׁנֵיהֶם לְבַדָּם בַּשָּׂדֶה׃

30 *Achiya* took hold of the new robe he was wearing and tore it into twelve pieces.

ל וַיִּתְפֹּשׂ אֲחִיָּה בַּשַּׂלְמָה הַחֲדָשָׁה אֲשֶׁר עָלָיו וַיִּקְרָעֶהָ שְׁנֵים עָשָׂר קְרָעִים׃

31 "Take ten pieces," he said to *Yerovam*. "For thus said *Hashem*, the God of *Yisrael*: I am about to tear the kingdom out of *Shlomo*'s hands, and I will give you ten tribes.

לא וַיֹּאמֶר לְיָרָבְעָם קַח־לְךָ עֲשָׂרָה קְרָעִים
כִּי כֹה אָמַר יְהֹוָה אֱלֹהֵי יִשְׂרָאֵל הִנְנִי
קֹרֵעַ אֶת־הַמַּמְלָכָה מִיַּד שְׁלֹמֹה וְנָתַתִּי
לְךָ אֵת עֲשָׂרָה הַשְּׁבָטִים׃

32 But one tribe shall remain his – for the sake of My servant *David* and for the sake of *Yerushalayim*, the city that I have chosen out of all the tribes of *Yisrael*.

לב וְהַשֵּׁבֶט הָאֶחָד יִהְיֶה־לּוֹ לְמַעַן עַבְדִּי
דָוִד וּלְמַעַן יְרוּשָׁלַםִ הָעִיר אֲשֶׁר בָּחַרְתִּי
בָהּ מִכֹּל שִׁבְטֵי יִשְׂרָאֵל׃

33 For they have forsaken Me; they have worshiped Ashtoreth the goddess of the Phoenicians, Chemosh the god of Moab, and Milcom the god of the Amonites; they have not walked in My ways, or done what is pleasing to Me, or [kept] My laws and rules, as his father *David* did.

לג יַעַן אֲשֶׁר עֲזָבוּנִי וַיִּשְׁתַּחֲווּ לְעַשְׁתֹּרֶת
אֱלֹהֵי צִדֹנִין לִכְמוֹשׁ אֱלֹהֵי מוֹאָב
וּלְמִלְכֹּם אֱלֹהֵי בְנֵי־עַמּוֹן וְלֹא־הָלְכוּ
בִדְרָכַי לַעֲשׂוֹת הַיָּשָׁר בְּעֵינַי וְחֻקֹּתַי
וּמִשְׁפָּטַי כְּדָוִד אָבִיו׃

34 However, I will not take the entire kingdom away from him, but will keep him as ruler as long as he lives for the sake of My servant *David* whom I chose, and who kept My commandments and My laws.

לד וְלֹא־אֶקַּח אֶת־כָּל־הַמַּמְלָכָה מִיָּדוֹ כִּי
נָשִׂיא אֲשִׁתֶנּוּ כֹּל יְמֵי חַיָּיו לְמַעַן דָּוִד
עַבְדִּי אֲשֶׁר בָּחַרְתִּי אֹתוֹ אֲשֶׁר שָׁמַר
מִצְוֹתַי וְחֻקֹּתָי׃

35 But I will take the kingship out of the hands of his son and give it to you – the ten tribes.

לה וְלָקַחְתִּי הַמְּלוּכָה מִיַּד בְּנוֹ וּנְתַתִּיהָ לְּךָ
אֵת עֲשֶׂרֶת הַשְּׁבָטִים׃

36 To his son I will give one tribe, so that there may be a lamp for My servant *David* forever before Me in *Yerushalayim* – the city where I have chosen to establish My name.

לו וְלִבְנוֹ אֶתֵּן שֵׁבֶט־אֶחָד לְמַעַן הֱיוֹת־נִיר
לְדָוִיד־עַבְדִּי כָּל־הַיָּמִים לְפָנַי בִּירוּשָׁלַםִ
הָעִיר אֲשֶׁר בָּחַרְתִּי לִי לָשׂוּם שְׁמִי שָׁם׃

37 But you have been chosen by Me; reign wherever you wish, and you shall be king over *Yisrael*.

לז וְאֹתְךָ אֶקַּח וּמָלַכְתָּ בְּכֹל אֲשֶׁר־תְּאַוֶּה
נַפְשֶׁךָ וְהָיִיתָ מֶּלֶךְ עַל־יִשְׂרָאֵל׃

38 If you heed all that I command you, and walk in My ways, and do what is right in My sight, keeping My laws and commandments as My servant *David* did, then I will be with you and I will build for you a lasting dynasty as I did for *David*. I hereby give *Yisrael* to you;

לח וְהָיָה אִם־תִּשְׁמַע אֶת־כָּל־אֲשֶׁר אֲצַוֶּךָ
וְהָלַכְתָּ בִדְרָכַי וְעָשִׂיתָ הַיָּשָׁר בְּעֵינַי
לִשְׁמוֹר חֻקּוֹתַי וּמִצְוֹתַי כַּאֲשֶׁר עָשָׂה
דָּוִד עַבְדִּי וְהָיִיתִי עִמָּךְ וּבָנִיתִי לְךָ בַיִת־
נֶאֱמָן כַּאֲשֶׁר בָּנִיתִי לְדָוִד וְנָתַתִּי לְךָ
אֶת־יִשְׂרָאֵל׃

39 and I will chastise *David*'s descendants for that [sin], though not forever."

לט וַאעַנֶּה אֶת־זֶרַע דָּוִד לְמַעַן זֹאת אַךְ לֹא
כָל־הַיָּמִים׃

40 *Shlomo* sought to put *Yerovam* to death, but *Yerovam* promptly fled to King Shishak of Egypt; and he remained in Egypt till the death of *Shlomo*.

מ וַיְבַקֵּשׁ שְׁלֹמֹה לְהָמִית אֶת־יָרָבְעָם
וַיָּקָם יָרָבְעָם וַיִּבְרַח מִצְרַיִם אֶל־שִׁישַׁק
מֶלֶךְ־מִצְרַיִם וַיְהִי בְמִצְרַיִם עַד־מוֹת
שְׁלֹמֹה׃

41 The other events of *Shlomo*'s reign, and all his actions and his wisdom, are recorded in the book of the Annals of *Shlomo*.

מא וְיֶתֶר דִּבְרֵי שְׁלֹמֹה וְכָל־אֲשֶׁר עָשָׂה
וְחָכְמָתוֹ הֲלוֹא־הֵם כְּתֻבִים עַל־סֵפֶר
דִּבְרֵי שְׁלֹמֹה׃

42 The length of *Shlomo*'s reign in *Yerushalayim*, over all *Yisrael*, was forty years.

מב וְהַיָּמִים אֲשֶׁר מָלַךְ שְׁלֹמֹה בִירוּשָׁלַםִ
עַל־כָּל־יִשְׂרָאֵל אַרְבָּעִים שָׁנָה׃

43 *Shlomo* slept with his fathers and was buried in the city of his father *David*; and his son *Rechovam* succeeded him as king.

מג וַיִּשְׁכַּב שְׁלֹמֹה עִם־אֲבֹתָיו וַיִּקָּבֵר בְּעִיר
דָּוִד אָבִיו וַיִּמְלֹךְ רְחַבְעָם בְּנוֹ תַּחְתָּיו׃

2 1 *Rechovam* went to *Shechem*, for all *Yisrael* had come to *Shechem* to acclaim him as king.

יב א וַיֵּלֶךְ רְחַבְעָם שְׁכֶם כִּי שְׁכֶם בָּא כָל־
יִשְׂרָאֵל לְהַמְלִיךְ אֹתוֹ׃

2 *Yerovam* son of Nebat learned of it while he was still in Egypt; for *Yerovam* had fled from King *Shlomo*, and had settled in Egypt.

ב וַיְהִי כִּשְׁמֹעַ יָרָבְעָם בֶּן־נְבָט וְהוּא עוֹדֶנּוּ
בְמִצְרַיִם אֲשֶׁר בָּרַח מִפְּנֵי הַמֶּלֶךְ שְׁלֹמֹה
וַיֵּשֶׁב יָרָבְעָם בְּמִצְרָיִם׃

3 They sent for him; and *Yerovam* and all the assembly of *Yisrael* came and spoke to *Rechovam* as follows:

ג וַיִּשְׁלְחוּ וַיִּקְרְאוּ־לוֹ ויבאו [וַיָּבֹא]
יָרָבְעָם וְכָל־קְהַל יִשְׂרָאֵל וַיְדַבְּרוּ אֶל־
רְחַבְעָם לֵאמֹר׃

4 "Your father made our yoke heavy. Now lighten the harsh labor and the heavy yoke which your father laid on us, and we will serve you."

ד אָבִיךָ הִקְשָׁה אֶת־עֻלֵּנוּ וְאַתָּה עַתָּה
הָקֵל מֵעֲבֹדַת אָבִיךָ הַקָּשָׁה וּמֵעֻלּוֹ
הַכָּבֵד אֲשֶׁר־נָתַן עָלֵינוּ וְנַעַבְדֶךָּ׃

5 He answered them, "Go away for three days and then come back to me." So the people went away.

ה וַיֹּאמֶר אֲלֵיהֶם לְכוּ עֹד שְׁלֹשָׁה יָמִים
וְשׁוּבוּ אֵלָי וַיֵּלְכוּ הָעָם׃

6 King *Rechovam* took counsel with the elders who had served his father *Shlomo* during his lifetime. He said, "What answer do you advise [me] to give to this people?"

ו וַיִּוָּעַץ הַמֶּלֶךְ רְחַבְעָם אֶת־הַזְּקֵנִים
אֲשֶׁר־הָיוּ עֹמְדִים אֶת־פְּנֵי שְׁלֹמֹה אָבִיו
בִּהְיֹתוֹ חַי לֵאמֹר אֵיךְ אַתֶּם נוֹעָצִים
לְהָשִׁיב אֶת־הָעָם־הַזֶּה דָּבָר׃

7 They answered him, "If you will be a servant to those people today and serve them, and if you respond to them with kind words, they will be your servants always."

ז וידבר [וַיְדַבְּרוּ] אֵלָיו לֵאמֹר אִם־הַיּוֹם
תִּהְיֶה־עֶבֶד לָעָם הַזֶּה וַעֲבַדְתָּם וַעֲנִיתָם
וְדִבַּרְתָּ אֲלֵיהֶם דְּבָרִים טוֹבִים וְהָיוּ לְךָ
עֲבָדִים כָּל־הַיָּמִים׃

8 But he ignored the advice that the elders gave him, and took counsel with the young men who had grown up with him and were serving him.

ח וַיַּעֲזֹב אֶת־עֲצַת הַזְּקֵנִים אֲשֶׁר יְעָצֻהוּ
וַיִּוָּעַץ אֶת־הַיְלָדִים אֲשֶׁר גָּדְלוּ אִתּוֹ
אֲשֶׁר הָעֹמְדִים לְפָנָיו׃

9 "What," he asked, "do you advise that we reply to the people who said to me, 'Lighten the yoke that your father placed upon us'?"

ט וַיֹּאמֶר אֲלֵיהֶם מָה אַתֶּם נוֹעָצִים וְנָשִׁיב
דָּבָר אֶת־הָעָם הַזֶּה אֲשֶׁר דִּבְּרוּ אֵלַי
לֵאמֹר הָקֵל מִן־הָעֹל אֲשֶׁר־נָתַן אָבִיךָ
עָלֵינוּ׃

10 And the young men who had grown up with him answered, "Speak thus to the people who said to you, 'Your father made our yoke heavy, now you make it lighter for us.' Say to them, 'My little finger is thicker than my father's loins.

י וַיְדַבְּרוּ אֵלָיו הַיְלָדִים אֲשֶׁר גָּדְלוּ אִתּוֹ
לֵאמֹר כֹּה־תֹאמַר לָעָם הַזֶּה אֲשֶׁר דִּבְּרוּ
אֵלֶיךָ לֵאמֹר אָבִיךָ הִכְבִּיד אֶת־עֻלֵּנוּ
וְאַתָּה הָקֵל מֵעָלֵינוּ כֹּה תְּדַבֵּר אֲלֵיהֶם
קָטָנִּי עָבָה מִמָּתְנֵי אָבִי׃

11 My father imposed a heavy yoke on you, and I will add to your yoke; my father flogged you with whips, but I will flog you with scorpions.'"

יא וְעַתָּה אָבִי הֶעְמִיס עֲלֵיכֶם עֹל כָּבֵד
וַאֲנִי אוֹסִיף עַל־עֻלְּכֶם אָבִי יִסַּר אֶתְכֶם
בַּשּׁוֹטִים וַאֲנִי אֲיַסֵּר אֶתְכֶם בָּעַקְרַבִּים׃

12 *Yerovam* and all the people came to *Rechovam* on the third day, since the king had told them: "Come back on the third day."

יב ויבו [וַיָּבוֹא] יָרָבְעָם וְכָל־הָעָם אֶל־רְחַבְעָם בַּיּוֹם הַשְּׁלִישִׁי כַּאֲשֶׁר דִּבֶּר הַמֶּלֶךְ לֵאמֹר שׁוּבוּ אֵלַי בַּיּוֹם הַשְּׁלִישִׁי׃

13 The king answered the people harshly, ignoring the advice that the elders had given him.

יג וַיַּעַן הַמֶּלֶךְ אֶת־הָעָם קָשָׁה וַיַּעֲזֹב אֶת־עֲצַת הַזְּקֵנִים אֲשֶׁר יְעָצֻהוּ׃

14 He spoke to them in accordance with the advice of the young men, and said, "My father made your yoke heavy, but I will add to your yoke; my father flogged you with whips, but I will flog you with scorpions."

יד וַיְדַבֵּר אֲלֵיהֶם כַּעֲצַת הַיְלָדִים לֵאמֹר אָבִי הִכְבִּיד אֶת־עֻלְּכֶם וַאֲנִי אֹסִיף עַל־עֻלְּכֶם אָבִי יִסַּר אֶתְכֶם בַּשּׁוֹטִים וַאֲנִי אֲיַסֵּר אֶתְכֶם בָּעַקְרַבִּים׃

15 (The king did not listen to the people; for *Hashem* had brought it about in order to fulfill the promise that *Hashem* had made through *Achiya* the Shilonite to *Yerovam* son of Nebat.)

טו וְלֹא־שָׁמַע הַמֶּלֶךְ אֶל־הָעָם כִּי־הָיְתָה סִבָּה מֵעִם יְהֹוָה לְמַעַן הָקִים אֶת־דְּבָרוֹ אֲשֶׁר דִּבֶּר יְהֹוָה בְּיַד אֲחִיָּה הַשִּׁילֹנִי אֶל־יָרָבְעָם בֶּן־נְבָט׃

16 When all *Yisrael* saw that the king had not listened to them, the people answered the king: "We have no portion in *David*, No share in *Yishai*'s son! To your tents, O *Yisrael*! Now look to your own House, O *David*." So the Israelites returned to their homes.

טז וַיַּרְא כָּל־יִשְׂרָאֵל כִּי לֹא־שָׁמַע הַמֶּלֶךְ אֲלֵיהֶם וַיָּשִׁבוּ הָעָם אֶת־הַמֶּלֶךְ דָּבָר לֵאמֹר מַה־לָּנוּ חֵלֶק בְּדָוִד וְלֹא־נַחֲלָה בְּבֶן־יִשַׁי לְאֹהָלֶיךָ יִשְׂרָאֵל עַתָּה רְאֵה בֵיתְךָ דָּוִד וַיֵּלֶךְ יִשְׂרָאֵל לְאֹהָלָיו׃

17 But *Rechovam* continued to reign over the Israelites who lived in the towns of *Yehuda*.

יז וּבְנֵי יִשְׂרָאֵל הַיֹּשְׁבִים בְּעָרֵי יְהוּדָה וַיִּמְלֹךְ עֲלֵיהֶם רְחַבְעָם׃

18 King *Rechovam* sent Adoram, who was in charge of the forced labor, but all *Yisrael* pelted him to death with stones. Thereupon King *Rechovam* hurriedly mounted his chariot and fled to *Yerushalayim*.

יח וַיִּשְׁלַח הַמֶּלֶךְ רְחַבְעָם אֶת־אֲדֹרָם אֲשֶׁר עַל־הַמַּס וַיִּרְגְּמוּ כָל־יִשְׂרָאֵל בּוֹ אֶבֶן וַיָּמֹת וְהַמֶּלֶךְ רְחַבְעָם הִתְאַמֵּץ לַעֲלוֹת בַּמֶּרְכָּבָה לָנוּס יְרוּשָׁלָ‍ִם׃

19 Thus *Yisrael* revolted against the House of *David*, as is still the case.

יט וַיִּפְשְׁעוּ יִשְׂרָאֵל בְּבֵית דָּוִד עַד הַיּוֹם הַזֶּה׃

20 When all *Yisrael* heard that *Yerovam* had returned, they sent messengers and summoned him to the assembly and made him king over all *Yisrael*. Only the tribe of *Yehuda* remained loyal to the House of *David*.

כ וַיְהִי כִּשְׁמֹעַ כָּל־יִשְׂרָאֵל כִּי־שָׁב יָרָבְעָם וַיִּשְׁלְחוּ וַיִּקְרְאוּ אֹתוֹ אֶל־הָעֵדָה וַיַּמְלִיכוּ אֹתוֹ עַל־כָּל־יִשְׂרָאֵל לֹא הָיָה אַחֲרֵי בֵית־דָּוִד זוּלָתִי שֵׁבֶט־יְהוּדָה לְבַדּוֹ׃

21 On his return to *Yerushalayim*, *Rechovam* mustered all the House of *Yehuda* and the tribe of *Binyamin*, 180,000 picked warriors, to fight against the House of *Yisrael*, in order to restore the kingship to *Rechovam* son of *Shlomo*.

כא ויבאו [וַיָּבֹא] רְחַבְעָם יְרוּשָׁלַ‍ִם וַיַּקְהֵל אֶת־כָּל־בֵּית יְהוּדָה וְאֶת־שֵׁבֶט בִּנְיָמִן מֵאָה וּשְׁמֹנִים אֶלֶף בָּחוּר עֹשֵׂה מִלְחָמָה לְהִלָּחֵם עִם־בֵּית יִשְׂרָאֵל לְהָשִׁיב אֶת־הַמְּלוּכָה לִרְחַבְעָם בֶּן־שְׁלֹמֹה׃

22 But the word of *Hashem* came to *Shemaya*, the man of *Hashem*:

כב וַיְהִי דְּבַר הָאֱלֹהִים אֶל־שְׁמַעְיָה אִישׁ־הָאֱלֹהִים לֵאמֹר׃

23 "Say to King *Rechovam* son of *Shlomo* of *Yehuda*, and to all the House of *Yehuda* and *Binyamin* and the rest of the people:

כג אֱמֹר אֶל־רְחַבְעָם בֶּן־שְׁלֹמֹה מֶלֶךְ יְהוּדָה וְאֶל־כָּל־בֵּית יְהוּדָה וּבִנְיָמִין וְיֶתֶר הָעָם לֵאמֹר׃

24 Thus said *Hashem*: You shall not set out to make war on your kinsmen the Israelites. Let every man return to his home, for this thing has been brought about by Me." They heeded the word of *Hashem* and turned back, in accordance with the word of *Hashem*.

כד כֹּה אָמַר יְהֹוָה לֹא־תַעֲלוּ וְלֹא־תִלָּחֲמוּן
עִם־אֲחֵיכֶם בְּנֵי־יִשְׂרָאֵל שׁוּבוּ אִישׁ
לְבֵיתוֹ כִּי מֵאִתִּי נִהְיָה הַדָּבָר הַזֶּה
וַיִּשְׁמְעוּ אֶת־דְּבַר יְהֹוָה וַיָּשֻׁבוּ לָלֶכֶת
כִּדְבַר יְהֹוָה׃

25 *Yerovam* fortified *Shechem* in the hill country of *Efraim* and resided there; he moved out from there and fortified Penuel.

כה וַיִּבֶן יָרָבְעָם אֶת־שְׁכֶם בְּהַר אֶפְרַיִם
וַיֵּשֶׁב בָּהּ וַיֵּצֵא מִשָּׁם וַיִּבֶן אֶת־פְּנוּאֵל׃

26 *Yerovam* said to himself, "Now the kingdom may well return to the House of *David*.

כו וַיֹּאמֶר יָרָבְעָם בְּלִבּוֹ עַתָּה תָּשׁוּב
הַמַּמְלָכָה לְבֵית דָּוִד׃

27 If these people still go up to offer sacrifices at the House of *Hashem* in *Yerushalayim*, the heart of these people will turn back to their master, King *Rechovam* of *Yehuda*; they will kill me and go back to King *Rechovam* of *Yehuda*."

כז אִם־יַעֲלֶה הָעָם הַזֶּה לַעֲשׂוֹת זְבָחִים
בְּבֵית־יְהֹוָה בִּירוּשָׁלַםִ וְשָׁב לֵב הָעָם
הַזֶּה אֶל־אֲדֹנֵיהֶם אֶל־רְחַבְעָם מֶלֶךְ
יְהוּדָה וַהֲרָגֻנִי וְשָׁבוּ אֶל־רְחַבְעָם מֶלֶךְ־
יְהוּדָה׃

28 So the king took counsel and made two golden calves. He said to the people, "You have been going up to *Yerushalayim* long enough. This is your god, O *Yisrael*, who brought you up from the land of Egypt!"

כח וַיִּוָּעַץ הַמֶּלֶךְ וַיַּעַשׂ שְׁנֵי עֶגְלֵי זָהָב
וַיֹּאמֶר אֲלֵהֶם רַב־לָכֶם מֵעֲלוֹת
יְרוּשָׁלַםִ הִנֵּה אֱלֹהֶיךָ יִשְׂרָאֵל אֲשֶׁר
הֶעֱלוּךָ מֵאֶרֶץ מִצְרָיִם׃

va-yi-va-ATZ ha-ME-lekh va-YA-as sh'-NAY eg-LAY za-HAV va-YO-mer a-lay-HEM rav la-KHEM may-a-LOT y'-ru-sha-LA-im hi-NAY e-lo-HE-kha yis-ra-AYL a-SHER he-e-LU-kha may-E-retz mizt-RA-yim

29 He set up one in *Beit El* and placed the other in *Dan*.

כט וַיָּשֶׂם אֶת־הָאֶחָד בְּבֵית־אֵל וְאֶת־הָאֶחָד
נָתַן בְּדָן׃

30 That proved to be a cause of guilt, for the people went to worship [the calf at *Beit El* and] the one at *Dan*.

ל וַיְהִי הַדָּבָר הַזֶּה לְחַטָּאת וַיֵּלְכוּ הָעָם
לִפְנֵי הָאֶחָד עַד־דָּן׃

31 He also made cult places and appointed *Kohanim* from the ranks of the people who were not of Levite descent.

לא וַיַּעַשׂ אֶת־בֵּית בָּמוֹת וַיַּעַשׂ כֹּהֲנִים
מִקְצוֹת הָעָם אֲשֶׁר לֹא־הָיוּ מִבְּנֵי לֵוִי׃

12:28 You have been going up to *Yerushalayim* long enough
The division of the People of Israel into two kingdoms – *Yisrael* in the north and *Yehuda* in the south – is a tragedy. *Yerovam*, the king of Israel, wants to prevent the people under his control from making pilgrimages to the *Beit Hamikdash* in *Yerushalayim*, which is located in the rival kingdom of *Yehuda*. *Yerovam* is afraid that his people will kill him if they decide that the king of Judah, *Rechovam*, son of King *Shlomo*, is the true king. Therefore, *Yerovam* tells his subjects not to travel to *Yerushalayim*. He erects idolatrous golden calves, and establishes his own festivals within the northern kingdom. This leads the people to idolatry and hastens the end of his kingdom. It is easy to see that severing the connection to *Yerushalayim* is both spiritually and physically dangerous. It results both in distance from *Hashem* and lack of unity among the people, ultimately leading to destruction and exile.

Yerushalayim

32 He stationed at *Beit El* the *Kohanim* of the shrines
that he had appointed to sacrifice to the calves that
he had made. And *Yerovam* established a festival on
the fifteenth day of the eighth month; in imitation
of the festival in *Yehuda*, he established one at *Beit*
El, and he ascended the altar [there].

לב וַיַּעַשׂ יָרׇבְעָם חָג בַּחֹדֶשׁ הַשְּׁמִינִי
בַּחֲמִשָּׁה־עָשָׂר יוֹם לַחֹדֶשׁ כֶּחָג אֲשֶׁר
בִּיהוּדָה וַיַּעַל עַל־הַמִּזְבֵּחַ כֵּן עָשָׂה
בְּבֵית־אֵל לְזַבֵּחַ לָעֲגָלִים אֲשֶׁר־עָשָׂה
וְהֶעֱמִיד בְּבֵית אֵל אֶת־כֹּהֲנֵי הַבָּמוֹת
אֲשֶׁר עָשָׂה׃

33 On the fifteenth day of the eighth month – the
month in which he had contrived of his own mind
to establish a festival for the Israelites – *Yerovam*
ascended the *Mizbayach* that he had made in *Beit*
El. As he ascended the altar to present an offering,

לג וַיַּעַל עַל־הַמִּזְבֵּחַ אֲשֶׁר־עָשָׂה בְּבֵית־
אֵל בַּחֲמִשָּׁה עָשָׂר יוֹם בַּחֹדֶשׁ הַשְּׁמִינִי
בַּחֹדֶשׁ אֲשֶׁר־בָּדָא מלבד [מִלִּבּוֹ] וַיַּעַשׂ
חָג לִבְנֵי יִשְׂרָאֵל וַיַּעַל עַל־הַמִּזְבֵּחַ
לְהַקְטִיר׃

Kings

13

1 a man of *Hashem* arrived at *Beit El* from *Yehuda*
at the command of *Hashem*. While *Yerovam* was
standing on the altar to present the offering, the
man of *Hashem*, at the command of *Hashem*, cried
out against the altar:

א וְהִנֵּה אִישׁ אֱלֹהִים בָּא מִיהוּדָה בִּדְבַר
יְהֹוָה אֶל־בֵּית־אֵל וְיָרׇבְעָם עֹמֵד עַל־
הַמִּזְבֵּחַ לְהַקְטִיר׃

v'-hi-NAY eesh e-lo-HEEM ba mee-hu-DAH bid-VAR a-do-NAI el bayt
ayl v'-ya-rov-AM o-MAYD al ha-miz-BAY-akh l'-hak-TEER

2 "O altar, altar! Thus said *Hashem*: A son shall be
born to the House of *David*, *Yoshiyahu* by name;
and he shall slaughter upon you the *Kohanim* of the
shrines who bring offerings upon you. And human
bones shall be burned upon you."

ב וַיִּקְרָא עַל־הַמִּזְבֵּחַ בִּדְבַר יְהֹוָה וַיֹּאמֶר
מִזְבֵּחַ מִזְבֵּחַ כֹּה אָמַר יְהֹוָה הִנֵּה־בֵן
נוֹלָד לְבֵית־דָּוִד יֹאשִׁיָּהוּ שְׁמוֹ וְזָבַח
עָלֶיךָ אֶת־כֹּהֲנֵי הַבָּמוֹת הַמַּקְטִרִים
עָלֶיךָ וְעַצְמוֹת אָדָם יִשְׂרְפוּ עָלֶיךָ׃

3 He gave a portent on that day, saying, "Here is the
portent that *Hashem* has decreed: This altar shall
break apart, and the ashes on it shall be spilled."

ג וְנָתַן בַּיּוֹם הַהוּא מוֹפֵת לֵאמֹר זֶה
הַמּוֹפֵת אֲשֶׁר דִּבֶּר יְהֹוָה הִנֵּה הַמִּזְבֵּחַ
נִקְרָע וְנִשְׁפַּךְ הַדֶּשֶׁן אֲשֶׁר־עָלָיו׃

4 When the king heard what the man of *Hashem* had
proclaimed against the altar in *Beit El*, *Yerovam*
stretched out his arm above the altar and cried,
"Seize him!" But the arm that he stretched out
against him became rigid, and he could not draw
it back.

ד וַיְהִי כִשְׁמֹעַ הַמֶּלֶךְ אֶת־דְּבַר אִישׁ־
הָאֱלֹהִים אֲשֶׁר קָרָא עַל־הַמִּזְבֵּחַ בְּבֵית־
אֵל וַיִּשְׁלַח יָרׇבְעָם אֶת־יָדוֹ מֵעַל הַמִּזְבֵּחַ
לֵאמֹר תִּפְשֻׂהוּ וַתִּיבַשׁ יָדוֹ אֲשֶׁר שָׁלַח
עָלָיו וְלֹא יָכֹל לַהֲשִׁיבָהּ אֵלָיו׃

13:1 A man of *Hashem* arrived at *Beit El* from *Yehuda* *Beit El* is a spiritually significant location mentioned several times in the Bible. *Avraham* first calls out in the name of Hashem to the east of *Beit El* (Genesis 12:8), and this is also where *Yaakov* awakes from his dream and declares "How awesome is this place! This is none other than the abode of God, and that is the gateway to heaven" (Genesis 28:17). *Beit El* is also chosen as a place of worship and prayer during the era of the judges (Judges 20:26). Therefore, it is not surprising that King *Yerovam* chooses *Beit El* as the location in which to erect his alternate altar to God. In spite of *Beit El*'s holiness, though, the *Beit Hamikdash* in *Yerushalayim* is the only place where the Children of Israel are permitted to offer sacrifices. Though *Hashem* had ordained that *Shlomo's* kingdom would be split, He did not intend to diminish the centrality of *Yerushalayim* and the Temple. Therefore, what *Yerovam* does is a grave sin which causes others to sin as well. *Hashem* sends a prophet to proclaim that *Yerovam* will lose the kingdom and his altar will be destroyed. As recorded in *Sefer Melachim* II 23, the righteous King of the house of *David*, *Yoshiyahu*, destroys the altar in fulfilment of this prophecy.

Aerial view of *Beit El*

5 The altar broke apart and its ashes were spilled – the very portent that the man of *Hashem* had announced at *Hashem*'s command.

ה וְהַמִּזְבֵּחַ נִקְרָע וַיִּשָּׁפֵךְ הַדֶּשֶׁן מִן־הַמִּזְבֵּחַ כַּמּוֹפֵת אֲשֶׁר נָתַן אִישׁ הָאֱלֹהִים בִּדְבַר יְהֹוָה׃

6 Then the king spoke up and said to the man of *Hashem*, "Please entreat *Hashem* your God and pray for me that I may be able to draw back my arm." The man of *Hashem* entreated *Hashem* and the king was able to draw his arm back; it became as it was before.

ו וַיַּעַן הַמֶּלֶךְ וַיֹּאמֶר אֶל־אִישׁ הָאֱלֹהִים חַל־נָא אֶת־פְּנֵי יְהֹוָה אֱלֹהֶיךָ וְהִתְפַּלֵּל בַּעֲדִי וְתָשֹׁב יָדִי אֵלָי וַיְחַל אִישׁ־הָאֱלֹהִים אֶת־פְּנֵי יְהֹוָה וַתָּשָׁב יַד־הַמֶּלֶךְ אֵלָיו וַתְּהִי כְּבָרִאשֹׁנָה׃

7 The king said to the man of *Hashem*, "Come with me to my house and have some refreshment; and I shall give you a gift."

ז וַיְדַבֵּר הַמֶּלֶךְ אֶל־אִישׁ הָאֱלֹהִים בֹּאָה־אִתִּי הַבַּיְתָה וּסְעָדָה וְאֶתְּנָה לְךָ מַתָּת׃

8 But the man of *Hashem* replied to the king, "Even if you give me half your wealth, I will not go in with you, nor will I eat bread or drink water in this place;

ח וַיֹּאמֶר אִישׁ־הָאֱלֹהִים אֶל־הַמֶּלֶךְ אִם־תִּתֶּן־לִי אֶת־חֲצִי בֵיתֶךָ לֹא אָבֹא עִמָּךְ וְלֹא־אֹכַל לֶחֶם וְלֹא אֶשְׁתֶּה־מַּיִם בַּמָּקוֹם הַזֶּה׃

9 for so I was commanded by the word of *Hashem*: You shall eat no bread and drink no water, nor shall you go back by the road by which you came."

ט כִּי־כֵן צִוָּה אֹתִי בִּדְבַר יְהֹוָה לֵאמֹר לֹא־תֹאכַל לֶחֶם וְלֹא תִשְׁתֶּה־מָּיִם וְלֹא תָשׁוּב בַּדֶּרֶךְ אֲשֶׁר הָלָכְתָּ׃

10 So he left by another road and did not go back by the road on which he had come to *Beit El*.

י וַיֵּלֶךְ בְּדֶרֶךְ אַחֵר וְלֹא־שָׁב בַּדֶּרֶךְ אֲשֶׁר בָּא בָהּ אֶל־בֵּית־אֵל׃

11 There was an old *Navi* living in *Beit El*; and his sons came and told him all the things that the man of *Hashem* had done that day in *Beit El* [and] the words that he had spoken to the king. When they told it to their father,

יא וְנָבִיא אֶחָד זָקֵן יֹשֵׁב בְּבֵית־אֵל וַיָּבוֹא בְנוֹ וַיְסַפֶּר־לוֹ אֶת־כָּל־הַמַּעֲשֶׂה אֲשֶׁר־עָשָׂה אִישׁ־הָאֱלֹהִים הַיּוֹם בְּבֵית־אֵל אֶת־הַדְּבָרִים אֲשֶׁר דִּבֶּר אֶל־הַמֶּלֶךְ וַיְסַפְּרוּם לַאֲבִיהֶם׃

12 their father said to them, "Which road did he leave by?" His sons had seen the road taken by the man of *Hashem* who had come from *Yehuda*.

יב וַיְדַבֵּר אֲלֵהֶם אֲבִיהֶם אֵי־זֶה הַדֶּרֶךְ הָלָךְ וַיִּרְאוּ בָנָיו אֶת־הַדֶּרֶךְ אֲשֶׁר הָלַךְ אִישׁ הָאֱלֹהִים אֲשֶׁר־בָּא מִיהוּדָה׃

13 "Saddle the ass for me," he said to his sons. They saddled the ass for him, and he mounted it

יג וַיֹּאמֶר אֶל־בָּנָיו חִבְשׁוּ־לִי הַחֲמוֹר וַיַּחְבְּשׁוּ־לוֹ הַחֲמוֹר וַיִּרְכַּב עָלָיו׃

14 and rode after the man of *Hashem*. He came upon him sitting under a terebinth and said to him, "Are you the man of *Hashem* who came from *Yehuda*?" "Yes, I am," he answered.

יד וַיֵּלֶךְ אַחֲרֵי אִישׁ הָאֱלֹהִים וַיִּמְצָאֵהוּ יֹשֵׁב תַּחַת הָאֵלָה וַיֹּאמֶר אֵלָיו הַאַתָּה אִישׁ־הָאֱלֹהִים אֲשֶׁר־בָּאתָ מִיהוּדָה וַיֹּאמֶר אָנִי׃

15 "Come home with me," he said, "and have something to eat."

טו וַיֹּאמֶר אֵלָיו לֵךְ אִתִּי הַבָּיְתָה וֶאֱכֹל לָחֶם׃

16 He replied, "I may not go back with you and enter your home; and I may not eat bread or drink water in this place;

טז וַיֹּאמֶר לֹא אוּכַל לָשׁוּב אִתָּךְ וְלָבוֹא אִתָּךְ וְלֹא־אֹכַל לֶחֶם וְלֹא־אֶשְׁתֶּה אִתְּךָ מַיִם בַּמָּקוֹם הַזֶּה׃

[17] the order I received by the word of *Hashem* was: You shall not eat bread or drink water there; nor shall you return by the road on which you came."

יז כִּי־דָבָר אֵלַי בִּדְבַר יְהוָה לֹא־תֹאכַל לֶחֶם וְלֹא־תִשְׁתֶּה שָׁם מָיִם לֹא־תָשׁוּב לָלֶכֶת בַּדֶּרֶךְ אֲשֶׁר־הָלַכְתָּ בָּהּ׃

[18] "I am a *Navi*, too," said the other, "and an angel said to me by command of *Hashem*: Bring him back with you to your house, that he may eat bread and drink water." He was lying to him.

יח וַיֹּאמֶר לוֹ גַּם־אֲנִי נָבִיא כָּמוֹךָ וּמַלְאָךְ דִּבֶּר אֵלַי בִּדְבַר יְהוָה לֵאמֹר הֲשִׁבֵהוּ אִתְּךָ אֶל־בֵּיתֶךָ וְיֹאכַל לֶחֶם וְיֵשְׁתְּ מָיִם כִּחֵשׁ לוֹ׃

[19] So he went back with him, and he ate bread and drank water in his house.

יט וַיָּשָׁב אִתּוֹ וַיֹּאכַל לֶחֶם בְּבֵיתוֹ וַיֵּשְׁתְּ מָיִם׃

[20] While they were sitting at the table, the word of *Hashem* came to the *Navi* who had brought him back.

כ וַיְהִי הֵם יֹשְׁבִים אֶל־הַשֻּׁלְחָן וַיְהִי דְּבַר־יְהוָה אֶל־הַנָּבִיא אֲשֶׁר הֱשִׁיבוֹ׃

[21] He cried out to the man of *Hashem* who had come from *Yehuda*: "Thus said *Hashem*: Because you have flouted the word of *Hashem* and have not observed what *Hashem* your God commanded you,

כא וַיִּקְרָא אֶל־אִישׁ הָאֱלֹהִים אֲשֶׁר־בָּא מִיהוּדָה לֵאמֹר כֹּה אָמַר יְהוָה יַעַן כִּי מָרִיתָ פִּי יְהוָה וְלֹא שָׁמַרְתָּ אֶת־הַמִּצְוָה אֲשֶׁר צִוְּךָ יְהוָה אֱלֹהֶיךָ׃

[22] but have gone back and eaten bread and drunk water in the place of which He said to you, 'Do not eat bread or drink water [there],' your corpse shall not come to the grave of your fathers."

כב וַתָּשָׁב וַתֹּאכַל לֶחֶם וַתֵּשְׁתְּ מַיִם בַּמָּקוֹם אֲשֶׁר דִּבֶּר אֵלֶיךָ אַל־תֹּאכַל לֶחֶם וְאַל־תֵּשְׁתְּ מָיִם לֹא־תָבוֹא נִבְלָתְךָ אֶל־קֶבֶר אֲבֹתֶיךָ׃

[23] After he had eaten bread and had drunk, he saddled the ass for him – for the *Navi* whom he had brought back.

כג וַיְהִי אַחֲרֵי אָכְלוֹ לֶחֶם וְאַחֲרֵי שְׁתוֹתוֹ וַיַּחֲבָשׁ־לוֹ הַחֲמוֹר לַנָּבִיא אֲשֶׁר הֱשִׁיבוֹ׃

[24] He set out, and a lion came upon him on the road and killed him. His corpse lay on the road, with the ass standing beside it, and the lion also standing beside the corpse.

כד וַיֵּלֶךְ וַיִּמְצָאֵהוּ אַרְיֵה בַּדֶּרֶךְ וַיְמִיתֵהוּ וַתְּהִי נִבְלָתוֹ מֻשְׁלֶכֶת בַּדֶּרֶךְ וְהַחֲמוֹר עֹמֵד אֶצְלָהּ וְהָאַרְיֵה עֹמֵד אֵצֶל הַנְּבֵלָה׃

[25] Some men who passed by saw the corpse lying on the road and the lion standing beside the corpse; they went and told it in the town where the old *Navi* lived.

כה וְהִנֵּה אֲנָשִׁים עֹבְרִים וַיִּרְאוּ אֶת־הַנְּבֵלָה מֻשְׁלֶכֶת בַּדֶּרֶךְ וְאֶת־הָאַרְיֵה עֹמֵד אֵצֶל הַנְּבֵלָה וַיָּבֹאוּ וַיְדַבְּרוּ בָעִיר אֲשֶׁר הַנָּבִיא הַזָּקֵן יֹשֵׁב בָּהּ׃

[26] And when the *Navi* who had brought him back from the road heard it, he said, "That is the man of *Hashem* who flouted *Hashem*'s command; *Hashem* gave him over to the lion, which mauled him and killed him in accordance with the word that *Hashem* had spoken to him."

כו וַיִּשְׁמַע הַנָּבִיא אֲשֶׁר הֱשִׁיבוֹ מִן־הַדֶּרֶךְ וַיֹּאמֶר אִישׁ הָאֱלֹהִים הוּא אֲשֶׁר מָרָה אֶת־פִּי יְהוָה וַיִּתְּנֵהוּ יְהוָה לָאַרְיֵה וַיִּשְׁבְּרֵהוּ וַיְמִתֵהוּ כִּדְבַר יְהוָה אֲשֶׁר דִּבֶּר־לוֹ׃

[27] He said to his sons, "Saddle the ass for me," and they did so.

כז וַיְדַבֵּר אֶל־בָּנָיו לֵאמֹר חִבְשׁוּ־לִי אֶת־הַחֲמוֹר וַיַּחֲבֹשׁוּ׃

[28] He set out and found the corpse lying on the road, with the ass and the lion standing beside the corpse; the lion had not eaten the corpse nor had it mauled the ass.

כח וַיֵּלֶךְ וַיִּמְצָא אֶת־נִבְלָתוֹ מֻשְׁלֶכֶת בַּדֶּרֶךְ וַחֲמוֹר וְהָאַרְיֵה עֹמְדִים אֵצֶל הַנְּבֵלָה לֹא־אָכַל הָאַרְיֵה אֶת־הַנְּבֵלָה וְלֹא שָׁבַר אֶת־הַחֲמוֹר׃

29 The *Navi* lifted up the corpse of the man of *Hashem*, laid it on the ass, and brought it back; it was brought to the town of the old *Navi* for lamentation and burial.

כט וַיִּשָּׂא הַנָּבִיא אֶת־נִבְלַת אִישׁ־הָאֱלֹהִים וַיַּנִּחֵהוּ אֶל־הַחֲמוֹר וַיְשִׁיבֵהוּ וַיָּבֹא אֶל־עִיר הַנָּבִיא הַזָּקֵן לִסְפֹּד וּלְקָבְרוֹ׃

30 He laid the corpse in his own burial place; and they lamented over it, "Alas, my brother!"

ל וַיַּנַּח אֶת־נִבְלָתוֹ בְּקִבְרוֹ וַיִּסְפְּדוּ עָלָיו הוֹי אָחִי׃

31 After burying him, he said to his sons, "When I die, bury me in the grave where the man of *Hashem* lies buried; lay my bones beside his.

לא וַיְהִי אַחֲרֵי קָבְרוֹ אֹתוֹ וַיֹּאמֶר אֶל־בָּנָיו לֵאמֹר בְּמוֹתִי וּקְבַרְתֶּם אֹתִי בַּקֶּבֶר אֲשֶׁר אִישׁ הָאֱלֹהִים קָבוּר בּוֹ אֵצֶל עַצְמֹתָיו הַנִּיחוּ אֶת־עַצְמֹתָי׃

32 For what he announced by the word of *Hashem* against the altar in *Beit El*, and against all the cult places in the towns of *Shomron*, shall surely come true."

לב כִּי הָיֹה יִהְיֶה הַדָּבָר אֲשֶׁר קָרָא בִּדְבַר יְהֹוָה עַל־הַמִּזְבֵּחַ אֲשֶׁר בְּבֵית־אֵל וְעַל כָּל־בָּתֵּי הַבָּמוֹת אֲשֶׁר בְּעָרֵי שֹׁמְרוֹן׃

33 Even after this incident, *Yerovam* did not turn back from his evil way, but kept on appointing *Kohanim* for the shrines from the ranks of the people. He ordained as *Kohanim* of the shrines any who so desired.

לג אַחַר הַדָּבָר הַזֶּה לֹא־שָׁב יָרָבְעָם מִדַּרְכּוֹ הָרָעָה וַיָּשָׁב וַיַּעַשׂ מִקְצוֹת הָעָם כֹּהֲנֵי בָמוֹת הֶחָפֵץ יְמַלֵּא אֶת־יָדוֹ וִיהִי כֹּהֲנֵי בָמוֹת׃

34 Thereby the House of *Yerovam* incurred guilt – to their utter annihilation from the face of the earth.

לד וַיְהִי בַּדָּבָר הַזֶּה לְחַטַּאת בֵּית יָרָבְעָם וּלְהַכְחִיד וּלְהַשְׁמִיד מֵעַל פְּנֵי הָאֲדָמָה׃

14

1 At that time, *Aviya*, a son of *Yerovam*, fell sick.

יד

א בָּעֵת הַהִיא חָלָה אֲבִיָּה בֶן־יָרָבְעָם׃

2 *Yerovam* said to his wife, "Go and disguise yourself, so that you will not be recognized as *Yerovam*'s wife, and go to *Shilo*. The *Navi Achiya* lives there, the one who predicted that I would be king over this people.

ב וַיֹּאמֶר יָרָבְעָם לְאִשְׁתּוֹ קוּמִי נָא וְהִשְׁתַּנִּית וְלֹא יֵדְעוּ כִּי־אתי [אַתְּ] אֵשֶׁת יָרָבְעָם וְהָלַכְתְּ שִׁלֹה הִנֵּה־שָׁם אֲחִיָּה הַנָּבִיא הוּא־דִבֶּר עָלַי לְמֶלֶךְ עַל־הָעָם הַזֶּה׃

3 Take with you ten loaves, some wafers, and a jug of honey, and go to him; he will tell you what will happen to the boy."

ג וְלָקַחַתְּ בְּיָדֵךְ עֲשָׂרָה לֶחֶם וְנִקֻּדִים וּבַקְבֻּק דְּבַשׁ וּבָאת אֵלָיו הוּא יַגִּיד לָךְ מַה־יִּהְיֶה לַנָּעַר׃

4 *Yerovam*'s wife did so; she left and went to *Shilo* and came to the house of *Achiya*. Now *Achiya* could not see, for his eyes had become sightless with age;

ד וַתַּעַשׂ כֵּן אֵשֶׁת יָרָבְעָם וַתָּקָם וַתֵּלֶךְ שִׁלֹה וַתָּבֹא בֵּית אֲחִיָּה וַאֲחִיָּהוּ לֹא־יָכֹל לִרְאוֹת כִּי קָמוּ עֵינָיו מִשֵּׂיבוֹ׃

5 but *Hashem* had said to *Achiya*, "*Yerovam*'s wife is coming to inquire of you concerning her son, who is sick. Speak to her thus and thus. When she arrives, she will be in disguise."

ה וַיהֹוָה אָמַר אֶל־אֲחִיָּהוּ הִנֵּה אֵשֶׁת יָרָבְעָם בָּאָה לִדְרֹשׁ דָּבָר מֵעִמְּךָ אֶל־בְּנָהּ כִּי־חֹלֶה הוּא כָּזֹה וְכָזֶה תְּדַבֵּר אֵלֶיהָ וִיהִי כְבֹאָהּ וְהִיא מִתְנַכֵּרָה׃

6 *Achiya* heard the sound of her feet as she came through the door, and he said, "Come in, wife of *Yerovam*. Why are you disguised? I have a harsh message for you.

ו וַיְהִי כִשְׁמֹעַ אֲחִיָּהוּ אֶת־קוֹל רַגְלֶיהָ בָּאָה בַפֶּתַח וַיֹּאמֶר בֹּאִי אֵשֶׁת יָרָבְעָם לָמָּה זֶּה אַתְּ מִתְנַכֵּרָה וְאָנֹכִי שָׁלוּחַ אֵלַיִךְ קָשָׁה׃

7 Go tell *Yerovam*: Thus said *Hashem*, the God of *Yisrael*: I raised you up from among the people and made you a ruler over My people *Yisrael*;

ז לְכִי אִמְרִי לְיָרׇבְעָם כֹּה־אָמַר יְהֹוָה אֱלֹהֵי יִשְׂרָאֵל יַעַן אֲשֶׁר הֲרִימֹתִיךָ מִתּוֹךְ הָעָם וָאֶתֶּנְךָ נָגִיד עַל עַמִּי יִשְׂרָאֵל׃

8 I tore away the kingdom from the House of *David* and gave it to you. But you have not been like My servant *David*, who kept My commandments and followed Me with all his heart, doing only what was right in My sight.

ח וָאֶקְרַע אֶת־הַמַּמְלָכָה מִבֵּית דָּוִד וָאֶתְּנֶהָ לָךְ וְלֹא־הָיִיתָ כְּעַבְדִּי דָוִד אֲשֶׁר שָׁמַר מִצְוֺתַי וַאֲשֶׁר־הָלַךְ אַחֲרַי בְּכׇל־לְבָבוֹ לַעֲשׂוֹת רַק הַיָּשָׁר בְּעֵינָי׃

9 You have acted worse than all those who preceded you; you have gone and made for yourself other gods and molten images to vex Me; and Me you have cast behind your back.

ט וַתָּרַע לַעֲשׂוֹת מִכֹּל אֲשֶׁר־הָיוּ לְפָנֶיךָ וַתֵּלֶךְ וַתַּעֲשֶׂה־לְּךָ אֱלֹהִים אֲחֵרִים וּמַסֵּכוֹת לְהַכְעִיסֵנִי וְאֹתִי הִשְׁלַכְתָּ אַחֲרֵי גַוֶּךָ׃

10 Therefore I will bring disaster upon the House of *Yerovam* and will cut off from *Yerovam* every male, bond and free, in *Yisrael*. I will sweep away the House of *Yerovam* utterly, as dung is swept away.

י לָכֵן הִנְנִי מֵבִיא רָעָה אֶל־בֵּית יָרׇבְעָם וְהִכְרַתִּי לְיָרׇבְעָם מַשְׁתִּין בְּקִיר עָצוּר וְעָזוּב בְּיִשְׂרָאֵל וּבִעַרְתִּי אַחֲרֵי בֵית־יָרׇבְעָם כַּאֲשֶׁר יְבַעֵר הַגָּלָל עַד־תֻּמּוֹ׃

11 Anyone belonging to *Yerovam* who dies in the town shall be devoured by dogs; and anyone who dies in the open country shall be eaten by the birds of the air; for *Hashem* has spoken.

יא הַמֵּת לְיָרׇבְעָם בָּעִיר יֹאכְלוּ הַכְּלָבִים וְהַמֵּת בַּשָּׂדֶה יֹאכְלוּ עוֹף הַשָּׁמַיִם כִּי יְהֹוָה דִּבֵּר׃

12 As for you, go back home; as soon as you set foot in the town, the child will die.

יב וְאַתְּ קוּמִי לְכִי לְבֵיתֵךְ בְּבֹאָה רַגְלַיִךְ הָעִירָה וּמֵת הַיָּלֶד׃

13 And all *Yisrael* shall lament over him and bury him; he alone of *Yerovam*'s family shall be brought to burial, for in him alone of the House of *Yerovam* has some devotion been found to *Hashem*, the God of *Yisrael*.

יג וְסָפְדוּ־לוֹ כׇל־יִשְׂרָאֵל וְקָבְרוּ אֹתוֹ כִּי־זֶה לְבַדּוֹ יָבֹא לְיָרׇבְעָם אֶל־קָבֶר יַעַן נִמְצָא־בוֹ דָּבָר טוֹב אֶל־יְהֹוָה אֱלֹהֵי יִשְׂרָאֵל בְּבֵית יָרׇבְעָם׃

v'-sa-f'-du LO khol yis-ra-AYL v'-ka-v'-RU o-TO kee ZEH l'-va-DO ya-VO l'-ya-rov-AM el KA-ver YA-an nim-tza VO da-VAR TOV el a-do-NAI e-lo-HAY yis-ra-AYL b'-VAYT ya-rov-AM

14 Moreover, *Hashem* will raise up a king over *Yisrael* who will destroy the House of *Yerovam*, this day and even now.

יד וְהֵקִים יְהֹוָה לוֹ מֶלֶךְ עַל־יִשְׂרָאֵל אֲשֶׁר יַכְרִית אֶת־בֵּית יָרׇבְעָם זֶה הַיּוֹם וּמֶה גַּם־עָתָּה׃

14:13 He alone of *Yerovam's* family shall be brought to burial King *Yerovam*'s wife is told that *Yerovam* and his house have been so evil that not only will their son *Aviya* die, but the entire family line will be destroyed. However, *Aviya* will be granted a proper burial as he had "some devotion" towards *Hashem*. *Rashi* says that the good deed referenced here occurred when his father placed *Aviya* as a guard to prevent the people of the kingdom from making pilgrimages to *Yerushalayim*. *Aviya* not only abandoned his post so that they would be able to go, but he went on a pilgrimage to the holy city himself. This demonstrates both the gravity of the sin of attempting to sever the people's tie to *Yerushalayim*, and also the merit that one can acquire by strengthening this eternal bond.

Yerushalayim at sunset

15 "*Hashem* will strike *Yisrael* until it sways like a reed in water. He will uproot *Yisrael* from this good land that He gave to their fathers, and will scatter them beyond the Euphrates, because they have provoked *Hashem* by the sacred posts that they have made for themselves.

טו וְהִכָּה יְהֹוָה אֶת־יִשְׂרָאֵל כַּאֲשֶׁר יָנוּד
הַקָּנֶה בַּמַּיִם וְנָתַשׁ אֶת־יִשְׂרָאֵל מֵעַל
הָאֲדָמָה הַטּוֹבָה הַזֹּאת אֲשֶׁר נָתַן
לַאֲבוֹתֵיהֶם וְזֵרָם מֵעֵבֶר לַנָּהָר יַעַן
אֲשֶׁר עָשׂוּ אֶת־אֲשֵׁרֵיהֶם מַכְעִיסִים
אֶת־יְהֹוָה׃

16 He will forsake *Yisrael* because of the sins that *Yerovam* committed and led *Yisrael* to commit."

טז וְיִתֵּן אֶת־יִשְׂרָאֵל בִּגְלַל חַטֹּאות יָרָבְעָם
אֲשֶׁר חָטָא וַאֲשֶׁר הֶחֱטִיא אֶת־יִשְׂרָאֵל׃

17 *Yerovam*'s wife got up and left, and she went to *Tirtza*. As soon as she stepped over the threshold of her house, the child died.

יז וַתָּקָם אֵשֶׁת יָרָבְעָם וַתֵּלֶךְ וַתָּבֹא
תִרְצָתָה הִיא בָּאָה בְסַף־הַבַּיִת וְהַנַּעַר
מֵת׃

18 They buried him and all *Yisrael* lamented over him, in accordance with the word that *Hashem* had spoken through His servant the *Navi Achiya*.

יח וַיִּקְבְּרוּ אֹתוֹ וַיִּסְפְּדוּ־לוֹ כָּל־יִשְׂרָאֵל
כִּדְבַר יְהֹוָה אֲשֶׁר דִּבֶּר בְּיַד־עַבְדּוֹ אֲחִיָּהוּ
הַנָּבִיא׃

19 The other events of *Yerovam*'s reign, how he fought and how he ruled, are recorded in the Annals of the Kings of *Yisrael*.

יט וְיֶתֶר דִּבְרֵי יָרָבְעָם אֲשֶׁר נִלְחַם וַאֲשֶׁר
מָלָךְ הִנָּם כְּתוּבִים עַל־סֵפֶר דִּבְרֵי
הַיָּמִים לְמַלְכֵי יִשְׂרָאֵל׃

20 *Yerovam* reigned twenty-two years; then he slept with his fathers, and his son *Nadav* succeeded him as king.

כ וְהַיָּמִים אֲשֶׁר מָלַךְ יָרָבְעָם עֶשְׂרִים
וּשְׁתַּיִם שָׁנָה וַיִּשְׁכַּב עִם־אֲבֹתָיו וַיִּמְלֹךְ
נָדָב בְּנוֹ תַּחְתָּיו׃

21 Meanwhile, *Rechovam* son of *Shlomo* had become king in *Yehuda*. *Rechovam* was forty-one years old when he became king, and he reigned seventeen years in *Yerushalayim* – the city *Hashem* had chosen out of all the tribes of *Yisrael* to establish His name there. His mother's name was Naamah the Amonitess.

כא וּרְחַבְעָם בֶּן־שְׁלֹמֹה מָלַךְ בִּיהוּדָה בֶּן־
אַרְבָּעִים וְאַחַת שָׁנָה רְחַבְעָם בְּמָלְכוֹ
וּשְׁבַע עֶשְׂרֵה שָׁנָה מָלַךְ בִּירוּשָׁלַםִ
הָעִיר אֲשֶׁר־בָּחַר יְהֹוָה לָשׂוּם אֶת־שְׁמוֹ
שָׁם מִכֹּל שִׁבְטֵי יִשְׂרָאֵל וְשֵׁם אִמּוֹ
נַעֲמָה הָעַמֹּנִית׃

22 *Yehuda* did what was displeasing to *Hashem*, and angered Him more than their fathers had done by the sins that they committed.

כב וַיַּעַשׂ יְהוּדָה הָרַע בְּעֵינֵי יְהֹוָה וַיְקַנְאוּ
אֹתוֹ מִכֹּל אֲשֶׁר עָשׂוּ אֲבֹתָם בְּחַטֹּאתָם
אֲשֶׁר חָטָאוּ׃

23 They too built for themselves shrines, pillars, and sacred posts on every high hill and under every leafy tree;

כג וַיִּבְנוּ גַם־הֵמָּה לָהֶם בָּמוֹת וּמַצֵּבוֹת
וַאֲשֵׁרִים עַל כָּל־גִּבְעָה גְבֹהָה וְתַחַת
כָּל־עֵץ רַעֲנָן׃

24 there were also male prostitutes in the land. [*Yehuda*] imitated all the abhorrent practices of the nations that *Hashem* had dispossessed before the Israelites.

כד וְגַם־קָדֵשׁ הָיָה בָאָרֶץ עָשׂוּ כְּכֹל
הַתּוֹעֲבֹת הַגּוֹיִם אֲשֶׁר הוֹרִישׁ יְהֹוָה
מִפְּנֵי בְּנֵי יִשְׂרָאֵל׃

25 In the fifth year of King *Rechovam*, King Shishak of Egypt marched against *Yerushalayim*

כה וַיְהִי בַּשָּׁנָה הַחֲמִישִׁית לַמֶּלֶךְ רְחַבְעָם
עָלָה שושק [שִׁישַׁק] מֶלֶךְ־מִצְרַיִם עַל־
יְרוּשָׁלָםִ׃

26 and carried off the treasures of the House of *Hashem* and the treasures of the royal palace. He carried off everything; he even carried off all the golden shields that *Shlomo* had made.

כו וַיִּקַּח אֶת־אֹצְרוֹת בֵּית־יְהֹוָה וְאֶת־אוֹצְרוֹת בֵּית הַמֶּלֶךְ וְאֶת־הַכֹּל לָקָח וַיִּקַּח אֶת־כָּל־מָגִנֵּי הַזָּהָב אֲשֶׁר עָשָׂה שְׁלֹמֹה׃

27 King *Rechovam* had bronze shields made instead, and he entrusted them to the officers of the guard who guarded the entrance to the royal palace.

כז וַיַּעַשׂ הַמֶּלֶךְ רְחַבְעָם תַּחְתָּם מָגִנֵּי נְחֹשֶׁת וְהִפְקִיד עַל־יַד שָׂרֵי הָרָצִים הַשֹּׁמְרִים פֶּתַח בֵּית הַמֶּלֶךְ׃

28 Whenever the king went into the House of *Hashem*, the guards would carry them and then bring them back to the armory of the guards.

כח וַיְהִי מִדֵּי־בֹא הַמֶּלֶךְ בֵּית יְהֹוָה יִשָּׂאוּם הָרָצִים וֶהֱשִׁיבוּם אֶל־תָּא הָרָצִים׃

29 The other events of *Rechovam*'s reign, and all his actions, are recorded in the Annals of the Kings of *Yehuda*.

כט וְיֶתֶר דִּבְרֵי רְחַבְעָם וְכָל־אֲשֶׁר עָשָׂה הֲלֹא־הֵמָּה כְתוּבִים עַל־סֵפֶר דִּבְרֵי הַיָּמִים לְמַלְכֵי יְהוּדָה׃

30 There was continual war between *Rechovam* and *Yerovam*.

ל וּמִלְחָמָה הָיְתָה בֵין־רְחַבְעָם וּבֵין יָרָבְעָם כָּל־הַיָּמִים׃

31 *Rechovam* slept with his fathers and was buried with his fathers in the City of *David*; his mother's name was Naamah the Amonitess. His son *Aviyam* succeeded him as king.

לא וַיִּשְׁכַּב רְחַבְעָם עִם־אֲבֹתָיו וַיִּקָּבֵר עִם־אֲבֹתָיו בְּעִיר דָּוִד וְשֵׁם אִמּוֹ נַעֲמָה הָעַמֹּנִית וַיִּמְלֹךְ אֲבִיָּם בְּנוֹ תַּחְתָּיו׃

15 1 In the eighteenth year of King *Yerovam* son of Nebat, *Aviyam* became king over *Yehuda*.

טו א וּבִשְׁנַת שְׁמֹנֶה עֶשְׂרֵה לַמֶּלֶךְ יָרָבְעָם בֶּן־נְבָט מָלַךְ אֲבִיָּם עַל־יְהוּדָה׃

2 He reigned three years in *Yerushalayim*; his mother's name was Maacah daughter of Abishalom.

ב שָׁלֹשׁ שָׁנִים מָלַךְ בִּירוּשָׁלִָם וְשֵׁם אִמּוֹ מַעֲכָה בַּת־אֲבִישָׁלוֹם׃

sha-LOSH sha-NEEM ma-LAKH bee-ru-sha-LA-im
v'-SHAYM i-MO ma-a-KHAH bat a-vee-sha-LOM

3 He continued in all the sins that his father before him had committed; he was not wholehearted with *Hashem* his God, like his father *David*.

ג וַיֵּלֶךְ בְּכָל־חַטֹּאות אָבִיו אֲשֶׁר־עָשָׂה לְפָנָיו וְלֹא־הָיָה לְבָבוֹ שָׁלֵם עִם־יְהֹוָה אֱלֹהָיו כִּלְבַב דָּוִד אָבִיו׃

4 Yet, for the sake of *David*, *Hashem* his God gave him a lamp in *Yerushalayim*, by raising up his descendant after him and by preserving *Yerushalayim*.

ד כִּי לְמַעַן דָּוִד נָתַן יְהֹוָה אֱלֹהָיו לוֹ נִיר בִּירוּשָׁלִָם לְהָקִים אֶת־בְּנוֹ אַחֲרָיו וּלְהַעֲמִיד אֶת־יְרוּשָׁלִָם׃

א

15:2 He reigned three years in *Yerushalayim* The Hebrew name of the Holy City of Jerusalem is *Yerushalayim* (ירושלים). This name consists of two important words that capture the essence of the city: *Yira* (יראה), 'fear,' refers to the awe and reverence that everyone is supposed to have for the Almighty God. Indeed, one is able to feel a special connection to *Hashem* in this holy city, which can fill a person with both awe and fear. The second word is *shalom* (שלום), 'peace.' The prayer of all who serve *Hashem* is that He will bless the entire world with peace. This peace emanates from *Yerushalayim*, where everyone comes together in the worship of the Almighty. The best place to establish an awe-inspired connection with *Hashem* and to pray for peace is in His holy city, *Yerushalayim*.

Yerushalayim

5 For *David* had done what was pleasing to *Hashem* and never turned throughout his life from all that He had commanded him, except in the matter of *Uriya* the Hittite.

ה אֲשֶׁר עָשָׂה דָוִד אֶת־הַיָּשָׁר בְּעֵינֵי יְהֹוָה
וְלֹא־סָר מִכֹּל אֲשֶׁר־צִוָּהוּ כֹּל יְמֵי חַיָּיו
רַק בִּדְבַר אוּרִיָּה הַחִתִּי:

6 There was war between *Aviyam* and *Yerovam* all the days of his life.

ו וּמִלְחָמָה הָיְתָה בֵין־רְחַבְעָם וּבֵין
יָרָבְעָם כָּל־יְמֵי חַיָּיו:

7 The other events of *Aviyam*'s reign and all his actions are recorded in the Annals of the Kings of *Yehuda*; there was war between *Aviyam* and *Yerovam*.

ז וְיֶתֶר דִּבְרֵי אֲבִיָּם וְכָל־אֲשֶׁר עָשָׂה
הֲלוֹא־הֵם כְּתוּבִים עַל־סֵפֶר דִּבְרֵי
הַיָּמִים לְמַלְכֵי יְהוּדָה וּמִלְחָמָה הָיְתָה
בֵּין אֲבִיָּם וּבֵין יָרָבְעָם:

8 *Aviyam* slept with his fathers; he was buried in the City of *David*, and his son *Asa* succeeded him as king.

ח וַיִּשְׁכַּב אֲבִיָּם עִם־אֲבֹתָיו וַיִּקְבְּרוּ אֹתוֹ
בְּעִיר דָּוִד וַיִּמְלֹךְ אָסָא בְנוֹ תַּחְתָּיו:

9 In the twentieth year of King *Yerovam* of *Yisrael*, *Asa* became king over *Yehuda*.

ט וּבִשְׁנַת עֶשְׂרִים לְיָרָבְעָם מֶלֶךְ יִשְׂרָאֵל
מָלַךְ אָסָא מֶלֶךְ יְהוּדָה:

10 He reigned forty-one years in *Yerushalayim*; his mother's name was Maacah daughter of Abishalom.

י וְאַרְבָּעִים וְאַחַת שָׁנָה מָלַךְ בִּירוּשָׁלִָם
וְשֵׁם אִמּוֹ מַעֲכָה בַּת־אֲבִישָׁלוֹם:

11 *Asa* did what was pleasing to *Hashem*, as his father *David* had done.

יא וַיַּעַשׂ אָסָא הַיָּשָׁר בְּעֵינֵי יְהֹוָה כְּדָוִד
אָבִיו:

12 He expelled the male prostitutes from the land, and he removed all the idols that his ancestors had made.

יב וַיַּעֲבֵר הַקְּדֵשִׁים מִן־הָאָרֶץ וַיָּסַר אֶת־
כָּל־הַגִּלֻּלִים אֲשֶׁר עָשׂוּ אֲבֹתָיו:

13 He also deposed his mother Maacah from the rank of queen mother, because she had made an abominable thing for [the goddess] Asherah. *Asa* cut down her abominable thing and burnt it in the Wadi Kidron.

יג וְגַם אֶת־מַעֲכָה אִמּוֹ וַיְסִרֶהָ מִגְּבִירָה
אֲשֶׁר־עָשְׂתָה מִפְלֶצֶת לָאֲשֵׁרָה וַיִּכְרֹת
אָסָא אֶת־מִפְלַצְתָּהּ וַיִּשְׂרֹף בְּנַחַל
קִדְרוֹן:

14 The shrines, indeed, were not abolished; however, *Asa* was wholehearted with *Hashem* his God all his life.

יד וְהַבָּמוֹת לֹא־סָרוּ רַק לְבַב־אָסָא הָיָה
שָׁלֵם עִם־יְהֹוָה כָּל־יָמָיו:

15 He brought into the House of *Hashem* all the consecrated things of his father and his own consecrated things – silver, gold, and utensils.

טו וַיָּבֵא אֶת־קָדְשֵׁי אָבִיו וקדשו [וְקָדָשֵׁי]
בֵּית יְהֹוָה כֶּסֶף וְזָהָב וְכֵלִים:

16 There was war between *Asa* and King *Basha* of *Yisrael* all their days.

טז וּמִלְחָמָה הָיְתָה בֵּין אָסָא וּבֵין בַּעְשָׁא
מֶלֶךְ־יִשְׂרָאֵל כָּל־יְמֵיהֶם:

17 King *Basha* of *Yisrael* advanced against *Yehuda*, and he fortified *Rama* to prevent anyone belonging to King *Asa* from going out or coming in.

יז וַיַּעַל בַּעְשָׁא מֶלֶךְ־יִשְׂרָאֵל עַל־יְהוּדָה
וַיִּבֶן אֶת־הָרָמָה לְבִלְתִּי תֵּת יֹצֵא וָבָא
לְאָסָא מֶלֶךְ יְהוּדָה:

18 So *Asa* took all the silver and gold that remained in the treasuries of the House of *Hashem* as well as the treasuries of the royal palace, and he entrusted them to his officials. King *Asa* sent them to King Ben-hadad son of Tabrimmon son of Hezion of Aram, who resided in Damascus, with this message:

יח וַיִּקַּח אָסָא אֶת־כָּל־הַכֶּסֶף וְהַזָּהָב הַנּוֹתָרִים בְּאוֹצְרוֹת בֵּית־יְהֹוָה וְאֶת־אוֹצְרוֹת בֵּית מלך [הַמֶּלֶךְ] וַיִּתְּנֵם בְּיַד־עֲבָדָיו וַיִּשְׁלָחֵם הַמֶּלֶךְ אָסָא אֶל־בֶּן־הֲדַד בֶּן־טַבְרִמֹּן בֶּן־חֶזְיוֹן מֶלֶךְ אֲרָם הַיֹּשֵׁב בְּדַמֶּשֶׂק לֵאמֹר׃

19 "There is a pact between you and me, and between your father and my father. I herewith send you a gift of silver and gold: Go and break your pact with King *Basha* of *Yisrael*, so that he may withdraw from me."

יט בְּרִית בֵּינִי וּבֵינֶךָ בֵּין אָבִי וּבֵין אָבִיךָ הִנֵּה שָׁלַחְתִּי לְךָ שֹׁחַד כֶּסֶף וְזָהָב לֵךְ הָפֵרָה אֶת־בְּרִיתְךָ אֶת־בַּעְשָׁא מֶלֶךְ־יִשְׂרָאֵל וְיַעֲלֶה מֵעָלָי׃

20 Ben-hadad responded to King *Asa*'s request; he sent his army commanders against the towns of *Yisrael* and captured Ijon, *Dan*, Abel-beth-maacah, and all Chinneroth, as well as all the land of *Naftali*.

כ וַיִּשְׁמַע בֶּן־הֲדַד אֶל־הַמֶּלֶךְ אָסָא וַיִּשְׁלַח אֶת־שָׂרֵי הַחֲיָלִים אֲשֶׁר־לוֹ עַל־עָרֵי יִשְׂרָאֵל וַיַּךְ אֶת־עִיּוֹן וְאֶת־דָּן וְאֵת אָבֵל בֵּית־מַעֲכָה וְאֵת כָּל־כִּנְרוֹת עַל כָּל־אֶרֶץ נַפְתָּלִי׃

21 When *Basha* heard about it, he stopped fortifying *Rama* and remained in *Tirtza*.

כא וַיְהִי כִּשְׁמֹעַ בַּעְשָׁא וַיֶּחְדַּל מִבְּנוֹת אֶת־הָרָמָה וַיֵּשֶׁב בְּתִרְצָה׃

22 Then King *Asa* mustered all *Yehuda*, with no exemptions; and they carried away the stones and timber with which *Basha* had fortified *Rama*. With these King *Asa* fortified Geba of *Binyamin*, and *Mitzpa*.

כב וְהַמֶּלֶךְ אָסָא הִשְׁמִיעַ אֶת־כָּל־יְהוּדָה אֵין נָקִי וַיִּשְׂאוּ אֶת־אַבְנֵי הָרָמָה וְאֶת־עֵצֶיהָ אֲשֶׁר בָּנָה בַּעְשָׁא וַיִּבֶן בָּם הַמֶּלֶךְ אָסָא אֶת־גֶּבַע בִּנְיָמִן וְאֶת־הַמִּצְפָּה׃

23 All the other events of *Asa*'s reign, and all his exploits, and all his actions, and the towns that he fortified, are recorded in the Annals of the Kings of *Yehuda*. However, in his old age he suffered from a foot ailment.

כג וְיֶתֶר כָּל־דִּבְרֵי־אָסָא וְכָל־גְּבוּרָתוֹ וְכָל־אֲשֶׁר עָשָׂה וְהֶעָרִים אֲשֶׁר בָּנָה הֲלֹא־הֵמָּה כְתוּבִים עַל־סֵפֶר דִּבְרֵי הַיָּמִים לְמַלְכֵי יְהוּדָה רַק לְעֵת זִקְנָתוֹ חָלָה אֶת־רַגְלָיו׃

24 *Asa* slept with his fathers and was buried with his fathers in the city of his father *David*. His son *Yehoshafat* succeeded him as king.

כד וַיִּשְׁכַּב אָסָא עִם־אֲבֹתָיו וַיִּקָּבֵר עִם־אֲבֹתָיו בְּעִיר דָּוִד אָבִיו וַיִּמְלֹךְ יְהוֹשָׁפָט בְּנוֹ תַּחְתָּיו׃

25 *Nadav* son of *Yerovam* had become king over *Yisrael* in the second year of King *Asa* of *Yehuda*, and he reigned over *Yisrael* for two years.

כה וְנָדָב בֶּן־יָרָבְעָם מָלַךְ עַל־יִשְׂרָאֵל בִּשְׁנַת שְׁתַּיִם לְאָסָא מֶלֶךְ יְהוּדָה וַיִּמְלֹךְ עַל־יִשְׂרָאֵל שְׁנָתָיִם׃

26 He did what was displeasing to *Hashem*; he continued in the ways of his father, in the sins which he caused *Yisrael* to commit.

כו וַיַּעַשׂ הָרַע בְּעֵינֵי יְהֹוָה וַיֵּלֶךְ בְּדֶרֶךְ אָבִיו וּבְחַטָּאתוֹ אֲשֶׁר הֶחֱטִיא אֶת־יִשְׂרָאֵל׃

27 Then *Basha* son of *Achiya*, of the House of *Yissachar*, conspired against him; and *Basha* struck him down at Gibbethon of the Philistines, while *Nadav* and all *Yisrael* were laying siege to Gibbethon.

כז וַיִּקְשֹׁר עָלָיו בַּעְשָׁא בֶן־אֲחִיָּה לְבֵית יִשָּׂשכָר וַיַּכֵּהוּ בַעְשָׁא בְּגִבְּתוֹן אֲשֶׁר לַפְּלִשְׁתִּים וְנָדָב וְכָל־יִשְׂרָאֵל צָרִים עַל־גִּבְּתוֹן׃

²⁸ *Basha* killed him in the third year of King *Asa* of *Yehuda* and became king in his stead.

כח וַיְמִתֵהוּ בַעְשָׁא בִּשְׁנַת שָׁלֹשׁ לְאָסָא מֶלֶךְ יְהוּדָה וַיִּמְלֹךְ תַּחְתָּיו:

²⁹ As soon as he became king, he struck down all the House of *Yerovam*; he did not spare a single soul belonging to *Yerovam* until he destroyed it – in accordance with the word that *Hashem* had spoken through His servant, the *Navi Achiya* the Shilonite

כט וַיְהִי כְמָלְכוֹ הִכָּה אֶת־כָּל־בֵּית יָרָבְעָם לֹא־הִשְׁאִיר כָּל־נְשָׁמָה לְיָרָבְעָם עַד־הִשְׁמִדוֹ כִּדְבַר יְהֹוָה אֲשֶׁר דִּבֶּר בְּיַד־עַבְדּוֹ אֲחִיָּה הַשִּׁילֹנִי:

³⁰ because of the sins which *Yerovam* committed and which he caused *Yisrael* to commit thereby vexing *Hashem*, the God of *Yisrael*.

ל עַל־חַטֹּאות יָרָבְעָם אֲשֶׁר חָטָא וַאֲשֶׁר הֶחֱטִיא אֶת־יִשְׂרָאֵל בְּכַעְסוֹ אֲשֶׁר הִכְעִיס אֶת־יְהֹוָה אֱלֹהֵי יִשְׂרָאֵל:

³¹ The other events of *Nadav's* reign and all his actions are recorded in the Annals of the Kings of *Yisrael*.

לא וְיֶתֶר דִּבְרֵי נָדָב וְכָל־אֲשֶׁר עָשָׂה הֲלֹא־הֵם כְּתוּבִים עַל־סֵפֶר דִּבְרֵי הַיָּמִים לְמַלְכֵי יִשְׂרָאֵל:

³² There was war between *Asa* and King *Basha* of *Yisrael* all their days.

לב וּמִלְחָמָה הָיְתָה בֵּין אָסָא וּבֵין בַּעְשָׁא מֶלֶךְ־יִשְׂרָאֵל כָּל־יְמֵיהֶם:

³³ In the third year of King *Asa* of *Yehuda*, *Basha* son of *Achiya* became king in *Tirtza* over all *Yisrael* – for twenty-four years.

לג בִּשְׁנַת שָׁלֹשׁ לְאָסָא מֶלֶךְ יְהוּדָה מָלַךְ בַּעְשָׁא בֶן־אֲחִיָּה עַל־כָּל־יִשְׂרָאֵל בְּתִרְצָה עֶשְׂרִים וְאַרְבַּע שָׁנָה:

³⁴ He did what was displeasing to *Hashem*; he followed the ways of *Yerovam* and the sins which he caused *Yisrael* to commit.

לד וַיַּעַשׂ הָרַע בְּעֵינֵי יְהֹוָה וַיֵּלֶךְ בְּדֶרֶךְ יָרָבְעָם וּבְחַטָּאתוֹ אֲשֶׁר הֶחֱטִיא אֶת־יִשְׂרָאֵל:

6 ¹ The word of *Hashem* came to *Yehu* son of *Chanani* against *Basha*:

טז א וַיְהִי דְבַר־יְהֹוָה אֶל־יֵהוּא בֶן־חֲנָנִי עַל־בַּעְשָׁא לֵאמֹר:

² "Because I lifted you up from the dust and made you a ruler over My people *Yisrael*, but you followed the way of *Yerovam* and caused My people *Yisrael* to sin, vexing Me with their sins

ב יַעַן אֲשֶׁר הֲרִימֹתִיךָ מִן־הֶעָפָר וָאֶתֶּנְךָ נָגִיד עַל עַמִּי יִשְׂרָאֵל וַתֵּלֶךְ בְּדֶרֶךְ יָרָבְעָם וַתַּחֲטִא אֶת־עַמִּי יִשְׂרָאֵל לְהַכְעִיסֵנִי בְּחַטֹּאתָם:

³ I am going to sweep away *Basha* and his house. I will make your house like the House of *Yerovam* son of Nebat.

ג הִנְנִי מַבְעִיר אַחֲרֵי בַעְשָׁא וְאַחֲרֵי בֵיתוֹ וְנָתַתִּי אֶת־בֵּיתְךָ כְּבֵית יָרָבְעָם בֶּן־נְבָט:

⁴ Anyone belonging to *Basha* who dies in the town shall be devoured by dogs, and anyone belonging to him who dies in the open country shall be devoured by the birds of the sky."

ד הַמֵּת לְבַעְשָׁא בָּעִיר יֹאכְלוּ הַכְּלָבִים וְהַמֵּת לוֹ בַּשָּׂדֶה יֹאכְלוּ עוֹף הַשָּׁמָיִם:

⁵ The other events of *Basha's* reign and his actions and his exploits are recorded in the Annals of the Kings of *Yisrael*.

ה וְיֶתֶר דִּבְרֵי בַעְשָׁא וַאֲשֶׁר עָשָׂה וּגְבוּרָתוֹ הֲלֹא־הֵם כְּתוּבִים עַל־סֵפֶר דִּבְרֵי הַיָּמִים לְמַלְכֵי יִשְׂרָאֵל:

⁶ *Basha* slept with his fathers and was buried in *Tirtza*. His son *Eila* succeeded him as king.

ו וַיִּשְׁכַּב בַּעְשָׁא עִם־אֲבֹתָיו וַיִּקָּבֵר בְּתִרְצָה וַיִּמְלֹךְ אֵלָה בְנוֹ תַּחְתָּיו:

Kings

7 But the word of *Hashem* had come through the *Navi Yehu* son of *Chanani* against *Basha* and against his house, that it would fare like the House of *Yerovam*, which he himself had struck down, because of all the evil he did which was displeasing to *Hashem*, vexing him with his deeds.

ז וְגַם בְּיַד־יֵהוּא בֶן־חֲנָנִי הַנָּבִיא דְּבַר־
יְהֹוָה הָיָה אֶל־בַּעְשָׁא וְאֶל־בֵּיתוֹ וְעַל
כָּל־הָרָעָה אֲשֶׁר־עָשָׂה בְּעֵינֵי יְהֹוָה
לְהַכְעִיסוֹ בְּמַעֲשֵׂה יָדָיו לִהְיוֹת כְּבֵית
יָרָבְעָם וְעַל אֲשֶׁר־הִכָּה אֹתוֹ׃

8 In the twenty-sixth year of King *Asa* of *Yehuda*, *Eila* son of *Basha* became king over *Yisrael*, at *Tirtza* – for two years.

ח בִּשְׁנַת עֶשְׂרִים וָשֵׁשׁ שָׁנָה לְאָסָא מֶלֶךְ
יְהוּדָה מָלַךְ אֵלָה בֶן־בַּעְשָׁא עַל־יִשְׂרָאֵל
בְּתִרְצָה שְׁנָתָיִם׃

9 His officer *Zimri*, commander of half the chariotry, committed treason against him while he was at *Tirtza* drinking himself drunk in the house of Arza, who was in charge of the palace at *Tirtza*.

ט וַיִּקְשֹׁר עָלָיו עַבְדּוֹ זִמְרִי שַׂר מַחֲצִית
הָרָכֶב וְהוּא בְתִרְצָה שֹׁתֶה שִׁכּוֹר בֵּית
אַרְצָא אֲשֶׁר עַל־הַבַּיִת בְּתִרְצָה׃

10 *Zimri* entered, struck him down, and killed him; he succeeded him as king in the twenty-seventh year of King *Asa* of *Yehuda*.

י וַיָּבֹא זִמְרִי וַיַּכֵּהוּ וַיְמִיתֵהוּ בִּשְׁנַת
עֶשְׂרִים וָשֶׁבַע לְאָסָא מֶלֶךְ יְהוּדָה
וַיִּמְלֹךְ תַּחְתָּיו׃

11 No sooner had he become king and ascended the throne than he struck down all the House of *Basha*; he did not leave a single male of his, nor any kinsman or friend.

יא וַיְהִי בְמָלְכוֹ כְּשִׁבְתּוֹ עַל־כִּסְאוֹ הִכָּה
אֶת־כָּל־בֵּית בַּעְשָׁא לֹא־הִשְׁאִיר לוֹ
מַשְׁתִּין בְּקִיר וְגֹאֲלָיו וְרֵעֵהוּ׃

12 Thus *Zimri* destroyed all the House of *Basha*, in accordance with the word that *Hashem* had spoken through the *Navi Yehu*

יב וַיַּשְׁמֵד זִמְרִי אֵת כָּל־בֵּית בַּעְשָׁא כִּדְבַר
יְהֹוָה אֲשֶׁר דִּבֶּר אֶל־בַּעְשָׁא בְּיַד יֵהוּא
הַנָּבִיא׃

13 because of the sinful acts which *Basha* and his son *Eila* committed, and which they caused *Yisrael* to commit, vexing *Hashem*, the God of *Yisrael*, with their false gods.

יג אֶל כָּל־חַטֹּאות בַּעְשָׁא וְחַטֹּאות אֵלָה
בְנוֹ אֲשֶׁר חָטְאוּ וַאֲשֶׁר הֶחֱטִיאוּ אֶת־
יִשְׂרָאֵל לְהַכְעִיס אֶת־יְהֹוָה אֱלֹהֵי
יִשְׂרָאֵל בְּהַבְלֵיהֶם׃

14 The other events of *Eila*'s reign and all his actions are recorded in the Annals of the Kings of *Yisrael*.

יד וְיֶתֶר דִּבְרֵי אֵלָה וְכָל־אֲשֶׁר עָשָׂה הֲלוֹא־
הֵם כְּתוּבִים עַל־סֵפֶר דִּבְרֵי הַיָּמִים
לְמַלְכֵי יִשְׂרָאֵל׃

15 During the twenty-seventh year of King *Asa* of *Yehuda*, *Zimri* reigned in *Tirtza* for seven days. At the time, the troops were encamped at Gibbethon of the Philistines.

טו בִּשְׁנַת עֶשְׂרִים וָשֶׁבַע שָׁנָה לְאָסָא
מֶלֶךְ יְהוּדָה מָלַךְ זִמְרִי שִׁבְעַת יָמִים
בְּתִרְצָה וְהָעָם חֹנִים עַל־גִּבְּתוֹן אֲשֶׁר
לַפְּלִשְׁתִּים׃

16 When the troops who were encamped there learned that *Zimri* had committed treason and had struck down the king, that very day, in the camp, all *Yisrael* acclaimed the army commander *Omri* king over *Yisrael*.

טז וַיִּשְׁמַע הָעָם הַחֹנִים לֵאמֹר קָשַׁר זִמְרִי
וְגַם הִכָּה אֶת־הַמֶּלֶךְ וַיַּמְלִכוּ כָל־יִשְׂרָאֵל
אֶת־עָמְרִי שַׂר־צָבָא עַל־יִשְׂרָאֵל בַּיּוֹם
הַהוּא בַּמַּחֲנֶה׃

17 *Omri* and all *Yisrael* then withdrew from Gibbethon and laid siege to *Tirtza*.

יז וַיַּעֲלֶה עָמְרִי וְכָל־יִשְׂרָאֵל עִמּוֹ מִגִּבְּתוֹן
וַיָּצֻרוּ עַל־תִּרְצָה׃

18 When *Zimri* saw that the town was taken, he went into the citadel of the royal palace and burned down the royal palace over himself. And so he died

יח וַיְהִי כִּרְאוֹת זִמְרִי כִּי־נִלְכְּדָה הָעִיר וַיָּבֹא אֶל־אַרְמוֹן בֵּית־הַמֶּלֶךְ וַיִּשְׂרֹף עָלָיו אֶת־בֵּית־מֶלֶךְ בָּאֵשׁ וַיָּמֹת:

19 because of the sins which he committed and caused *Yisrael* to commit, doing what was displeasing to *Hashem* and following the ways of *Yerovam*.

יט עַל־חטאתו [חַטֹּאתָיו] אֲשֶׁר חָטָא לַעֲשׂוֹת הָרַע בְּעֵינֵי יְהֹוָה לָלֶכֶת בְּדֶרֶךְ יָרָבְעָם וּבְחַטָּאתוֹ אֲשֶׁר עָשָׂה לְהַחֲטִיא אֶת־יִשְׂרָאֵל:

20 The other events of *Zimri*'s reign, and the treason which he committed, are recorded in the Annals of the Kings of *Yisrael*.

כ וְיֶתֶר דִּבְרֵי זִמְרִי וְקִשְׁרוֹ אֲשֶׁר קָשָׁר הֲלֹא־הֵם כְּתוּבִים עַל־סֵפֶר דִּבְרֵי הַיָּמִים לְמַלְכֵי יִשְׂרָאֵל:

21 Then the people of *Yisrael* split into two factions: a part of the people followed Tibni son of Ginath to make him king, and the other part followed *Omri*.

כא אָז יֵחָלֵק הָעָם יִשְׂרָאֵל לַחֵצִי חֲצִי הָעָם הָיָה אַחֲרֵי תִבְנִי בֶן־גִּינַת לְהַמְלִיכוֹ וְהַחֲצִי אַחֲרֵי עָמְרִי:

22 Those who followed *Omri* proved stronger than those who followed Tibni son of Ginath; Tibni died and *Omri* became king.

כב וַיֶּחֱזַק הָעָם אֲשֶׁר אַחֲרֵי עָמְרִי אֶת־הָעָם אֲשֶׁר אַחֲרֵי תִּבְנִי בֶן־גִּינַת וַיָּמָת תִּבְנִי וַיִּמְלֹךְ עָמְרִי:

23 In the thirty-first year of King *Asa* of *Yehuda*, *Omri* became king over *Yisrael* – for twelve years. He reigned in *Tirtza* six years.

כג בִּשְׁנַת שְׁלֹשִׁים וְאַחַת שָׁנָה לְאָסָא מֶלֶךְ יְהוּדָה מָלַךְ עָמְרִי עַל־יִשְׂרָאֵל שְׁתֵּים עֶשְׂרֵה שָׁנָה בְּתִרְצָה מָלַךְ שֵׁשׁ־שָׁנִים:

24 Then he bought the hill of *Shomron* from Shemer for two *kikarim* of silver; he built [a town] on the hill and named the town which he built *Shomron*, after Shemer, the owner of the hill.

כד וַיִּקֶן אֶת־הָהָר שֹׁמְרוֹן מֵאֶת שֶׁמֶר בְּכִכְּרַיִם כָּסֶף וַיִּבֶן אֶת־הָהָר וַיִּקְרָא אֶת־שֵׁם הָעִיר אֲשֶׁר בָּנָה עַל שֶׁם־שֶׁמֶר אֲדֹנֵי הָהָר שֹׁמְרוֹן:

va-YI-ken et ha-HAR sho-m'-RON MAY-et SHE-mer b'-khi-k'-RA-yim KA-sef va-YI-ven et ha-HAR va-yik-RA et SHAYM ha-EER a-SHER ba-NAH AL shem SHE-mer a-do-NAY ha-HAR sho-m'-RON

25 *Omri* did what was displeasing to *Hashem*; he was worse than all who preceded him.

כה וַיַּעֲשֶׂה עָמְרִי הָרַע בְּעֵינֵי יְהֹוָה וַיָּרַע מִכֹּל אֲשֶׁר לְפָנָיו:

16:24 Then he bought the hill of *Shomron* from Shemer for two talents of silver Samaria, known in Hebrew as *Shomron*, is an important part of both the biblical heartland and the modern State of Israel. *Omri* purchases this land to be the capital of the kingdom of Yisrael. The area of *Shomron*, which comprises over eleven percent of the modern State of Israel, was liberated during the Six Day War and is home to many vibrant communities; some of the more well-known ones include *Ariel*, *Karnei Shomron*, *Elon Moreh* and *Itamar*. As it is located in the middle of Israel it plays a vital role in the spirituality, economics and security of the country. Ruling in a period of much upheaval, when assassinations of the kings of the northern Kingdom prevented any dynasty from lasting very long, *Omri* is notable as the first monarch in a family that ruled for four generations. The Talmudic sages (*Sanhedrin* 102b) ask why Omri deserved this privilege, despite the fact that he was worse than the kings who preceded him (verse 25) as he had seen their punishment and yet continued their evil practices. They answer that *Omri*'s one redeeming merit was that he purchased the city of *Shomron*. Because he added this important city to the Land of Israel, he deserved the merit of having his family rule over Israel for 48 years.

View of *Shomron*

26 He followed all the ways of *Yerovam* son of Nebat and the sins which he committed and caused *Yisrael* to commit, vexing *Hashem*, the God of *Yisrael*, with their futilities.

כו וַיֵּלֶךְ בְּכָל־דֶּרֶךְ יָרָבְעָם בֶּן־נְבָט
ובחטאתיו [וּבְחַטָּאתוֹ] אֲשֶׁר הֶחֱטִיא
אֶת־יִשְׂרָאֵל לְהַכְעִיס אֶת־יְהוָה אֱלֹהֵי
יִשְׂרָאֵל בְּהַבְלֵיהֶם:

27 The other events of *Omri*'s reign, [and] his actions, and the exploits he performed, are recorded in the Annals of the Kings of *Yisrael*.

כז וְיֶתֶר דִּבְרֵי עָמְרִי אֲשֶׁר עָשָׂה וּגְבוּרָתוֹ
אֲשֶׁר עָשָׂה הֲלֹא־הֵם כְּתוּבִים עַל־סֵפֶר
דִּבְרֵי הַיָּמִים לְמַלְכֵי יִשְׂרָאֵל:

28 *Omri* slept with his fathers and was buried in *Shomron*; and his son *Achav* succeeded him as king.

כח וַיִּשְׁכַּב עָמְרִי עִם־אֲבֹתָיו וַיִּקָּבֵר
בְּשֹׁמְרוֹן וַיִּמְלֹךְ אַחְאָב בְּנוֹ תַּחְתָּיו:

29 *Achav* son of *Omri* became king over *Yisrael* in the thirty-eighth year of King *Asa* of *Yehuda*, and *Achav* son of *Omri* reigned over *Yisrael* in *Shomron* for twenty-two years.

כט וְאַחְאָב בֶּן־עָמְרִי מָלַךְ עַל־יִשְׂרָאֵל
בִּשְׁנַת שְׁלֹשִׁים וּשְׁמֹנֶה שָׁנָה לְאָסָא
מֶלֶךְ יְהוּדָה וַיִּמְלֹךְ אַחְאָב בֶּן־עָמְרִי עַל־
יִשְׂרָאֵל בְּשֹׁמְרוֹן עֶשְׂרִים וּשְׁתַּיִם שָׁנָה:

30 *Achav* son of *Omri* did what was displeasing to *Hashem*, more than all who preceded him.

ל וַיַּעַשׂ אַחְאָב בֶּן־עָמְרִי הָרַע בְּעֵינֵי יְהוָה
מִכֹּל אֲשֶׁר לְפָנָיו:

31 Not content to follow the sins of *Yerovam* son of Nebat, he took as wife Jezebel daughter of King Ethbaal of the Phoenicians, and he went and served Baal and worshiped him.

לא וַיְהִי הֲנָקֵל לֶכְתּוֹ בְּחַטֹּאות יָרָבְעָם בֶּן־
נְבָט וַיִּקַּח אִשָּׁה אֶת־אִיזֶבֶל בַּת־אֶתְבַּעַל
מֶלֶךְ צִידֹנִים וַיֵּלֶךְ וַיַּעֲבֹד אֶת־הַבַּעַל
וַיִּשְׁתַּחוּ לוֹ:

32 He erected a *altar* to Baal in the temple of Baal which he built in *Shomron*.

לב וַיָּקֶם מִזְבֵּחַ לַבָּעַל בֵּית הַבַּעַל אֲשֶׁר
בָּנָה בְּשֹׁמְרוֹן:

33 *Achav* also made a sacred post. *Achav* did more to vex *Hashem*, the God of *Yisrael*, than all the kings of *Yisrael* who preceded him.

לג וַיַּעַשׂ אַחְאָב אֶת־הָאֲשֵׁרָה וַיּוֹסֶף אַחְאָב
לַעֲשׂוֹת לְהַכְעִיס אֶת־יְהוָה אֱלֹהֵי
יִשְׂרָאֵל מִכֹּל מַלְכֵי יִשְׂרָאֵל אֲשֶׁר הָיוּ
לְפָנָיו:

34 During his reign, Hiel the Beit Elite fortified *Yericho*. He laid its foundations at the cost of *Aviram* his first-born, and set its gates in place at the cost of Segub his youngest, in accordance with the words that *Hashem* had spoken through *Yehoshua* son of *Nun*.

לד בְּיָמָיו בָּנָה חִיאֵל בֵּית הָאֱלִי אֶת־יְרִיחֹה
בַּאֲבִירָם בְּכֹרוֹ יִסְּדָהּ ובשגיב [וּבִשְׂגוּב]
צְעִירוֹ הִצִּיב דְּלָתֶיהָ כִּדְבַר יְהוָה אֲשֶׁר
דִּבֶּר בְּיַד יְהוֹשֻׁעַ בִּן־נוּן:

17 1 *Eliyahu* the Tishbite, an inhabitant of *Gilad*, said to *Achav*, "As *Hashem* lives, the God of *Yisrael* whom I serve, there will be no dew or rain except at my bidding."

א וַיֹּאמֶר אֵלִיָּהוּ הַתִּשְׁבִּי מִתֹּשָׁבֵי גִלְעָד
אֶל־אַחְאָב חַי־יְהוָה אֱלֹהֵי יִשְׂרָאֵל אֲשֶׁר
עָמַדְתִּי לְפָנָיו אִם־יִהְיֶה הַשָּׁנִים הָאֵלֶּה
טַל וּמָטָר כִּי אִם־לְפִי דְבָרִי:

2 The word of *Hashem* came to him:

ב וַיְהִי דְבַר־יְהוָה אֵלָיו לֵאמֹר:

3 "Leave this place; turn eastward and go into hiding by the Wadi Cherith, which is east of the *Yarden*.

ג לֵךְ מִזֶּה וּפָנִיתָ לְּךָ קֵדְמָה וְנִסְתַּרְתָּ
בְּנַחַל כְּרִית אֲשֶׁר עַל־פְּנֵי הַיַּרְדֵּן:

4 You will drink from the wadi, and I have commanded the ravens to feed you there."

ד וְהָיָה מֵהַנַּחַל תִּשְׁתֶּה וְאֶת־הָעֹרְבִים
צִוִּיתִי לְכַלְכֶּלְךָ שָׁם:

5 He proceeded to do as *Hashem* had bidden: he went, and he stayed by the Wadi Cherith, which is east of the *Yarden*.

ה וַיֵּלֶךְ וַיַּעַשׂ כִּדְבַר יְהֹוָה וַיֵּלֶךְ וַיֵּשֶׁב בְּנַחַל
כְּרִית אֲשֶׁר עַל־פְּנֵי הַיַּרְדֵּן׃

6 The ravens brought him bread and meat every morning and every evening, and he drank from the wadi.

ו וְהָעֹרְבִים מְבִיאִים לוֹ לֶחֶם וּבָשָׂר בַּבֹּקֶר
וְלֶחֶם וּבָשָׂר בָּעָרֶב וּמִן־הַנַּחַל יִשְׁתֶּה׃

7 After some time the wadi dried up, because there was no rain in the land.

ז וַיְהִי מִקֵּץ יָמִים וַיִּיבַשׁ הַנָּחַל כִּי לֹא־
הָיָה גֶשֶׁם בָּאָרֶץ׃

8 And the word of *Hashem* came to him:

ח וַיְהִי דְבַר־יְהֹוָה אֵלָיו לֵאמֹר׃

9 "Go at once to Zarephath of Sidon, and stay there; I have designated a widow there to feed you."

ט קוּם לֵךְ צָרְפַתָה אֲשֶׁר לְצִידוֹן וְיָשַׁבְתָּ
שָׁם הִנֵּה צִוִּיתִי שָׁם אִשָּׁה אַלְמָנָה
לְכַלְכְּלֶךָ׃

10 So he went at once to Zarephath. When he came to the entrance of the town, a widow was there gathering wood. He called out to her, "Please bring me a little water in your pitcher, and let me drink."

י וַיָּקָם וַיֵּלֶךְ צָרְפַתָה וַיָּבֹא אֶל־פֶּתַח הָעִיר
וְהִנֵּה־שָׁם אִשָּׁה אַלְמָנָה מְקֹשֶׁשֶׁת
עֵצִים וַיִּקְרָא אֵלֶיהָ וַיֹּאמַר קְחִי־נָא לִי
מְעַט־מַיִם בַּכְּלִי וְאֶשְׁתֶּה׃

11 As she went to fetch it, he called out to her, "Please bring along a piece of bread for me."

יא וַתֵּלֶךְ לָקַחַת וַיִּקְרָא אֵלֶיהָ וַיֹּאמַר
לִקְחִי־נָא לִי פַּת־לֶחֶם בְּיָדֵךְ׃

12 "As *Hashem* your God lives," she replied, "I have nothing baked, nothing but a handful of flour in a jar and a little oil in a jug. I am just gathering a couple of sticks, so that I can go home and prepare it for me and my son; we shall eat it and then we shall die."

יב וַתֹּאמֶר חַי־יְהֹוָה אֱלֹהֶיךָ אִם־יֶשׁ־לִי
מָעוֹג כִּי אִם־מְלֹא כַף־קֶמַח בַּכַּד
וּמְעַט־שֶׁמֶן בַּצַּפָּחַת וְהִנְנִי מְקֹשֶׁשֶׁת
שְׁנַיִם עֵצִים וּבָאתִי וַעֲשִׂיתִיהוּ לִי וְלִבְנִי
וַאֲכַלְנֻהוּ וָמָתְנוּ׃

13 "Don't be afraid," said *Eliyahu* to her. "Go and do as you have said; but first make me a small cake from what you have there, and bring it out to me; then make some for yourself and your son.

יג וַיֹּאמֶר אֵלֶיהָ אֵלִיָּהוּ אַל־תִּירְאִי בֹּאִי
עֲשִׂי כִדְבָרֵךְ אַךְ עֲשִׂי־לִי מִשָּׁם עֻגָה
קְטַנָּה בָרִאשֹׁנָה וְהוֹצֵאתְ לִי וְלָךְ וְלִבְנֵךְ
תַּעֲשִׂי בָּאַחֲרֹנָה׃

14 For thus said *Hashem*, the God of *Yisrael*: The jar of flour shall not give out and the jug of oil shall not fail until the day that *Hashem* sends rain upon the ground."

יד כִּי כֹה אָמַר יְהֹוָה אֱלֹהֵי יִשְׂרָאֵל כַּד
הַקֶּמַח לֹא תִכְלָה וְצַפַּחַת הַשֶּׁמֶן לֹא
תֶחְסָר עַד יוֹם תתן־[תֵּת־] יְהֹוָה גֶּשֶׁם
עַל־פְּנֵי הָאֲדָמָה׃

KEE KHO a-MAR a-do-NAI e-lo-HAY yis-ra-AYL KAD ha-KE-makh
LO tikh-LAH v'-tza-PA-khat ha-SHE-men LO tekh-SAR AD
YOM tayt a-do-NAI GE-shem al p'-NAY ha-a-da-MAH

An Earthenware pot from King *David* era

17:14 The jar of flour shall not give out and the jug of oil shall not fail The contents of the widow's jug of oil and jar of flour, both of which are close to empty, do not diminish during the entire period of drought. This miracle follows a familiar pattern. In general, when *Hashem* performs miracles, He does so by using that which is already in existence. Thus, He does not create flour or oil where there is nothing, but rather extends the supply of the quantity that is already present. This is similar to the miracles performed in the establishment and subsequent flourishing of the State

15 She went and did as *Eliyahu* had spoken, and she and he and her household had food for a long time.

טו וַתֵּלֵךְ וַתַּעֲשֶׂה כִּדְבַר אֵלִיָּהוּ וַתֹּאכַל הוא־והיא [הִיא־] [וָהוּא] וּבֵיתָהּ יָמִים׃

16 The jar of flour did not give out, nor did the jug of oil fail, just as *Hashem* had spoken through *Eliyahu*.

טז כַּד הַקֶּמַח לֹא כָלָתָה וְצַפַּחַת הַשֶּׁמֶן לֹא חָסֵר כִּדְבַר יְהֹוָה אֲשֶׁר דִּבֶּר בְּיַד אֵלִיָּהוּ׃

17 After a while, the son of the mistress of the house fell sick, and his illness grew worse, until he had no breath left in him.

יז וַיְהִי אַחַר הַדְּבָרִים הָאֵלֶּה חָלָה בֶּן־הָאִשָּׁה בַּעֲלַת הַבָּיִת וַיְהִי חָלְיוֹ חָזָק מְאֹד עַד אֲשֶׁר לֹא־נוֹתְרָה־בּוֹ נְשָׁמָה׃

18 She said to *Eliyahu*, "What harm have I done you, O man of *Hashem*, that you should come here to recall my sin and cause the death of my son?"

יח וַתֹּאמֶר אֶל־אֵלִיָּהוּ מַה־לִּי וָלָךְ אִישׁ הָאֱלֹהִים בָּאתָ אֵלַי לְהַזְכִּיר אֶת־עֲוֺנִי וּלְהָמִית אֶת־בְּנִי׃

19 "Give me the boy," he said to her; and taking him from her arms, he carried him to the upper chamber where he was staying, and laid him down on his own bed.

יט וַיֹּאמֶר אֵלֶיהָ תְּנִי־לִי אֶת־בְּנֵךְ וַיִּקָּחֵהוּ מֵחֵיקָהּ וַיַּעֲלֵהוּ אֶל־הָעֲלִיָּה אֲשֶׁר־הוּא יֹשֵׁב שָׁם וַיַּשְׁכִּבֵהוּ עַל־מִטָּתוֹ׃

20 He cried out to *Hashem* and said, "*Hashem* my God, will You bring calamity upon this widow whose guest I am, and let her son die?"

כ וַיִּקְרָא אֶל־יְהֹוָה וַיֹּאמַר יְהֹוָה אֱלֹהָי הֲגַם עַל־הָאַלְמָנָה אֲשֶׁר־אֲנִי מִתְגּוֹרֵר עִמָּהּ הֲרֵעוֹתָ לְהָמִית אֶת־בְּנָהּ׃

21 Then he stretched out over the child three times, and cried out to *Hashem*, saying, "*Hashem* my God, let this child's life return to his body!"

כא וַיִּתְמֹדֵד עַל־הַיֶּלֶד שָׁלֹשׁ פְּעָמִים וַיִּקְרָא אֶל־יְהֹוָה וַיֹּאמַר יְהֹוָה אֱלֹהָי תָּשָׁב נָא נֶפֶשׁ־הַיֶּלֶד הַזֶּה עַל־קִרְבּוֹ׃

22 *Hashem* heard *Eliyahu*'s plea; the child's life returned to his body, and he revived.

כב וַיִּשְׁמַע יְהֹוָה בְּקוֹל אֵלִיָּהוּ וַתָּשָׁב נֶפֶשׁ־הַיֶּלֶד עַל־קִרְבּוֹ וַיֶּחִי׃

23 *Eliyahu* picked up the child and brought him down from the upper room into the main room, and gave him to his mother. "See," said *Eliyahu*, "your son is alive."

כג וַיִּקַּח אֵלִיָּהוּ אֶת־הַיֶּלֶד וַיֹּרִדֵהוּ מִן־הָעֲלִיָּה הַבַּיְתָה וַיִּתְּנֵהוּ לְאִמּוֹ וַיֹּאמֶר אֵלִיָּהוּ רְאִי חַי בְּנֵךְ׃

24 And the woman answered *Eliyahu*, "Now I know that you are a man of *Hashem* and that the word of *Hashem* is truly in your mouth."

כד וַתֹּאמֶר הָאִשָּׁה אֶל־אֵלִיָּהוּ עַתָּה זֶה יָדַעְתִּי כִּי אִישׁ אֱלֹהִים אָתָּה וּדְבַר־יְהֹוָה בְּפִיךָ אֱמֶת׃

18 1 Much later, in the third year, the word of *Hashem* came to *Eliyahu*: "Go, appear before *Achav*; then I will send rain upon the earth."

א וַיְהִי יָמִים רַבִּים וּדְבַר־יְהֹוָה הָיָה אֶל־אֵלִיָּהוּ בַּשָּׁנָה הַשְּׁלִישִׁית לֵאמֹר לֵךְ הֵרָאֵה אֶל־אַחְאָב וְאֶתְּנָה מָטָר עַל־פְּנֵי הָאֲדָמָה׃

2 Thereupon *Eliyahu* set out to appear before *Achav*. The famine was severe in *Shomron*.

ב וַיֵּלֶךְ אֵלִיָּהוּ לְהֵרָאוֹת אֶל־אַחְאָב וְהָרָעָב חָזָק בְּשֹׁמְרוֹן׃

of Israel. The People of Israel had to do real work, and to be willing to give up their lives for a Jewish State in the Land of Israel. After they had done so, God then met the people more than halfway by performing miracles of truly biblical proportions. For example, though the Jewish people have always been vastly outnumbered by their enemies, *Hashem* continually grants victory to the Israel Defense Forces. Similarly, the massive ingathering of the exiles from all corners of the Earth is a miraculous fulfillment of the biblical prophecy, "Your children shall return to their country" (Jeremiah 31:16).

³ *Achav* had summoned *Ovadya*, the steward of the palace. *Ovadya* revered *Hashem* greatly.

ג וַיִּקְרָא אַחְאָב אֶל־עֹבַדְיָהוּ אֲשֶׁר עַל־הַבָּיִת וְעֹבַדְיָהוּ הָיָה יָרֵא אֶת־יְהֹוָה מְאֹד:

⁴ When Jezebel was killing off the *Neviim* of *Hashem*, *Ovadya* had taken a hundred *Neviim* and hidden them, fifty to a cave, and provided them with food and drink.

ד וַיְהִי בְּהַכְרִית אִיזֶבֶל אֵת נְבִיאֵי יְהֹוָה וַיִּקַּח עֹבַדְיָהוּ מֵאָה נְבִאִים וַיַּחְבִּיאֵם חֲמִשִּׁים אִישׁ בַּמְּעָרָה וְכִלְכְּלָם לֶחֶם וָמָיִם:

⁵ And *Achav* had said to *Ovadya*, "Go through the land, to all the springs of water and to all the wadis. Perhaps we shall find some grass to keep horses and mules alive, so that we are not left without beasts."

ה וַיֹּאמֶר אַחְאָב אֶל־עֹבַדְיָהוּ לֵךְ בָּאָרֶץ אֶל־כָּל־מַעְיְנֵי הַמַּיִם וְאֶל כָּל־הַנְּחָלִים אוּלַי נִמְצָא חָצִיר וּנְחַיֶּה סוּס וָפֶרֶד וְלוֹא נַכְרִית מֵהַבְּהֵמָה:

⁶ They divided the country between them to explore it, *Achav* going alone in one direction and *Ovadya* going alone in another direction.

ו וַיְחַלְּקוּ לָהֶם אֶת־הָאָרֶץ לַעֲבָר־בָּהּ אַחְאָב הָלַךְ בְּדֶרֶךְ אֶחָד לְבַדּוֹ וְעֹבַדְיָהוּ הָלַךְ בְּדֶרֶךְ־אֶחָד לְבַדּוֹ:

⁷ *Ovadya* was on the road, when *Eliyahu* suddenly confronted him. [*Ovadya*] recognized him and flung himself on his face, saying, "Is that you, my lord *Eliyahu*?"

ז וַיְהִי עֹבַדְיָהוּ בַּדֶּרֶךְ וְהִנֵּה אֵלִיָּהוּ לִקְרָאתוֹ וַיַּכִּרֵהוּ וַיִּפֹּל עַל־פָּנָיו וַיֹּאמֶר הַאַתָּה זֶה אֲדֹנִי אֵלִיָּהוּ:

⁸ "Yes, it is I," he answered. "Go tell your lord: *Eliyahu* is here!"

ח וַיֹּאמֶר לוֹ אָנִי לֵךְ אֱמֹר לַאדֹנֶיךָ הִנֵּה אֵלִיָּהוּ:

⁹ But he said, "What wrong have I done, that you should hand your servant over to *Achav* to be killed?

ט וַיֹּאמֶר מֶה חָטָאתִי כִּי־אַתָּה נֹתֵן אֶת־עַבְדְּךָ בְּיַד־אַחְאָב לַהֲמִיתֵנִי:

¹⁰ As *Hashem* your God lives, there is no nation or kingdom to which my lord has not sent to look for you; and when they said, 'He is not here,' he made that kingdom or nation swear that you could not be found.

י חַי יְהֹוָה אֱלֹהֶיךָ אִם־יֶשׁ־גּוֹי וּמַמְלָכָה אֲשֶׁר לֹא־שָׁלַח אֲדֹנִי שָׁם לְבַקֶּשְׁךָ וְאָמְרוּ אָיִן וְהִשְׁבִּיעַ אֶת־הַמַּמְלָכָה וְאֶת־הַגּוֹי כִּי לֹא יִמְצָאֶכָּה:

¹¹ And now you say, 'Go tell your lord: *Eliyahu* is here!'

יא וְעַתָּה אַתָּה אֹמֵר לֵךְ אֱמֹר לַאדֹנֶיךָ הִנֵּה אֵלִיָּהוּ:

¹² When I leave you, the spirit of *Hashem* will carry you off I don't know where; and when I come and tell *Achav* and he does not find you, he will kill me. Yet your servant has revered *Hashem* from my youth.

יב וְהָיָה אֲנִי אֵלֵךְ מֵאִתָּךְ וְרוּחַ יְהֹוָה יִשָּׂאֲךָ עַל אֲשֶׁר לֹא־אֵדָע וּבָאתִי לְהַגִּיד לְאַחְאָב וְלֹא יִמְצָאֲךָ וַהֲרָגָנִי וְעַבְדְּךָ יָרֵא אֶת־יְהֹוָה מִנְּעֻרָי:

¹³ My lord has surely been told what I did when Jezebel was killing the *Neviim* of *Hashem*, how I hid a hundred of the *Neviim* of *Hashem*, fifty men to a cave, and provided them with food and drink.

יג הֲלֹא־הֻגַּד לַאדֹנִי אֵת אֲשֶׁר־עָשִׂיתִי בַּהֲרֹג אִיזֶבֶל אֵת נְבִיאֵי יְהֹוָה וָאַחְבִּא מִנְּבִיאֵי יְהֹוָה מֵאָה אִישׁ חֲמִשִּׁים חֲמִשִּׁים אִישׁ בַּמְּעָרָה וָאֲכַלְכְּלֵם לֶחֶם וָמָיִם:

[14] And now you say, 'Go tell your lord: *Eliyahu* is here.'
Why, he will kill me!"

יד וְעַתָּה אַתָּה אֹמֵר לֵךְ אֱמֹר לַאדֹנֶיךָ הִנֵּה
אֵלִיָּהוּ וַהֲרָגָנִי׃

[15] *Eliyahu* replied, "As the LORD of Hosts lives, whom
I serve, I will appear before him this very day."

טו וַיֹּאמֶר אֵלִיָּהוּ חַי יְהֹוָה צְבָאוֹת אֲשֶׁר
עָמַדְתִּי לְפָנָיו כִּי הַיּוֹם אֵרָאֶה אֵלָיו׃

[16] *Ovadya* went to find *Achav*, and informed him; and
Achav went to meet *Eliyahu*.

טז וַיֵּלֶךְ עֹבַדְיָהוּ לִקְרַאת אַחְאָב וַיַּגֶּד־לוֹ
וַיֵּלֶךְ אַחְאָב לִקְרַאת אֵלִיָּהוּ׃

[17] When *Achav* caught sight of *Eliyahu*, *Achav* said to
him, "Is that you, you troubler of *Yisrael*?"

יז וַיְהִי כִּרְאוֹת אַחְאָב אֶת־אֵלִיָּהוּ וַיֹּאמֶר
אַחְאָב אֵלָיו הַאַתָּה זֶה עֹכֵר יִשְׂרָאֵל׃

[18] He retorted, "It is not I who have brought trouble
on *Yisrael*, but you and your father's House, by
forsaking the commandments of *Hashem* and going
after the Baalim.

יח וַיֹּאמֶר לֹא עָכַרְתִּי אֶת־יִשְׂרָאֵל כִּי אִם־
אַתָּה וּבֵית אָבִיךָ בַּעֲזָבְכֶם אֶת־מִצְוֺת
יְהֹוָה וַתֵּלֶךְ אַחֲרֵי הַבְּעָלִים׃

[19] Now summon all *Yisrael* to join me at Mount
Carmel, together with the four hundred and fifty
Neviim of Baal and the four hundred *Neviim* of
Asherah, who eat at Jezebel's table."

יט וְעַתָּה שְׁלַח קְבֹץ אֵלַי אֶת־כָּל־יִשְׂרָאֵל
אֶל־הַר הַכַּרְמֶל וְאֶת־נְבִיאֵי הַבַּעַל
אַרְבַּע מֵאוֹת וַחֲמִשִּׁים וּנְבִיאֵי הָאֲשֵׁרָה
אַרְבַּע מֵאוֹת אֹכְלֵי שֻׁלְחַן אִיזָבֶל׃

[20] *Achav* sent orders to all the Israelites and gathered
the *Neviim* at Mount *Carmel*.

כ וַיִּשְׁלַח אַחְאָב בְּכָל־בְּנֵי יִשְׂרָאֵל וַיִּקְבֹּץ
אֶת־הַנְּבִיאִים אֶל־הַר הַכַּרְמֶל׃

[21] *Eliyahu* approached all the people and said, "How
long will you keep hopping between two opinions?
If *Hashem* is *Hashem*, follow Him; and if Baal,
follow him!" But the people answered him not a
word.

כא וַיִּגַּשׁ אֵלִיָּהוּ אֶל־כָּל־הָעָם וַיֹּאמֶר עַד־
מָתַי אַתֶּם פֹּסְחִים עַל־שְׁתֵּי הַסְּעִפִּים
אִם־יְהֹוָה הָאֱלֹהִים לְכוּ אַחֲרָיו וְאִם־
הַבַּעַל לְכוּ אַחֲרָיו וְלֹא־עָנוּ הָעָם אֹתוֹ
דָּבָר׃

[22] Then *Eliyahu* said to the people, "I am the only
Navi of *Hashem* left, while the *Neviim* of Baal are
four hundred and fifty men.

כב וַיֹּאמֶר אֵלִיָּהוּ אֶל־הָעָם אֲנִי נוֹתַרְתִּי
נָבִיא לַיהֹוָה לְבַדִּי וּנְבִיאֵי הַבַּעַל אַרְבַּע־
מֵאוֹת וַחֲמִשִּׁים אִישׁ׃

[23] Let two young bulls be given to us. Let them
choose one bull, cut it up, and lay it on the wood,
but let them not apply fire; I will prepare the other
bull, and lay it on the wood, and will not apply fire.

כג וְיִתְּנוּ־לָנוּ שְׁנַיִם פָּרִים וְיִבְחֲרוּ לָהֶם הַפָּר
הָאֶחָד וִינַתְּחֻהוּ וְיָשִׂימוּ עַל־הָעֵצִים
וְאֵשׁ לֹא יָשִׂימוּ וַאֲנִי אֶעֱשֶׂה אֶת־הַפָּר
הָאֶחָד וְנָתַתִּי עַל־הָעֵצִים וְאֵשׁ לֹא
אָשִׂים׃

[24] You will then invoke your god by name, and I will
invoke *Hashem* by name; and let us agree: the god
who responds with fire, that one is *Hashem*." And
all the people answered, "Very good!"

כד וּקְרָאתֶם בְּשֵׁם אֱלֹהֵיכֶם וַאֲנִי אֶקְרָא
בְשֵׁם־יְהֹוָה וְהָיָה הָאֱלֹהִים אֲשֶׁר־יַעֲנֶה
בָאֵשׁ הוּא הָאֱלֹהִים וַיַּעַן כָּל־הָעָם
וַיֹּאמְרוּ טוֹב הַדָּבָר׃

[25] *Eliyahu* said to the *Neviim* of Baal, "Choose one
bull and prepare it first, for you are the majority;
invoke your god by name, but apply no fire."

כה וַיֹּאמֶר אֵלִיָּהוּ לִנְבִיאֵי הַבַּעַל בַּחֲרוּ לָכֶם
הַפָּר הָאֶחָד וַעֲשׂוּ רִאשֹׁנָה כִּי אַתֶּם
הָרַבִּים וְקִרְאוּ בְּשֵׁם אֱלֹהֵיכֶם וְאֵשׁ לֹא
תָשִׂימוּ׃

26 They took the bull that was given them; they prepared it, and invoked Baal by name from morning until noon, shouting, "O Baal, answer us!" But there was no sound, and none who responded; so they performed a hopping dance about the *altar* that had been set up.

כו וַיִּקְחוּ אֶת־הַפָּר אֲשֶׁר־נָתַן לָהֶם וַיַּעֲשׂוּ וַיִּקְרְאוּ בְשֵׁם־הַבַּעַל מֵהַבֹּקֶר וְעַד־הַצָּהֳרַיִם לֵאמֹר הַבַּעַל עֲנֵנוּ וְאֵין קוֹל וְאֵין עֹנֶה וַיְפַסְּחוּ עַל־הַמִּזְבֵּחַ אֲשֶׁר עָשָׂה׃

27 When noon came, *Eliyahu* mocked them, saying, "Shout louder! After all, he is a god. But he may be in conversation, he may be detained, or he may be on a journey, or perhaps he is asleep and will wake up."

כז וַיְהִי בַצָּהֳרַיִם וַיְהַתֵּל בָּהֶם אֵלִיָּהוּ וַיֹּאמֶר קִרְאוּ בְקוֹל־גָּדוֹל כִּי־אֱלֹהִים הוּא כִּי שִׂיחַ וְכִי־שִׂיג לוֹ וְכִי־דֶרֶךְ לוֹ אוּלַי יָשֵׁן הוּא וְיִקָץ׃

28 So they shouted louder, and gashed themselves with knives and spears, according to their practice, until the blood streamed over them.

כח וַיִּקְרְאוּ בְּקוֹל גָּדוֹל וַיִּתְגֹּדְדוּ כְּמִשְׁפָּטָם בַּחֲרָבוֹת וּבָרְמָחִים עַד־שְׁפָךְ־דָּם עֲלֵיהֶם׃

29 When noon passed, they kept raving until the hour of presenting the meal offering. Still there was no sound, and none who responded or heeded.

כט וַיְהִי כַּעֲבֹר הַצָּהֳרַיִם וַיִּתְנַבְּאוּ עַד לַעֲלוֹת הַמִּנְחָה וְאֵין־קוֹל וְאֵין־עֹנֶה וְאֵין קָשֶׁב׃

30 Then *Eliyahu* said to all the people, "Come closer to me"; and all the people came closer to him. He repaired the damaged *Mizbayach* of *Hashem*.

ל וַיֹּאמֶר אֵלִיָּהוּ לְכָל־הָעָם גְּשׁוּ אֵלַי וַיִּגְּשׁוּ כָל־הָעָם אֵלָיו וַיְרַפֵּא אֶת־מִזְבַּח יְהֹוָה הֶהָרוּס׃

31 Then *Eliyahu* took twelve stones, corresponding to the number of the tribes of the sons of *Yaakov* – to whom the word of *Hashem* had come: "*Yisrael* shall be your name"

לא וַיִּקַּח אֵלִיָּהוּ שְׁתֵּים עֶשְׂרֵה אֲבָנִים כְּמִסְפַּר שִׁבְטֵי בְנֵי־יַעֲקֹב אֲשֶׁר הָיָה דְבַר־יְהֹוָה אֵלָיו לֵאמֹר יִשְׂרָאֵל יִהְיֶה שְׁמֶךָ׃

32 and with the stones he built a *Mizbayach* in the name of *Hashem*. Around the *Mizbayach* he made a trench large enough for two *se'eem* of seed.

לב וַיִּבְנֶה אֶת־הָאֲבָנִים מִזְבֵּחַ בְּשֵׁם יְהֹוָה וַיַּעַשׂ תְּעָלָה כְּבֵית סָאתַיִם זֶרַע סָבִיב לַמִּזְבֵּחַ׃

33 He laid out the wood, and he cut up the bull and laid it on the wood.

לג וַיַּעֲרֹךְ אֶת־הָעֵצִים וַיְנַתַּח אֶת־הַפָּר וַיָּשֶׂם עַל־הָעֵצִים׃

34 And he said, "Fill four jars with water and pour it over the burnt offering and the wood." Then he said, "Do it a second time"; and they did it a second time. "Do it a third time," he said; and they did it a third time.

לד וַיֹּאמֶר מִלְאוּ אַרְבָּעָה כַדִּים מַיִם וְיִצְקוּ עַל־הָעֹלָה וְעַל־הָעֵצִים וַיֹּאמֶר שְׁנוּ וַיִּשְׁנוּ וַיֹּאמֶר שַׁלֵּשׁוּ וַיְשַׁלֵּשׁוּ׃

35 The water ran down around the *Mizbayach*, and even the trench was filled with water.

לה וַיֵּלְכוּ הַמַּיִם סָבִיב לַמִּזְבֵּחַ וְגַם אֶת־הַתְּעָלָה מִלֵּא־מָיִם׃

36 When it was time to present the meal offering, the *Navi Eliyahu* came forward and said, "*Hashem*, God of *Avraham*, *Yitzchak*, and *Yisrael*! Let it be known today that You are *Hashem* in *Yisrael* and that I am Your servant, and that I have done all these things at Your bidding.

לו וַיְהִי בַּעֲלוֹת הַמִּנְחָה וַיִּגַּשׁ אֵלִיָּהוּ הַנָּבִיא וַיֹּאמַר יְהֹוָה אֱלֹהֵי אַבְרָהָם יִצְחָק וְיִשְׂרָאֵל הַיּוֹם יִוָּדַע כִּי־אַתָּה אֱלֹהִים בְּיִשְׂרָאֵל וַאֲנִי עַבְדֶּךָ ובדבריך [וּבִדְבָרְךָ] עָשִׂיתִי אֵת כָּל־הַדְּבָרִים הָאֵלֶּה׃

37 Answer me, *Hashem*, answer me, that this people may know that You, *Hashem*, are *Hashem*; for You have turned their hearts backward."

לז עֲנֵנִי יְהֹוָה עֲנֵנִי וְיֵדְעוּ הָעָם הַזֶּה כִּי־אַתָּה יְהֹוָה הָאֱלֹהִים וְאַתָּה הֲסִבֹּתָ אֶת־לִבָּם אֲחֹרַנִּית׃

38 Then fire from *Hashem* descended and consumed the burnt offering, the wood, the stones, and the earth; and it licked up the water that was in the trench.

לח וַתִּפֹּל אֵשׁ־יְהֹוָה וַתֹּאכַל אֶת־הָעֹלָה
וְאֶת־הָעֵצִים וְאֶת־הָאֲבָנִים וְאֶת־הֶעָפָר
וְאֶת־הַמַּיִם אֲשֶׁר־בַּתְּעָלָה לִחֵכָה׃

va-ti-POL aysh a-do-NAI va-TO-khal et ha-o-LAH v'-et ha-ay-TZEEM v'-et ha-a-va-NEEM v'-et he-a-FAR v'-et ha-MA-yim a-sher ba-t'-a-LAH li-KHAY-khah

39 When they saw this, all the people flung themselves on their faces and cried out: "*Hashem* alone is *Hashem*, *Hashem* alone is *Hashem*!"

לט וַיַּרְא כָּל־הָעָם וַיִּפְּלוּ עַל־פְּנֵיהֶם וַיֹּאמְרוּ
יְהֹוָה הוּא הָאֱלֹהִים יְהֹוָה הוּא הָאֱלֹהִים׃

40 Then *Eliyahu* said to them, "Seize the *Neviim* of Baal, let not a single one of them get away." They seized them, and *Eliyahu* took them down to the Wadi Kishon and slaughtered them there.

מ וַיֹּאמֶר אֵלִיָּהוּ לָהֶם תִּפְשׂוּ אֶת־נְבִיאֵי
הַבַּעַל אִישׁ אַל־יִמָּלֵט מֵהֶם וַיִּתְפְּשׂוּם
וַיּוֹרִדֵם אֵלִיָּהוּ אֶל־נַחַל קִישׁוֹן וַיִּשְׁחָטֵם
שָׁם׃

41 *Eliyahu* said to *Achav*, "Go up, eat and drink, for there is a rumbling of [approaching] rain,"

מא וַיֹּאמֶר אֵלִיָּהוּ לְאַחְאָב עֲלֵה אֱכֹל וּשְׁתֵה
כִּי־קוֹל הֲמוֹן הַגָּשֶׁם׃

42 and *Achav* went up to eat and drink. *Eliyahu* meanwhile climbed to the top of Mount *Carmel*, crouched on the ground, and put his face between his knees.

מב וַיַּעֲלֶה אַחְאָב לֶאֱכֹל וְלִשְׁתּוֹת וְאֵלִיָּהוּ
עָלָה אֶל־רֹאשׁ הַכַּרְמֶל וַיִּגְהַר אַרְצָה
וַיָּשֶׂם פָּנָיו בֵּין ברכו [בִּרְכָּיו׃]

43 And he said to his servant, "Go up and look toward the Sea." He went up and looked and reported, "There is nothing." Seven times [*Eliyahu*] said, "Go back,"

מג וַיֹּאמֶר אֶל־נַעֲרוֹ עֲלֵה־נָא הַבֵּט דֶּרֶךְ־יָם
וַיַּעַל וַיַּבֵּט וַיֹּאמֶר אֵין מְאוּמָה וַיֹּאמֶר
שֻׁב שֶׁבַע פְּעָמִים׃

44 and the seventh time, [the servant] reported, "A cloud as small as a man's hand is rising in the west." Then [*Eliyahu*] said, "Go say to *Achav*, 'Hitch up [your chariot] and go down before the rain stops you.'"

מד וַיְהִי בַּשְּׁבִעִית וַיֹּאמֶר הִנֵּה־עָב קְטַנָּה
כְּכַף־אִישׁ עֹלָה מִיָּם וַיֹּאמֶר עֲלֵה אֱמֹר
אֶל־אַחְאָב אֱסֹר וָרֵד וְלֹא יַעַצָרְכָה
הַגָּשֶׁם׃

45 Meanwhile the sky grew black with clouds; there was wind, and a heavy downpour fell; *Achav* mounted his chariot and drove off to *Yizrael*.

מה וַיְהִי עַד־כֹּה וְעַד־כֹּה וְהַשָּׁמַיִם הִתְקַדְּרוּ
עָבִים וְרוּחַ וַיְהִי גֶּשֶׁם גָּדוֹל וַיִּרְכַּב
אַחְאָב וַיֵּלֶךְ יִזְרְעֶאלָה׃

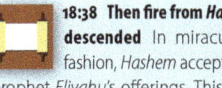

18:38 Then fire from *Hashem* descended In miraculous fashion, *Hashem* accepts the prophet *Eliyahu*'s offerings. This may be surprising, as *Eliyahu* did not offer these sacrifices in the *Beit Hamikdash* in *Yerushalayim*, the only place Israelite sacrifice is allowed. His battle with the prophets of the Baal and his offerings to *Hashem* take place on Mount *Carmel* in northern Israel, near the Mediterranean coast and the modern city of Haifa. The Sages (*Yevamot* 90b) teach that this was an extraordinary case where, because of the danger of the People of Israel being lost to idolatry, *Eliyahu* the prophet was permitted to temporarily suspend the law and offer a sacrifice outside of the *Beit Hamikdash*. As the offering is received and the Israelites accept *Hashem*'s rule, it becomes clear to see that he was right to do so. Sometimes, prophets demonstrate that extraordinary circumstances require extraordinary actions.

Mount Carmel

46 The hand of *Hashem* had come upon *Eliyahu*. He tied up his skirts and ran in front of *Achav* all the way to *Yizrael*.

מו וְיַד־יְהוָה הָיְתָה אֶל־אֵלִיָּהוּ וַיְשַׁנֵּס
מָתְנָיו וַיָּרָץ לִפְנֵי אַחְאָב עַד־בֹּאֲכָה
יִזְרְעֶאלָה׃

19 1 When *Achav* told Jezebel all that *Eliyahu* had done and how he had put all the *Neviim* to the sword,

יט א וַיַּגֵּד אַחְאָב לְאִיזֶבֶל אֵת כָּל־אֲשֶׁר עָשָׂה
אֵלִיָּהוּ וְאֵת כָּל־אֲשֶׁר הָרַג אֶת־כָּל־
הַנְּבִיאִים בֶּחָרֶב׃

2 Jezebel sent a messenger to *Eliyahu*, saying, "Thus and more may the gods do if by this time tomorrow I have not made you like one of them."

ב וַתִּשְׁלַח אִיזֶבֶל מַלְאָךְ אֶל־אֵלִיָּהוּ לֵאמֹר
כֹּה־יַעֲשׂוּן אֱלֹהִים וְכֹה יוֹסִפוּן כִּי־כָעֵת
מָחָר אָשִׂים אֶת־נַפְשְׁךָ כְּנֶפֶשׁ אַחַד
מֵהֶם׃

3 Frightened, he fled at once for his life. He came to *Be'er Sheva*, which is in *Yehuda*, and left his servant there;

ג וַיַּרְא וַיָּקָם וַיֵּלֶךְ אֶל־נַפְשׁוֹ וַיָּבֹא בְּאֵר
שֶׁבַע אֲשֶׁר לִיהוּדָה וַיַּנַּח אֶת־נַעֲרוֹ שָׁם׃

4 he himself went a day's journey into the wilderness. He came to a broom bush and sat down under it, and prayed that he might die. "Enough!" he cried. "Now, *Hashem*, take my life, for I am no better than my fathers."

ד וְהוּא־הָלַךְ בַּמִּדְבָּר דֶּרֶךְ יוֹם וַיָּבֹא וַיֵּשֶׁב
תַּחַת רֹתֶם אחת [אֶחָד] וַיִּשְׁאַל אֶת־
נַפְשׁוֹ לָמוּת וַיֹּאמֶר רַב עַתָּה יְהוָה קַח
נַפְשִׁי כִּי־לֹא־טוֹב אָנֹכִי מֵאֲבֹתָי׃

5 He lay down and fell asleep under a broom bush. Suddenly an angel touched him and said to him, "Arise and eat."

ה וַיִּשְׁכַּב וַיִּישַׁן תַּחַת רֹתֶם אֶחָד וְהִנֵּה־זֶה
מַלְאָךְ נֹגֵעַ בּוֹ וַיֹּאמֶר לוֹ קוּם אֱכוֹל׃

6 He looked about; and there, beside his head, was a cake baked on hot stones and a jar of water! He ate and drank, and lay down again.

ו וַיַּבֵּט וְהִנֵּה מְרַאֲשֹׁתָיו עֻגַת רְצָפִים
וְצַפַּחַת מָיִם וַיֹּאכַל וַיֵּשְׁתְּ וַיָּשָׁב וַיִּשְׁכָּב׃

7 The angel of *Hashem* came a second time and touched him and said, "Arise and eat, or the journey will be too much for you."

ז וַיָּשָׁב מַלְאַךְ יְהוָה שֵׁנִית וַיִּגַּע־בּוֹ וַיֹּאמֶר
קוּם אֱכֹל כִּי רַב מִמְּךָ הַדָּרֶךְ׃

8 He arose and ate and drank; and with the strength from that meal he walked forty days and forty nights as far as the mountain of *Hashem* at Horeb.

ח וַיָּקָם וַיֹּאכַל וַיִּשְׁתֶּה וַיֵּלֶךְ בְּכֹחַ הָאֲכִילָה
הַהִיא אַרְבָּעִים יוֹם וְאַרְבָּעִים לַיְלָה עַד
הַר הָאֱלֹהִים חֹרֵב׃

9 There he went into a cave, and there he spent the night. Then the word of *Hashem* came to him. He said to him, "Why are you here, *Eliyahu*?"

ט וַיָּבֹא־שָׁם אֶל־הַמְּעָרָה וַיָּלֶן שָׁם וְהִנֵּה
דְבַר־יְהוָה אֵלָיו וַיֹּאמֶר לוֹ מַה־לְּךָ פֹה
אֵלִיָּהוּ׃

10 He replied, "I am moved by zeal for *Hashem*, the God of Hosts, for the Israelites have forsaken Your covenant, torn down Your *mizbachot*, and put Your *Neviim* to the sword. I alone am left, and they are out to take my life."

י וַיֹּאמֶר קַנֹּא קִנֵּאתִי לַיהוָה אֱלֹהֵי
צְבָאוֹת כִּי־עָזְבוּ בְרִיתְךָ בְּנֵי יִשְׂרָאֵל
אֶת־מִזְבְּחֹתֶיךָ הָרָסוּ וְאֶת־נְבִיאֶיךָ הָרְגוּ
בֶחָרֶב וָאִוָּתֵר אֲנִי לְבַדִּי וַיְבַקְשׁוּ אֶת־
נַפְשִׁי לְקַחְתָּהּ׃

11 "Come out," He called, "and stand on the mountain before *Hashem*." And lo, *Hashem* passed by. There was a great and mighty wind, splitting mountains and shattering rocks by the power of *Hashem*; but *Hashem* was not in the wind. After the wind – an earthquake; but *Hashem* was not in the earthquake.

יא וַיֹּאמֶר צֵא וְעָמַדְתָּ בָהָר לִפְנֵי יְהוָה
וְהִנֵּה יְהוָה עֹבֵר וְרוּחַ גְּדוֹלָה וְחָזָק
מְפָרֵק הָרִים וּמְשַׁבֵּר סְלָעִים לִפְנֵי יְהוָה
לֹא בָרוּחַ יְהוָה וְאַחַר הָרוּחַ רַעַשׁ לֹא
בָרַעַשׁ יְהוָה׃

[12] After the earthquake – fire; but *Hashem* was not in the fire. And after the fire – a soft murmuring sound.

יב וְאַחַר הָרַעַשׁ אֵשׁ לֹא בָאֵשׁ יְהֹוָה וְאַחַר הָאֵשׁ קוֹל דְּמָמָה דַקָּה:

[13] When *Eliyahu* heard it, he wrapped his mantle about his face and went out and stood at the entrance of the cave. Then a voice addressed him: "Why are you here, *Eliyahu*?"

יג וַיְהִי כִּשְׁמֹעַ אֵלִיָּהוּ וַיָּלֶט פָּנָיו בְּאַדַּרְתּוֹ וַיֵּצֵא וַיַּעֲמֹד פֶּתַח הַמְּעָרָה וְהִנֵּה אֵלָיו קוֹל וַיֹּאמֶר מַה־לְּךָ פֹה אֵלִיָּהוּ:

[14] He answered, "I am moved by zeal for *Hashem*, the God of Hosts; for the Israelites have forsaken Your covenant, torn down Your *mizbachot*, and have put Your *Neviim* to the sword. I alone am left, and they are out to take my life."

יד וַיֹּאמֶר קַנֹּא קִנֵּאתִי לַיהֹוָה אֱלֹהֵי צְבָאוֹת כִּי־עָזְבוּ בְרִיתְךָ בְּנֵי יִשְׂרָאֵל אֶת־מִזְבְּחֹתֶיךָ הָרָסוּ וְאֶת־נְבִיאֶיךָ הָרְגוּ בֶחָרֶב וָאִוָּתֵר אֲנִי לְבַדִּי וַיְבַקְשׁוּ אֶת־נַפְשִׁי לְקַחְתָּהּ:

[15] *Hashem* said to him, "Go back by the way you came, [and] on to the wilderness of Damascus. When you get there, anoint Hazael as king of Aram.

טו וַיֹּאמֶר יְהֹוָה אֵלָיו לֵךְ שׁוּב לְדַרְכְּךָ מִדְבַּרָה דַמָּשֶׂק וּבָאתָ וּמָשַׁחְתָּ אֶת־חֲזָאֵל לְמֶלֶךְ עַל־אֲרָם:

[16] Also anoint *Yehu* son of Nimshi as king of *Yisrael*, and anoint *Elisha* son of *Shafat* of Abel-meholah to succeed you as *Navi*.

טז וְאֵת יֵהוּא בֶן־נִמְשִׁי תִּמְשַׁח לְמֶלֶךְ עַל־יִשְׂרָאֵל וְאֶת־אֱלִישָׁע בֶּן־שָׁפָט מֵאָבֵל מְחוֹלָה תִּמְשַׁח לְנָבִיא תַּחְתֶּיךָ:

v'-AYT YAY-hu ven nim-SHEE tim-SHAKH l'-ME-lekh
al yis-ra-AYL v'-et e-lee-SHA ben sha-FAT may-a-VAYL
m'-kho-LAH tim-SHAKH l'-na-VEE takh-TE-kha

[17] Whoever escapes the sword of Hazael shall be slain by *Yehu*, and whoever escapes the sword of *Yehu* shall be slain by *Elisha*.

יז וְהָיָה הַנִּמְלָט מֵחֶרֶב חֲזָאֵל יָמִית יֵהוּא וְהַנִּמְלָט מֵחֶרֶב יֵהוּא יָמִית אֱלִישָׁע:

[18] I will leave in *Yisrael* only seven thousand – every knee that has not knelt to Baal and every mouth that has not kissed him."

יח וְהִשְׁאַרְתִּי בְיִשְׂרָאֵל שִׁבְעַת אֲלָפִים כָּל־הַבִּרְכַּיִם אֲשֶׁר לֹא־כָרְעוּ לַבַּעַל וְכָל־הַפֶּה אֲשֶׁר לֹא־נָשַׁק לוֹ:

[19] He set out from there and came upon *Elisha* son of *Shafat* as he was plowing. There were twelve yoke of oxen ahead of him, and he was with the twelfth. *Eliyahu* came over to him and threw his mantle over him.

יט וַיֵּלֶךְ מִשָּׁם וַיִּמְצָא אֶת־אֱלִישָׁע בֶּן־שָׁפָט וְהוּא חֹרֵשׁ שְׁנֵים־עָשָׂר צְמָדִים לְפָנָיו וְהוּא בִּשְׁנֵים הֶעָשָׂר וַיַּעֲבֹר אֵלִיָּהוּ אֵלָיו וַיַּשְׁלֵךְ אַדַּרְתּוֹ אֵלָיו:

[20] He left the oxen and ran after *Eliyahu*, saying: "Let me kiss my father and mother good-by, and I will follow you." And he answered him, "Go back. What have I done to you?"

כ וַיַּעֲזֹב אֶת־הַבָּקָר וַיָּרָץ אַחֲרֵי אֵלִיָּהוּ וַיֹּאמֶר אֶשְּׁקָה־נָּא לְאָבִי וּלְאִמִּי וְאֵלְכָה אַחֲרֶיךָ וַיֹּאמֶר לוֹ לֵךְ שׁוּב כִּי מֶה־עָשִׂיתִי לָךְ:

19:16 *Elisha* **son of Shaphat of Abel-meholah to succeed you as** *Navi* *Eliyahu* is such a central prophet in Jewish history that the Sages (*Sanhedrin* 98a, based on Malachi 2:23–24) teach that he will be the one to usher in the righteous *Mashiach* when *Hashem* so decrees. Yet, *Hashem* instructs *Eliyahu* that he must anoint *Elisha* to replace him as prophet. Though his strengths no longer fit the needs of his generation, we await the day when *Eliyahu* will once again rise up to herald the coming of the *Mashiach*.

Elijah's cave in Haifa

21 He turned back from him and took the yoke of oxen and slaughtered them; he boiled their meat with the gear of the oxen and gave it to the people, and they ate. Then he arose and followed *Eliyahu* and became his attendant.

כא וַיָּשָׁב מֵאַחֲרָיו וַיִּקַּח אֶת־צֶמֶד הַבָּקָר
וַיִּזְבָּחֵהוּ וּבִכְלִי הַבָּקָר בִּשְּׁלָם הַבָּשָׂר
וַיִּתֵּן לָעָם וַיֹּאכֵלוּ וַיָּקָם וַיֵּלֶךְ אַחֲרֵי
אֵלִיָּהוּ וַיְשָׁרְתֵהוּ׃

0 1 King Ben-hadad of Aram gathered his whole army; thirty-two kings accompanied him with horses and chariots. He advanced against *Shomron*, laid siege to it, and attacked it.

כ א וּבֶן־הֲדַד מֶלֶךְ־אֲרָם קָבַץ אֶת־כָּל־חֵילוֹ
וּשְׁלֹשִׁים וּשְׁנַיִם מֶלֶךְ אִתּוֹ וְסוּס וָרָכֶב
וַיַּעַל וַיָּצַר עַל־שֹׁמְרוֹן וַיִּלָּחֶם בָּהּ׃

2 And he sent messengers to *Achav* inside the city

ב וַיִּשְׁלַח מַלְאָכִים אֶל־אַחְאָב מֶלֶךְ־
יִשְׂרָאֵל הָעִירָה׃

3 to say to him, "Thus said Ben-hadad: Your silver and gold are mine, and your beautiful wives and children are mine."

ג וַיֹּאמֶר לוֹ כֹּה אָמַר בֶּן־הֲדַד כַּסְפְּךָ
וּזְהָבְךָ לִי־הוּא וְנָשֶׁיךָ וּבָנֶיךָ הַטּוֹבִים
לִי־הֵם׃

4 The king of *Yisrael* replied, "As you say, my lord king: I and all I have are yours."

ד וַיַּעַן מֶלֶךְ־יִשְׂרָאֵל וַיֹּאמֶר כִּדְבָרְךָ אֲדֹנִי
הַמֶּלֶךְ לְךָ אֲנִי וְכָל־אֲשֶׁר־לִי׃

5 Then the messengers came again and said, "Thus said Ben-hadad: When I sent you the order to give me your silver and gold, and your wives and children,

ה וַיָּשֻׁבוּ הַמַּלְאָכִים וַיֹּאמְרוּ כֹּה־אָמַר
בֶּן־הֲדַד לֵאמֹר כִּי־שָׁלַחְתִּי אֵלֶיךָ לֵאמֹר
כַּסְפְּךָ וּזְהָבְךָ וְנָשֶׁיךָ וּבָנֶיךָ לִי תִתֵּן׃

6 I meant that tomorrow at this time I will send my servants to you and they will search your house and the houses of your courtiers and seize everything you prize and take it away."

ו כִּי אִם־כָּעֵת מָחָר אֶשְׁלַח אֶת־עֲבָדַי
אֵלֶיךָ וְחִפְּשׂוּ אֶת־בֵּיתְךָ וְאֵת בָּתֵּי
עֲבָדֶיךָ וְהָיָה כָּל־מַחְמַד עֵינֶיךָ יָשִׂימוּ
בְיָדָם וְלָקָחוּ׃

KEE im ka-AYT ma-KHAR esh-LAKH et a-va-DAI ay-LE-kha
v'-khi-p'-SU et BAY-t'-KHA v'-AYT ba-TAY a-va-DE-kha v'-ha-YAH
kol makh-MAD ay-NE-kha ya-SEE-mu v'-ya-DAM v'-la-KA-khu

7 Then the king of *Yisrael* summoned all the elders of the land, and he said, "See for yourselves how that man is bent on evil! For when he demanded my wives and my children, my silver and my gold, I did not refuse him."

ז וַיִּקְרָא מֶלֶךְ־יִשְׂרָאֵל לְכָל־זִקְנֵי הָאָרֶץ
וַיֹּאמֶר דְּעוּ־נָא וּרְאוּ כִּי רָעָה זֶה מְבַקֵּשׁ
כִּי־שָׁלַח אֵלַי לְנָשַׁי וּלְבָנַי וּלְכַסְפִּי
וְלִזְהָבִי וְלֹא מָנַעְתִּי מִמֶּנּוּ׃

8 All the elders and all the people said, "Do not obey and do not submit!"

ח וַיֹּאמְרוּ אֵלָיו כָּל־הַזְּקֵנִים וְכָל־הָעָם אַל־
תִּשְׁמַע וְלוֹא תֹאבֶה׃

20:6 And seize everything you prize and take it away According to *Rashi*, *Ben-Hadad* is demanding that the People of Israel turn over their *Torah* scrolls to him. *Rashi* notes that *Achav* understands that the *Torah* is not his private possession, but rather a national treasure. Thus, he asks the elders of the kingdom what to do. Though the elders have sinned through idolatry, they still have honor for the *Torah* and refuse to permit turning over the precious scrolls to the enemy. Even one who is almost totally disconnected spiritually still maintains a small connection to *Hashem*, and that connection often emerges in times of crisis.

Reading from the *Torah* at the Western Wall

9 So he said to Ben-hadad's messengers, "Tell my lord the king: All that you first demanded of your servant I shall do, but this thing I cannot do." The messengers went and reported this to him.

ט וַיֹּאמֶר לְמַלְאֲכֵי בֶן־הֲדַד אִמְרוּ לַאדֹנִי הַמֶּלֶךְ כֹּל אֲשֶׁר־שָׁלַחְתָּ אֶל־עַבְדְּךָ בָרִאשֹׁנָה אֶעֱשֶׂה וְהַדָּבָר הַזֶּה לֹא אוּכַל לַעֲשׂוֹת וַיֵּלְכוּ הַמַּלְאָכִים וַיְשִׁבֻהוּ דָּבָר׃

10 Thereupon Ben-hadad sent him this message: "May the gods do thus to me and even more, if the dust of *Shomron* will provide even a handful for each of the men who follow me!"

י וַיִּשְׁלַח אֵלָיו בֶּן־הֲדַד וַיֹּאמֶר כֹּה־יַעֲשׂוּן לִי אֱלֹהִים וְכֹה יוֹסִפוּ אִם־יִשְׂפֹּק עֲפַר שֹׁמְרוֹן לִשְׁעָלִים לְכָל־הָעָם אֲשֶׁר בְּרַגְלָי׃

11 The king of *Yisrael* replied, "Tell him: Let not him who girds on his sword boast like him who ungirds it!"

יא וַיַּעַן מֶלֶךְ־יִשְׂרָאֵל וַיֹּאמֶר דַּבְּרוּ אַל־יִתְהַלֵּל חֹגֵר כִּמְפַתֵּחַ׃

Kings

12 On hearing this reply – while he and the other kings were drinking together at Succoth – he commanded his followers, "Advance!" And they advanced against the city.

יב וַיְהִי כִּשְׁמֹעַ אֶת־הַדָּבָר הַזֶּה וְהוּא שֹׁתֶה הוּא וְהַמְּלָכִים בַּסֻּכּוֹת וַיֹּאמֶר אֶל־עֲבָדָיו שִׂימוּ וַיָּשִׂימוּ עַל־הָעִיר׃

13 Then a certain *Navi* went up to King *Achav* of *Yisrael* and said, "Thus said *Hashem*: Do you see that great host? I will deliver it into your hands today, and you shall know that I am *Hashem*."

יג וְהִנֵּה נָבִיא אֶחָד נִגַּשׁ אֶל־אַחְאָב מֶלֶךְ־יִשְׂרָאֵל וַיֹּאמֶר כֹּה אָמַר יְהֹוָה הֲרָאִיתָ אֵת כָּל־הֶהָמוֹן הַגָּדוֹל הַזֶּה הִנְנִי נֹתְנוֹ בְיָדְךָ הַיּוֹם וְיָדַעְתָּ כִּי־אֲנִי יְהֹוָה׃

14 "Through whom?" asked *Achav*. He answered, "Thus said *Hashem*: Through the aides of the provincial governors." He asked, "Who shall begin the battle?" And he answered, "You."

יד וַיֹּאמֶר אַחְאָב בְּמִי וַיֹּאמֶר כֹּה־אָמַר יְהֹוָה בְּנַעֲרֵי שָׂרֵי הַמְּדִינוֹת וַיֹּאמֶר מִי־יֶאְסֹר הַמִּלְחָמָה וַיֹּאמֶר אָתָּה׃

15 So he mustered the aides of the provincial governors, 232 strong, and then he mustered all the troops – all the Israelites – 7,000 strong.

טו וַיִּפְקֹד אֶת־נַעֲרֵי שָׂרֵי הַמְּדִינוֹת וַיִּהְיוּ מָאתַיִם שְׁנַיִם וּשְׁלֹשִׁים וְאַחֲרֵיהֶם פָּקַד אֶת־כָּל־הָעָם כָּל־בְּנֵי יִשְׂרָאֵל שִׁבְעַת אֲלָפִים׃

16 They marched out at noon, while Ben-hadad was drinking himself drunk at Succoth together with the thirty-two kings allied with him.

טז וַיֵּצְאוּ בַּצָּהֳרָיִם וּבֶן־הֲדַד שֹׁתֶה שִׁכּוֹר בַּסֻּכּוֹת הוּא וְהַמְּלָכִים שְׁלֹשִׁים־וּשְׁנַיִם מֶלֶךְ עֹזֵר אֹתוֹ׃

17 The aides of the provincial governors rushed out first. Ben-hadad sent [scouts], who told him, "Some men have come out from *Shomron*."

יז וַיֵּצְאוּ נַעֲרֵי שָׂרֵי הַמְּדִינוֹת בָּרִאשֹׁנָה וַיִּשְׁלַח בֶּן־הֲדַד וַיַּגִּידוּ לוֹ לֵאמֹר אֲנָשִׁים יָצְאוּ מִשֹּׁמְרוֹן׃

18 He said, "If they have come out to surrender, take them alive; and if they have come out for battle, take them alive anyhow."

יח וַיֹּאמֶר אִם־לְשָׁלוֹם יָצָאוּ תִּפְשׂוּם חַיִּים וְאִם לְמִלְחָמָה יָצְאוּ חַיִּים תִּפְשׂוּם׃

19 But the others – the aides of the provincial governors, with the army behind them – had already rushed out of the city,

יט וְאֵלֶּה יָצְאוּ מִן־הָעִיר נַעֲרֵי שָׂרֵי הַמְּדִינוֹת וְהַחַיִל אֲשֶׁר אַחֲרֵיהֶם׃

20 and each of them struck down his opponent. The Arameans fled, and *Yisrael* pursued them; but King Ben-hadad of Aram escaped on a horse with other horsemen.

כ וַיַּכּוּ אִישׁ אִישׁוֹ וַיָּנֻסוּ אֲרָם וַיִּרְדְּפֵם יִשְׂרָאֵל וַיִּמָּלֵט בֶּן־הֲדַד מֶלֶךְ אֲרָם עַל־סוּס וּפָרָשִׁים׃

21 The king of *Yisrael* came out and attacked the horses and chariots, and inflicted a great defeat on the Arameans.

כא וַיֵּצֵא מֶלֶךְ יִשְׂרָאֵל וַיַּךְ אֶת־הַסּוּס וְאֶת־הָרָכֶב וְהִכָּה בַאֲרָם מַכָּה גְדוֹלָה:

22 Then the *Navi* approached the king of *Yisrael* and said to him, "Go, keep up your efforts, and consider well what you must do; for the king of Aram will attack you at the turn of the year."

כב וַיִּגַּשׁ הַנָּבִיא אֶל־מֶלֶךְ יִשְׂרָאֵל וַיֹּאמֶר לוֹ לֵךְ הִתְחַזַּק וְדַע וּרְאֵה אֵת אֲשֶׁר־תַּעֲשֶׂה כִּי לִתְשׁוּבַת הַשָּׁנָה מֶלֶךְ אֲרָם עֹלֶה עָלֶיךָ:

23 Now the ministers of the king of Aram said to him, "Their *Hashem* is a God of mountains; that is why they got the better of us. But if we fight them in the plain, we will surely get the better of them.

כג וְעַבְדֵי מֶלֶךְ־אֲרָם אָמְרוּ אֵלָיו אֱלֹהֵי הָרִים אֱלֹהֵיהֶם עַל־כֵּן חָזְקוּ מִמֶּנּוּ וְאוּלָם נִלָּחֵם אִתָּם בַּמִּישׁוֹר אִם־לֹא נֶחֱזַק מֵהֶם:

24 Do this: Remove all the kings from their posts and appoint governors in their place.

כד וְאֶת־הַדָּבָר הַזֶּה עֲשֵׂה הָסֵר הַמְּלָכִים אִישׁ מִמְּקֹמוֹ וְשִׂים פַּחוֹת תַּחְתֵּיהֶם:

25 Then muster for yourself an army equal to the army you lost, horse for horse and chariot for chariot. And let us fight them in the plain, and we will surely get the better of them." He took their advice and acted accordingly.

כה וְאַתָּה תִמְנֶה־לְךָ חַיִל כַּחַיִל הַנֹּפֵל מֵאוֹתָךְ וְסוּס כַּסּוּס וְרֶכֶב כָּרֶכֶב וְנִלָּחֲמָה אוֹתָם בַּמִּישׁוֹר אִם־לֹא נֶחֱזַק מֵהֶם וַיִּשְׁמַע לְקֹלָם וַיַּעַשׂ כֵּן:

26 At the turn of the year, Ben-hadad mustered the Arameans and advanced on Aphek to fight *Yisrael*.

כו וַיְהִי לִתְשׁוּבַת הַשָּׁנָה וַיִּפְקֹד בֶּן־הֲדַד אֶת־אֲרָם וַיַּעַל אֲפֵקָה לַמִּלְחָמָה עִם־יִשְׂרָאֵל:

27 Now the Israelites had been mustered and provisioned, and they went out against them; but when the Israelites encamped against them, they looked like two flocks of goats, while the Arameans covered the land.

כז וּבְנֵי יִשְׂרָאֵל הָתְפָּקְדוּ וְכָלְכְּלוּ וַיֵּלְכוּ לִקְרָאתָם וַיַּחֲנוּ בְנֵי־יִשְׂרָאֵל נֶגְדָּם כִּשְׁנֵי חֲשִׂפֵי עִזִּים וַאֲרָם מִלְאוּ אֶת־הָאָרֶץ:

28 Then the man of *Hashem* approached and spoke to the king of *Yisrael*, "Thus said *Hashem*: Because the Arameans have said, '*Hashem* is a God of mountains, but He is not a God of lowlands,' I will deliver that great host into your hands; and you shall know that I am *Hashem*."

כח וַיִּגַּשׁ אִישׁ הָאֱלֹהִים וַיֹּאמֶר אֶל־מֶלֶךְ יִשְׂרָאֵל וַיֹּאמֶר כֹּה־אָמַר יְהֹוָה יַעַן אֲשֶׁר אָמְרוּ אֲרָם אֱלֹהֵי הָרִים יְהֹוָה וְלֹא־אֱלֹהֵי עֲמָקִים הוּא וְנָתַתִּי אֶת־כָּל־הֶהָמוֹן הַגָּדוֹל הַזֶּה בְּיָדֶךָ וִידַעְתֶּם כִּי־אֲנִי יְהֹוָה:

29 For seven days they were encamped opposite each other. On the seventh day, the battle was joined and the Israelites struck down 100,000 Aramean foot soldiers in one day.

כט וַיַּחֲנוּ אֵלֶּה נֹכַח אֵלֶּה שִׁבְעַת יָמִים וַיְהִי בַּיּוֹם הַשְּׁבִיעִי וַתִּקְרַב הַמִּלְחָמָה וַיַּכּוּ בְנֵי־יִשְׂרָאֵל אֶת־אֲרָם מֵאָה־אֶלֶף רַגְלִי בְּיוֹם אֶחָד:

30 The survivors fled to Aphek, inside the town, and the wall fell on the 27,000 survivors. Ben-hadad also fled and took refuge inside the town, in an inner chamber.

ל וַיָּנֻסוּ הַנּוֹתָרִים אֲפֵקָה אֶל־הָעִיר וַתִּפֹּל הַחוֹמָה עַל־עֶשְׂרִים וְשִׁבְעָה אֶלֶף אִישׁ הַנּוֹתָרִים וּבֶן־הֲדַד נָס וַיָּבֹא אֶל־הָעִיר חֶדֶר בְּחָדֶר:

31 His ministers said to him, "We have heard that the kings of the House of *Yisrael* are magnanimous kings. Let us put sackcloth on our loins and ropes on our heads, and surrender to the king of *Yisrael*; perhaps he will spare your life."

לא וַיֹּאמְרוּ אֵלָיו עֲבָדָיו הִנֵּה־נָא שָׁמַעְנוּ כִּי
מַלְכֵי בֵּית יִשְׂרָאֵל כִּי־מַלְכֵי חֶסֶד הֵם
נָשִׂימָה נָּא שַׂקִּים בְּמָתְנֵינוּ וַחֲבָלִים
בְּרֹאשֵׁנוּ וְנֵצֵא אֶל־מֶלֶךְ יִשְׂרָאֵל אוּלַי
יְחַיֶּה אֶת־נַפְשֶׁךָ׃

32 So they girded sackcloth on their loins and wound ropes around their heads, and came to the king of *Yisrael* and said, "Your servant Ben-hadad says, 'I beg you, spare my life.'" He replied, "Is he still alive? He is my brother."

לב וַיַּחְגְּרוּ שַׂקִּים בְּמָתְנֵיהֶם וַחֲבָלִים
בְּרָאשֵׁיהֶם וַיָּבֹאוּ אֶל־מֶלֶךְ יִשְׂרָאֵל
וַיֹּאמְרוּ עַבְדְּךָ בֶן־הֲדַד אָמַר תְּחִי־נָא
נַפְשִׁי וַיֹּאמֶר הַעוֹדֶנּוּ חַי אָחִי הוּא׃

33 The men divined his meaning and quickly caught the word from him, saying, "Yes, Ben-hadad is your brother." "Go, bring him," he said. Ben-hadad came out to him, and he invited him into his chariot.

לג וְהָאֲנָשִׁים יְנַחֲשׁוּ וַיְמַהֲרוּ וַיַּחְלְטוּ
הֲמִמֶּנּוּ וַיֹּאמְרוּ אָחִיךָ בֶן־הֲדַד וַיֹּאמֶר
בֹּאוּ קָחֻהוּ וַיֵּצֵא אֵלָיו בֶּן־הֲדַד וַיַּעֲלֵהוּ
עַל־הַמֶּרְכָּבָה׃

34 Ben-hadad said to him, "I will give back the towns that my father took from your father, and you may set up bazaars for yourself in Damascus as my father did in *Shomron*." "And I, for my part," [said *Achav*,] "will let you go home under these terms." So he made a treaty with him and dismissed him.

לד וַיֹּאמֶר אֵלָיו הֶעָרִים אֲשֶׁר־לָקַח־אָבִי
מֵאֵת אָבִיךָ אָשִׁיב וְחוּצוֹת תָּשִׂים לְךָ
בְדַמֶּשֶׂק כַּאֲשֶׁר־שָׂם אָבִי בְּשֹׁמְרוֹן
וַאֲנִי בַּבְּרִית אֲשַׁלְּחֶךָּ וַיִּכְרָת־לוֹ בְרִית
וַיְשַׁלְּחֵהוּ׃

35 A certain man, a disciple of the *Neviim*, said to another, at the word of *Hashem*, "Strike me"; but the man refused to strike him.

לה וְאִישׁ אֶחָד מִבְּנֵי הַנְּבִיאִים אָמַר אֶל־
רֵעֵהוּ בִּדְבַר יְהֹוָה הַכֵּינִי נָא וַיְמָאֵן
הָאִישׁ לְהַכֹּתוֹ׃

36 He said to him, "Because you have not obeyed *Hashem*, a lion will strike you dead as soon as you leave me." And when he left, a lion came upon him and killed him.

לו וַיֹּאמֶר לוֹ יַעַן אֲשֶׁר לֹא־שָׁמַעְתָּ בְּקוֹל
יְהֹוָה הִנְּךָ הוֹלֵךְ מֵאִתִּי וְהִכְּךָ הָאַרְיֵה
וַיֵּלֶךְ מֵאֶצְלוֹ וַיִּמְצָאֵהוּ הָאַרְיֵה וַיַּכֵּהוּ׃

37 Then he met another man and said, "Come, strike me." So the man struck him and wounded him.

לז וַיִּמְצָא אִישׁ אַחֵר וַיֹּאמֶר הַכֵּינִי נָא
וַיַּכֵּהוּ הָאִישׁ הַכֵּה וּפָצֹעַ׃

38 Then the *Navi*, disguised by a cloth over his eyes, went and waited for the king by the road.

לח וַיֵּלֶךְ הַנָּבִיא וַיַּעֲמֹד לַמֶּלֶךְ עַל־הַדָּרֶךְ
וַיִּתְחַפֵּשׂ בָּאֲפֵר עַל־עֵינָיו׃

39 As the king passed by, he cried out to the king and said, "Your servant went out into the thick of the battle. Suddenly a man came over and brought a man to me, saying, 'Guard this man! If he is missing, it will be your life for his, or you will have to pay a *kikar* of silver.'

לט וַיְהִי הַמֶּלֶךְ עֹבֵר וְהוּא צָעַק אֶל־הַמֶּלֶךְ
וַיֹּאמֶר עַבְדְּךָ יָצָא בְקֶרֶב־הַמִּלְחָמָה
וְהִנֵּה־אִישׁ סָר וַיָּבֵא אֵלַי אִישׁ וַיֹּאמֶר
שְׁמֹר אֶת־הָאִישׁ הַזֶּה אִם־הִפָּקֵד יִפָּקֵד
וְהָיְתָה נַפְשְׁךָ תַּחַת נַפְשׁוֹ אוֹ כִכַּר־כֶּסֶף
תִּשְׁקוֹל׃

40 While your servant was busy here and there, [the man] got away." The king of *Yisrael* responded, "You have your verdict; you pronounced it yourself."

מ וַיְהִי עַבְדְּךָ עֹשֶׂה הֵנָּה וָהֵנָּה וְהוּא אֵינֶנּוּ
וַיֹּאמֶר אֵלָיו מֶלֶךְ־יִשְׂרָאֵל כֵּן מִשְׁפָּטֶךָ
אַתָּה חָרָצְתָּ׃

41 Quickly he removed the cloth from his eyes, and the king recognized him as one of the *Neviim*.

מא וַיְמַהֵר וַיָּסַר אֶת־הָאֲפֵר מעל [מֵעֲלֵי]
עֵינָיו וַיַּכֵּר אֹתוֹ מֶלֶךְ יִשְׂרָאֵל כִּי
מֵהַנְּבִאִים הוּא׃

42 He said to him, "Thus said *Hashem*: Because you have set free the man whom I doomed, your life shall be forfeit for his life and your people for his people."

מב וַיֹּאמֶר אֵלָיו כֹּה אָמַר יְהֹוָה יַעַן שִׁלַּחְתָּ
אֶת־אִישׁ־חֶרְמִי מִיָּד וְהָיְתָה נַפְשְׁךָ
תַּחַת נַפְשׁוֹ וְעַמְּךָ תַּחַת עַמּוֹ:

43 Dispirited and sullen, the king left for home and came to *Shomron*.

מג וַיֵּלֶךְ מֶלֶךְ־יִשְׂרָאֵל עַל־בֵּיתוֹ סַר וְזָעֵף
וַיָּבֹא שֹׁמְרוֹנָה:

1 1 [The following events] occurred sometime afterward: *Navot* the Yizraelite owned a vineyard in *Yizrael*, adjoining the palace of King *Achav* of *Shomron*.

כא א וַיְהִי אַחַר הַדְּבָרִים הָאֵלֶּה כֶּרֶם הָיָה
לְנָבוֹת הַיִּזְרְעֵאלִי אֲשֶׁר בְּיִזְרְעֶאל אֵצֶל
הֵיכַל אַחְאָב מֶלֶךְ שֹׁמְרוֹן:

2 *Achav* said to *Navot*, "Give me your vineyard, so that I may have it as a vegetable garden, since it is right next to my palace. I will give you a better vineyard in exchange; or, if you prefer, I will pay you the price in money."

ב וַיְדַבֵּר אַחְאָב אֶל־נָבוֹת לֵאמֹר תְּנָה־לִּי
אֶת־כַּרְמְךָ וִיהִי־לִי לְגַן־יָרָק כִּי הוּא
קָרוֹב אֵצֶל בֵּיתִי וְאֶתְּנָה לְךָ תַּחְתָּיו כֶּרֶם
טוֹב מִמֶּנּוּ אִם טוֹב בְּעֵינֶיךָ אֶתְּנָה־לְךָ
כֶסֶף מְחִיר זֶה:

3 But *Navot* replied, "*Hashem* forbid that I should give up to you what I have inherited from my fathers!"

ג וַיֹּאמֶר נָבוֹת אֶל־אַחְאָב חָלִילָה לִּי
מֵיהֹוָה מִתִּתִּי אֶת־נַחֲלַת אֲבֹתַי לָךְ:

4 *Achav* went home dispirited and sullen because of the answer that *Navot* the Yizraelite had given him: "I will not give up to you what I have inherited from my fathers!" He lay down on his bed and turned away his face, and he would not eat.

ד וַיָּבֹא אַחְאָב אֶל־בֵּיתוֹ סַר וְזָעֵף עַל־
הַדָּבָר אֲשֶׁר־דִּבֶּר אֵלָיו נָבוֹת הַיִּזְרְעֵאלִי
וַיֹּאמֶר לֹא־אֶתֵּן לְךָ אֶת־נַחֲלַת אֲבוֹתָי
וַיִּשְׁכַּב עַל־מִטָּתוֹ וַיַּסֵּב אֶת־פָּנָיו וְלֹא־
אָכַל לָחֶם:

5 His wife Jezebel came to him and asked him, "Why are you so dispirited that you won't eat?"

ה וַתָּבֹא אֵלָיו אִיזֶבֶל אִשְׁתּוֹ וַתְּדַבֵּר אֵלָיו
מַה־זֶּה רוּחֲךָ סָרָה וְאֵינְךָ אֹכֵל לָחֶם:

6 So he told her, "I spoke to *Navot* the Yizraelite and proposed to him, 'Sell me your vineyard for money, or if you prefer, I'll give you another vineyard in exchange'; but he answered, 'I will not give my vineyard to you.'"

ו וַיְדַבֵּר אֵלֶיהָ כִּי־אֲדַבֵּר אֶל־נָבוֹת
הַיִּזְרְעֵאלִי וָאֹמַר לוֹ תְּנָה־לִּי אֶת־כַּרְמְךָ
בְּכֶסֶף אוֹ אִם־חָפֵץ אַתָּה אֶתְּנָה־לְךָ
כֶרֶם תַּחְתָּיו וַיֹּאמֶר לֹא־אֶתֵּן לְךָ אֶת־
כַּרְמִי:

7 His wife Jezebel said to him, "Now is the time to show yourself king over *Yisrael*. Rise and eat something, and be cheerful; I will get the vineyard of *Navot* the Yizraelite for you."

ז וַתֹּאמֶר אֵלָיו אִיזֶבֶל אִשְׁתּוֹ אַתָּה עַתָּה
תַּעֲשֶׂה מְלוּכָה עַל־יִשְׂרָאֵל קוּם אֱכָל־
לֶחֶם וְיִטַב לִבֶּךָ אֲנִי אֶתֵּן לְךָ אֶת־כֶּרֶם
נָבוֹת הַיִּזְרְעֵאלִי:

8 So she wrote letters in *Achav*'s name and sealed them with his seal, and sent the letters to the elders and the nobles who lived in the same town with *Navot*.

ח וַתִּכְתֹּב סְפָרִים בְּשֵׁם אַחְאָב וַתַּחְתֹּם
בְּחֹתָמוֹ וַתִּשְׁלַח הספרים [סְפָרִים]
אֶל־הַזְּקֵנִים וְאֶל־הַחֹרִים אֲשֶׁר בְּעִירוֹ
הַיֹּשְׁבִים אֶת־נָבוֹת:

9 In the letters she wrote as follows: "Proclaim a fast and seat *Navot* at the front of the assembly.

ט וַתִּכְתֹּב בַּסְּפָרִים לֵאמֹר קִרְאוּ־צוֹם
וְהוֹשִׁיבוּ אֶת־נָבוֹת בְּרֹאשׁ הָעָם:

10 And seat two scoundrels opposite him, and let them testify against him: 'You have reviled *Hashem* and king!' Then take him out and stone him to death."

י וְהוֹשִׁיבוּ שְׁנַיִם אֲנָשִׁים בְּנֵי־בְלִיַּעַל נֶגְדּוֹ
וִיעִדֻהוּ לֵאמֹר בֵּרַכְתָּ אֱלֹהִים וָמֶלֶךְ
וְהוֹצִיאֻהוּ וְסִקְלֻהוּ וְיָמֹת:

11 His townsmen – the elders and nobles who lived in his town – did as Jezebel had instructed them, just as was written in the letters she had sent them:

יא וַיַּעֲשׂוּ אַנְשֵׁי עִירוֹ הַזְּקֵנִים וְהַחֹרִים
אֲשֶׁר הַיֹּשְׁבִים בְּעִירוֹ כַּאֲשֶׁר שָׁלְחָה
אֲלֵיהֶם אִיזָבֶל כַּאֲשֶׁר כָּתוּב בַּסְּפָרִים
אֲשֶׁר שָׁלְחָה אֲלֵיהֶם׃

12 They proclaimed a fast and seated *Navot* at the front of the assembly.

יב קָרְאוּ צוֹם וְהֹשִׁיבוּ אֶת־נָבוֹת בְּרֹאשׁ
הָעָם׃

13 Then the two scoundrels came and sat down opposite him; and the scoundrels testified against *Navot* publicly as follows: "*Navot* has reviled *Hashem* and king." Then they took him outside the town and stoned him to death.

יג וַיָּבֹאוּ שְׁנֵי הָאֲנָשִׁים בְּנֵי־בְלִיַּעַל וַיֵּשְׁבוּ
נֶגְדּוֹ וַיְעִדֻהוּ אַנְשֵׁי הַבְּלִיַּעַל אֶת־נָבוֹת
נֶגֶד הָעָם לֵאמֹר בֵּרַךְ נָבוֹת אֱלֹהִים
וָמֶלֶךְ וַיֹּצִאֻהוּ מִחוּץ לָעִיר וַיִּסְקְלֻהוּ
בָאֲבָנִים וַיָּמֹת׃

Kings

14 Word was sent to Jezebel: "*Navot* has been stoned to death."

יד וַיִּשְׁלְחוּ אֶל־אִיזֶבֶל לֵאמֹר סֻקַּל נָבוֹת
וַיָּמֹת׃

15 As soon as Jezebel heard that *Navot* had been stoned to death, she said to *Achav*, "Go and take possession of the vineyard which *Navot* the Yizraelite refused to sell you for money; for *Navot* is no longer alive, he is dead."

טו וַיְהִי כִּשְׁמֹעַ אִיזֶבֶל כִּי־סֻקַּל נָבוֹת וַיָּמֹת
וַתֹּאמֶר אִיזֶבֶל אֶל־אַחְאָב קוּם רֵשׁ אֶת־
כֶּרֶם נָבוֹת הַיִּזְרְעֵאלִי אֲשֶׁר מֵאֵן לָתֶת־
לְךָ בְכֶסֶף כִּי אֵין נָבוֹת חַי כִּי־מֵת׃

16 When *Achav* heard that *Navot* was dead, *Achav* set out for the vineyard of *Navot* the Yizraelite to take possession of it.

טז וַיְהִי כִּשְׁמֹעַ אַחְאָב כִּי מֵת נָבוֹת וַיָּקָם
אַחְאָב לָרֶדֶת אֶל־כֶּרֶם נָבוֹת הַיִּזְרְעֵאלִי
לְרִשְׁתּוֹ׃

17 Then the word of *Hashem* came to *Eliyahu* the Tishbite:

יז וַיְהִי דְּבַר־יְהֹוָה אֶל־אֵלִיָּהוּ הַתִּשְׁבִּי
לֵאמֹר׃

18 "Go down and confront King *Achav* of *Yisrael* who [resides] in *Shomron*. He is now in *Navot*'s vineyard; he has gone down there to take possession of it.

יח קוּם רֵד לִקְרַאת אַחְאָב מֶלֶךְ־יִשְׂרָאֵל
אֲשֶׁר בְּשֹׁמְרוֹן הִנֵּה בְּכֶרֶם נָבוֹת אֲשֶׁר־
יָרַד שָׁם לְרִשְׁתּוֹ׃

19 Say to him, 'Thus said *Hashem*: Would you murder and take possession? Thus said *Hashem*: In the very place where the dogs lapped up *Navot*'s blood, the dogs will lap up your blood too.'"

יט וְדִבַּרְתָּ אֵלָיו לֵאמֹר כֹּה אָמַר יְהֹוָה
הֲרָצַחְתָּ וְגַם־יָרָשְׁתָּ וְדִבַּרְתָּ אֵלָיו לֵאמֹר
כֹּה אָמַר יְהֹוָה בִּמְקוֹם אֲשֶׁר לָקְקוּ
הַכְּלָבִים אֶת־דַּם נָבוֹת יָלֹקּוּ הַכְּלָבִים
אֶת־דָּמְךָ גַּם־אָתָּה׃

v'-di-bar-TA ay-LAV lay-MOR KOH a-MAR a-do-NAI ha-ra-TZAKH-ta
v'-gam ya-RASH-ta v'-di-bar-TA ay-LAV lay-MOR KOH a-MAR
a-do-NAI bim-KOM a-SHER la-k'-KU ha-k'-la-VEEM et DAM
na-VOT ya-LO-ku ha-k'-la-VEEM et da-m'-KHA gam A-tah

21:19 Would you murder and take possession? Selling ancestral land is considered inappropriate in all but the most extreme circumstances. Thus, it is not surprising that *Navot* does not want to sell his portion. When he is cruelly murdered and his land seized, *Eliyahu* confronts *Achav* with harsh criticism. The phenomenon of land being wrongfully seized from its rightful owners is a theme that has repeated itself many times in *Eretz Yisrael*. Today, despite centuries of persecution and forcible exile from the land, the Children of Israel have returned home. Israel wants to live in peace with its neighbors and to preserve the rights of

Tel Aviv

20 *Achav* said to *Eliyahu,* "So you have found me, my enemy?" "Yes, I have found you," he replied. "Because you have committed yourself to doing what is evil in the sight of *Hashem,*

כ וַיֹּאמֶר אַחְאָב אֶל־אֵלִיָּהוּ הַמְצָאתַנִי
אֹיְבִי וַיֹּאמֶר מָצָאתִי יַעַן הִתְמַכֶּרְךָ
לַעֲשׂוֹת הָרַע בְּעֵינֵי יְהֹוָה:

21 I will bring disaster upon you. I will make a clean sweep of you, I will cut off from *Yisrael* every male belonging to *Achav,* bond and free.

כא הִנְנִי מבי [מֵבִיא] אֵלֶיךָ רָעָה וּבִעַרְתִּי
אַחֲרֶיךָ וְהִכְרַתִּי לְאַחְאָב מַשְׁתִּין בְּקִיר
וְעָצוּר וְעָזוּב בְּיִשְׂרָאֵל:

22 And I will make your house like the House of *Yerovam* son of Nebat and like the House of *Basha* son of *Achiya,* because of the provocation you have caused by leading *Yisrael* to sin.

כב וְנָתַתִּי אֶת־בֵּיתְךָ כְּבֵית יָרָבְעָם בֶּן־נְבָט
וּכְבֵית בַּעְשָׁא בֶן־אֲחִיָּה אֶל־הַכַּעַס
אֲשֶׁר הִכְעַסְתָּ וַתַּחֲטִא אֶת־יִשְׂרָאֵל:

Kings

23 And *Hashem* has also spoken concerning Jezebel: 'The dogs shall devour Jezebel in the field of *Yizrael.*

כג וְגַם־לְאִיזֶבֶל דִּבֶּר יְהֹוָה לֵאמֹר הַכְּלָבִים
יֹאכְלוּ אֶת־אִיזֶבֶל בְּחֵל יִזְרְעֶאל:

24 All of *Achav*'s line who die in the town shall be devoured by dogs, and all who die in the open country shall be devoured by the birds of the sky.'"

כד הַמֵּת לְאַחְאָב בָּעִיר יֹאכְלוּ הַכְּלָבִים
וְהַמֵּת בַּשָּׂדֶה יֹאכְלוּ עוֹף הַשָּׁמָיִם:

25 Indeed, there never was anyone like *Achav,* who committed himself to doing what was displeasing to *Hashem,* at the instigation of his wife Jezebel.

כה רַק לֹא־הָיָה כְאַחְאָב אֲשֶׁר הִתְמַכֵּר
לַעֲשׂוֹת הָרַע בְּעֵינֵי יְהֹוָה אֲשֶׁר־הֵסַתָּה
אֹתוֹ אִיזֶבֶל אִשְׁתּוֹ:

26 He acted most abominably, straying after the fetishes just like the Amorites, whom *Hashem* had dispossessed before the Israelites.

כו וַיַּתְעֵב מְאֹד לָלֶכֶת אַחֲרֵי הַגִּלֻּלִים כְּכֹל
אֲשֶׁר עָשׂוּ הָאֱמֹרִי אֲשֶׁר הוֹרִישׁ יְהֹוָה
מִפְּנֵי בְּנֵי יִשְׂרָאֵל:

27 When *Achav* heard these words, he rent his clothes and put sackcloth on his body. He fasted and lay in sackcloth and walked about subdued.

כז וַיְהִי כִשְׁמֹעַ אַחְאָב אֶת־הַדְּבָרִים הָאֵלֶּה
וַיִּקְרַע בְּגָדָיו וַיָּשֶׂם־שַׂק עַל־בְּשָׂרוֹ
וַיָּצוֹם וַיִּשְׁכַּב בַּשָּׂק וַיְהַלֵּךְ אַט:

28 Then the word of *Hashem* came to *Eliyahu* the Tishbite:

כח וַיְהִי דְּבַר־יְהֹוָה אֶל־אֵלִיָּהוּ הַתִּשְׁבִּי
לֵאמֹר:

29 "Have you seen how *Achav* has humbled himself before Me? Because he has humbled himself before Me, I will not bring the disaster in his lifetime; I will bring the disaster upon his house in his son's time."

כט הֲרָאִיתָ כִּי־נִכְנַע אַחְאָב מִלְּפָנָי יַעַן
כִּי־נִכְנַע מִפָּנַי לֹא־אבי [אָבִיא] הָרָעָה
בְּיָמָיו בִּימֵי בְנוֹ אָבִיא הָרָעָה עַל־בֵּיתוֹ:

2 1 There was a lull of three years, with no war between Aram and *Yisrael.*

כב א וַיֵּשְׁבוּ שָׁלֹשׁ שָׁנִים אֵין מִלְחָמָה בֵּין
אֲרָם וּבֵין יִשְׂרָאֵל:

minorities within its borders. But it also wants to make sure that the Children of Israel are in possession of their rightful homeland. Now that the State of Israel is in possession of much of the biblical Land of Israel, the Jewish people have begun to return to the land that is rightfully theirs.

Kings

² In the third year, King *Yehoshafat* of *Yehuda* came to visit the king of *Yisrael*.

ב וַיְהִי בַּשָּׁנָה הַשְּׁלִישִׁית וַיֵּרֶד יְהוֹשָׁפָט מֶלֶךְ־יְהוּדָה אֶל־מֶלֶךְ יִשְׂרָאֵל:

vai-HEE ba-sha-NAH ha-sh'-lee-SHEET va-YAY-red
y'-ho-sha-FAT me-lekh y'-hu-DAH el ME-lekh yis-ra-AYL

³ The king of *Yisrael* said to his courtiers, "You know that Ramoth-gilead belongs to us, and yet we do nothing to recover it from the hands of the king of Aram."

ג וַיֹּאמֶר מֶלֶךְ־יִשְׂרָאֵל אֶל־עֲבָדָיו הַיְדַעְתֶּם כִּי־לָנוּ רָמֹת גִּלְעָד וַאֲנַחְנוּ מַחְשִׁים מִקַּחַת אֹתָהּ מִיַּד מֶלֶךְ אֲרָם:

⁴ And he said to *Yehoshafat*, "Will you come with me to battle at Ramoth-gilead?" *Yehoshafat* answered the king of *Yisrael*, "I will do what you do; my troops shall be your troops, my horses shall be your horses."

ד וַיֹּאמֶר אֶל־יְהוֹשָׁפָט הֲתֵלֵךְ אִתִּי לַמִּלְחָמָה רָמֹת גִּלְעָד וַיֹּאמֶר יְהוֹשָׁפָט אֶל־מֶלֶךְ יִשְׂרָאֵל כָּמוֹנִי כָמוֹךָ כְּעַמִּי כְעַמֶּךָ כְּסוּסַי כְּסוּסֶיךָ:

⁵ But *Yehoshafat* said further to the king of *Yisrael*, "Please, first inquire of *Hashem*."

ה וַיֹּאמֶר יְהוֹשָׁפָט אֶל־מֶלֶךְ יִשְׂרָאֵל דְּרָשׁ־נָא כַיּוֹם אֶת־דְּבַר יְהֹוָה:

⁶ So the king of *Yisrael* gathered the *Neviim*, about four hundred men, and asked them, "Shall I march upon Ramoth-gilead for battle, or shall I not?" "March," they said, "and *Hashem* will deliver [it] into Your Majesty's hands."

ו וַיִּקְבֹּץ מֶלֶךְ־יִשְׂרָאֵל אֶת־הַנְּבִיאִים כְּאַרְבַּע מֵאוֹת אִישׁ וַיֹּאמֶר אֲלֵהֶם הַאֵלֵךְ עַל־רָמֹת גִּלְעָד לַמִּלְחָמָה אִם־אֶחְדָּל וַיֹּאמְרוּ עֲלֵה וְיִתֵּן אֲדֹנָי בְּיַד הַמֶּלֶךְ:

⁷ Then *Yehoshafat* asked, "Isn't there another *Navi* of *Hashem* here through whom we can inquire?"

ז וַיֹּאמֶר יְהוֹשָׁפָט הַאֵין פֹּה נָבִיא לַיהֹוָה עוֹד וְנִדְרְשָׁה מֵאוֹתוֹ:

⁸ And the king of *Yisrael* answered *Yehoshafat*, "There is one more man through whom we can inquire of *Hashem*; but I hate him, because he never prophesies anything good for me, but only misfortune – *Michaihu* son of Imlah." But King *Yehoshafat* said, "Don't say that, Your Majesty."

ח וַיֹּאמֶר מֶלֶךְ־יִשְׂרָאֵל אֶל־יְהוֹשָׁפָט עוֹד אִישׁ־אֶחָד לִדְרֹשׁ אֶת־יְהֹוָה מֵאֹתוֹ וַאֲנִי שְׂנֵאתִיו כִּי לֹא־יִתְנַבֵּא עָלַי טוֹב כִּי אִם־רָע מִיכָיְהוּ בֶן־יִמְלָה וַיֹּאמֶר יְהוֹשָׁפָט אַל־יֹאמַר הַמֶּלֶךְ כֵּן:

⁹ So the king of *Yisrael* summoned an officer and said, "Bring *Michaihu* son of Imlah at once."

ט וַיִּקְרָא מֶלֶךְ יִשְׂרָאֵל אֶל־סָרִיס אֶחָד וַיֹּאמֶר מַהֲרָה מִיכָיְהוּ בֶן־יִמְלָה:

Mishkenot Sha'ananim neighborhood of *Yerushalayim*

ירד

22:2 King *Yehoshafat* of *Yehuda* came to visit the king of *Yisrael* In describing *Yehoshafat*'s visit to the king of Yisrael, the verse uses the Hebrew word *yarad* (ירד), which literally means 'he came down.' When the Bible makes references to 'going up' or 'going down,' these terms often have spiritual, rather than physical meaning. Therefore, going to *Yerushalayim*, or immigrating to *Eretz Yisrael*, is always referred to as "going up," while leaving *Yerushalayim* or the Land of Israel is always called "going down." Since *Yehoshafat* is going from *Yerushalayim* in *Yehuda* to the less holy northern kingdom of Israel, the Bible says he "came (down) to visit." In Modern Hebrew, the same expressions are used. Immigrating to Israel is known as *aliyah*, 'ascent,' while leaving is known as *yerida*, 'descent.'

10 The king of *Yisrael* and King *Yehoshafat* of *Yehuda* were seated on their thrones, arrayed in their robes, on the threshing floor at the entrance of the gate of *Shomron*; and all the *Neviim* were prophesying before them.

י וּמֶלֶךְ יִשְׂרָאֵל וִיהוֹשָׁפָט מֶלֶךְ־יְהוּדָה
יֹשְׁבִים אִישׁ עַל־כִּסְאוֹ מְלֻבָּשִׁים בְּגָדִים
בְּגֹרֶן פֶּתַח שַׁעַר שֹׁמְרוֹן וְכָל־הַנְּבִיאִים
מִתְנַבְּאִים לִפְנֵיהֶם׃

11 *Tzidkiyahu* son of Chenaanah had provided himself with iron horns; and he said, "Thus said *Hashem*: With these you shall gore the Arameans till you make an end of them."

יא וַיַּעַשׂ לוֹ צִדְקִיָּה בֶן־כְּנַעֲנָה קַרְנֵי בַרְזֶל
וַיֹּאמֶר כֹּה־אָמַר יְהֹוָה בְּאֵלֶּה תְּנַגַּח אֶת־
אֲרָם עַד־כַּלֹּתָם׃

12 And all the other *Neviim* were prophesying similarly, "March upon Ramoth-gilead and triumph! *Hashem* will deliver it into Your Majesty's hands."

יב וְכָל־הַנְּבִאִים נִבְּאִים כֵּן לֵאמֹר עֲלֵה
רָמֹת גִּלְעָד וְהַצְלַח וְנָתַן יְהֹוָה בְּיַד
הַמֶּלֶךְ׃

13 The messenger who had gone to summon *Michaihu* said to him: "Look, the words of the *Neviim* are with one accord favorable to the king. Let your word be like that of the rest of them; speak a favorable word."

יג וְהַמַּלְאָךְ אֲשֶׁר־הָלַךְ לִקְרֹא מִיכָיְהוּ דִּבֶּר
אֵלָיו לֵאמֹר הִנֵּה־נָא דִּבְרֵי הַנְּבִיאִים
פֶּה־אֶחָד טוֹב אֶל־הַמֶּלֶךְ יְהִי־נָא דבריך
[דְבָרְךָ] כִּדְבַר אַחַד מֵהֶם וְדִבַּרְתָּ טּוֹב׃

14 "As *Hashem* lives," *Michaihu* answered, "I will speak only what *Hashem* tells me."

יד וַיֹּאמֶר מִיכָיְהוּ חַי־יְהֹוָה כִּי אֶת־אֲשֶׁר
יֹאמַר יְהֹוָה אֵלַי אֹתוֹ אֲדַבֵּר׃

15 When he came before the king, the king said to him, "*Michaihu*, shall we march upon Ramoth-gilead for battle, or shall we not?" He answered him, "March and triumph! *Hashem* will deliver [it] into Your Majesty's hands."

טו וַיָּבוֹא אֶל־הַמֶּלֶךְ וַיֹּאמֶר הַמֶּלֶךְ אֵלָיו
מִיכָיְהוּ הֲנֵלֵךְ אֶל־רָמֹת גִּלְעָד לַמִּלְחָמָה
אִם־נֶחְדָּל וַיֹּאמֶר אֵלָיו עֲלֵה וְהַצְלַח
וְנָתַן יְהֹוָה בְּיַד הַמֶּלֶךְ׃

16 The king said to him, "How many times must I adjure you to tell me nothing but the truth in the name of *Hashem*?"

טז וַיֹּאמֶר אֵלָיו הַמֶּלֶךְ עַד־כַּמֶּה פְעָמִים
אֲנִי מַשְׁבִּעֶךָ אֲשֶׁר לֹא־תְדַבֵּר אֵלַי רַק־
אֱמֶת בְּשֵׁם יְהֹוָה׃

17 Then he said, "I saw all *Yisrael* scattered over the hills like sheep without a shepherd; and *Hashem* said, 'These have no master; let everyone return to his home in safety.'"

יז וַיֹּאמֶר רָאִיתִי אֶת־כָּל־יִשְׂרָאֵל נְפֹצִים
אֶל־הֶהָרִים כַּצֹּאן אֲשֶׁר אֵין־לָהֶם רֹעֶה
וַיֹּאמֶר יְהֹוָה לֹא־אֲדֹנִים לָאֵלֶּה יָשׁוּבוּ
אִישׁ־לְבֵיתוֹ בְּשָׁלוֹם׃

18 "Didn't I tell you," said the king of *Yisrael* to *Yehoshafat*, "that he would not prophesy good fortune for me, but only misfortune?"

יח וַיֹּאמֶר מֶלֶךְ־יִשְׂרָאֵל אֶל־יְהוֹשָׁפָט הֲלוֹא
אָמַרְתִּי אֵלֶיךָ לוֹא־יִתְנַבֵּא עָלַי טוֹב כִּי
אִם־רָע׃

19 But [*Michaihu*] said, "I call upon you to hear the word of *Hashem*! I saw *Hashem* seated upon His throne, with all the host of heaven standing in attendance to the right and to the left of Him.

יט וַיֹּאמֶר לָכֵן שְׁמַע דְּבַר־יְהֹוָה רָאִיתִי אֶת־
יְהֹוָה יֹשֵׁב עַל־כִּסְאוֹ וְכָל־צְבָא הַשָּׁמַיִם
עֹמֵד עָלָיו מִימִינוֹ וּמִשְּׂמֹאלוֹ׃

20 *Hashem* asked, 'Who will entice *Achav* so that he will march and fall at Ramoth-gilead?' Then one said thus and another said thus,

כ וַיֹּאמֶר יְהֹוָה מִי יְפַתֶּה אֶת־אַחְאָב וְיַעַל
וְיִפֹּל בְּרָמֹת גִּלְעָד וַיֹּאמֶר זֶה בְּכֹה וְזֶה
אֹמֵר בְּכֹה׃

²¹ until a certain spirit came forward and stood before *Hashem* and said, 'I will entice him.' 'How?' *Hashem* asked him.

כא וַיֵּצֵא הָרוּחַ וַיַּעֲמֹד לִפְנֵי יְהֹוָה וַיֹּאמֶר אֲנִי אֲפַתֶּנּוּ וַיֹּאמֶר יְהֹוָה אֵלָיו בַּמָּה:

²² And he replied, 'I will go out and be a lying spirit in the mouth of all his *Neviim*.' Then He said, 'You will entice and you will prevail. Go out and do it.'

כב וַיֹּאמֶר אֵצֵא וְהָיִיתִי רוּחַ שֶׁקֶר בְּפִי כָּל־נְבִיאָיו וַיֹּאמֶר תְּפַתֶּה וְגַם־תּוּכָל צֵא וַעֲשֵׂה־כֵן:

²³ So *Hashem* has put a lying spirit in the mouth of all these *Neviim* of yours; for *Hashem* has decreed disaster upon you."

כג וְעַתָּה הִנֵּה נָתַן יְהֹוָה רוּחַ שֶׁקֶר בְּפִי כָּל־נְבִיאֶיךָ אֵלֶּה וַיהֹוָה דִּבֶּר עָלֶיךָ רָעָה:

²⁴ Thereupon *Tzidkiyahu* son of Chenaanah stepped up and struck *Michaihu* on the cheek, and demanded, "Which way did the spirit of *Hashem* pass from me to speak with you?"

כד וַיִּגַּשׁ צִדְקִיָּהוּ בֶן־כְּנַעֲנָה וַיַּכֶּה אֶת־מִיכָיְהוּ עַל־הַלֶּחִי וַיֹּאמֶר אֵי־זֶה עָבַר רוּחַ־יְהֹוָה מֵאִתִּי לְדַבֵּר אוֹתָךְ:

²⁵ And *Michaihu* replied, "You'll find out on the day when you try to hide in the innermost room."

כה וַיֹּאמֶר מִיכָיְהוּ הִנְּךָ רֹאֶה בַּיּוֹם הַהוּא אֲשֶׁר תָּבֹא חֶדֶר בְּחֶדֶר לְהֵחָבֵה:

²⁶ Then the king of *Yisrael* said, "Take *Michaihu* and turn him over to Ammon, the city's governor, and to Prince *Yoash*,

כו וַיֹּאמֶר מֶלֶךְ יִשְׂרָאֵל קַח אֶת־מִיכָיְהוּ וַהֲשִׁיבֵהוּ אֶל־אָמֹן שַׂר־הָעִיר וְאֶל־יוֹאָשׁ בֶּן־הַמֶּלֶךְ:

²⁷ and say, 'The king's orders are: Put this fellow in prison, and let his fare be scant bread and scant water until I come home safe.'"

כז וְאָמַרְתָּ כֹּה אָמַר הַמֶּלֶךְ שִׂימוּ אֶת־זֶה בֵּית הַכֶּלֶא וְהַאֲכִילֻהוּ לֶחֶם לַחַץ וּמַיִם לַחַץ עַד בֹּאִי בְשָׁלוֹם:

²⁸ To which *Michaihu* retorted, "If you ever come home safe, *Hashem* has not spoken through me." He said further, "Listen, all you peoples!"

כח וַיֹּאמֶר מִיכָיְהוּ אִם־שׁוֹב תָּשׁוּב בְּשָׁלוֹם לֹא־דִבֶּר יְהֹוָה בִּי וַיֹּאמֶר שִׁמְעוּ עַמִּים כֻּלָּם:

²⁹ So the king of *Yisrael* and King *Yehoshafat* of *Yehuda* marched upon Ramoth-gilead.

כט וַיַּעַל מֶלֶךְ־יִשְׂרָאֵל וִיהוֹשָׁפָט מֶלֶךְ־יְהוּדָה רָמֹת גִּלְעָד:

³⁰ The king of *Yisrael* said to *Yehoshafat*, "Disguise yourself and go into the battle; but you, wear your robes." So the king of *Yisrael* went into the battle disguised.

ל וַיֹּאמֶר מֶלֶךְ יִשְׂרָאֵל אֶל־יְהוֹשָׁפָט הִתְחַפֵּשׂ וָבֹא בַמִּלְחָמָה וְאַתָּה לְבַשׁ בְּגָדֶיךָ וַיִּתְחַפֵּשׂ מֶלֶךְ יִשְׂרָאֵל וַיָּבוֹא בַּמִּלְחָמָה:

³¹ Now the king of Aram had instructed his thirty-two chariot officers: "Don't attack anyone, small or great, except the king of *Yisrael*."

לא וּמֶלֶךְ אֲרָם צִוָּה אֶת־שָׂרֵי הָרֶכֶב אֲשֶׁר־לוֹ שְׁלֹשִׁים וּשְׁנַיִם לֵאמֹר לֹא תִּלָּחֲמוּ אֶת־קָטֹן וְאֶת־גָּדוֹל כִּי אִם־אֶת־מֶלֶךְ יִשְׂרָאֵל לְבַדּוֹ:

³² So when the chariot officers saw *Yehoshafat*, whom they took for the king of *Yisrael*, they turned upon him to attack him, and *Yehoshafat* cried out.

לב וַיְהִי כִּרְאוֹת שָׂרֵי הָרֶכֶב אֶת־יְהוֹשָׁפָט וְהֵמָּה אָמְרוּ אַךְ מֶלֶךְ־יִשְׂרָאֵל הוּא וַיָּסֻרוּ עָלָיו לְהִלָּחֵם וַיִּזְעַק יְהוֹשָׁפָט:

³³ And when the chariot officers became aware that he was not the king of *Yisrael*, they turned back from pursuing him.

לג וַיְהִי כִּרְאוֹת שָׂרֵי הָרֶכֶב כִּי־לֹא־מֶלֶךְ יִשְׂרָאֵל הוּא וַיָּשׁוּבוּ מֵאַחֲרָיו:

34 Then a man drew his bow at random and he hit the king of *Yisrael* between the plates of the armor; and he said to his charioteer, "Turn the horses around and get me behind the lines; I'm wounded."

35 The battle raged all day long, and the king remained propped up in the chariot facing Aram; the blood from the wound ran down into the hollow of the chariot, and at dusk he died.

36 As the sun was going down, a shout went through the army: "Every man to his own town! Every man to his own district."

37 So the king died and was brought to *Shomron*. They buried the king in *Shomron*,

38 and they flushed out the chariot at the pool of *Shomron*. Thus the dogs lapped up his blood and the whores bathed [in it], in accordance with the word that *Hashem* had spoken.

39 The other events of *Achav*'s reign, and all his actions – the ivory palace that he built and all the towns that he fortified – are all recorded in the Annals of the Kings of *Yisrael*.

40 *Achav* slept with his fathers, and his son *Achazyahu* succeeded him as king.

41 *Yehoshafat* son of *Asa* had become king of *Yehuda* in the fourth year of King *Achav* of *Yisrael*.

42 *Yehoshafat* was thirty-five years old when he became king, and he reigned in *Yerushalayim* for twenty-five years. His mother's name was Azubah daughter of Shilhi.

43 He followed closely the course of his father *Asa* and did not deviate from it, doing what was pleasing to *Hashem*.

44 However, the shrines did not cease to function; the people still sacrificed and offered at the shrines.

45 And further, *Yehoshafat* submitted to the king of *Yisrael*.

46 As for the other events of *Yehoshafat*'s reign and the valor he displayed in battle, they are recorded in the Annals of the Kings of *Yehuda*.

47 He also stamped out the remaining male prostitutes who had survived in the land from the time of his father *Asa*.

לד וְאִישׁ מָשַׁךְ בַּקֶּשֶׁת לְתֻמּוֹ וַיַּכֶּה אֶת־מֶלֶךְ יִשְׂרָאֵל בֵּין הַדְּבָקִים וּבֵין הַשִּׁרְיָן וַיֹּאמֶר לְרַכָּבוֹ הֲפֹךְ יָדְךָ וְהוֹצִיאֵנִי מִן־הַמַּחֲנֶה כִּי הָחֳלֵיתִי:

לה וַתַּעֲלֶה הַמִּלְחָמָה בַּיּוֹם הַהוּא וְהַמֶּלֶךְ הָיָה מָעֳמָד בַּמֶּרְכָּבָה נֹכַח אֲרָם וַיָּמָת בָּעֶרֶב וַיִּצֶק דַּם־הַמַּכָּה אֶל־חֵיק הָרָכֶב:

לו וַיַּעֲבֹר הָרִנָּה בַּמַּחֲנֶה כְּבֹא הַשֶּׁמֶשׁ לֵאמֹר אִישׁ אֶל־עִירוֹ וְאִישׁ אֶל־אַרְצוֹ:

לז וַיָּמָת הַמֶּלֶךְ וַיָּבוֹא שֹׁמְרוֹן וַיִּקְבְּרוּ אֶת־הַמֶּלֶךְ בְּשֹׁמְרוֹן:

לח וַיִּשְׁטֹף אֶת־הָרֶכֶב עַל בְּרֵכַת שֹׁמְרוֹן וַיָּלֹקּוּ הַכְּלָבִים אֶת־דָּמוֹ וְהַזֹּנוֹת רָחָצוּ כִּדְבַר יְהֹוָה אֲשֶׁר דִּבֵּר:

לט וְיֶתֶר דִּבְרֵי אַחְאָב וְכָל־אֲשֶׁר עָשָׂה וּבֵית הַשֵּׁן אֲשֶׁר בָּנָה וְכָל־הֶעָרִים אֲשֶׁר בָּנָה הֲלוֹא־הֵם כְּתוּבִים עַל־סֵפֶר דִּבְרֵי הַיָּמִים לְמַלְכֵי יִשְׂרָאֵל:

מ וַיִּשְׁכַּב אַחְאָב עִם־אֲבֹתָיו וַיִּמְלֹךְ אֲחַזְיָהוּ בְנוֹ תַּחְתָּיו:

מא וִיהוֹשָׁפָט בֶּן־אָסָא מָלַךְ עַל־יְהוּדָה בִּשְׁנַת אַרְבַּע לְאַחְאָב מֶלֶךְ יִשְׂרָאֵל:

מב יְהוֹשָׁפָט בֶּן־שְׁלֹשִׁים וְחָמֵשׁ שָׁנָה בְּמָלְכוֹ וְעֶשְׂרִים וְחָמֵשׁ שָׁנָה מָלַךְ בִּירוּשָׁלִָם וְשֵׁם אִמּוֹ עֲזוּבָה בַּת־שִׁלְחִי:

מג וַיֵּלֶךְ בְּכָל־דֶּרֶךְ אָסָא אָבִיו לֹא־סָר מִמֶּנּוּ לַעֲשׂוֹת הַיָּשָׁר בְּעֵינֵי יְהֹוָה:

מד אַךְ הַבָּמוֹת לֹא־סָרוּ עוֹד הָעָם מְזַבְּחִים וּמְקַטְּרִים בַּבָּמוֹת:

מה וַיַּשְׁלֵם יְהוֹשָׁפָט עִם־מֶלֶךְ יִשְׂרָאֵל:

מו וְיֶתֶר דִּבְרֵי יְהוֹשָׁפָט וּגְבוּרָתוֹ אֲשֶׁר־עָשָׂה וַאֲשֶׁר נִלְחָם הֲלֹא־הֵם כְּתוּבִים עַל־סֵפֶר דִּבְרֵי הַיָּמִים לְמַלְכֵי יְהוּדָה:

מז וְיֶתֶר הַקָּדֵשׁ אֲשֶׁר נִשְׁאַר בִּימֵי אָסָא אָבִיו בִּעֵר מִן־הָאָרֶץ:

⁴⁸ There was no king in Edom; a viceroy acted as king.

⁴⁹ *Yehoshafat* constructed Tarshish ships to sail to Ophir for gold. But he did not sail because the ships were wrecked at Ezion-geber.

⁵⁰ Then *Achazyahu* son of *Achav* proposed to *Yehoshafat*, "Let my servants sail on the ships with your servants"; but *Yehoshafat* would not agree.

⁵¹ *Yehoshafat* slept with his fathers and was buried with his fathers in the city of his father *David*, and his son *Yehoram* succeeded him as king.

⁵² [Meanwhile,] *Achazyahu* son of *Achav* had become king of *Yisrael*, in *Shomron*, in the seventeenth year of King *Yehoshafat* of *Yehuda*; he reigned over *Yisrael* two years.

⁵³ He did what was displeasing to *Hashem*, following in the footsteps of his father and his mother, and in those of *Yerovam* son of Nebat who had caused *Yisrael* to sin.

⁵⁴ He worshiped Baal and bowed down to him; he vexed *Hashem*, the God of *Yisrael*, just as his father had done.

מח וּמֶלֶךְ אֵין בֶּאֱדוֹם נִצָּב מֶלֶךְ:

מט יְהוֹשָׁפָט עשר [עָשָׂה] אֳנִיּוֹת תַּרְשִׁישׁ לָלֶכֶת אוֹפִירָה לַזָּהָב וְלֹא הָלָךְ כִּי־נשברה [נִשְׁבְּרוּ] אֳנִיּוֹת בְּעֶצְיוֹן גָּבֶר:

נ אָז אָמַר אֲחַזְיָהוּ בֶן־אַחְאָב אֶל־יְהוֹשָׁפָט יֵלְכוּ עֲבָדַי עִם־עֲבָדֶיךָ בָּאֳנִיּוֹת וְלֹא אָבָה יְהוֹשָׁפָט:

נא וַיִּשְׁכַּב יְהוֹשָׁפָט עִם־אֲבֹתָיו וַיִּקָּבֵר עִם־אֲבֹתָיו בְּעִיר דָּוִד אָבִיו וַיִּמְלֹךְ יְהוֹרָם בְּנוֹ תַּחְתָּיו:

נב אֲחַזְיָהוּ בֶן־אַחְאָב מָלַךְ עַל־יִשְׂרָאֵל בְּשֹׁמְרוֹן בִּשְׁנַת שְׁבַע עֶשְׂרֵה לִיהוֹשָׁפָט מֶלֶךְ יְהוּדָה וַיִּמְלֹךְ עַל־יִשְׂרָאֵל שְׁנָתָיִם:

נג וַיַּעַשׂ הָרַע בְּעֵינֵי יְהֹוָה וַיֵּלֶךְ בְּדֶרֶךְ אָבִיו וּבְדֶרֶךְ אִמּוֹ וּבְדֶרֶךְ יָרָבְעָם בֶּן־נְבָט אֲשֶׁר הֶחֱטִיא אֶת־יִשְׂרָאֵל:

נד וַיַּעֲבֹד אֶת־הַבַּעַל וַיִּשְׁתַּחֲוֶה לוֹ וַיַּכְעֵס אֶת־יְהֹוָה אֱלֹהֵי יִשְׂרָאֵל כְּכֹל אֲשֶׁר־עָשָׂה אָבִיו:

א

1 After *Achav*'s death, Moab rebelled against *Yisrael*.

א וַיִּפְשַׁע מוֹאָב בְּיִשְׂרָאֵל אַחֲרֵי מוֹת
אַחְאָב׃

2 *Achazyahu* fell through the lattice in his upper chamber at *Shomron* and was injured. So he sent messengers, whom he instructed: "Go inquire of Baal-zebub, the god of Ekron, whether I shall recover from this injury."

ב וַיִּפֹּל אֲחַזְיָה בְּעַד הַשְּׂבָכָה בַּעֲלִיָּתוֹ
אֲשֶׁר בְּשֹׁמְרוֹן וַיָּחַל וַיִּשְׁלַח מַלְאָכִים
וַיֹּאמֶר אֲלֵהֶם לְכוּ דִרְשׁוּ בְּבַעַל זְבוּב
אֱלֹהֵי עֶקְרוֹן אִם־אֶחְיֶה מֵחֳלִי זֶה׃

va-yi-POL a-khaz-YAH b'-AD ha-s'-va-KHAH ba-a-li-ya-TO
a-SHER b'-sho-m'-RON va-YA-khal va-yish-LAKH mal-a-KHEEM
va-YO-mer a-lay-HEM l'-KHU dir-SHU b'-VA-al z'-VUV
e-lo-HAY ek-RON im ekh-YEH may-kho-LEE ZEH

3 But an angel of *Hashem* said to *Eliyahu* the Tishbite, "Go and confront the messengers of the king of *Shomron* and say to them, 'Is there no *Hashem* in *Yisrael* that you go to inquire of Baal-zebub, the god of Ekron?

ג וּמַלְאַךְ יְהֹוָה דִּבֶּר אֶל־אֵלִיָּה הַתִּשְׁבִּי
קוּם עֲלֵה לִקְרַאת מַלְאֲכֵי מֶלֶךְ־שֹׁמְרוֹן
וְדַבֵּר אֲלֵהֶם הַמִבְּלִי אֵין־אֱלֹהִים
בְּיִשְׂרָאֵל אַתֶּם הֹלְכִים לִדְרֹשׁ בְּבַעַל
זְבוּב אֱלֹהֵי עֶקְרוֹן׃

4 Assuredly, thus said *Hashem*: You shall not rise from the bed you are lying on, but you shall die.'" And *Eliyahu* went.

ד וְלָכֵן כֹּה־אָמַר יְהֹוָה הַמִּטָּה אֲשֶׁר־עָלִיתָ
שָּׁם לֹא־תֵרֵד מִמֶּנָּה כִּי מוֹת תָּמוּת וַיֵּלֶךְ
אֵלִיָּה׃

5 The messengers returned to *Achazyahu*; and he asked, "Why have you come back?"

ה וַיָּשׁוּבוּ הַמַּלְאָכִים אֵלָיו וַיֹּאמֶר אֲלֵיהֶם
מַה־זֶּה שַׁבְתֶּם׃

6 They answered him, "A man came toward us and said to us, 'Go back to the king who sent you, and say to him: Thus said *Hashem*: Is there no *Hashem* in *Yisrael* that you must send to inquire of Baal-zebub, the god of Ekron? Assuredly, you shall not rise from the bed you are lying on, but shall die.'"

ו וַיֹּאמְרוּ אֵלָיו אִישׁ עָלָה לִקְרָאתֵנוּ
וַיֹּאמֶר אֵלֵינוּ לְכוּ שׁוּבוּ אֶל־הַמֶּלֶךְ
אֲשֶׁר־שָׁלַח אֶתְכֶם וְדִבַּרְתֶּם אֵלָיו כֹּה
אָמַר יְהֹוָה הַמִבְּלִי אֵין־אֱלֹהִים בְּיִשְׂרָאֵל
אַתָּה שֹׁלֵחַ לִדְרֹשׁ בְּבַעַל זְבוּב אֱלֹהֵי
עֶקְרוֹן לָכֵן הַמִּטָּה אֲשֶׁר־עָלִיתָ שָּׁם לֹא־
תֵרֵד מִמֶּנָּה כִּי־מוֹת תָּמוּת׃

7 "What sort of man was it," he asked them, "who came toward you and said these things to you?"

ז וַיְדַבֵּר אֲלֵהֶם מֶה מִשְׁפַּט הָאִישׁ אֲשֶׁר
עָלָה לִקְרַאתְכֶם וַיְדַבֵּר אֲלֵיכֶם אֶת־
הַדְּבָרִים הָאֵלֶּה׃

8 "A hairy man," they replied, "with a leather belt tied around his waist." "That's *Eliyahu* the Tishbite!" he said.

ח וַיֹּאמְרוּ אֵלָיו אִישׁ בַּעַל שֵׂעָר וְאֵזוֹר
עוֹר אָזוּר בְּמָתְנָיו וַיֹּאמַר אֵלִיָּה הַתִּשְׁבִּי
הוּא׃

Rabbi Tuly Weisz and Israel365 bring *Purim* joy to orphans in *Yerushalayim*

מלאך

1:2 He sent messengers In biblical Hebrew, the word *malach* (מלאך) means 'messenger.' There are two kinds of messengers. One is a human messenger, and the other is an angel, a messenger of God. According to Jewish belief, angels do not have independent free will. Rather, they are *Hashem*'s messengers who are able to fulfill only the specific mission He gives them. When human beings use their free will to do the Lord's bidding, they can become even greater than angels, as they are choosing on their own to obey God. And when they show their loyalty to *Hashem* by doing His bidding and improving His world, they become like angels, His messengers to the rest of the world.

9 Then he sent to him a captain of fifty with his fifty men. He climbed up to him, and found him sitting at the top of a hill. "Man of *Hashem*," he said to him, "by order of the king, come down!"

ט וַיִּשְׁלַח אֵלָיו שַׂר־חֲמִשִּׁים וַחֲמִשָּׁיו וַיַּעַל אֵלָיו וְהִנֵּה יֹשֵׁב עַל־רֹאשׁ הָהָר וַיְדַבֵּר אֵלָיו אִישׁ הָאֱלֹהִים הַמֶּלֶךְ דִּבֶּר רֵדָה׃

10 *Eliyahu* replied to the captain of the fifty, "If I am a man of *Hashem*, let fire come down from heaven and consume you with your fifty men!" And fire came down from heaven and consumed him and his fifty men.

י וַיַּעֲנֶה אֵלִיָּהוּ וַיְדַבֵּר אֶל־שַׂר הַחֲמִשִּׁים וְאִם־אִישׁ אֱלֹהִים אָנִי תֵּרֶד אֵשׁ מִן־הַשָּׁמַיִם וְתֹאכַל אֹתְךָ וְאֶת־חֲמִשֶּׁיךָ וַתֵּרֶד אֵשׁ מִן־הַשָּׁמַיִם וַתֹּאכַל אֹתוֹ וְאֶת־חֲמִשָּׁיו׃

11 The king then sent to him another captain with his fifty men; and he addressed him as follows: "Man of *Hashem*, by order of the king, come down at once!"

יא וַיָּשָׁב וַיִּשְׁלַח אֵלָיו שַׂר־חֲמִשִּׁים אַחֵר וַחֲמִשָּׁיו וַיַּעַן וַיְדַבֵּר אֵלָיו אִישׁ הָאֱלֹהִים כֹּה־אָמַר הַמֶּלֶךְ מְהֵרָה רֵדָה׃

12 But *Eliyahu* answered him, "If I am a man of *Hashem*, let fire come down from heaven and consume you with your fifty men!" And fire of *Hashem* came down from heaven and consumed him and his fifty men.

יב וַיַּעַן אֵלִיָּה וַיְדַבֵּר אֲלֵיהֶם אִם־אִישׁ הָאֱלֹהִים אָנִי תֵּרֶד אֵשׁ מִן־הַשָּׁמַיִם וְתֹאכַל אֹתְךָ וְאֶת־חֲמִשֶּׁיךָ וַתֵּרֶד אֵשׁ־אֱלֹהִים מִן־הַשָּׁמַיִם וַתֹּאכַל אֹתוֹ וְאֶת־חֲמִשָּׁיו׃

13 Then he sent a third captain of fifty with his fifty men. The third captain of fifty climbed to the top, knelt before *Eliyahu*, and implored him, saying, "Oh, man of *Hashem*, please have regard for my life and the lives of these fifty servants of yours!

יג וַיָּשָׁב וַיִּשְׁלַח שַׂר־חֲמִשִּׁים שְׁלִשִׁים וַחֲמִשָּׁיו וַיַּעַל וַיָּבֹא שַׂר־הַחֲמִשִּׁים הַשְּׁלִישִׁי וַיִּכְרַע עַל־בִּרְכָּיו לְנֶגֶד אֵלִיָּהוּ וַיִּתְחַנֵּן אֵלָיו וַיְדַבֵּר אֵלָיו אִישׁ הָאֱלֹהִים תִּיקַר־נָא נַפְשִׁי וְנֶפֶשׁ עֲבָדֶיךָ אֵלֶּה חֲמִשִּׁים בְּעֵינֶיךָ׃

14 Already fire has come from heaven and consumed the first two captains of fifty and their men; I beg you, have regard for my life!"

יד הִנֵּה יָרְדָה אֵשׁ מִן־הַשָּׁמַיִם וַתֹּאכַל אֶת־שְׁנֵי שָׂרֵי הַחֲמִשִּׁים הָרִאשֹׁנִים וְאֶת־חֲמִשֵּׁיהֶם וְעַתָּה תִּיקַר נַפְשִׁי בְּעֵינֶיךָ׃

15 Then the angel of *Hashem* said to *Eliyahu*, "Go down with him, do not be afraid of him." So he rose and went down with him to the king.

טו וַיְדַבֵּר מַלְאַךְ יְהֹוָה אֶל־אֵלִיָּהוּ רֵד אוֹתוֹ אַל־תִּירָא מִפָּנָיו וַיָּקָם וַיֵּרֶד אוֹתוֹ אֶל־הַמֶּלֶךְ׃

16 He said to him, "Because you sent messengers to inquire of Baal-zebub the god of Ekron – as if there were no *Hashem* in *Yisrael* whose word you could seek – assuredly, you shall not rise from the bed which you are lying on; but you shall die."

טז וַיְדַבֵּר אֵלָיו כֹּה־אָמַר יְהֹוָה יַעַן אֲשֶׁר־שָׁלַחְתָּ מַלְאָכִים לִדְרֹשׁ בְּבַעַל זְבוּב אֱלֹהֵי עֶקְרוֹן הֲמִבְּלִי אֵין־אֱלֹהִים בְּיִשְׂרָאֵל לִדְרֹשׁ בִּדְבָרוֹ לָכֵן הַמִּטָּה אֲשֶׁר־עָלִיתָ שָּׁם לֹא־תֵרֵד מִמֶּנָּה כִּי־מוֹת תָּמוּת׃

17 And [*Achazyahu*] died, according to the word of *Hashem* that *Eliyahu* had spoken. *Yehoram* succeeded him as king, in the second year of King *Yehoram* son of *Yehoshafat* of *Yehuda*, for he had no son.

יז וַיָּמָת כִּדְבַר יְהֹוָה אֲשֶׁר־דִּבֶּר אֵלִיָּהוּ וַיִּמְלֹךְ יְהוֹרָם תַּחְתָּיו בִּשְׁנַת שְׁתַּיִם לִיהוֹרָם בֶּן־יְהוֹשָׁפָט מֶלֶךְ יְהוּדָה כִּי לֹא־הָיָה לוֹ בֵּן׃

18 The other events of *Achazyahu*'s reign [and] his actions are recorded in the Annals of the Kings of *Yisrael*.

יח וְיֶתֶר דִּבְרֵי אֲחַזְיָהוּ אֲשֶׁר עָשָׂה הֲלוֹא־הֵמָּה כְתוּבִים עַל־סֵפֶר דִּבְרֵי הַיָּמִים לְמַלְכֵי יִשְׂרָאֵל׃

1 When *Hashem* was about to take *Eliyahu* up to heaven in a whirlwind, *Eliyahu* and *Elisha* had set out from *Gilgal*.

ב א וַיְהִי בְּהַעֲלוֹת יְהוָה אֶת־אֵלִיָּהוּ בַּסְעָרָה
הַשָּׁמָיִם וַיֵּלֶךְ אֵלִיָּהוּ וֶאֱלִישָׁע מִן־
הַגִּלְגָּל׃

2 *Eliyahu* said to *Elisha*, "Stay here, for *Hashem* has sent me on to *Beit El*." "As *Hashem* lives and as you live," said *Elisha*, "I will not leave you." So they went down to *Beit El*.

ב וַיֹּאמֶר אֵלִיָּהוּ אֶל־אֱלִישָׁע שֵׁב־נָא פֹה
כִּי יְהוָה שְׁלָחַנִי עַד־בֵּית־אֵל וַיֹּאמֶר
אֱלִישָׁע חַי־יְהוָה וְחֵי־נַפְשְׁךָ אִם־אֶעֶזְבֶךָּ
וַיֵּרְדוּ בֵּית־אֵל׃

3 Disciples of the *Neviim* at *Beit El* came out to *Elisha* and said to him, "Do you know that *Hashem* will take your master away from you today?" He replied, "I know it, too; be silent."

ג וַיֵּצְאוּ בְנֵי־הַנְּבִיאִים אֲשֶׁר־בֵּית־אֵל
אֶל־אֱלִישָׁע וַיֹּאמְרוּ אֵלָיו הֲיָדַעְתָּ כִּי
הַיּוֹם יְהוָה לֹקֵחַ אֶת־אֲדֹנֶיךָ מֵעַל רֹאשֶׁךָ
וַיֹּאמֶר גַּם־אֲנִי יָדַעְתִּי הֶחֱשׁוּ׃

4 Then *Eliyahu* said to him, "*Elisha*, stay here, for *Hashem* has sent me on to *Yericho*." "As *Hashem* lives and as you live," said *Elisha*, "I will not leave you." So they went on to *Yericho*.

ד וַיֹּאמֶר לוֹ אֵלִיָּהוּ אֱלִישָׁע שֵׁב־נָא פֹה כִּי
יְהוָה שְׁלָחַנִי יְרִיחוֹ וַיֹּאמֶר חַי־יְהוָה וְחֵי־
נַפְשְׁךָ אִם־אֶעֶזְבֶךָּ וַיָּבֹאוּ יְרִיחוֹ׃

5 The disciples of the *Neviim* who were at *Yericho* came over to *Elisha* and said to him, "Do you know that *Hashem* will take your master away from you today?" He replied, "I know it, too; be silent."

ה וַיִּגְּשׁוּ בְנֵי־הַנְּבִיאִים אֲשֶׁר־בִּירִיחוֹ אֶל־
אֱלִישָׁע וַיֹּאמְרוּ אֵלָיו הֲיָדַעְתָּ כִּי הַיּוֹם
יְהוָה לֹקֵחַ אֶת־אֲדֹנֶיךָ מֵעַל רֹאשֶׁךָ
וַיֹּאמֶר גַּם־אֲנִי יָדַעְתִּי הֶחֱשׁוּ׃

6 *Eliyahu* said to him, "Stay here, for *Hashem* has sent me on to the *Yarden*." "As *Hashem* lives and as you live, I will not leave you," he said, and the two of them went on.

ו וַיֹּאמֶר לוֹ אֵלִיָּהוּ שֵׁב־נָא פֹה כִּי יְהוָה
שְׁלָחַנִי הַיַּרְדֵּנָה וַיֹּאמֶר חַי־יְהוָה וְחֵי־
נַפְשְׁךָ אִם־אֶעֶזְבֶךָּ וַיֵּלְכוּ שְׁנֵיהֶם׃

7 Fifty men of the disciples of the *Neviim* followed and stood by at a distance from them as the two of them stopped at the *Yarden*.

ז וַחֲמִשִּׁים אִישׁ מִבְּנֵי הַנְּבִיאִים הָלְכוּ
וַיַּעַמְדוּ מִנֶּגֶד מֵרָחוֹק וּשְׁנֵיהֶם עָמְדוּ
עַל־הַיַּרְדֵּן׃

8 Thereupon *Eliyahu* took his mantle and, rolling it up, he struck the water; it divided to the right and left, so that the two of them crossed over on dry land.

ח וַיִּקַּח אֵלִיָּהוּ אֶת־אַדַּרְתּוֹ וַיִּגְלֹם וַיַּכֶּה
אֶת־הַמַּיִם וַיֵּחָצוּ הֵנָּה וָהֵנָּה וַיַּעַבְרוּ
שְׁנֵיהֶם בֶּחָרָבָה׃

9 As they were crossing, *Eliyahu* said to *Elisha*, "Tell me, what can I do for you before I am taken from you?" *Elisha* answered, "Let a double portion of your spirit pass on to me."

ט וַיְהִי כְעָבְרָם וְאֵלִיָּהוּ אָמַר אֶל־אֱלִישָׁע
שְׁאַל מָה אֶעֱשֶׂה־לָּךְ בְּטֶרֶם אֶלָּקַח
מֵעִמָּךְ וַיֹּאמֶר אֱלִישָׁע וִיהִי־נָא פִּי־שְׁנַיִם
בְּרוּחֲךָ אֵלָי׃

10 "You have asked a difficult thing," he said. "If you see me as I am being taken from you, this will be granted to you; if not, it will not."

י וַיֹּאמֶר הִקְשִׁיתָ לִשְׁאוֹל אִם־תִּרְאֶה
אֹתִי לֻקָּח מֵאִתָּךְ יְהִי־לְךָ כֵן וְאִם־אַיִן
לֹא יִהְיֶה׃

11 As they kept on walking and talking, a fiery chariot with fiery horses suddenly appeared and separated one from the other; and *Eliyahu* went up to heaven in a whirlwind.

יא וַיְהִי הֵמָּה הֹלְכִים הָלוֹךְ וְדַבֵּר וְהִנֵּה
רֶכֶב־אֵשׁ וְסוּסֵי אֵשׁ וַיַּפְרִדוּ בֵּין
שְׁנֵיהֶם וַיַּעַל אֵלִיָּהוּ בַּסְּעָרָה הַשָּׁמָיִם׃

vai-HEE HAY-mah ho-l'-KHEEM ha-LOKH v'-da-BAYR v'-hi-NAY
re-khev AYSH v'-SU-say AYSH va-yaf-RI-du BAYN sh'-nay-HEM
va-YA-al AY-li-YA-hu bas-a-RAH ha-sha-MA-yim

12 *Elisha* saw it, and he cried out, "Oh, father, father! *Yisrael*'s chariots and horsemen!" When he could no longer see him, he grasped his garments and rent them in two.

יב וֶאֱלִישָׁע רֹאֶה וְהוּא מְצַעֵק אָבִי אָבִי
רֶכֶב יִשְׂרָאֵל וּפָרָשָׁיו וְלֹא רָאָהוּ עוֹד
וַיַּחֲזֵק בִּבְגָדָיו וַיִּקְרָעֵם לִשְׁנַיִם קְרָעִים׃

13 He picked up *Eliyahu*'s mantle, which had dropped from him; and he went back and stood on the bank of the *Yarden*.

יג וַיָּרֶם אֶת־אַדֶּרֶת אֵלִיָּהוּ אֲשֶׁר נָפְלָה
מֵעָלָיו וַיָּשָׁב וַיַּעֲמֹד עַל־שְׂפַת הַיַּרְדֵּן׃

14 Taking the mantle which had dropped from *Eliyahu*, he struck the water and said, "Where is *Hashem*, the God of *Eliyahu*?" As he too struck the water, it parted to the right and to the left, and *Elisha* crossed over.

יד וַיִּקַּח אֶת־אַדֶּרֶת אֵלִיָּהוּ אֲשֶׁר־נָפְלָה
מֵעָלָיו וַיַּכֶּה אֶת־הַמַּיִם וַיֹּאמַר אַיֵּה
יְהֹוָה אֱלֹהֵי אֵלִיָּהוּ אַף־הוּא וַיַּכֶּה אֶת־
הַמַּיִם וַיֵּחָצוּ הֵנָּה וָהֵנָּה וַיַּעֲבֹר אֱלִישָׁע׃

15 When the disciples of the *Neviim* at *Yericho* saw him from a distance, they exclaimed, "The spirit of *Eliyahu* has settled on *Elisha*!" And they went to meet him and bowed low before him to the ground.

טו וַיִּרְאֻהוּ בְנֵי־הַנְּבִיאִים אֲשֶׁר־בִּירִיחוֹ
מִנֶּגֶד וַיֹּאמְרוּ נָחָה רוּחַ אֵלִיָּהוּ עַל־
אֱלִישָׁע וַיָּבֹאוּ לִקְרָאתוֹ וַיִּשְׁתַּחֲווּ־לוֹ
אָרְצָה׃

16 They said to him, "Your servants have fifty able men with them. Let them go and look for your master; perhaps the spirit of *Hashem* has carried him off and cast him upon some mountain or into some valley." "Do not send them," he replied.

טז וַיֹּאמְרוּ אֵלָיו הִנֵּה־נָא יֵשׁ־אֶת־עֲבָדֶיךָ
חֲמִשִּׁים אֲנָשִׁים בְּנֵי־חַיִל יֵלְכוּ נָא
וִיבַקְשׁוּ אֶת־אֲדֹנֶיךָ פֶּן־נְשָׂאוֹ רוּחַ יְהֹוָה
וַיַּשְׁלִכֵהוּ בְּאַחַד הֶהָרִים אוֹ בְּאַחַת
הגיאות [הַגֵּאָיוֹת] וַיֹּאמֶר לֹא תִשְׁלָחוּ׃

17 But they kept pressing him for a long time, until he said, "Send them." So they sent out fifty men, who searched for three days but did not find him.

יז וַיִּפְצְרוּ־בוֹ עַד־בֹּשׁ וַיֹּאמֶר שְׁלָחוּ
וַיִּשְׁלְחוּ חֲמִשִּׁים אִישׁ וַיְבַקְשׁוּ שְׁלֹשָׁה־
יָמִים וְלֹא מְצָאֻהוּ׃

18 They came back to him while he was still in *Yericho*; and he said to them, "I told you not to go."

יח וַיָּשֻׁבוּ אֵלָיו וְהוּא יֹשֵׁב בִּירִיחוֹ וַיֹּאמֶר
אֲלֵהֶם הֲלוֹא־אָמַרְתִּי אֲלֵיכֶם אַל־תֵּלֵכוּ׃

2:11 *Eliyahu* went up to heaven in a whirlwind In one of the Bible's most powerful images, *Eliyahu* the Prophet leaves this world and ascends to the heavens in a fiery chariot. The Sages teach (*Bava Batra* 121b) that *Eliyahu* did not die, but left this world while still alive. Because he remains alive, he maintains contact with the world below. He is therefore able to understand the needs of every generation. This constant connection is part of what makes him one of history's most beloved prophets. Tradition teaches that when God decides it is time to reveal the *Mashiach*, *Eliyahu* will return to proclaim his arrival to the world. According to the prophet *Malachi*, after he returns "He shall reconcile parents with children and children with their parents" (3:24). *Eliyahu* will bring peace to the world, creating the right environment for the arrival of the *Mashiach*.

"Elijah's Chair" in the Upper Galilee

19 The men of the town said to *Elisha*, "Look, the town is a pleasant place to live in, as my lord can see; but the water is bad and the land causes bereavement."

יט וַיֹּאמְרוּ אַנְשֵׁי הָעִיר אֶל־אֱלִישָׁע הִנֵּה־נָא מוֹשַׁב הָעִיר טוֹב כַּאֲשֶׁר אֲדֹנִי רֹאֶה וְהַמַּיִם רָעִים וְהָאָרֶץ מְשַׁכָּלֶת:

20 He responded, "Bring me a new dish and put salt in it." They brought it to him;

כ וַיֹּאמֶר קְחוּ־לִי צְלֹחִית חֲדָשָׁה וְשִׂימוּ שָׁם מֶלַח וַיִּקְחוּ אֵלָיו:

21 he went to the spring and threw salt into it. And he said, "Thus said *Hashem*: I heal this water; no longer shall death and bereavement come from it!"

כא וַיֵּצֵא אֶל־מוֹצָא הַמַּיִם וַיַּשְׁלֶךְ־שָׁם מֶלַח וַיֹּאמֶר כֹּה־אָמַר יְהֹוָה רִפִּאתִי לַמַּיִם הָאֵלֶּה לֹא־יִהְיֶה מִשָּׁם עוֹד מָוֶת וּמְשַׁכָּלֶת:

22 The water has remained wholesome to this day, in accordance with the word spoken by *Elisha*.

כב וַיֵּרָפוּ הַמַּיִם עַד הַיּוֹם הַזֶּה כִּדְבַר אֱלִישָׁע אֲשֶׁר דִּבֵּר:

23 From there he went up to *Beit El*. As he was going up the road, some little boys came out of the town and jeered at him, saying, "Go away, baldhead! Go away, baldhead!"

כג וַיַּעַל מִשָּׁם בֵּית־אֵל וְהוּא עֹלֶה בַדֶּרֶךְ וּנְעָרִים קְטַנִּים יָצְאוּ מִן־הָעִיר וַיִּתְקַלְּסוּ־בוֹ וַיֹּאמְרוּ לוֹ עֲלֵה קֵרֵחַ עֲלֵה קֵרֵחַ:

24 He turned around and looked at them and cursed them in the name of *Hashem*. Thereupon, two she-bears came out of the woods and mangled forty-two of the children.

כד וַיִּפֶן אַחֲרָיו וַיִּרְאֵם וַיְקַלְלֵם בְּשֵׁם יְהֹוָה וַתֵּצֶאנָה שְׁתַּיִם דֻּבִּים מִן־הַיַּעַר וַתְּבַקַּעְנָה מֵהֶם אַרְבָּעִים וּשְׁנֵי יְלָדִים:

25 He went on from there to Mount *Carmel*, and from there he returned to *Shomron*.

כה וַיֵּלֶךְ מִשָּׁם אֶל־הַר הַכַּרְמֶל וּמִשָּׁם שָׁב שֹׁמְרוֹן:

3 1 *Yehoram* son of *Achav* became king of *Yisrael* in *Shomron* in the eighteenth year of King *Yehoshafat* of *Yehuda*; and he reigned twelve years.

ג א וִיהוֹרָם בֶּן־אַחְאָב מָלַךְ עַל־יִשְׂרָאֵל בְּשֹׁמְרוֹן בִּשְׁנַת שְׁמֹנֶה עֶשְׂרֵה לִיהוֹשָׁפָט מֶלֶךְ יְהוּדָה וַיִּמְלֹךְ שְׁתֵּים־עֶשְׂרֵה שָׁנָה:

2 He did what was displeasing to *Hashem*, yet not like his father and mother, for he removed the pillars of Baal that his father had made.

ב וַיַּעֲשֶׂה הָרַע בְּעֵינֵי יְהֹוָה רַק לֹא כְאָבִיו וּכְאִמּוֹ וַיָּסַר אֶת־מַצְּבַת הַבַּעַל אֲשֶׁר עָשָׂה אָבִיו:

3 However, he clung to the sins which *Yerovam* son of Nebat caused *Yisrael* to commit; he did not depart from them.

ג רַק בְּחַטֹּאות יָרָבְעָם בֶּן־נְבָט אֲשֶׁר־הֶחֱטִיא אֶת־יִשְׂרָאֵל דָּבֵק לֹא־סָר מִמֶּנָּה:

4 Now King Mesha of Moab was a sheep breeder; and he used to pay as tribute to the king of *Yisrael* a hundred thousand lambs and the wool of a hundred thousand rams.

ד וּמֵישַׁע מֶלֶךְ־מוֹאָב הָיָה נֹקֵד וְהֵשִׁיב לְמֶלֶךְ־יִשְׂרָאֵל מֵאָה־אֶלֶף כָּרִים וּמֵאָה אֶלֶף אֵילִים צָמֶר:

5 But when *Achav* died, the king of Moab rebelled against the king of *Yisrael*.

ה וַיְהִי כְּמוֹת אַחְאָב וַיִּפְשַׁע מֶלֶךְ־מוֹאָב בְּמֶלֶךְ יִשְׂרָאֵל:

6 So King *Yehoram* promptly set out from *Shomron* and mustered all *Yisrael*.

ו וַיֵּצֵא הַמֶּלֶךְ יְהוֹרָם בַּיּוֹם הַהוּא מִשֹּׁמְרוֹן וַיִּפְקֹד אֶת־כָּל־יִשְׂרָאֵל׃

7 At the same time, he sent this message to King *Yehoshafat* of *Yehuda*: "The king of Moab has rebelled against me; will you come with me to make war on Moab?" He replied, "I will go. I will do what you do: my troops shall be your troops, my horses shall be your horses."

ז וַיֵּלֶךְ וַיִּשְׁלַח אֶל־יְהוֹשָׁפָט מֶלֶךְ־יְהוּדָה לֵאמֹר מֶלֶךְ מוֹאָב פָּשַׁע בִּי הֲתֵלֵךְ אִתִּי אֶל־מוֹאָב לַמִּלְחָמָה וַיֹּאמֶר אֶעֱלֶה כָּמוֹנִי כָמוֹךָ כְּעַמִּי כְעַמֶּךָ כְּסוּסַי כְּסוּסֶיךָ׃

8 And he asked, "Which route shall we take?" [*Yehoram*] replied, "The road through the wilderness of Edom."

ח וַיֹּאמֶר אֵי־זֶה הַדֶּרֶךְ נַעֲלֶה וַיֹּאמֶר דֶּרֶךְ מִדְבַּר אֱדוֹם׃

9 So the king of *Yisrael*, the king of *Yehuda*, and the king of Edom set out, and they marched for seven days until they rounded [the tip of the Dead Sea]; and there was no water left for the army or for the animals that were with them.

ט וַיֵּלֶךְ מֶלֶךְ יִשְׂרָאֵל וּמֶלֶךְ־יְהוּדָה וּמֶלֶךְ אֱדוֹם וַיָּסֹבּוּ דֶּרֶךְ שִׁבְעַת יָמִים וְלֹא־הָיָה מַיִם לַמַּחֲנֶה וְלַבְּהֵמָה אֲשֶׁר בְּרַגְלֵיהֶם׃

10 "Alas!" cried the king of *Yisrael*. "*Hashem* has brought these three kings together only to deliver them into the hands of Moab."

י וַיֹּאמֶר מֶלֶךְ יִשְׂרָאֵל אֲהָהּ כִּי־קָרָא יְהוָה לִשְׁלֹשֶׁת הַמְּלָכִים הָאֵלֶּה לָתֵת אוֹתָם בְּיַד־מוֹאָב׃

11 But *Yehoshafat* said, "Isn't there a *Navi* of *Hashem* here, through whom we may inquire of *Hashem*?" One of the courtiers of the king of *Yisrael* spoke up and said, "*Elisha* son of *Shafat*, who poured water on the hands of *Eliyahu*, is here."

יא וַיֹּאמֶר יְהוֹשָׁפָט הַאֵין פֹּה נָבִיא לַיהוָה וְנִדְרְשָׁה אֶת־יְהוָה מֵאוֹתוֹ וַיַּעַן אֶחָד מֵעַבְדֵי מֶלֶךְ־יִשְׂרָאֵל וַיֹּאמֶר פֹּה אֱלִישָׁע בֶּן־שָׁפָט אֲשֶׁר־יָצַק מַיִם עַל־יְדֵי אֵלִיָּהוּ׃

12 "The word of *Hashem* is with him," said *Yehoshafat*. So the king of *Yisrael* and *Yehoshafat* and the king of Edom went down to him.

יב וַיֹּאמֶר יְהוֹשָׁפָט יֵשׁ אוֹתוֹ דְּבַר־יְהוָה וַיֵּרְדוּ אֵלָיו מֶלֶךְ יִשְׂרָאֵל וִיהוֹשָׁפָט וּמֶלֶךְ אֱדוֹם׃

13 *Elisha* said to the king of *Yisrael*, "What have you to do with me? Go to your father's *Neviim* or your mother's *Neviim*." But the king of *Yisrael* said, "Don't [say that], for *Hashem* has brought these three kings together only to deliver them into the hands of Moab."

יג וַיֹּאמֶר אֱלִישָׁע אֶל־מֶלֶךְ יִשְׂרָאֵל מַה־לִּי וָלָךְ לֵךְ אֶל־נְבִיאֵי אָבִיךָ וְאֶל־נְבִיאֵי אִמֶּךָ וַיֹּאמֶר לוֹ מֶלֶךְ יִשְׂרָאֵל אַל כִּי־קָרָא יְהוָה לִשְׁלֹשֶׁת הַמְּלָכִים הָאֵלֶּה לָתֵת אוֹתָם בְּיַד־מוֹאָב׃

14 "As the LORD of Hosts lives, whom I serve," *Elisha* answered, "were it not that I respect King *Yehoshafat* of *Yehuda*, I wouldn't look at you or notice you.

יד וַיֹּאמֶר אֱלִישָׁע חַי־יְהוָה צְבָאוֹת אֲשֶׁר עָמַדְתִּי לְפָנָיו כִּי לוּלֵי פְּנֵי יְהוֹשָׁפָט מֶלֶךְ־יְהוּדָה אֲנִי נֹשֵׂא אִם־אַבִּיט אֵלֶיךָ וְאִם־אֶרְאֶךָּ׃

15 Now then, get me a musician." As the musician played, the hand of *Hashem* came upon him,

טו וְעַתָּה קְחוּ־לִי מְנַגֵּן וְהָיָה כְּנַגֵּן הַמְנַגֵּן וַתְּהִי עָלָיו יַד־יְהוָה׃

16 and he said, "Thus said *Hashem*: This wadi shall be full of pools.

טז וַיֹּאמֶר כֹּה אָמַר יְהֹוָה עָשֹׂה הַנַּחַל הַזֶּה
גֵּבִים גֵּבִים׃

va-YO-mer KOH a-MAR a-do-NAI a-SOH ha-NA-khal
ha-ZEH gay-VEEM gay-VEEM

17 For thus said *Hashem*: You shall see no wind, you shall see no rain, and yet the wadi shall be filled with water; and you and your cattle and your pack animals shall drink.

יז כִּי־כֹה אָמַר יְהֹוָה לֹא־תִרְאוּ רוּחַ וְלֹא־
תִרְאוּ גֶשֶׁם וְהַנַּחַל הַהוּא יִמָּלֵא מָיִם
וּשְׁתִיתֶם אַתֶּם וּמִקְנֵיכֶם וּבְהֶמְתְּכֶם׃

18 And this is but a slight thing in the sight of *Hashem*, for He will also deliver Moab into your hands.

יח וְנָקַל זֹאת בְּעֵינֵי יְהֹוָה וְנָתַן אֶת־מוֹאָב
בְּיֶדְכֶם׃

19 You shall conquer every fortified town and every splendid city; you shall fell every good tree and stop up all wells of water; and every fertile field you shall ruin with stones."

יט וְהִכִּיתֶם כָּל־עִיר מִבְצָר וְכָל־עִיר מִבְחוֹר
וְכָל־עֵץ טוֹב תַּפִּילוּ וְכָל־מַעְיְנֵי־מַיִם
תִּסְתֹּמוּ וְכֹל הַחֶלְקָה הַטּוֹבָה תַּכְאִבוּ
בָּאֲבָנִים׃

20 And in the morning, when it was time to present the meal offering, water suddenly came from the direction of Edom and the land was covered by the water.

כ וַיְהִי בַבֹּקֶר כַּעֲלוֹת הַמִּנְחָה וְהִנֵּה־מַיִם
בָּאִים מִדֶּרֶךְ אֱדוֹם וַתִּמָּלֵא הָאָרֶץ אֶת־
הַמָּיִם׃

21 Meanwhile, all the Moabites had heard that the kings were advancing to make war on them; every man old enough to bear arms rallied, and they stationed themselves at the border.

כא וְכָל־מוֹאָב שָׁמְעוּ כִּי־עָלוּ הַמְּלָכִים
לְהִלָּחֶם בָּם וַיִּצָּעֲקוּ מִכֹּל חֹגֵר חֲגֹרָה
וָמַעְלָה וַיַּעַמְדוּ עַל־הַגְּבוּל׃

22 Next morning, when they rose, the sun was shining over the water, and from the distance the water appeared to the Moabites as red as blood.

כב וַיַּשְׁכִּימוּ בַבֹּקֶר וְהַשֶּׁמֶשׁ זָרְחָה עַל־
הַמָּיִם וַיִּרְאוּ מוֹאָב מִנֶּגֶד אֶת־הַמַּיִם
אֲדֻמִּים כַּדָּם׃

23 "That's blood!" they said. "The kings must have fought among themselves and killed each other. Now to the spoil, Moab!"

כג וַיֹּאמְרוּ דָּם זֶה הָחֳרֵב נֶחֶרְבוּ הַמְּלָכִים
וַיַּכּוּ אִישׁ אֶת־רֵעֵהוּ וְעַתָּה לַשָּׁלָל
מוֹאָב׃

24 They entered the Israelite camp, and the Israelites arose and attacked the Moabites, who fled before them. They advanced, constantly attacking the Moabites,

כד וַיָּבֹאוּ אֶל־מַחֲנֵה יִשְׂרָאֵל וַיָּקֻמוּ יִשְׂרָאֵל
וַיַּכּוּ אֶת־מוֹאָב וַיָּנֻסוּ מִפְּנֵיהֶם ויבו־
[וַיַּכּוּ־] בָהּ וְהַכּוֹת אֶת־מוֹאָב׃

3:16 This wadi shall be full of pools When the kings and their armies face death due to lack of water, *Elisha* prophesies that the valley will be filled with pools of water. Thus, they will be saved from death, and will be able to quench their thirst. There have been many times in history, from biblical through modern times, when the People of Israel needed miracles in order to have sufficient water. The most famous biblical example is the rock that provided water for the Israelites in the desert. In modern times, one of the many miracles in the creation and prospering of the State of Israel has been the ability to find sufficient water to literally make the desert bloom. For example, Israeli farmers have pioneered innovative drip irrigation methods that have allowed Israel to become leaders in agriculture. Though Israel must conserve water, *Hashem* has provided it with a sufficient amount to meet all of its needs, and the wisdom to use it efficiently.

Drip irrigation in Hatzerim, Israel

Kings

25 and they destroyed the towns. Every man threw a stone into each fertile field, so that it was covered over; and they stopped up every spring and felled every fruit tree. Only the walls of Kir-hareseth were left, and then the slingers surrounded it and attacked it.

כה וְהֶעָרִים יַהֲרֹסוּ וְכָל־חֶלְקָה טוֹבָה יַשְׁלִיכוּ אִישׁ־אַבְנוֹ וּמִלְאוּהָ וְכָל־מַעְיַן־מַיִם יִסְתְּמוּ וְכָל־עֵץ־טוֹב יַפִּילוּ עַד־הִשְׁאִיר אֲבָנֶיהָ בַּקִּיר חֲרָשֶׂת וַיָּסֹבּוּ הַקַּלָּעִים וַיַּכּוּהָ׃

26 Seeing that the battle was going against him, the king of Moab led an attempt of seven hundred swordsmen to break a way through to the king of Edom; but they failed.

כו וַיַּרְא מֶלֶךְ מוֹאָב כִּי־חָזַק מִמֶּנּוּ הַמִּלְחָמָה וַיִּקַּח אוֹתוֹ שְׁבַע־מֵאוֹת אִישׁ שֹׁלֵף חֶרֶב לְהַבְקִיעַ אֶל־מֶלֶךְ אֱדוֹם וְלֹא יָכֹלוּ׃

27 So he took his first-born son, who was to succeed him as king, and offered him up on the wall as a burnt offering. A great wrath came upon *Yisrael*, so they withdrew from him and went back to [their own] land.

כז וַיִּקַּח אֶת־בְּנוֹ הַבְּכוֹר אֲשֶׁר־יִמְלֹךְ תַּחְתָּיו וַיַּעֲלֵהוּ עֹלָה עַל־הַחֹמָה וַיְהִי קֶצֶף־גָּדוֹל עַל־יִשְׂרָאֵל וַיִּסְעוּ מֵעָלָיו וַיָּשֻׁבוּ לָאָרֶץ׃

4 1 A certain woman, the wife of one of the disciples of the *Neviim*, cried out to *Elisha*: "Your servant my husband is dead, and you know how your servant revered *Hashem*. And now a creditor is coming to seize my two children as slaves."

א וְאִשָּׁה אַחַת מִנְּשֵׁי בְנֵי־הַנְּבִיאִים צָעֲקָה אֶל־אֱלִישָׁע לֵאמֹר עַבְדְּךָ אִישִׁי מֵת וְאַתָּה יָדַעְתָּ כִּי עַבְדְּךָ הָיָה יָרֵא אֶת־יְהֹוָה וְהַנֹּשֶׁה בָּא לָקַחַת אֶת־שְׁנֵי יְלָדַי לוֹ לַעֲבָדִים׃

2 *Elisha* said to her, "What can I do for you? Tell me, what have you in the house?" She replied, "Your maidservant has nothing at all in the house, except a jug of oil."

ב וַיֹּאמֶר אֵלֶיהָ אֱלִישָׁע מָה אֶעֱשֶׂה־לָּךְ הַגִּידִי לִי מַה־יֶּשׁ־לכי [לָךְ] בַּבָּיִת וַתֹּאמֶר אֵין לְשִׁפְחָתְךָ כֹל בַּבַּיִת כִּי אִם־אָסוּךְ שָׁמֶן׃

3 "Go," he said, "and borrow vessels outside, from all your neighbors, empty vessels, as many as you can.

ג וַיֹּאמֶר לְכִי שַׁאֲלִי־לָךְ כֵּלִים מִן־הַחוּץ מֵאֵת כָּל־שכנכי [שְׁכֵנָיִךְ] כֵּלִים רֵקִים אַל־תַּמְעִיטִי׃

va-YO-mer l'-KHEE sha-a-lee LAKH kay-LEEM min ha-KHUTZ
may-AYT kol sh'-khay-NA-yikh kay-LEEM ray-KEEM al tam-EE-tee

4 Then go in and shut the door behind you and your children, and pour [oil] into all those vessels, removing each one as it is filled."

ד וּבָאת וְסָגַרְתְּ הַדֶּלֶת בַּעֲדֵךְ וּבְעַד־בָּנַיִךְ וְיָצַקְתְּ עַל כָּל־הַכֵּלִים הָאֵלֶּה וְהַמָּלֵא תַּסִּיעִי׃

5 She went away and shut the door behind her and her children. They kept bringing [vessels] to her and she kept pouring.

ה וַתֵּלֶךְ מֵאִתּוֹ וַתִּסְגֹּר הַדֶּלֶת בַּעֲדָהּ וּבְעַד בָּנֶיהָ הֵם מַגִּשִׁים אֵלֶיהָ וְהִיא מיצקת [מוֹצָקֶת]׃

Prime Minister David Ben Gurion (1886–1973)

4:3 Borrow vessels God again performs a miracle with human partnership, utilizing items that already exists in nature. Thus, this miracle emanates from existing oil, and continues only as long as additional jugs are brought. David Ben Gurion, the first Prime Minister of Israel, famously said "in Israel, in order to be a realist, one must believe in miracles." Indeed, surrounded by enemies and lacking natural resources, there is no logical reason that the State of Israel exists at all, let alone as a strong and vibrant nation. It is only due to *Hashem*'s miracles, which He attaches to the great efforts of many human beings, that Israel is here to bring blessing to the world.

6 When the vessels were full, she said to her son, "Bring me another vessel." He answered her, "There are no more vessels"; and the oil stopped.

ו וַיְהִי כִּמְלֹאת הַכֵּלִים וַתֹּאמֶר אֶל־בְּנָהּ
הַגִּישָׁה אֵלַי עוֹד כֶּלִי וַיֹּאמֶר אֵלֶיהָ אֵין
עוֹד כֶּלִי וַיַּעֲמֹד הַשָּׁמֶן׃

7 She came and told the man of *Hashem*, and he said, "Go sell the oil and pay your debt, and you and your children can live on the rest."

ז וַתָּבֹא וַתַּגֵּד לְאִישׁ הָאֱלֹהִים וַיֹּאמֶר לְכִי
מִכְרִי אֶת־הַשֶּׁמֶן וְשַׁלְּמִי אֶת־נשיכי
[נִשְׁיֵךְ] וְאַתְּ בניכי [וּבָנַיִךְ] תִּחְיִי בַּנּוֹתָר׃

8 One day *Elisha* visited Shunem. A wealthy woman lived there, and she urged him to have a meal; and whenever he passed by, he would stop there for a meal.

ח וַיְהִי הַיּוֹם וַיַּעֲבֹר אֱלִישָׁע אֶל־שׁוּנֵם
וְשָׁם אִשָּׁה גְדוֹלָה וַתַּחֲזֶק־בּוֹ לֶאֱכָל־
לָחֶם וַיְהִי מִדֵּי עָבְרוֹ יָסֻר שָׁמָּה לֶאֱכָל־
לָחֶם׃

9 Once she said to her husband, "I am sure it is a holy man of *Hashem* who comes this way regularly.

ט וַתֹּאמֶר אֶל־אִישָׁהּ הִנֵּה־נָא יָדַעְתִּי כִּי
אִישׁ אֱלֹהִים קָדוֹשׁ הוּא עֹבֵר עָלֵינוּ
תָּמִיד׃

10 Let us make a small enclosed upper chamber and place a bed, a table, a chair, and a *menorah* there for him, so that he can stop there whenever he comes to us."

י נַעֲשֶׂה־נָּא עֲלִיַּת־קִיר קְטַנָּה וְנָשִׂים לוֹ
שָׁם מִטָּה וְשֻׁלְחָן וְכִסֵּא וּמְנוֹרָה וְהָיָה
בְּבֹאוֹ אֵלֵינוּ יָסוּר שָׁמָּה׃

11 One day he came there; he retired to the upper chamber and lay down there.

יא וַיְהִי הַיּוֹם וַיָּבֹא שָׁמָּה וַיָּסַר אֶל־הָעֲלִיָּה
וַיִּשְׁכַּב־שָׁמָּה׃

12 He said to his servant Gehazi, "Call that Shunammite woman." He called her, and she stood before him.

יב וַיֹּאמֶר אֶל־גֵּחֲזִי נַעֲרוֹ קְרָא לַשּׁוּנַמִּית
הַזֹּאת וַיִּקְרָא־לָהּ וַתַּעֲמֹד לְפָנָיו׃

13 He said to him, "Tell her, 'You have gone to all this trouble for us. What can we do for you? Can we speak in your behalf to the king or to the army commander?'" She replied, "I live among my own people."

יג וַיֹּאמֶר לוֹ אֱמָר־נָא אֵלֶיהָ הִנֵּה חָרַדְתְּ
אֵלֵינוּ אֶת־כָּל־הַחֲרָדָה הַזֹּאת מֶה
לַעֲשׂוֹת לָךְ הֲיֵשׁ לְדַבֶּר־לָךְ אֶל־הַמֶּלֶךְ
אוֹ אֶל־שַׂר הַצָּבָא וַתֹּאמֶר בְּתוֹךְ עַמִּי
אָנֹכִי יֹשָׁבֶת׃

14 "What then can be done for her?" he asked. "The fact is," said Gehazi, "she has no son, and her husband is old."

יד וַיֹּאמֶר וּמֶה לַעֲשׂוֹת לָהּ וַיֹּאמֶר גֵּיחֲזִי
אֲבָל בֵּן אֵין־לָהּ וְאִישָׁהּ זָקֵן׃

15 "Call her," he said. He called her, and she stood in the doorway.

טו וַיֹּאמֶר קְרָא־לָהּ וַיִּקְרָא־לָהּ וַתַּעֲמֹד
בַּפָּתַח׃

16 And *Elisha* said, "At this season next year, you will be embracing a son." She replied, "Please, my lord, man of *Hashem*, do not delude your maidservant."

טז וַיֹּאמֶר לַמּוֹעֵד הַזֶּה כָּעֵת חַיָּה אתי
[אַתְּ] חֹבֶקֶת בֵּן וַתֹּאמֶר אַל־אֲדֹנִי אִישׁ
הָאֱלֹהִים אַל־תְּכַזֵּב בְּשִׁפְחָתֶךָ׃

17 The woman conceived and bore a son at the same season the following year, as *Elisha* had assured her.

יז וַתַּהַר הָאִשָּׁה וַתֵּלֶד בֵּן לַמּוֹעֵד הַזֶּה
כָּעֵת חַיָּה אֲשֶׁר־דִּבֶּר אֵלֶיהָ אֱלִישָׁע׃

18 The child grew up. One day, he went out to his father among the reapers.

יח וַיִּגְדַּל הַיָּלֶד וַיְהִי הַיּוֹם וַיֵּצֵא אֶל־אָבִיו
אֶל־הַקֹּצְרִים׃

19 [Suddenly] he cried to his father, "Oh, my head, my head!" He said to a servant, "Carry him to his mother."

יט וַיֹּאמֶר אֶל־אָבִיו רֹאשִׁי רֹאשִׁי וַיֹּאמֶר
אֶל־הַנַּעַר שָׂאֵהוּ אֶל־אִמּוֹ׃

20 He picked him up and brought him to his mother. And the child sat on her lap until noon; and he died.

כ וַיִּשָּׂאֵהוּ וַיְבִיאֵהוּ אֶל־אִמּוֹ וַיֵּשֶׁב עַל־
בִּרְכֶּיהָ עַד־הַצָּהֳרַיִם וַיָּמֹת׃

21 She took him up and laid him on the bed of the man of *Hashem*, and left him and closed the door.

כא וַתַּעַל וַתַּשְׁכִּבֵהוּ עַל־מִטַּת אִישׁ
הָאֱלֹהִים וַתִּסְגֹּר בַּעֲדוֹ וַתֵּצֵא׃

22 Then she called to her husband: "Please, send me one of the servants and one of the she-asses, so I can hurry to the man of *Hashem* and back."

כב וַתִּקְרָא אֶל־אִישָׁהּ וַתֹּאמֶר שִׁלְחָה נָא
לִי אֶחָד מִן־הַנְּעָרִים וְאַחַת הָאֲתֹנוֹת
וְאָרוּצָה עַד־אִישׁ הָאֱלֹהִים וְאָשׁוּבָה׃

23 But he said, "Why are you going to him today? It is neither new moon nor *Shabbat*." She answered, "It's all right."

כג וַיֹּאמֶר מַדּוּעַ אתי [אַתְּ] הלכתי
[הֹלֶכֶת] אֵלָיו הַיּוֹם לֹא־חֹדֶשׁ וְלֹא
שַׁבָּת וַתֹּאמֶר שָׁלוֹם׃

24 She had the ass saddled, and said to her servant, "Urge [the beast] on; see that I don't slow down unless I tell you."

כד וַתַּחֲבֹשׁ הָאָתוֹן וַתֹּאמֶר אֶל־נַעֲרָהּ נְהַג
וָלֵךְ אַל־תַּעֲצָר־לִי לִרְכֹּב כִּי אִם־אָמַרְתִּי
לָךְ׃

25 She went on until she came to the man of *Hashem* on Mount *Carmel*. When the man of *Hashem* saw her from afar, he said to his servant Gehazi, "There is that Shunammite woman.

כה וַתֵּלֶךְ וַתָּבוֹא אֶל־אִישׁ הָאֱלֹהִים אֶל־הַר
הַכַּרְמֶל וַיְהִי כִּרְאוֹת אִישׁ־הָאֱלֹהִים
אֹתָהּ מִנֶּגֶד וַיֹּאמֶר אֶל־גֵּיחֲזִי נַעֲרוֹ הִנֵּה
הַשּׁוּנַמִּית הַלָּז׃

26 Go, hurry toward her and ask her, 'How are you? How is your husband? How is the child?'" "We are well," she replied.

כו עַתָּה רוּץ־נָא לִקְרָאתָהּ וֶאֱמָר־לָהּ
הֲשָׁלוֹם לָךְ הֲשָׁלוֹם לְאִישֵׁךְ הֲשָׁלוֹם
לַיָּלֶד וַתֹּאמֶר שָׁלוֹם׃

27 But when she came up to the man of *Hashem* on the mountain, she clasped his feet. Gehazi stepped forward to push her away; but the man of *Hashem* said, "Let her alone, for she is in bitter distress; and *Hashem* has hidden it from me and has not told me."

כז וַתָּבֹא אֶל־אִישׁ הָאֱלֹהִים אֶל־הָהָר
וַתַּחֲזֵק בְּרַגְלָיו וַיִּגַּשׁ גֵּיחֲזִי לְהָדְפָהּ
וַיֹּאמֶר אִישׁ הָאֱלֹהִים הַרְפֵּה־לָהּ כִּי־
נַפְשָׁהּ מָרָה־לָהּ וַיהוָה הֶעְלִים מִמֶּנִּי
וְלֹא הִגִּיד לִי׃

28 Then she said, "Did I ask my lord for a son? Didn't I say: 'Don't mislead me'?"

כח וַתֹּאמֶר הֲשָׁאַלְתִּי בֵן מֵאֵת אֲדֹנִי הֲלֹא
אָמַרְתִּי לֹא תַשְׁלֶה אֹתִי׃

29 He said to Gehazi, "Tie up your skirts, take my staff in your hand, and go. If you meet anyone, do not greet him; and if anyone greets you, do not answer him. And place my staff on the face of the boy."

כט וַיֹּאמֶר לְגֵיחֲזִי חֲגֹר מָתְנֶיךָ וְקַח
מִשְׁעַנְתִּי בְיָדְךָ וָלֵךְ כִּי־תִמְצָא אִישׁ
לֹא תְבָרְכֶנּוּ וְכִי־יְבָרֶכְךָ אִישׁ לֹא תַעֲנֶנּוּ
וְשַׂמְתָּ מִשְׁעַנְתִּי עַל־פְּנֵי הַנָּעַר׃

30 But the boy's mother said, "As *Hashem* lives and as you live, I will not leave you!" So he arose and followed her.

ל וַתֹּאמֶר אֵם הַנַּעַר חַי־יְהוָה וְחֵי־נַפְשְׁךָ
אִם־אֶעֶזְבֶךָּ וַיָּקָם וַיֵּלֶךְ אַחֲרֶיהָ׃

31 Gehazi had gone on before them and had placed the staff on the boy's face; but there was no sound or response. He turned back to meet him and told him, "The boy has not awakened."

לא וְגֵחֲזִי עָבַר לִפְנֵיהֶם וַיָּשֶׂם אֶת־
הַמִּשְׁעֶנֶת עַל־פְּנֵי הַנַּעַר וְאֵין קוֹל וְאֵין
קָשֶׁב וַיָּשָׁב לִקְרָאתוֹ וַיַּגֶּד־לוֹ לֵאמֹר לֹא
הֵקִיץ הַנָּעַר׃

32 *Elisha* came into the house, and there was the boy, laid out dead on his couch.

לב וַיָּבֹא אֱלִישָׁע הַבָּיְתָה וְהִנֵּה הַנַּעַר מֵת
מֻשְׁכָּב עַל־מִטָּתוֹ׃

33 He went in, shut the door behind the two of them, and prayed to *Hashem*.

לג וַיָּבֹא וַיִּסְגֹּר הַדֶּלֶת בְּעַד שְׁנֵיהֶם וַיִּתְפַּלֵּל
אֶל־יְהוָה׃

34 Then he mounted [the bed] and placed himself over the child. He put his mouth on its mouth, his eyes on its eyes, and his hands on its hands, as he bent over it. And the body of the child became warm.

לד וַיַּעַל וַיִּשְׁכַּב עַל־הַיֶּלֶד וַיָּשֶׂם פִּיו עַל־פִּיו
וְעֵינָיו עַל־עֵינָיו וְכַפָּיו עַל־כפו [כַּפָּיו]
וַיִּגְהַר עָלָיו וַיָּחָם בְּשַׂר הַיָּלֶד׃

35 He stepped down, walked once up and down the room, then mounted and bent over him. Thereupon, the boy sneezed seven times, and the boy opened his eyes.

לה וַיָּשָׁב וַיֵּלֶךְ בַּבַּיִת אַחַת הֵנָּה וְאַחַת הֵנָּה
וַיַּעַל וַיִּגְהַר עָלָיו וַיְזוֹרֵר הַנַּעַר עַד־שֶׁבַע
פְּעָמִים וַיִּפְקַח הַנַּעַר אֶת־עֵינָיו׃

36 [*Elisha*] called Gehazi and said, "Call the Shunammite woman," and he called her. When she came to him, he said, "Pick up your son."

לו וַיִּקְרָא אֶל־גֵּיחֲזִי וַיֹּאמֶר קְרָא אֶל־
הַשֻּׁנַמִּית הַזֹּאת וַיִּקְרָאֶהָ וַתָּבוֹא אֵלָיו
וַיֹּאמֶר שְׂאִי בְנֵךְ׃

37 She came and fell at his feet and bowed low to the ground; then she picked up her son and left.

לז וַתָּבֹא וַתִּפֹּל עַל־רַגְלָיו וַתִּשְׁתַּחוּ אָרְצָה
וַתִּשָּׂא אֶת־בְּנָהּ וַתֵּצֵא׃

38 *Elisha* returned to *Gilgal*. There was a famine in the land, and the disciples of the *Neviim* were sitting before him. He said to his servant, "Set the large pot [on the fire] and cook a stew for the disciples of the *Neviim*."

לח וֶאֱלִישָׁע שָׁב הַגִּלְגָּלָה וְהָרָעָב בָּאָרֶץ
וּבְנֵי הַנְּבִיאִים יֹשְׁבִים לְפָנָיו וַיֹּאמֶר
לְנַעֲרוֹ שְׁפֹת הַסִּיר הַגְּדוֹלָה וּבַשֵּׁל נָזִיד
לִבְנֵי הַנְּבִיאִים׃

39 So one of them went out into the fields to gather sprouts. He came across a wild vine and picked from it wild gourds, as many as his garment would hold. Then he came back and sliced them into the pot of stew, for they did not know [what they were];

לט וַיֵּצֵא אֶחָד אֶל־הַשָּׂדֶה לְלַקֵּט אֹרֹת
וַיִּמְצָא גֶּפֶן שָׂדֶה וַיְלַקֵּט מִמֶּנּוּ פַּקֻּעֹת
שָׂדֶה מְלֹא בִגְדוֹ וַיָּבֹא וַיְפַלַּח אֶל־סִיר
הַנָּזִיד כִּי־לֹא יָדָעוּ׃

40 and they served it for the men to eat. While they were still eating of the stew, they began to cry out: "O man of *Hashem*, there is death in the pot!" And they could not eat it.

מ וַיִּצְקוּ לַאֲנָשִׁים לֶאֱכוֹל וַיְהִי כְּאָכְלָם
מֵהַנָּזִיד וְהֵמָּה צָעָקוּ וַיֹּאמְרוּ מָוֶת בַּסִּיר
אִישׁ הָאֱלֹהִים וְלֹא יָכְלוּ לֶאֱכֹל׃

41 "Fetch some flour," [*Elisha*] said. He threw it into the pot and said, "Serve it to the people and let them eat." And there was no longer anything harmful in the pot.

מא וַיֹּאמֶר וּקְחוּ־קֶמַח וַיַּשְׁלֵךְ אֶל־הַסִּיר
וַיֹּאמֶר צַק לָעָם וְיֹאכֵלוּ וְלֹא הָיָה דָּבָר
רָע בַּסִּיר׃

42 A man came from Baal-shalishah and he brought the man of *Hashem* some bread of the first reaping – twenty loaves of barley bread, and some fresh grain in his sack. And [*Elisha*] said, "Give it to the people and let them eat."

מב וְאִישׁ בָּא מִבַּעַל שָׁלִשָׁה וַיָּבֵא לְאִישׁ
הָאֱלֹהִים לֶחֶם בִּכּוּרִים עֶשְׂרִים־לֶחֶם
שְׂעֹרִים וְכַרְמֶל בְּצִקְלֹנוֹ וַיֹּאמֶר תֵּן לָעָם
וְיֹאכֵלוּ׃

43 His attendant replied, "How can I set this before a hundred men?" But he said, "Give it to the people and let them eat. For thus said *Hashem*: They shall eat and have some left over."

מג וַיֹּאמֶר מְשָׁרְתוֹ מָה אֶתֵּן זֶה לִפְנֵי מֵאָה
אִישׁ וַיֹּאמֶר תֵּן לָעָם וְיֹאכֵלוּ כִּי כֹה
אָמַר יְהוָה אָכֹל וְהוֹתֵר׃

44 So he set it before them; and when they had eaten, they had some left over, as *Hashem* had said.

מד וַיִּתֵּן לִפְנֵיהֶם וַיֹּאכְלוּ וַיּוֹתִרוּ כִּדְבַר
יְהוָה׃

Kings

5 1 Naaman, commander of the army of the king of Aram, was important to his lord and high in his favor, for through him *Hashem* had granted victory to Aram. But the man, though a great warrior, was a leper.

א וְנַעֲמָן שַׂר־צְבָא מֶלֶךְ־אֲרָם הָיָה אִישׁ
גָּדוֹל לִפְנֵי אֲדֹנָיו וּנְשֻׂא פָנִים כִּי־בוֹ נָתַן־
יְהֹוָה תְּשׁוּעָה לַאֲרָם וְהָאִישׁ הָיָה גִּבּוֹר
חַיִל מְצֹרָע׃

2 Once, when the Arameans were out raiding, they carried off a young girl from the land of *Yisrael*, and she became an attendant to Naaman's wife.

ב וַאֲרָם יָצְאוּ גְדוּדִים וַיִּשְׁבּוּ מֵאֶרֶץ
יִשְׂרָאֵל נַעֲרָה קְטַנָּה וַתְּהִי לִפְנֵי אֵשֶׁת
נַעֲמָן׃

3 She said to her mistress, "I wish Master could come before the *Navi* in *Shomron*; he would cure him of his leprosy."

ג וַתֹּאמֶר אֶל־גְּבִרְתָּהּ אַחֲלֵי אֲדֹנִי לִפְנֵי
הַנָּבִיא אֲשֶׁר בְּשֹׁמְרוֹן אָז יֶאֱסֹף אֹתוֹ
מִצָּרַעְתּוֹ׃

4 [Naaman] went and told his lord just what the girl from the land of *Yisrael* had said.

ד וַיָּבֹא וַיַּגֵּד לַאדֹנָיו לֵאמֹר כָּזֹאת וְכָזֹאת
דִּבְּרָה הַנַּעֲרָה אֲשֶׁר מֵאֶרֶץ יִשְׂרָאֵל׃

5 And the king of Aram said, "Go to the king of *Yisrael*, and I will send along a letter." He set out, taking with him ten *kikarim* of silver, six thousand *shekalim* of gold, and ten changes of clothing.

ה וַיֹּאמֶר מֶלֶךְ־אֲרָם לֶךְ־בֹּא וְאֶשְׁלְחָה
סֵפֶר אֶל־מֶלֶךְ יִשְׂרָאֵל וַיֵּלֶךְ וַיִּקַּח בְּיָדוֹ
עֶשֶׂר כִּכְּרֵי־כֶסֶף וְשֵׁשֶׁת אֲלָפִים זָהָב
וְעֶשֶׂר חֲלִיפוֹת בְּגָדִים׃

6 He brought the letter to the king of *Yisrael*. It read: "Now, when this letter reaches you, know that I have sent my courtier Naaman to you, that you may cure him of his leprosy."

ו וַיָּבֵא הַסֵּפֶר אֶל־מֶלֶךְ יִשְׂרָאֵל לֵאמֹר
וְעַתָּה כְּבוֹא הַסֵּפֶר הַזֶּה אֵלֶיךָ הִנֵּה
שָׁלַחְתִּי אֵלֶיךָ אֶת־נַעֲמָן עַבְדִּי וַאֲסַפְתּוֹ
מִצָּרַעְתּוֹ׃

7 When the king of *Yisrael* read the letter, he rent his clothes and cried, "Am I *Hashem*, to deal death or give life, that this fellow writes to me to cure a man of leprosy? Just see for yourselves that he is seeking a pretext against me!"

ז וַיְהִי כִּקְרֹא מֶלֶךְ־יִשְׂרָאֵל אֶת־הַסֵּפֶר
וַיִּקְרַע בְּגָדָיו וַיֹּאמֶר הַאֱלֹהִים אָנִי
לְהָמִית וּלְהַחֲיוֹת כִּי־זֶה שֹׁלֵחַ אֵלַי
לֶאֱסֹף אִישׁ מִצָּרַעְתּוֹ כִּי אַךְ־דְּעוּ־נָא
וּרְאוּ כִּי־מִתְאַנֶּה הוּא לִי׃

8 When *Elisha*, the man of *Hashem*, heard that the king of *Yisrael* had rent his clothes, he sent a message to the king: "Why have you rent your clothes? Let him come to me, and he will learn that there is a *Navi* in *Yisrael*."

ח וַיְהִי כִּשְׁמֹעַ אֱלִישָׁע אִישׁ־הָאֱלֹהִים
כִּי־קָרַע מֶלֶךְ־יִשְׂרָאֵל אֶת־בְּגָדָיו וַיִּשְׁלַח
אֶל־הַמֶּלֶךְ לֵאמֹר לָמָּה קָרַעְתָּ בְּגָדֶיךָ
יָבֹא־נָא אֵלַי וְיֵדַע כִּי יֵשׁ נָבִיא בְּיִשְׂרָאֵל׃

9 So Naaman came with his horses and chariots and halted at the door of *Elisha*'s house.

ט וַיָּבֹא נַעֲמָן בסוסו [בְּסוּסָיו] וּבְרִכְבּוֹ
וַיַּעֲמֹד פֶּתַח־הַבַּיִת לֶאֱלִישָׁע׃

10 *Elisha* sent a messenger to say to him, "Go and bathe seven times in the *Yarden*, and your flesh shall be restored and you shall be clean."

י וַיִּשְׁלַח אֵלָיו אֱלִישָׁע מַלְאָךְ לֵאמֹר
הָלוֹךְ וְרָחַצְתָּ שֶׁבַע־פְּעָמִים בַּיַּרְדֵּן
וְיָשֹׁב בְּשָׂרְךָ לְךָ וּטְהָר׃

va-yish-LAKH ay-LAV e-lee-SHA mal-AKH lay-MOR ha-LOKH v'-ra-khatz-TA she-va p'-a-MEEM ba-yar-DAYN v'-ya-SHOV b'-sa-r'-KHA l'-KHA ut-HAR

5:10 Go and bathe seven times in the *Yarden*
Previously (Joshua 3), the *Yarden* river split to allow the Children of Israel to cross into *Eretz Yisrael*. Now, the *Yarden* is again part of a miracle, as it cures *Naaman* of his affliction. The Land of Israel has amazing powers to provide spiritual, emotional and physical healing. The

Yarden River

11 But Naaman was angered and walked away. "I thought," he said, "he would surely come out to me, and would stand and invoke *Hashem* his God by name, and would wave his hand toward the spot, and cure the affected part.

יא וַיִּקְצֹף נַעֲמָן וַיֵּלַךְ וַיֹּאמֶר הִנֵּה אָמַרְתִּי
אֵלַי יֵצֵא יָצוֹא וְעָמַד וְקָרָא בְּשֵׁם־יְהֹוָה
אֱלֹהָיו וְהֵנִיף יָדוֹ אֶל־הַמָּקוֹם וְאָסַף
הַמְּצֹרָע:

12 Are not the Amanah and the Pharpar, the rivers of Damascus, better than all the waters of *Yisrael*? I could bathe in them and be clean!" And he stalked off in a rage.

יב הֲלֹא טוֹב אבנה [אֲמָנָה] וּפַרְפַּר נַהֲרוֹת
דַּמֶּשֶׂק מִכֹּל מֵימֵי יִשְׂרָאֵל הֲלֹא־אֶרְחַץ
בָּהֶם וְטָהָרְתִּי וַיִּפֶן וַיֵּלֶךְ בְּחֵמָה:

13 But his servants came forward and spoke to him. "Sir," they said, "if the *Navi* told you to do something difficult, would you not do it? How much more when he has only said to you, 'Bathe and be clean.'"

יג וַיִּגְּשׁוּ עֲבָדָיו וַיְדַבְּרוּ אֵלָיו וַיֹּאמְרוּ אָבִי
דָּבָר גָּדוֹל הַנָּבִיא דִּבֶּר אֵלֶיךָ הֲלוֹא
תַעֲשֶׂה וְאַף כִּי־אָמַר אֵלֶיךָ רְחַץ וּטְהָר:

14 So he went down and immersed himself in the *Yarden* seven times, as the man of *Hashem* had bidden; and his flesh became like a little boy's, and he was clean.

יד וַיֵּרֶד וַיִּטְבֹּל בַּיַּרְדֵּן שֶׁבַע פְּעָמִים כִּדְבַר
אִישׁ הָאֱלֹהִים וַיָּשָׁב בְּשָׂרוֹ כִּבְשַׂר נַעַר
קָטֹן וַיִּטְהָר:

15 Returning with his entire retinue to the man of *Hashem*, he stood before him and exclaimed, "Now I know that there is no *Hashem* in the whole world except in *Yisrael*! So please accept a gift from your servant."

טו וַיָּשָׁב אֶל־אִישׁ הָאֱלֹהִים הוּא וְכָל־
מַחֲנֵהוּ וַיָּבֹא וַיַּעֲמֹד לְפָנָיו וַיֹּאמֶר הִנֵּה־
נָא יָדַעְתִּי כִּי אֵין אֱלֹהִים בְּכָל־הָאָרֶץ
כִּי אִם־בְּיִשְׂרָאֵל וְעַתָּה קַח־נָא בְרָכָה
מֵאֵת עַבְדֶּךָ:

16 But he replied, "As *Hashem* lives, whom I serve, I will not accept anything." He pressed him to accept, but he refused.

טז וַיֹּאמֶר חַי־יְהֹוָה אֲשֶׁר־עָמַדְתִּי לְפָנָיו
אִם־אֶקָּח וַיִּפְצַר־בּוֹ לָקַחַת וַיְמָאֵן:

17 And Naaman said, "Then at least let your servant be given two mule-loads of earth; for your servant will never again offer up burnt offering or sacrifice to any god, except *Hashem*.

יז וַיֹּאמֶר נַעֲמָן וָלֹא יֻתַּן־נָא לְעַבְדְּךָ מַשָּׂא
צֶמֶד־פְּרָדִים אֲדָמָה כִּי לוֹא־יַעֲשֶׂה עוֹד
עַבְדְּךָ עֹלָה וָזֶבַח לֵאלֹהִים אֲחֵרִים כִּי
אִם־לַיהֹוָה:

18 But may *Hashem* pardon your servant for this: When my master enters the temple of Rimmon to bow low in worship there, and he is leaning on my arm so that I must bow low in the temple of Rimmon – when I bow low in the temple of Rimmon, may *Hashem* pardon your servant in this."

יח לַדָּבָר הַזֶּה יִסְלַח יְהֹוָה לְעַבְדֶּךָ בְּבוֹא
אֲדֹנִי בֵית־רִמּוֹן לְהִשְׁתַּחֲוֹת שָׁמָּה וְהוּא
נִשְׁעָן עַל־יָדִי וְהִשְׁתַּחֲוֵיתִי בֵּית רִמֹּן
בְּהִשְׁתַּחֲוָיָתִי בֵּית רִמֹּן יִסְלַח־נא יְהֹוָה
לְעַבְדְּךָ בַּדָּבָר הַזֶּה:

19 And he said to him, "Go in peace." When he had gone some distance from him,

יט וַיֹּאמֶר לוֹ לֵךְ לְשָׁלוֹם וַיֵּלֶךְ מֵאִתּוֹ
כִּבְרַת־אָרֶץ:

Sages teach (*Bava Batra* 158b) that Israel's very air makes one wise, and the sprouting of its fruits heralds redemption. The miracles of Israel are all-encompassing. Sometimes we do not perceive them, or perhaps do not merit an individual miracle. But if one is spiritually attuned, it is possible to appreciate the many miracles God performs in the Promised Land each and every day.

20 Gehazi, the attendant of *Elisha* the man of *Hashem*, thought: "My master has let that Aramean Naaman off without accepting what he brought! As *Hashem* lives, I will run after him and get something from him."

כ וַיֹּאמֶר גֵּיחֲזִי נַעַר אֱלִישָׁע אִישׁ־
הָאֱלֹהִים הִנֵּה חָשַׂךְ אֲדֹנִי אֶת־נַעֲמָן
הָאֲרַמִּי הַזֶּה מִקַּחַת מִיָּדוֹ אֵת אֲשֶׁר־
הֵבִיא חַי־יְהֹוָה כִּי־אִם־רַצְתִּי אַחֲרָיו
וְלָקַחְתִּי מֵאִתּוֹ מְאוּמָה׃

21 So Gehazi hurried after Naaman. When Naaman saw someone running after him, he alighted from his chariot to meet him and said, "Is all well?"

כא וַיִּרְדֹּף גֵּיחֲזִי אַחֲרֵי נַעֲמָן וַיִּרְאֶה
נַעֲמָן רָץ אַחֲרָיו וַיִּפֹּל מֵעַל הַמֶּרְכָּבָה
לִקְרָאתוֹ וַיֹּאמֶר הֲשָׁלוֹם׃

22 "All is well," he replied. "My master has sent me to say: Two youths, disciples of the *Neviim*, have just come to me from the hill country of *Efraim*. Please give them a *kikar* of silver and two changes of clothing."

כב וַיֹּאמֶר שָׁלוֹם אֲדֹנִי שְׁלָחַנִי לֵאמֹר הִנֵּה
עַתָּה זֶה בָּאוּ אֵלַי שְׁנֵי־נְעָרִים מֵהַר
אֶפְרַיִם מִבְּנֵי הַנְּבִיאִים תְּנָה־נָּא לָהֶם
כִּכַּר־כֶּסֶף וּשְׁתֵּי חֲלִפוֹת בְּגָדִים׃

23 Naaman said, "Please take two *kikarim*." He urged him, and he wrapped the two *kikarim* of silver in two bags and gave them, along with two changes of clothes, to two of his servants, who carried them ahead of him.

כג וַיֹּאמֶר נַעֲמָן הוֹאֵל קַח כִּכָּרָיִם וַיִּפְרָץ־בּוֹ
וַיָּצַר כִּכְּרַיִם כֶּסֶף בִּשְׁנֵי חֲרִטִים וּשְׁתֵּי
חֲלִפוֹת בְּגָדִים וַיִּתֵּן אֶל־שְׁנֵי נְעָרָיו
וַיִּשְׂאוּ לְפָנָיו׃

24 When [Gehazi] arrived at the citadel, he took [the things] from them and deposited them in the house. Then he dismissed the men and they went their way.

כד וַיָּבֹא אֶל־הָעֹפֶל וַיִּקַּח מִיָּדָם וַיִּפְקֹד
בַּבָּיִת וַיְשַׁלַּח אֶת־הָאֲנָשִׁים וַיֵּלֵכוּ׃

25 He entered and stood before his master; and *Elisha* said to him, "Where have you been, Gehazi?" He replied, "Your servant has not gone anywhere."

כה וְהוּא־בָא וַיַּעֲמֹד אֶל־אֲדֹנָיו וַיֹּאמֶר אֵלָיו
אֱלִישָׁע מאן [מֵאַיִן] גֵּחֲזִי וַיֹּאמֶר לֹא־
הָלַךְ עַבְדְּךָ אָנֶה וָאָנָה׃

26 Then [*Elisha*] said to him, "Did not my spirit go along when a man got down from his chariot to meet you? Is this a time to take money in order to buy clothing and olive groves and vineyards, sheep and oxen, and male and female slaves?

כו וַיֹּאמֶר אֵלָיו לֹא־לִבִּי הָלַךְ כַּאֲשֶׁר
הָפַךְ־אִישׁ מֵעַל מֶרְכַּבְתּוֹ לִקְרָאתֶךָ
הַעֵת לָקַחַת אֶת־הַכֶּסֶף וְלָקַחַת בְּגָדִים
וְזֵיתִים וּכְרָמִים וְצֹאן וּבָקָר וַעֲבָדִים
וּשְׁפָחוֹת׃

27 Surely, the leprosy of Naaman shall cling to you and to your descendants forever." And as [Gehazi] left his presence, he was snow-white with leprosy.

כז וְצָרַעַת נַעֲמָן תִּדְבַּק־בְּךָ וּבְזַרְעֲךָ לְעוֹלָם
וַיֵּצֵא מִלְּפָנָיו מְצֹרָע כַּשָּׁלֶג׃

6

1 The disciples of the *Neviim* said to *Elisha*, "See, the place where we live under your direction is too cramped for us.

א וַיֹּאמְרוּ בְנֵי־הַנְּבִיאִים אֶל־אֱלִישָׁע
הִנֵּה־נָא הַמָּקוֹם אֲשֶׁר אֲנַחְנוּ יֹשְׁבִים
שָׁם לְפָנֶיךָ צַר מִמֶּנּוּ׃

va-yo-m'-RU v'-nay ha-n'-vee-EEM el e-lee-SHA hi-nay NA ha-ma-KOM a-SHER a-NAKH-nu yo-sh'-VEEM SHAM l'-fa-NE-kha TZAR mi-ME-nu

צר

6:1 Too cramped for us *Elisha*'s disciples complain that their living quarters are too cramped, *tzar* (צר). In Hebrew, *tzar* means 'narrow,' and is often used metaphorically to describe a place of trouble. For example, in *Tehillim* (118:5) King *David* proclaims that he is calling out to *Hashem* from a place of trouble and

2 Let us go to the *Yarden*, and let us each get a log there and build quarters there for ourselves to live in." "Do so," he replied.

ב נֵלְכָה־נָּא עַד־הַיַּרְדֵּן וְנִקְחָה מִשָּׁם אִישׁ קוֹרָה אֶחָת וְנַעֲשֶׂה־לָּנוּ שָׁם מָקוֹם לָשֶׁבֶת שָׁם וַיֹּאמֶר לֵכוּ:

3 Then one of them said, "Will you please come along with your servants?" "Yes, I will come," he said;

ג וַיֹּאמֶר הָאֶחָד הוֹאֶל נָא וְלֵךְ אֶת־עֲבָדֶיךָ וַיֹּאמֶר אֲנִי אֵלֵךְ:

4 and he accompanied them. So they went to the *Yarden* and cut timber.

ד וַיֵּלֶךְ אִתָּם וַיָּבֹאוּ הַיַּרְדֵּנָה וַיִּגְזְרוּ הָעֵצִים:

5 As one of them was felling a trunk, the iron ax head fell into the water. And he cried aloud, "Alas, master, it was a borrowed one!"

ה וַיְהִי הָאֶחָד מַפִּיל הַקּוֹרָה וְאֶת־הַבַּרְזֶל נָפַל אֶל־הַמָּיִם וַיִּצְעַק וַיֹּאמֶר אֲהָהּ אֲדֹנִי וְהוּא שָׁאוּל:

6 "Where did it fall?" asked the man of *Hashem*. He showed him the spot; and he cut off a stick and threw it in, and he made the ax head float.

ו וַיֹּאמֶר אִישׁ־הָאֱלֹהִים אָנָה נָפָל וַיַּרְאֵהוּ אֶת־הַמָּקוֹם וַיִּקְצָב־עֵץ וַיַּשְׁלֶךְ־שָׁמָּה וַיָּצֶף הַבַּרְזֶל:

7 "Pick it up," he said; so he reached out and took it.

ז וַיֹּאמֶר הָרֶם לָךְ וַיִּשְׁלַח יָדוֹ וַיִּקָּחֵהוּ:

8 While the king of Aram was waging war against *Yisrael*, he took counsel with his officers and said, "I will encamp in such and such a place."

ח וּמֶלֶךְ אֲרָם הָיָה נִלְחָם בְּיִשְׂרָאֵל וַיִּוָּעַץ אֶל־עֲבָדָיו לֵאמֹר אֶל־מְקוֹם פְּלֹנִי אַלְמֹנִי תַּחֲנֹתִי:

9 But the man of *Hashem* sent word to the king of *Yisrael*, "Take care not to pass through that place, for the Arameans are encamped there."

ט וַיִּשְׁלַח אִישׁ הָאֱלֹהִים אֶל־מֶלֶךְ יִשְׂרָאֵל לֵאמֹר הִשָּׁמֶר מֵעֲבֹר הַמָּקוֹם הַזֶּה כִּי־שָׁם אֲרָם נְחִתִּים:

10 So the king of *Yisrael* sent word to the place of which the man of *Hashem* had told him. Time and again he alerted such a place and took precautions there.

י וַיִּשְׁלַח מֶלֶךְ יִשְׂרָאֵל אֶל־הַמָּקוֹם אֲשֶׁר אָמַר־לוֹ אִישׁ־הָאֱלֹהִים והזהירה [וְהִזְהִירוֹ] וְנִשְׁמַר שָׁם לֹא אַחַת וְלֹא שְׁתָּיִם:

11 Greatly agitated about this matter, the king of Aram summoned his officers and said to them, "Tell me! Who of us is on the side of the king of *Yisrael*?"

יא וַיִּסָּעֵר לֵב מֶלֶךְ־אֲרָם עַל־הַדָּבָר הַזֶּה וַיִּקְרָא אֶל־עֲבָדָיו וַיֹּאמֶר אֲלֵיהֶם הֲלוֹא תַּגִּידוּ לִי מִי מִשֶּׁלָּנוּ אֶל־מֶלֶךְ יִשְׂרָאֵל:

12 "No one, my lord king," said one of the officers. "*Elisha*, that *Navi* in *Yisrael*, tells the king of *Yisrael* the very words you speak in your bedroom."

יב וַיֹּאמֶר אַחַד מֵעֲבָדָיו לוֹא אֲדֹנִי הַמֶּלֶךְ כִּי־אֱלִישָׁע הַנָּבִיא אֲשֶׁר בְּיִשְׂרָאֵל יַגִּיד לְמֶלֶךְ יִשְׂרָאֵל אֶת־הַדְּבָרִים אֲשֶׁר תְּדַבֵּר בַּחֲדַר מִשְׁכָּבֶךָ:

A narrow street is Safed

pain, "*min hamaytzar*" (מן המצר). In this verse, it can have both the literal and the metaphoric mean- ings, as there is insufficient space and also troubles from enemies. For both types of difficulty, divine assistance is needed.

13 "Go find out where he is," he said, "so that I can have him seized." It was reported to him that [*Elisha*] was in Dothan;

יג וַיֹּאמֶר לְכוּ וּרְאוּ אֵיכֹה הוּא וְאֶשְׁלַח וְאֶקָּחֵהוּ וַיֻּגַּד־לוֹ לֵאמֹר הִנֵּה בְדֹתָן׃

14 so he sent horses and chariots there and a strong force. They arrived at night and encircled the town.

יד וַיִּשְׁלַח־שָׁמָּה סוּסִים וְרֶכֶב וְחַיִל כָּבֵד וַיָּבֹאוּ לַיְלָה וַיַּקִּפוּ עַל־הָעִיר׃

15 When the attendant of the man of *Hashem* rose early and went outside, he saw a force, with horses and chariots, surrounding the town. "Alas, master, what shall we do?" his servant asked him.

טו וַיַּשְׁכֵּם מְשָׁרֵת אִישׁ הָאֱלֹהִים לָקוּם וַיֵּצֵא וְהִנֵּה־חַיִל סוֹבֵב אֶת־הָעִיר וְסוּס וָרָכֶב וַיֹּאמֶר נַעֲרוֹ אֵלָיו אֲהָהּ אֲדֹנִי אֵיכָה נַעֲשֶׂה׃

16 "Have no fear," he replied. "There are more on our side than on theirs."

טז וַיֹּאמֶר אַל־תִּירָא כִּי רַבִּים אֲשֶׁר אִתָּנוּ מֵאֲשֶׁר אוֹתָם׃

17 Then *Elisha* prayed: "*Hashem*, open his eyes and let him see." And *Hashem* opened the servant's eyes and he saw the hills all around *Elisha* covered with horses and chariots of fire.

יז וַיִּתְפַּלֵּל אֱלִישָׁע וַיֹּאמַר יְהֹוָה פְּקַח־נָא אֶת־עֵינָיו וְיִרְאֶה וַיִּפְקַח יְהֹוָה אֶת־עֵינֵי הַנַּעַר וַיַּרְא וְהִנֵּה הָהָר מָלֵא סוּסִים וְרֶכֶב אֵשׁ סְבִיבֹת אֱלִישָׁע׃

18 [The Arameans] came down against him, and *Elisha* prayed to *Hashem*: "Please strike this people with a blinding light." And He struck them with a blinding light, as *Elisha* had asked.

יח וַיֵּרְדוּ אֵלָיו וַיִּתְפַּלֵּל אֱלִישָׁע אֶל־יְהֹוָה וַיֹּאמַר הַךְ־נָא אֶת־הַגּוֹי־הַזֶּה בַּסַּנְוֵרִים וַיַּכֵּם בַּסַּנְוֵרִים כִּדְבַר אֱלִישָׁע׃

19 *Elisha* said to them, "This is not the road, and that is not the town; follow me, and I will lead you to the man you want." And he led them to *Shomron*.

יט וַיֹּאמֶר אֲלֵהֶם אֱלִישָׁע לֹא זֶה הַדֶּרֶךְ וְלֹא זֹה הָעִיר לְכוּ אַחֲרַי וְאוֹלִיכָה אֶתְכֶם אֶל־הָאִישׁ אֲשֶׁר תְּבַקֵּשׁוּן וַיֹּלֶךְ אוֹתָם שֹׁמְרוֹנָה׃

20 When they entered *Shomron*, *Elisha* said, "*Hashem*, open the eyes of these men so that they may see." *Hashem* opened their eyes and they saw that they were inside *Shomron*.

כ וַיְהִי כְּבֹאָם שֹׁמְרוֹן וַיֹּאמֶר אֱלִישָׁע יְהֹוָה פְּקַח אֶת־עֵינֵי־אֵלֶּה וְיִרְאוּ וַיִּפְקַח יְהֹוָה אֶת־עֵינֵיהֶם וַיִּרְאוּ וְהִנֵּה בְּתוֹךְ שֹׁמְרוֹן׃

21 When the king of *Yisrael* saw them, he said to *Elisha*, "Father, shall I strike them down?"

כא וַיֹּאמֶר מֶלֶךְ־יִשְׂרָאֵל אֶל־אֱלִישָׁע כִּרְאֹתוֹ אוֹתָם הַאַכֶּה אַכֶּה אָבִי׃

22 "No, do not," he replied. "Did you take them captive with your sword and bow that you would strike them down? Rather, set food and drink before them, and let them eat and drink and return to their master."

כב וַיֹּאמֶר לֹא תַכֶּה הַאֲשֶׁר שָׁבִיתָ בְּחַרְבְּךָ וּבְקַשְׁתְּךָ אַתָּה מַכֶּה שִׂים לֶחֶם וָמַיִם לִפְנֵיהֶם וְיֹאכְלוּ וְיִשְׁתּוּ וְיֵלְכוּ אֶל־אֲדֹנֵיהֶם׃

23 So he prepared a lavish feast for them and, after they had eaten and drunk, he let them go, and they returned to their master. And the Aramean bands stopped invading the land of *Yisrael*.

כג וַיִּכְרֶה לָהֶם כֵּרָה גְדוֹלָה וַיֹּאכְלוּ וַיִּשְׁתּוּ וַיְשַׁלְּחֵם וַיֵּלְכוּ אֶל־אֲדֹנֵיהֶם וְלֹא־יָסְפוּ עוֹד גְּדוּדֵי אֲרָם לָבוֹא בְּאֶרֶץ יִשְׂרָאֵל׃

24 Sometime later, King Ben-hadad of Aram mustered his entire army and marched upon *Shomron* and besieged it.

כד וַיְהִי אַחֲרֵי־כֵן וַיִּקְבֹּץ בֶּן־הֲדַד מֶלֶךְ־אֲרָם אֶת־כָּל־מַחֲנֵהוּ וַיַּעַל וַיָּצַר עַל־שֹׁמְרוֹן׃

25 There was a great famine in *Shomron*, and the siege continued until a donkey's head sold for eighty [*shekalim*] of silver and a quarter of a *kav* of doves' dung for five *shekalim*.

כה וַיְהִי רָעָב גָּדוֹל בְּשֹׁמְרוֹן וְהִנֵּה צָרִים עָלֶיהָ עַד הֱיוֹת רֹאשׁ־חֲמוֹר בִּשְׁמֹנִים כֶּסֶף וְרֹבַע הַקַּב חרייונים [דִּבְיוֹנִים] בַּחֲמִשָּׁה־כָסֶף׃

26 Once, when the king of *Yisrael* was walking on the city wall, a woman cried out to him: "Help me, Your Majesty!"

כו וַיְהִי מֶלֶךְ יִשְׂרָאֵל עֹבֵר עַל־הַחֹמָה וְאִשָּׁה צָעֲקָה אֵלָיו לֵאמֹר הוֹשִׁיעָה אֲדֹנִי הַמֶּלֶךְ׃

27 "Don't [ask me]," he replied. "Let *Hashem* help you! Where could I get help for you, from the threshing floor or from the winepress?

כז וַיֹּאמֶר אַל־יוֹשִׁעֵךְ יְהֹוָה מֵאַיִן אוֹשִׁיעֵךְ הֲמִן־הַגֹּרֶן אוֹ מִן־הַיָּקֶב׃

28 But what troubles you?" the king asked her. The woman answered, "That woman said to me, 'Give up your son and we will eat him today; and tomorrow we'll eat my son.'

כח וַיֹּאמֶר־לָהּ הַמֶּלֶךְ מַה־לָּךְ וַתֹּאמֶר הָאִשָּׁה הַזֹּאת אָמְרָה אֵלַי תְּנִי אֶת־בְּנֵךְ וְנֹאכְלֶנּוּ הַיּוֹם וְאֶת־בְּנִי נֹאכַל מָחָר׃

29 So we cooked my son and we ate him. The next day I said to her, 'Give up your son and let's eat him'; but she hid her son."

כט וַנְּבַשֵּׁל אֶת־בְּנִי וַנֹּאכְלֵהוּ וָאֹמַר אֵלֶיהָ בַּיּוֹם הָאַחֵר תְּנִי אֶת־בְּנֵךְ וְנֹאכְלֶנּוּ וַתַּחְבִּא אֶת־בְּנָהּ׃

30 When the king heard what the woman said, he rent his clothes; and as he walked along the wall, the people could see that he was wearing sackcloth underneath.

ל וַיְהִי כִשְׁמֹעַ הַמֶּלֶךְ אֶת־דִּבְרֵי הָאִשָּׁה וַיִּקְרַע אֶת־בְּגָדָיו וְהוּא עֹבֵר עַל־הַחֹמָה וַיַּרְא הָעָם וְהִנֵּה הַשַּׂק עַל־בְּשָׂרוֹ מִבָּיִת׃

31 He said, "Thus and more may *Hashem* do to me if the head of *Elisha* son of *Shafat* remains on his shoulders today."

לא וַיֹּאמֶר כֹּה־יַעֲשֶׂה־לִּי אֱלֹהִים וְכֹה יוֹסִף אִם־יַעֲמֹד רֹאשׁ אֱלִישָׁע בֶּן־שָׁפָט עָלָיו הַיּוֹם׃

32 Now *Elisha* was sitting at home and the elders were sitting with him. The king had sent ahead one of his men; but before the messenger arrived, [*Elisha*] said to the elders, "Do you see – that murderer has sent someone to cut off my head! Watch when the messenger comes, and shut the door and hold the door fast against him. No doubt the sound of his master's footsteps will follow."

לב וֶאֱלִישָׁע יֹשֵׁב בְּבֵיתוֹ וְהַזְּקֵנִים יֹשְׁבִים אִתּוֹ וַיִּשְׁלַח אִישׁ מִלְּפָנָיו בְּטֶרֶם יָבֹא הַמַּלְאָךְ אֵלָיו וְהוּא אָמַר אֶל־הַזְּקֵנִים הַרְאִיתֶם כִּי־שָׁלַח בֶּן־הַמְרַצֵּחַ הַזֶּה לְהָסִיר אֶת־רֹאשִׁי רְאוּ כְּבֹא הַמַּלְאָךְ סִגְרוּ הַדֶּלֶת וּלְחַצְתֶּם אֹתוֹ בַּדֶּלֶת הֲלוֹא קוֹל רַגְלֵי אֲדֹנָיו אַחֲרָיו׃

33 While he was still talking to them, the messenger came to him and said, "This calamity is from *Hashem*. What more can I hope for from *Hashem*?

לג עוֹדֶנּוּ מְדַבֵּר עִמָּם וְהִנֵּה הַמַּלְאָךְ יֹרֵד אֵלָיו וַיֹּאמֶר הִנֵּה־זֹאת הָרָעָה מֵאֵת יְהֹוָה מָה־אוֹחִיל לַיהֹוָה עוֹד׃

7 1 And *Elisha* replied, "Hear the word of *Hashem*. Thus said *Hashem*: This time tomorrow, a *se'ah* of choice flour shall sell for a *shekel* at the gate of *Shomron*, and two *se'eem* of barley for a *shekel*."

ז א וַיֹּאמֶר אֱלִישָׁע שִׁמְעוּ דְּבַר־יְהֹוָה כֹּה אָמַר יְהֹוָה כָּעֵת מָחָר סְאָה־סֹלֶת בְּשֶׁקֶל וְסָאתַיִם שְׂעֹרִים בְּשֶׁקֶל בְּשַׁעַר שֹׁמְרוֹן׃

2 The aide on whose arm the king was leaning spoke up and said to the man of *Hashem*, "Even if *Hashem* were to make windows in the sky, could this come to pass?" And he retorted, "You shall see it with your own eyes, but you shall not eat of it."

ב וַיַּעַן הַשָּׁלִישׁ אֲשֶׁר־לַמֶּלֶךְ נִשְׁעָן עַל־יָדוֹ
אֶת־אִישׁ הָאֱלֹהִים וַיֹּאמַר הִנֵּה יְהֹוָה
עֹשֶׂה אֲרֻבּוֹת בַּשָּׁמַיִם הֲיִהְיֶה הַדָּבָר
הַזֶּה וַיֹּאמֶר הִנְּכָה רֹאֶה בְּעֵינֶיךָ וּמִשָּׁם
לֹא תֹאכֵל:

3 There were four men, lepers, outside the gate. They said to one another, "Why should we sit here waiting for death?

ג וְאַרְבָּעָה אֲנָשִׁים הָיוּ מְצֹרָעִים פֶּתַח
הַשָּׁעַר וַיֹּאמְרוּ אִישׁ אֶל־רֵעֵהוּ מָה
אֲנַחְנוּ יֹשְׁבִים פֹּה עַד־מָתְנוּ:

v'-ar-ba-AH a-na-SHEEM ha-YU m'-tzo-ra-EEM PE-takh ha-SHA-ar va-yo-m'-RU EESH el ray-AY-hu MAH a-NAKH-nu yo-sh'-VEEM POH ad MAT-nu

4 If we decide to go into the town, what with the famine in the town, we shall die there; and if we just sit here, still we die. Come, let us desert to the Aramean camp. If they let us live, we shall live; and if they put us to death, we shall but die."

ד אִם־אָמַרְנוּ נָבוֹא הָעִיר וְהָרָעָב בָּעִיר
וָמַתְנוּ שָׁם וְאִם־יָשַׁבְנוּ פֹה וָמָתְנוּ וְעַתָּה
לְכוּ וְנִפְּלָה אֶל־מַחֲנֵה אֲרָם אִם־יְחַיֻּנוּ
נִחְיֶה וְאִם־יְמִיתֻנוּ וָמָתְנוּ:

5 They set out at twilight for the Aramean camp; but when they came to the edge of the Aramean camp, there was no one there.

ה וַיָּקוּמוּ בַנֶּשֶׁף לָבוֹא אֶל־מַחֲנֵה אֲרָם
וַיָּבֹאוּ עַד־קְצֵה מַחֲנֵה אֲרָם וְהִנֵּה אֵין־
שָׁם אִישׁ:

6 For *Hashem* had caused the Aramean camp to hear a sound of chariots, a sound of horses – the din of a huge army. They said to one another, "The king of *Yisrael* must have hired the kings of the Hittites and the kings of Mizraim to attack us!"

ו וַאדֹנָי הִשְׁמִיעַ אֶת־מַחֲנֵה אֲרָם קוֹל
רֶכֶב קוֹל סוּס קוֹל חַיִל גָּדוֹל וַיֹּאמְרוּ
אִישׁ אֶל־אָחִיו הִנֵּה שָׂכַר־עָלֵינוּ מֶלֶךְ
יִשְׂרָאֵל אֶת־מַלְכֵי הַחִתִּים וְאֶת־מַלְכֵי
מִצְרַיִם לָבוֹא עָלֵינוּ:

7 And they fled headlong in the twilight, abandoning their tents and horses and asses – the [entire] camp just as it was – as they fled for their lives.

ז וַיָּקוּמוּ וַיָּנוּסוּ בַנֶּשֶׁף וַיַּעַזְבוּ אֶת־
אָהֳלֵיהֶם וְאֶת־סוּסֵיהֶם וְאֶת־חֲמֹרֵיהֶם
הַמַּחֲנֶה כַּאֲשֶׁר־הִיא וַיָּנֻסוּ אֶל־נַפְשָׁם:

va-ya-ku-MU va-ya-NU-su va-NE-shef va-ya-az-VU et o-ha-lay-HEM v'-ET su-say-HEM v'-et kha-MO-ray-HEM ha-ma-kha-NEH ka-a-SHER HEE va-ya-NU-su el naf-SHAM

Israeli postage stamp honoring Rabbi Aryeh Levin circa 1982

7:3 There were four men, lepers, outside the gate. One of the most righteous and pious Jerusalemites of the 20th century, Rabbi Aryeh Levin (1885–1969), was beloved for his visits to the sick. Rabbi Levin would go to the hospitals of Jerusalem every Friday and speak with the nurses to find out which patients received no visitors. At the beds of these forgotten souls whom no relatives came to see, he would sit for hours, caressing each one's hand and offering words of encouragement and cheer. He was also a frequent visitor at hospitals for lepers, including a hospital in Bethlehem where most of the patients were Arabs. Rabbi Levin began this practice after he had found a woman weeping bitterly by the Western Wall. He asked her, "what makes you cry so intensely?" She explained that her child had no cure, and was locked up in the leper hospital. Rabbi Levin immediately decided to visit the young child, and when he arrived, all the patients burst into tears. It had been years since they had the privilege of seeing a visitor from the outside world.

7:7 And they fled headlong in the twilight The enemies of Israel miraculously flee, abandoning their entire camp. Similarly, there have been times in the State of Israel's history where the enemy fled before engaging the Israel Defense Forces. A

8 When those lepers came to the edge of the camp, they went into one of the tents and ate and drank; then they carried off silver and gold and clothing from there and buried it. They came back and went into another tent, and they carried off what was there and buried it.

ח וַיָּבֹאוּ הַמְצֹרָעִים הָאֵלֶּה עַד־קְצֵה
הַמַּחֲנֶה וַיָּבֹאוּ אֶל־אֹהֶל אֶחָד וַיֹּאכְלוּ
וַיִּשְׁתּוּ וַיִּשְׂאוּ מִשָּׁם כֶּסֶף וְזָהָב וּבְגָדִים
וַיֵּלְכוּ וַיַּטְמִנוּ וַיָּשֻׁבוּ וַיָּבֹאוּ אֶל־אֹהֶל
אַחֵר וַיִּשְׂאוּ מִשָּׁם וַיֵּלְכוּ וַיַּטְמִנוּ׃

9 Then they said to one another, "We are not doing right. This is a day of good news, and we are keeping silent! If we wait until the light of morning, we shall incur guilt. Come, let us go and inform the king's palace."

ט וַיֹּאמְרוּ אִישׁ אֶל־רֵעֵהוּ לֹא־כֵן אֲנַחְנוּ
עֹשִׂים הַיּוֹם הַזֶּה יוֹם־בְּשֹׂרָה הוּא
וַאֲנַחְנוּ מַחְשִׁים וְחִכִּינוּ עַד־אוֹר הַבֹּקֶר
וּמְצָאָנוּ עָוֺן וְעַתָּה לְכוּ וְנָבֹאָה וְנַגִּידָה
בֵּית הַמֶּלֶךְ׃

10 They went and called out to the gatekeepers of the city and told them, "We have been to the Aramean camp. There is not a soul there, nor any human sound; but the horses are tethered and the asses are tethered and the tents are undisturbed."

י וַיָּבֹאוּ וַיִּקְרְאוּ אֶל־שֹׁעֵר הָעִיר וַיַּגִּידוּ
לָהֶם לֵאמֹר בָּאנוּ אֶל־מַחֲנֵה אֲרָם וְהִנֵּה
אֵין־שָׁם אִישׁ וְקוֹל אָדָם כִּי אִם־הַסּוּס
אָסוּר וְהַחֲמוֹר אָסוּר וְאֹהָלִים כַּאֲשֶׁר־
הֵמָּה׃

11 The gatekeepers called out, and the news was passed on into the king's palace.

יא וַיִּקְרָא הַשֹּׁעֲרִים וַיַּגִּידוּ בֵּית הַמֶּלֶךְ
פְּנִימָה׃

12 The king rose in the night and said to his courtiers, "I will tell you what the Arameans have done to us. They know that we are starving, so they have gone out of camp and hidden in the fields, thinking: When they come out of the town, we will take them alive and get into the town."

יב וַיָּקָם הַמֶּלֶךְ לַיְלָה וַיֹּאמֶר אֶל־עֲבָדָיו
אַגִּידָה־נָּא לָכֶם אֵת אֲשֶׁר־עָשׂוּ לָנוּ
אֲרָם יָדְעוּ כִּי־רְעֵבִים אֲנַחְנוּ וַיֵּצְאוּ
מִן־הַמַּחֲנֶה לְהֵחָבֵה בהשדה [בַשָּׂדֶה]
לֵאמֹר כִּי־יֵצְאוּ מִן־הָעִיר וְנִתְפְּשֵׂם חַיִּים
וְאֶל־הָעִיר נָבֹא׃

13 But one of the courtiers spoke up, "Let a few of the remaining horses that are still here be taken – they are like those that are left here of the whole multitude of *Yisrael*, out of the whole multitude of *Yisrael* that have perished – and let us send and find out."

יג וַיַּעַן אֶחָד מֵעֲבָדָיו וַיֹּאמֶר וְיִקְחוּ־נָא
חֲמִשָּׁה מִן־הַסּוּסִים הַנִּשְׁאָרִים אֲשֶׁר
נִשְׁאֲרוּ־בָהּ הִנָּם כְּכָל־ההמון [הֲמוֹן]
יִשְׂרָאֵל אֲשֶׁר נִשְׁאֲרוּ־בָהּ הִנָּם כְּכָל־
הֲמוֹן יִשְׂרָאֵל אֲשֶׁר־תָּמּוּ וְנִשְׁלְחָה
וְנִרְאֶה׃

14 They took two teams of horses and the king sent them after the Aramean army, saying, "Go and find out."

יד וַיִּקְחוּ שְׁנֵי רֶכֶב סוּסִים וַיִּשְׁלַח הַמֶּלֶךְ
אַחֲרֵי מַחֲנֵה־אֲרָם לֵאמֹר לְכוּ וּרְאוּ׃

15 They followed them as far as the *Yarden*, and found the entire road full of clothing and gear which the Arameans had thrown away in their haste; and the messengers returned and told the king.

טו וַיֵּלְכוּ אַחֲרֵיהֶם עַד־הַיַּרְדֵּן וְהִנֵּה כָל־
הַדֶּרֶךְ מְלֵאָה בְגָדִים וְכֵלִים אֲשֶׁר־
הִשְׁלִיכוּ אֲרָם בההפזם [בְּחָפְזָם]
וַיָּשֻׁבוּ הַמַּלְאָכִים וַיַּגִּדוּ לַמֶּלֶךְ׃

famous example occurred during the Six Day War, when IDF Chief Rabbi Shlomo Goren and his driver single-handedly captured the holy city of *Chevron*. When they drove into *Chevron*, mistakenly thinking IDF soldiers were already there, they were greeted with a city full of white flags and empty of soldiers. *Hashem*'s miracles are always in evidence among the soldiers of Israel.

Rabbi Shlomo Goren
(1917–1994)

¹⁶ The people then went out and plundered the
Aramean camp. So a *se'ah* of choice flour sold for
a *shekel*, and two *se'eem* of barley for a *shekel* – as
Hashem had spoken.

¹⁷ Now the king had put the aide on whose arm he
leaned in charge of the gate; and he was trampled
to death in the gate by the people – just as the man
of *Hashem* had spoken, as he had spoken when the
king came down to him.

¹⁸ For when the man of *Hashem* said to the king,
"This time tomorrow two *se'eem* of barley shall sell
at the gate of *Shomron* for a *shekel*, and a *se'ah* of
choice flour for a *shekel*,"

¹⁹ the aide answered the man of *Hashem* and said,
"Even if *Hashem* made windows in the sky, could
this come to pass?" And he retorted, "You shall see
it with your own eyes, but you shall not eat of it."

²⁰ That is exactly what happened to him: The people
trampled him to death in the gate.

8 ¹ *Elisha* had said to the woman whose son he revived,
"Leave immediately with your family and go
sojourn somewhere else; for *Hashem* has decreed a
seven-year famine upon the land, and it has already
begun."

² The woman had done as the man of *Hashem* had
spoken; she left with her family and sojourned in
the land of the Philistines for seven years.

³ At the end of the seven years, the woman returned
from the land of the Philistines and went to the
king to complain about her house and farm.

⁴ Now the king was talking to Gehazi, the servant of
the man of *Hashem*, and he said, "Tell me all the
wonderful things that *Elisha* has done."

⁵ While he was telling the king how [*Elisha*] had
revived a dead person, in came the woman whose
son he had revived, complaining to the king about
her house and farm. "My lord king," said Gehazi,
"this is the woman and this is her son whom *Elisha*
revived."

⁶ The king questioned the woman, and she told him
[the story]; so the king assigned a eunuch to her
and instructed him: "Restore all her property, and
all the revenue from her farm from the time she left
the country until now."

טז וַיֵּצֵא הָעָם וַיָּבֹזּוּ אֵת מַחֲנֵה אֲרָם וַיְהִי
סְאָה־סֹלֶת בְּשֶׁקֶל וְסָאתַיִם שְׂעֹרִים
בְּשֶׁקֶל כִּדְבַר יְהֹוָה:

יז וְהַמֶּלֶךְ הִפְקִיד אֶת־הַשָּׁלִישׁ אֲשֶׁר־
נִשְׁעָן עַל־יָדוֹ עַל־הַשַּׁעַר וַיִּרְמְסֻהוּ הָעָם
בַּשַּׁעַר וַיָּמֹת כַּאֲשֶׁר דִּבֶּר אִישׁ הָאֱלֹהִים
אֲשֶׁר דִּבֶּר בְּרֶדֶת הַמֶּלֶךְ אֵלָיו:

יח וַיְהִי כְּדַבֵּר אִישׁ הָאֱלֹהִים אֶל־הַמֶּלֶךְ
לֵאמֹר סָאתַיִם שְׂעֹרִים בְּשֶׁקֶל וּסְאָה־
סֹלֶת בְּשֶׁקֶל יִהְיֶה כָּעֵת מָחָר בְּשַׁעַר
שֹׁמְרוֹן:

יט וַיַּעַן הַשָּׁלִישׁ אֶת־אִישׁ הָאֱלֹהִים וַיֹּאמַר
וְהִנֵּה יְהֹוָה עֹשֶׂה אֲרֻבּוֹת בַּשָּׁמַיִם
הֲיִהְיֶה כַּדָּבָר הַזֶּה וַיֹּאמֶר הִנְּךָ רֹאֶה
בְּעֵינֶיךָ וּמִשָּׁם לֹא תֹאכֵל:

כ וַיְהִי־לוֹ כֵּן וַיִּרְמְסוּ אֹתוֹ הָעָם בַּשַּׁעַר
וַיָּמֹת:

א וֶאֱלִישָׁע דִּבֶּר אֶל־הָאִשָּׁה אֲשֶׁר־הֶחֱיָה
אֶת־בְּנָהּ לֵאמֹר קוּמִי וּלְכִי אַתִּי [אַתְּ]
וּבֵיתֵךְ וְגוּרִי בַּאֲשֶׁר תָּגוּרִי כִּי־קָרָא יְהֹוָה
לָרָעָב וְגַם־בָּא אֶל־הָאָרֶץ שֶׁבַע שָׁנִים:

ב וַתָּקָם הָאִשָּׁה וַתַּעַשׂ כִּדְבַר אִישׁ
הָאֱלֹהִים וַתֵּלֶךְ הִיא וּבֵיתָהּ וַתָּגָר
בְּאֶרֶץ־פְּלִשְׁתִּים שֶׁבַע שָׁנִים:

ג וַיְהִי מִקְצֵה שֶׁבַע שָׁנִים וַתָּשָׁב הָאִשָּׁה
מֵאֶרֶץ פְּלִשְׁתִּים וַתֵּצֵא לִצְעֹק אֶל־
הַמֶּלֶךְ אֶל־בֵּיתָהּ וְאֶל־שָׂדָהּ:

ד וְהַמֶּלֶךְ מְדַבֵּר אֶל־גֵּחֲזִי נַעַר אִישׁ־
הָאֱלֹהִים לֵאמֹר סַפְּרָה־נָּא לִי אֵת כָּל־
הַגְּדֹלוֹת אֲשֶׁר־עָשָׂה אֱלִישָׁע:

ה וַיְהִי הוּא מְסַפֵּר לַמֶּלֶךְ אֵת אֲשֶׁר־הֶחֱיָה
אֶת־הַמֵּת וְהִנֵּה הָאִשָּׁה אֲשֶׁר־הֶחֱיָה
אֶת־בְּנָהּ צֹעֶקֶת אֶל־הַמֶּלֶךְ עַל־בֵּיתָהּ
וְעַל־שָׂדָהּ וַיֹּאמֶר גֵּחֲזִי אֲדֹנִי הַמֶּלֶךְ זֹאת
הָאִשָּׁה וְזֶה־בְּנָהּ אֲשֶׁר־הֶחֱיָה אֱלִישָׁע:

ו וַיִּשְׁאַל הַמֶּלֶךְ לָאִשָּׁה וַתְּסַפֶּר־לוֹ וַיִּתֶּן־
לָהּ הַמֶּלֶךְ סָרִיס אֶחָד לֵאמֹר הָשֵׁיב
אֶת־כָּל־אֲשֶׁר־לָהּ וְאֵת כָּל־תְּבוּאֹת
הַשָּׂדֶה מִיּוֹם עָזְבָה אֶת־הָאָרֶץ וְעַד־
עָתָּה:

7 *Elisha* arrived in Damascus at a time when King Ben-hadad of Aram was ill. The king* was told, "The man of *Hashem* is on his way here,"

8 and he said to Hazael, "Take a gift with you and go meet the man of *Hashem*, and through him inquire of *Hashem*: Will I recover from this illness?"

9 Hazael went to meet him, taking with him as a gift forty camel-loads of all the bounty of Damascus. He came and stood before him and said, "Your son, King Ben-hadad of Aram, has sent me to you to ask: Will I recover from this illness?"

10 *Elisha* said to him, "Go and say to him, 'You will recover.' However, *Hashem* has revealed to me that he will die."

11 The man of *Hashem* kept his face expressionless for a long time; and then he wept.

12 "Why does my lord weep?" asked Hazael. "Because I know," he replied, "what harm you will do to *B'nei Yisrael*: you will set their fortresses on fire, put their young men to the sword, dash their little ones in pieces, and rip open their pregnant women."

13 "But how," asked Hazael, "can your servant, who is a mere dog, perform such a mighty deed?" *Elisha* replied, "*Hashem* has shown me a vision of you as king of Aram."

14 He left *Elisha* and returned to his master, who asked him, "What did *Elisha* say to you?" He replied, "He told me that you would recover."

15 The next day, [Hazael] took a piece of netting, dipped it in water, and spread it over his face. So [Ben-hadad] died, and Hazael succeeded him as king.

16 In the fifth year of King *Yoram* son of *Achav* of *Yisrael* – *Yehoshafat* had been king of *Yehuda* – *Yoram* son of King *Yehoshafat* of *Yehuda* became king.

17 He was thirty-two years old when he became king, and he reigned in *Yerushalayim* eight years.

18 He followed the practices of the kings of *Yisrael* – whatever the House of *Achav* did, for he had married a daughter of *Achav* – and he did what was displeasing to *Hashem*.

* "The king" brought up from verse 8 for clarity

ז וַיָּבֹא אֱלִישָׁע דַּמֶּשֶׂק וּבֶן־הֲדַד מֶלֶךְ־
אֲרָם חֹלֶה וַיֻּגַּד־לוֹ לֵאמֹר בָּא אִישׁ
הָאֱלֹהִים עַד־הֵנָּה׃

ח וַיֹּאמֶר הַמֶּלֶךְ אֶל־חֲזָהאֵל קַח בְּיָדְךָ
מִנְחָה וְלֵךְ לִקְרַאת אִישׁ הָאֱלֹהִים
וְדָרַשְׁתָּ אֶת־יְהֹוָה מֵאוֹתוֹ לֵאמֹר
הַאֶחְיֶה מֵחֳלִי זֶה׃

ט וַיֵּלֶךְ חֲזָאֵל לִקְרָאתוֹ וַיִּקַּח מִנְחָה בְיָדוֹ
וְכָל־טוּב דַּמֶּשֶׂק מַשָּׂא אַרְבָּעִים גָּמָל
וַיָּבֹא וַיַּעֲמֹד לְפָנָיו וַיֹּאמֶר בִּנְךָ בֶן־הֲדַד
מֶלֶךְ־אֲרָם שְׁלָחַנִי אֵלֶיךָ לֵאמֹר הַאֶחְיֶה
מֵחֳלִי זֶה׃

י וַיֹּאמֶר אֵלָיו אֱלִישָׁע לֵךְ אֱמָר־לא [לוֹ]
חָיֹה תִחְיֶה וְהִרְאַנִי יְהֹוָה כִּי־מוֹת יָמוּת׃

יא וַיַּעֲמֵד אֶת־פָּנָיו וַיָּשֶׂם עַד־בֹּשׁ וַיֵּבְךְּ
אִישׁ הָאֱלֹהִים׃

יב וַיֹּאמֶר חֲזָאֵל מַדּוּעַ אֲדֹנִי בֹכֶה וַיֹּאמֶר
כִּי־יָדַעְתִּי אֵת אֲשֶׁר־תַּעֲשֶׂה לִבְנֵי
יִשְׂרָאֵל רָעָה מִבְצְרֵיהֶם תְּשַׁלַּח בָּאֵשׁ
וּבַחֻרֵיהֶם בַּחֶרֶב תַּהֲרֹג וְעֹלְלֵיהֶם
תְּרַטֵּשׁ וְהָרֹתֵיהֶם תְּבַקֵּעַ׃

יג וַיֹּאמֶר חֲזָהאֵל כִּי מָה עַבְדְּךָ הַכֶּלֶב
כִּי יַעֲשֶׂה הַדָּבָר הַגָּדוֹל הַזֶּה וַיֹּאמֶר
אֱלִישָׁע הִרְאַנִי יְהֹוָה אֹתְךָ מֶלֶךְ עַל־
אֲרָם׃

יד וַיֵּלֶךְ מֵאֵת אֱלִישָׁע וַיָּבֹא אֶל־אֲדֹנָיו
וַיֹּאמֶר לוֹ מָה־אָמַר לְךָ אֱלִישָׁע וַיֹּאמֶר
אָמַר לִי חָיֹה תִחְיֶה׃

טו וַיְהִי מִמָּחֳרָת וַיִּקַּח הַמַּכְבֵּר וַיִּטְבֹּל
בַּמַּיִם וַיִּפְרֹשׂ עַל־פָּנָיו וַיָּמֹת וַיִּמְלֹךְ
חֲזָהאֵל תַּחְתָּיו׃

טז וּבִשְׁנַת חָמֵשׁ לְיוֹרָם בֶּן־אַחְאָב מֶלֶךְ
יִשְׂרָאֵל וִיהוֹשָׁפָט מֶלֶךְ יְהוּדָה מָלַךְ
יְהוֹרָם בֶּן־יְהוֹשָׁפָט מֶלֶךְ יְהוּדָה׃

יז בֶּן־שְׁלֹשִׁים וּשְׁתַּיִם שָׁנָה הָיָה בְמָלְכוֹ
וּשְׁמֹנֶה שנה [שָׁנִים] מָלַךְ בִּירוּשָׁלָ͏ִם׃

יח וַיֵּלֶךְ בְּדֶרֶךְ מַלְכֵי יִשְׂרָאֵל כַּאֲשֶׁר עָשׂוּ
בֵּית אַחְאָב כִּי בַּת־אַחְאָב הָיְתָה־לּוֹ
לְאִשָּׁה וַיַּעַשׂ הָרַע בְּעֵינֵי יְהֹוָה׃

19 However, *Hashem* refrained from destroying *Yehuda*, for the sake of His servant *David*, in accordance with His promise to maintain a lamp for his descendants for all time.

יט וְלֹא־אָבָה יְהֹוָה לְהַשְׁחִית אֶת־יְהוּדָה
לְמַעַן דָּוִד עַבְדּוֹ כַּאֲשֶׁר אָמַר־לוֹ לָתֵת
לוֹ נִיר לְבָנָיו כָּל־הַיָּמִים׃

v'-lo a-VAH a-do-NAI l'-hash-KHEET et y'-hu-DAH l-MA-an da-VID av-DO ka-a-SHER a-mar LO la-TAYT LO NEER l'-va-NAV kol ha-ya-MEEM

20 During his reign, the Edomites rebelled against *Yehuda*'s rule and set up a king of their own.

כ בְּיָמָיו פָּשַׁע אֱדוֹם מִתַּחַת יַד־יְהוּדָה
וַיַּמְלִכוּ עֲלֵיהֶם מֶלֶךְ׃

21 *Yoram* crossed over to Zair with all his chariotry. He arose by night and attacked the Edomites, who were surrounding him and the chariot commanders; but his troops fled to their homes.

כא וַיַּעֲבֹר יוֹרָם צָעִירָה וְכָל־הָרֶכֶב עִמּוֹ
וַיְהִי־הוּא קָם לַיְלָה וַיַּכֶּה אֶת־אֱדוֹם
הַסֹּבֵיב אֵלָיו וְאֵת שָׂרֵי הָרֶכֶב וַיָּנָס הָעָם
לְאֹהָלָיו׃

Kings

22 Thus Edom fell away from *Yehuda*, as is still the case. Libnah likewise fell away at that time.

כב וַיִּפְשַׁע אֱדוֹם מִתַּחַת יַד־יְהוּדָה עַד
הַיּוֹם הַזֶּה אָז תִּפְשַׁע לִבְנָה בָּעֵת הַהִיא׃

23 The other events of *Yoram*'s reign, and all his actions, are recorded in the Annals of the Kings of *Yehuda*.

כג וְיֶתֶר דִּבְרֵי יוֹרָם וְכָל־אֲשֶׁר עָשָׂה הֲלוֹא־
הֵם כְּתוּבִים עַל־סֵפֶר דִּבְרֵי הַיָּמִים
לְמַלְכֵי יְהוּדָה׃

24 *Yoram* slept with his fathers and was buried with his fathers in the City of *David*; his son *Achazyahu* succeeded him as king.

כד וַיִּשְׁכַּב יוֹרָם עִם־אֲבֹתָיו וַיִּקָּבֵר עִם־
אֲבֹתָיו בְּעִיר דָּוִד וַיִּמְלֹךְ אֲחַזְיָהוּ בְנוֹ
תַּחְתָּיו׃

25 In the twelfth year of King *Yoram* son of *Achav* of *Yisrael, Achazyahu* son of *Yoram* became king of *Yehuda*.

כה בִּשְׁנַת שְׁתֵּים־עֶשְׂרֵה שָׁנָה לְיוֹרָם בֶּן־
אַחְאָב מֶלֶךְ יִשְׂרָאֵל מָלַךְ אֲחַזְיָהוּ בֶן־
יְהוֹרָם מֶלֶךְ יְהוּדָה׃

26 *Achazyahu* was twenty-two years old when he became king, and he reigned in *Yerushalayim* one year; his mother's name was *Atalya* daughter of King *Omri* of *Yisrael*.

כו בֶּן־עֶשְׂרִים וּשְׁתַּיִם שָׁנָה אֲחַזְיָהוּ בְמָלְכוֹ
וְשָׁנָה אַחַת מָלַךְ בִּירוּשָׁלָםִ וְשֵׁם אִמּוֹ
עֲתַלְיָהוּ בַּת־עָמְרִי מֶלֶךְ יִשְׂרָאֵל׃

27 He walked in the ways of the House of *Achav* and did what was displeasing to *Hashem*, like the House of *Achav*, for he was related by marriage to the House of *Achav*.

כז וַיֵּלֶךְ בְּדֶרֶךְ בֵּית אַחְאָב וַיַּעַשׂ הָרַע
בְּעֵינֵי יְהֹוָה כְּבֵית אַחְאָב כִּי חֲתַן בֵּית־
אַחְאָב הוּא׃

28 He marched with *Yoram* son of *Achav* to battle against King Hazael of Aram at Ramoth-gilead, but the Arameans wounded *Yoram*.

כח וַיֵּלֶךְ אֶת־יוֹרָם בֶּן־אַחְאָב לַמִּלְחָמָה עִם־
חֲזָהאֵל מֶלֶךְ־אֲרָם בְּרָמֹת גִּלְעָד וַיַּכּוּ
אֲרַמִּים אֶת־יוֹרָם׃

Replicas of ancient oil lamps

נר
ניר

8:19 To maintain a lamp for his descendants for all time *Hashem* is not yet ready to destroy *Yehuda*, due to the promise that He had made to King *David* to give him an eternal kingdom. The Hebrew word used for 'kingdom' in this verse is *nir* (ניר), which can also mean a 'light' or a 'lamp,' from the word *ner* (נר), which means 'candle.' The kingdom of *David* is intended to give eternal light to the entire Nation of Israel, and by extension the entire world. Even in the absence of a kingdom, the knowledge that *Hashem* will eventually return the monarchy to *David* through the *Mashiach* is a source of light and hope to all.

29 King *Yoram* retired to *Yizrael* to recover from the wounds which the Arameans had inflicted upon him at *Rama*, when he fought against King Hazael of Aram. And King *Achazyahu* son of *Yoram* of *Yehuda* went down to *Yizrael* to visit *Yoram* son of *Achav* while he was ill.

כט וַיָּשָׁב יוֹרָם הַמֶּלֶךְ לְהִתְרַפֵּא בְיִזְרְעֶאל
מִן־הַמַּכִּים אֲשֶׁר יַכֻּהוּ אֲרַמִּים בָּרָמָה
בְּהִלָּחֲמוֹ אֶת־חֲזָהאֵל מֶלֶךְ אֲרָם
וַאֲחַזְיָהוּ בֶן־יְהוֹרָם מֶלֶךְ יְהוּדָה יָרַד
לִרְאוֹת אֶת־יוֹרָם בֶּן־אַחְאָב בְּיִזְרְעֶאל
כִּי־חֹלֶה הוּא׃

9

1 Then the *Navi Elisha* summoned one of the disciples of the *Neviim* and said to him, "Tie up your skirts, and take along this flask of oil, and go to Ramoth-gilead.

ט א וֶאֱלִישָׁע הַנָּבִיא קָרָא לְאַחַד מִבְּנֵי
הַנְּבִיאִים וַיֹּאמֶר לוֹ חֲגֹר מָתְנֶיךָ וְקַח פַּךְ
הַשֶּׁמֶן הַזֶּה בְּיָדֶךָ וְלֵךְ רָמֹת גִּלְעָד׃

2 When you arrive there, go and see *Yehu* son of *Yehoshafat* son of Nimshi; get him to leave his comrades, and take him into an inner room.

ב וּבָאתָ שָׁמָּה וּרְאֵה־שָׁם יֵהוּא בֶן־
יְהוֹשָׁפָט בֶּן־נִמְשִׁי וּבָאתָ וַהֲקֵמֹתוֹ
מִתּוֹךְ אֶחָיו וְהֵבֵיאתָ אֹתוֹ חֶדֶר בְּחָדֶר׃

3 Then take the flask of oil and pour some on his head, and say, 'Thus said *Hashem*: I anoint you king over *Yisrael*.' Then open the door and flee without delay."

ג וְלָקַחְתָּ פַךְ־הַשֶּׁמֶן וְיָצַקְתָּ עַל־רֹאשׁוֹ
וְאָמַרְתָּ כֹּה־אָמַר יְהֹוָה מְשַׁחְתִּיךָ לְמֶלֶךְ
אֶל־יִשְׂרָאֵל וּפָתַחְתָּ הַדֶּלֶת וְנַסְתָּה וְלֹא
תְחַכֶּה׃

4 The young man, the servant of the *Navi*, went to Ramoth-gilead.

ד וַיֵּלֶךְ הַנַּעַר הַנַּעַר הַנָּבִיא רָמֹת גִּלְעָד׃

5 When he arrived, the army commanders were sitting together. He said, "Commander, I have a message for you." "For which one of us?" *Yehu* asked. He answered, "For you, commander."

ה וַיָּבֹא וְהִנֵּה שָׂרֵי הַחַיִל יֹשְׁבִים וַיֹּאמֶר
דָּבָר לִי אֵלֶיךָ הַשָּׂר וַיֹּאמֶר יֵהוּא אֶל־מִי
מִכֻּלָּנוּ וַיֹּאמֶר אֵלֶיךָ הַשָּׂר׃

6 So [*Yehu*] arose and went inside; and [the disciple] poured the oil on his head, and said to him, "Thus said *Hashem*, the God of *Yisrael*: I anoint you king over the people of *Hashem*, over *Yisrael*.

ו וַיָּקָם וַיָּבֹא הַבַּיְתָה וַיִּצֹק הַשֶּׁמֶן אֶל־
רֹאשׁוֹ וַיֹּאמֶר לוֹ כֹּה־אָמַר יְהֹוָה אֱלֹהֵי
יִשְׂרָאֵל מְשַׁחְתִּיךָ לְמֶלֶךְ אֶל־עַם יְהֹוָה
אֶל־יִשְׂרָאֵל׃

va-YA-kom va-ya-VO ha-BAItah va-yi-TZOK ha-SHE-men el
ro-SHO va-YO-mer LO koh a-MAR a-do-NAI e-lo-HAY yis-ra-AYL
m'-shakh-TEE-kha l'-ME-lekh el AM a-do-NAI el yis-ra-AYL

7 You shall strike down the House of *Achav* your master; thus will I avenge on Jezebel the blood of My servants the *Neviim*, and the blood of the other servants of *Hashem*.

ז וְהִכִּיתָה אֶת־בֵּית אַחְאָב אֲדֹנֶיךָ וְנִקַּמְתִּי
דְּמֵי עֲבָדַי הַנְּבִיאִים וּדְמֵי כָּל־עַבְדֵי
יְהֹוָה מִיַּד אִיזָבֶל׃

8 The whole House of *Achav* shall perish, and I will cut off every male belonging to *Achav*, bond and free in *Yisrael*.

ח וְאָבַד כָּל־בֵּית אַחְאָב וְהִכְרַתִּי לְאַחְאָב
מַשְׁתִּין בְּקִיר וְעָצוּר וְעָזוּב בְּיִשְׂרָאֵל׃

א

9:6 I anoint you king over the people of *Hashem* The Hebrew word *mashiach* (משיח) means 'anointed one.' According to biblical law, kings and high priests are to be anointed with oil, which symbolizes their designation for their holy positions. In Hebrew, the Messiah is referred to as the *Mashiach*, as he will be a king who is anointed for this holiest of roles. He will lead the Jewish people and bring peace and justice to the entire world. We pray for, and eagerly await, his coming each and every day.

Remains of an ancient oil press at Beit Guvrin

משיח

9 I will make the House of *Achav* like the House of *Yerovam* son of Nebat, and like the House of *Basha* son of *Achiya*.

ט וְנָתַתִּי אֶת־בֵּית אַחְאָב כְּבֵית יָרָבְעָם בֶּן־נְבָט וּכְבֵית בַּעְשָׁא בֶן־אֲחִיָּה׃

10 The dogs shall devour Jezebel in the field of *Yizrael*, with none to bury her." Then he opened the door and fled.

י וְאֶת־אִיזֶבֶל יֹאכְלוּ הַכְּלָבִים בְּחֵלֶק יִזְרְעֶאל וְאֵין קֹבֵר וַיִּפְתַּח הַדֶּלֶת וַיָּנֹס׃

11 *Yehu* went out to the other officers of his master, and they asked him, "Is all well? What did that madman come to you for?" He said to them, "You know the man and his ranting!"

יא וְיֵהוּא יָצָא אֶל־עַבְדֵי אֲדֹנָיו וַיֹּאמֶר לוֹ הֲשָׁלוֹם מַדּוּעַ בָּא־הַמְשֻׁגָּע הַזֶּה אֵלֶיךָ וַיֹּאמֶר אֲלֵיהֶם אַתֶּם יְדַעְתֶּם אֶת־הָאִישׁ וְאֶת־שִׂיחוֹ׃

12 "You're lying," they said. "Tell us [the truth]." Then he replied, "Thus and thus he said: Thus said *Hashem*: I anoint you king over *Yisrael*!"

יב וַיֹּאמְרוּ שֶׁקֶר הַגֶּד־נָא לָנוּ וַיֹּאמֶר כָּזֹאת וְכָזֹאת אָמַר אֵלַי לֵאמֹר כֹּה אָמַר יְהֹוָה מְשַׁחְתִּיךָ לְמֶלֶךְ אֶל־יִשְׂרָאֵל׃

13 Quickly each man took his cloak and placed it under him, on the top step. They sounded the *shofar* and proclaimed, "*Yehu* is king!"

יג וַיְמַהֲרוּ וַיִּקְחוּ אִישׁ בִּגְדוֹ וַיָּשִׂימוּ תַחְתָּיו אֶל־גֶּרֶם הַמַּעֲלוֹת וַיִּתְקְעוּ בַּשּׁוֹפָר וַיֹּאמְרוּ מָלַךְ יֵהוּא׃

14 Thus *Yehu* son of *Yehoshafat* son of Nimshi conspired against *Yoram*. *Yoram* and all *Yisrael* had been defending Ramoth-gilead against King Hazael of Aram,

יד וַיִּתְקַשֵּׁר יֵהוּא בֶּן־יְהוֹשָׁפָט בֶּן־נִמְשִׁי אֶל־יוֹרָם וְיוֹרָם הָיָה שֹׁמֵר בְּרָמֹת גִּלְעָד הוּא וְכָל־יִשְׂרָאֵל מִפְּנֵי חֲזָאֵל מֶלֶךְ־אֲרָם׃

15 but King *Yoram* had gone back to *Yizrael* to recover from the wounds which the Arameans had inflicted on him in his battle with King Hazael of Aram. *Yehu* said, "If such is your wish, allow no one to slip out of the town to go and report this in *Yizrael*."

טו וַיָּשָׁב יְהוֹרָם הַמֶּלֶךְ לְהִתְרַפֵּא בְיִזְרְעֶאל מִן־הַמַּכִּים אֲשֶׁר יַכֻּהוּ אֲרַמִּים בְּהִלָּחֲמוֹ אֶת־חֲזָאֵל מֶלֶךְ אֲרָם וַיֹּאמֶר יֵהוּא אִם־יֵשׁ נַפְשְׁכֶם אַל־יֵצֵא פָלִיט מִן־הָעִיר לָלֶכֶת לגיד [לְהַגִּיד] בְּיִזְרְעֶאל׃

16 Then *Yehu* mounted his chariot and drove to *Yizrael*; for *Yoram* was lying ill there, and King *Achazyahu* of *Yehuda* had gone down to visit *Yoram*.

טז וַיִּרְכַּב יֵהוּא וַיֵּלֶךְ יִזְרְעֶאלָה כִּי יוֹרָם שֹׁכֵב שָׁמָּה וַאֲחַזְיָה מֶלֶךְ יְהוּדָה יָרַד לִרְאוֹת אֶת־יוֹרָם׃

17 The lookout was stationed on the tower in *Yizrael*, and he saw the troop of *Yehu* as he approached. He called out, "I see a troop!" *Yoram* said, "Dispatch a horseman to meet them and let him ask: Is all well?"

יז וְהַצֹּפֶה עֹמֵד עַל־הַמִּגְדָּל בְּיִזְרְעֶאל וַיַּרְא אֶת־שִׁפְעַת יֵהוּא בְּבֹאוֹ וַיֹּאמֶר שִׁפְעַת אֲנִי רֹאֶה וַיֹּאמֶר יְהוֹרָם קַח רַכָּב וּשְׁלַח לִקְרָאתָם וְיֹאמַר הֲשָׁלוֹם׃

18 The horseman went to meet him, and he said, "The king inquires: Is all well?" *Yehu* replied, "What concern of yours is it whether all is well? Fall in behind me." The lookout reported: "The messenger has reached them, but has not turned back."

יח וַיֵּלֶךְ רֹכֵב הַסּוּס לִקְרָאתוֹ וַיֹּאמֶר כֹּה־אָמַר הַמֶּלֶךְ הֲשָׁלוֹם וַיֹּאמֶר יֵהוּא מַה־לְּךָ וּלְשָׁלוֹם סֹב אֶל־אַחֲרָי וַיַּגֵּד הַצֹּפֶה לֵאמֹר בָּא־הַמַּלְאָךְ עַד־הֵם וְלֹא־שָׁב׃

19 So he sent out a second horseman. He came to them and said, "Thus says the king: Is all well?" *Yehu* answered, "What concern of yours is it whether all is well? Fall in behind me."

יט וַיִּשְׁלַח רֹכֵב סוּס שֵׁנִי וַיָּבֹא אֲלֵהֶם וַיֹּאמֶר כֹּה־אָמַר הַמֶּלֶךְ שָׁלוֹם וַיֹּאמֶר יֵהוּא מַה־לְּךָ וּלְשָׁלוֹם סֹב אֶל־אַחֲרָי׃

20 And the lookout reported, "The messenger has reached them, but has not turned back. And it looks like the driving of *Yehu* son of Nimshi, who drives wildly."

כ וַיַּגֵּד הַצֹּפֶה לֵאמֹר בָּא עַד־אֲלֵיהֶם וְלֹא־שָׁב וְהַמִּנְהָג כְּמִנְהַג יֵהוּא בֶן־נִמְשִׁי כִּי בְשִׁגָּעוֹן יִנְהָג:

21 *Yoram* ordered, "Hitch up [the chariot]!" They hitched up his chariot; and King *Yoram* of *Yisrael* and King *Achazyahu* of *Yehuda* went out, each in his own chariot, to meet *Yehu*. They met him at the field of *Navot* the Yizraelite.

כא וַיֹּאמֶר יְהוֹרָם אֱסֹר וַיֶּאְסֹר רִכְבּוֹ וַיֵּצֵא יְהוֹרָם מֶלֶךְ־יִשְׂרָאֵל וַאֲחַזְיָהוּ מֶלֶךְ־יְהוּדָה אִישׁ בְּרִכְבּוֹ וַיֵּצְאוּ לִקְרַאת יֵהוּא וַיִּמְצָאֻהוּ בְּחֶלְקַת נָבוֹת הַיִּזְרְעֵאלִי:

22 When *Yoram* saw *Yehu*, he asked, "Is all well, *Yehu*?" But *Yehu* replied, "How can all be well as long as your mother Jezebel carries on her countless harlotries and sorceries?"

כב וַיְהִי כִּרְאוֹת יְהוֹרָם אֶת־יֵהוּא וַיֹּאמֶר הֲשָׁלוֹם יֵהוּא וַיֹּאמֶר מָה הַשָּׁלוֹם עַד־זְנוּנֵי אִיזֶבֶל אִמְּךָ וּכְשָׁפֶיהָ הָרַבִּים:

23 Thereupon *Yoram* turned his horses around and fled, crying out to *Achazyahu*, "Treason, *Achazyahu*!"

כג וַיַּהֲפֹךְ יְהוֹרָם יָדָיו וַיָּנֹס וַיֹּאמֶר אֶל־אֲחַזְיָהוּ מִרְמָה אֲחַזְיָה:

24 But *Yehu* drew his bow and hit *Yoram* between the shoulders, so that the arrow pierced his heart; and he collapsed in his chariot.

כד וְיֵהוּא מִלֵּא יָדוֹ בַקֶּשֶׁת וַיַּךְ אֶת־יְהוֹרָם בֵּין זְרֹעָיו וַיֵּצֵא הַחֵצִי מִלִּבּוֹ וַיִּכְרַע בְּרִכְבּוֹ:

25 *Yehu* thereupon ordered his officer Bidkar, "Pick him up and throw him into the field of *Navot* the Yizraelite. Remember how you and I were riding side by side behind his father *Achav*, when *Hashem* made this pronouncement about him:

כה וַיֹּאמֶר אֶל־בִּדְקַר שָׁלִשֹׁה [שָׁלִשׁוֹ] שָׂא הַשְׁלִכֵהוּ בְּחֶלְקַת שְׂדֵה נָבוֹת הַיִּזְרְעֵאלִי כִּי־זְכֹר אֲנִי וָאַתָּה אֵת רֹכְבִים צְמָדִים אַחֲרֵי אַחְאָב אָבִיו וַיהֹוָה נָשָׂא עָלָיו אֶת־הַמַּשָּׂא הַזֶּה:

26 'I swear, I have taken note of the blood of *Navot* and the blood of his sons yesterday – declares *Hashem*. And I will requite you in this plot – declares *Hashem*.' So pick him up and throw him unto the plot in accordance with the word of *Hashem*."

כו אִם־לֹא אֶת־דְּמֵי נָבוֹת וְאֶת־דְּמֵי בָנָיו רָאִיתִי אֶמֶשׁ נְאֻם־יְהֹוָה וְשִׁלַּמְתִּי לְךָ בַּחֶלְקָה הַזֹּאת נְאֻם־יְהֹוָה וְעַתָּה שָׂא הַשְׁלִכֵהוּ בַּחֶלְקָה כִּדְבַר יְהֹוָה:

27 On seeing this, King *Achazyahu* of *Yehuda* fled along the road to Beth-haggan. *Yehu* pursued him and said, "Shoot him down too!" [And they shot him] in his chariot at the ascent of Gur, which is near Ibleam. He fled to Megiddo and died there.

כז וַאֲחַזְיָה מֶלֶךְ־יְהוּדָה רָאָה וַיָּנָס דֶּרֶךְ בֵּית הַגָּן וַיִּרְדֹּף אַחֲרָיו יֵהוּא וַיֹּאמֶר גַּם־אֹתוֹ הַכֻּהוּ אֶל־הַמֶּרְכָּבָה בְּמַעֲלֵה־גוּר אֲשֶׁר אֶת־יִבְלְעָם וַיָּנָס מְגִדּוֹ וַיָּמָת שָׁם:

28 His servants conveyed him in a chariot to *Yerushalayim*, and they buried him in his grave with his fathers, in the City of *David*.

כח וַיַּרְכִּבוּ אֹתוֹ עֲבָדָיו יְרוּשָׁלָ͏ְמָה וַיִּקְבְּרוּ אֹתוֹ בִקְבֻרָתוֹ עִם־אֲבֹתָיו בְּעִיר דָּוִד:

29 *Achazyahu* had become king over *Yehuda* in the eleventh year of *Yoram* son of *Achav*.)

כט וּבִשְׁנַת אַחַת עֶשְׂרֵה שָׁנָה לְיוֹרָם בֶּן־אַחְאָב מָלַךְ אֲחַזְיָה עַל־יְהוּדָה:

30 *Yehu* went on to *Yizrael*. When Jezebel heard of it, she painted her eyes with kohl and dressed her hair, and she looked out of the window.

ל וַיָּבוֹא יֵהוּא יִזְרְעֶאלָה וְאִיזֶבֶל שָׁמְעָה וַתָּשֶׂם בַּפּוּךְ עֵינֶיהָ וַתֵּיטֶב אֶת־רֹאשָׁהּ וַתַּשְׁקֵף בְּעַד הַחַלּוֹן:

31 As *Yehu* entered the gate, she called out, "Is all well, *Zimri*, murderer of your master?"

לא וְיֵהוּא בָּא בַשָּׁעַר וַתֹּאמֶר הֲשָׁלוֹם זִמְרִי הֹרֵג אֲדֹנָיו:

32 He looked up toward the window and said, "Who is on my side, who?" And two or three eunuchs leaned out toward him.

לב וַיִּשָּׂא פָנָיו אֶל־הַחַלּוֹן וַיֹּאמֶר מִי אִתִּי מִי וַיַּשְׁקִיפוּ אֵלָיו שְׁנַיִם שְׁלֹשָׁה סָרִיסִים:

33 "Throw her down," he said. They threw her down; and her blood spattered on the wall and on the horses, and they trampled her.

לג וַיֹּאמֶר שמטהו [שִׁמְטוּהָ] וַיִּשְׁמְטוּהָ וַיִּז מִדָּמָהּ אֶל־הַקִּיר וְאֶל־הַסּוּסִים וַיִּרְמְסֶנָּה:

34 Then he went inside and ate and drank. And he said, "Attend to that cursed woman and bury her, for she was a king's daughter."

לד וַיָּבֹא וַיֹּאכַל וַיֵּשְׁתְּ וַיֹּאמֶר פִּקְדוּ־נָא אֶת־הָאֲרוּרָה הַזֹּאת וְקִבְרוּהָ כִּי בַת־מֶלֶךְ הִיא:

35 So they went to bury her; but all they found of her were the skull, the feet, and the hands.

לה וַיֵּלְכוּ לְקָבְרָהּ וְלֹא־מָצְאוּ בָהּ כִּי אִם־הַגֻּלְגֹּלֶת וְהָרַגְלַיִם וְכַפּוֹת הַיָּדָיִם:

36 They came back and reported to him; and he said, "It is just as *Hashem* spoke through His servant *Eliyahu* the Tishbite: The dogs shall devour the flesh of Jezebel in the field of *Yizrael*;

לו וַיָּשֻׁבוּ וַיַּגִּידוּ לוֹ וַיֹּאמֶר דְּבַר־יְהֹוָה הוּא אֲשֶׁר דִּבֶּר בְּיַד־עַבְדּוֹ אֵלִיָּהוּ הַתִּשְׁבִּי לֵאמֹר בְּחֵלֶק יִזְרְעֶאל יֹאכְלוּ הַכְּלָבִים אֶת־בְּשַׂר אִיזָבֶל:

37 and the carcass of Jezebel shall be like dung on the ground, in the field of *Yizrael*, so that none will be able to say: 'This was Jezebel.'"

לז והית [וְהָיְתָה] נִבְלַת אִיזֶבֶל כְּדֹמֶן עַל־פְּנֵי הַשָּׂדֶה בְּחֵלֶק יִזְרְעֶאל אֲשֶׁר לֹא־יֹאמְרוּ זֹאת אִיזָבֶל:

10 1 *Achav* had seventy descendants in *Shomron*. *Yehu* wrote letters and sent them to *Shomron*, to the elders and officials of *Yizrael* and to the guardians of [the children] of *Achav*, as follows:

א וּלְאַחְאָב שִׁבְעִים בָּנִים בְּשֹׁמְרוֹן וַיִּכְתֹּב יֵהוּא סְפָרִים וַיִּשְׁלַח שֹׁמְרוֹן אֶל־שָׂרֵי יִזְרְעֶאל הַזְּקֵנִים וְאֶל־הָאֹמְנִים אַחְאָב לֵאמֹר:

2 "Now, when this letter reaches you – since your master's sons are with you and you also have chariots and horses, and a fortified city and weapons

ב וְעַתָּה כְּבֹא הַסֵּפֶר הַזֶּה אֲלֵיכֶם וְאִתְּכֶם בְּנֵי אֲדֹנֵיכֶם וְאִתְּכֶם הָרֶכֶב וְהַסּוּסִים וְעִיר מִבְצָר וְהַנָּשֶׁק:

3 select the best and the most suitable of your master's sons and set him on his father's throne, and fight for your master's house."

ג וּרְאִיתֶם הַטּוֹב וְהַיָּשָׁר מִבְּנֵי אֲדֹנֵיכֶם וְשַׂמְתֶּם עַל־כִּסֵּא אָבִיו וְהִלָּחֲמוּ עַל־בֵּית אֲדֹנֵיכֶם:

4 But they were overcome by fear, for they thought, "If the two kings could not stand up to him, how can we?"

ד וַיִּרְאוּ מְאֹד מְאֹד וַיֹּאמְרוּ הִנֵּה שְׁנֵי הַמְּלָכִים לֹא עָמְדוּ לְפָנָיו וְאֵיךְ נַעֲמֹד אֲנָחְנוּ:

5 The steward of the palace and the governor of the city and the elders and the guardians sent this message to *Yehu*: "We are your subjects, and we shall do whatever you tell us to. We shall not proclaim anyone king; do whatever you like."

ה וַיִּשְׁלַח אֲשֶׁר־עַל־הַבַּיִת וַאֲשֶׁר עַל־הָעִיר וְהַזְּקֵנִים וְהָאֹמְנִים אֶל־יֵהוּא לֵאמֹר עֲבָדֶיךָ אֲנַחְנוּ וְכֹל אֲשֶׁר־תֹּאמַר אֵלֵינוּ נַעֲשֶׂה לֹא־נַמְלִיךְ אִישׁ הַטּוֹב בְּעֵינֶיךָ עֲשֵׂה:

6 He wrote them a second time: "If you are on my side and are ready to obey me, take the heads of the attendants of your master's sons and come to me in *Yizrael* tomorrow at this time." Now the princes, seventy in number, were with the notables of the town, who were rearing them.

7 But when the letter reached them, they took the princes and slaughtered all seventy of them; they put their heads in baskets and sent them to him in *Yizrael*.

8 A messenger came and reported to him: "They have brought the heads of the princes." He said, "Pile them up in two heaps at the entrance of the gate before morning."

9 In the morning he went out and stood there; and he said to all the people, "Are you blameless? True, I conspired against my master and killed him; but who struck down all of these?

10 Know, then, that nothing that *Hashem* has spoken concerning the House of *Achav* shall remain unfulfilled, for *Hashem* has done what he announced through His servant *Eliyahu*."

11 And *Yehu* struck down all that were left of the House of *Achav* in *Yizrael* – and all his notables, intimates, and *Kohanim* – till he left him no survivor.

12 He then set out for *Shomron*. On the way, when he was at Beth-eked of the shepherds,

13 *Yehu* came upon the kinsmen of King *Achazyahu* of *Yehuda*. "Who are you?" he asked. They replied, "We are the kinsmen of *Achazyahu*, and we have come to pay our respects to the sons of the king and the sons of the queen mother."

14 "Take them alive!" he said. They took them alive and then slaughtered them at the pit of Beth-eked, forty-two of them; he did not spare a single one.

15 He went on from there, and he met Jehonadab son of Rechab coming toward him. He greeted him and said to him, "Are you as wholehearted with me as I am with you?" "I am," Jehonadab replied. "If so," [said *Yehu*,] "give me your hand." He gave him his hand and [*Yehu*] helped him into the chariot.

ו וַיִּכְתֹּב אֲלֵיהֶם סֵפֶר שֵׁנִית לֵאמֹר אִם־לִי אַתֶּם וּלְקֹלִי אַתֶּם שֹׁמְעִים קְחוּ אֶת־רָאשֵׁי אַנְשֵׁי בְנֵי־אֲדֹנֵיכֶם וּבֹאוּ אֵלַי כָּעֵת מָחָר יִזְרְעֶאלָה וּבְנֵי הַמֶּלֶךְ שִׁבְעִים אִישׁ אֶת־גְּדֹלֵי הָעִיר מְגַדְּלִים אוֹתָם:

ז וַיְהִי כְּבֹא הַסֵּפֶר אֲלֵיהֶם וַיִּקְחוּ אֶת־בְּנֵי הַמֶּלֶךְ וַיִּשְׁחֲטוּ שִׁבְעִים אִישׁ וַיָּשִׂימוּ אֶת־רָאשֵׁיהֶם בַּדּוּדִים וַיִּשְׁלְחוּ אֵלָיו יִזְרְעֶאלָה:

ח וַיָּבֹא הַמַּלְאָךְ וַיַּגֶּד־לוֹ לֵאמֹר הֵבִיאוּ רָאשֵׁי בְנֵי־הַמֶּלֶךְ וַיֹּאמֶר שִׂימוּ אֹתָם שְׁנֵי צִבֻּרִים פֶּתַח הַשַּׁעַר עַד־הַבֹּקֶר:

ט וַיְהִי בַבֹּקֶר וַיֵּצֵא וַיַּעֲמֹד וַיֹּאמֶר אֶל־כָּל־הָעָם צַדִּקִים אַתֶּם הִנֵּה אֲנִי קָשַׁרְתִּי עַל־אֲדֹנִי וָאֶהְרְגֵהוּ וּמִי הִכָּה אֶת־כָּל־אֵלֶּה:

י דְּעוּ אֵפוֹא כִּי לֹא יִפֹּל מִדְּבַר יְהֹוָה אַרְצָה אֲשֶׁר־דִּבֶּר יְהֹוָה עַל־בֵּית אַחְאָב וַיהֹוָה עָשָׂה אֵת אֲשֶׁר דִּבֶּר בְּיַד עַבְדּוֹ אֵלִיָּהוּ:

יא וַיַּךְ יֵהוּא אֵת כָּל־הַנִּשְׁאָרִים לְבֵית־אַחְאָב בְּיִזְרְעֶאל וְכָל־גְּדֹלָיו וּמְיֻדָּעָיו וְכֹהֲנָיו עַד־בִּלְתִּי הִשְׁאִיר־לוֹ שָׂרִיד:

יב וַיָּקָם וַיָּבֹא וַיֵּלֶךְ שֹׁמְרוֹן הוּא בֵּית־עֵקֶד הָרֹעִים בַּדָּרֶךְ:

יג וְיֵהוּא מָצָא אֶת־אֲחֵי אֲחַזְיָהוּ מֶלֶךְ־יְהוּדָה וַיֹּאמֶר מִי אַתֶּם וַיֹּאמְרוּ אֲחֵי אֲחַזְיָהוּ אֲנַחְנוּ וַנֵּרֶד לִשְׁלוֹם בְּנֵי־הַמֶּלֶךְ וּבְנֵי הַגְּבִירָה:

יד וַיֹּאמֶר תִּפְשׂוּם חַיִּים וַיִּתְפְּשׂוּם חַיִּים וַיִּשְׁחָטוּם אֶל־בּוֹר בֵּית־עֵקֶד אַרְבָּעִים וּשְׁנַיִם אִישׁ וְלֹא־הִשְׁאִיר אִישׁ מֵהֶם:

טו וַיֵּלֶךְ מִשָּׁם וַיִּמְצָא אֶת־יְהוֹנָדָב בֶּן־רֵכָב לִקְרָאתוֹ וַיְבָרְכֵהוּ וַיֹּאמֶר אֵלָיו הֲיֵשׁ אֶת־לְבָבְךָ יָשָׁר כַּאֲשֶׁר לְבָבִי עִם־לְבָבֶךָ וַיֹּאמֶר יְהוֹנָדָב יֵשׁ וָיֵשׁ תְּנָה אֶת־יָדֶךָ וַיִּתֵּן יָדוֹ וַיַּעֲלֵהוּ אֵלָיו אֶל־הַמֶּרְכָּבָה:

16 "Come with me," he said, "and see my zeal for *Hashem*." And he was taken along in the chariot.

טז וַיֹּאמֶר לְכָה אִתִּי וּרְאֵה בְּקִנְאָתִי לַיהֹוָה
וַיַּרְכִּבוּ אֹתוֹ בְּרִכְבּוֹ׃

17 Arriving in *Shomron*, [*Yehu*] struck down all the survivors of [the House of] *Achav* in *Shomron*, until he wiped it out, fulfilling the word that *Hashem* had spoken to *Eliyahu*.

יז וַיָּבֹא שֹׁמְרוֹן וַיַּךְ אֶת־כׇּל־הַנִּשְׁאָרִים
לְאַחְאָב בְּשֹׁמְרוֹן עַד־הִשְׁמִידוֹ כִּדְבַר
יְהֹוָה אֲשֶׁר דִּבֶּר אֶל־אֵלִיָּהוּ׃

18 *Yehu* assembled all the people and said to them, "*Achav* served Baal little; *Yehu* shall serve him much!

יח וַיִּקְבֹּץ יֵהוּא אֶת־כׇּל־הָעָם וַיֹּאמֶר
אֲלֵהֶם אַחְאָב עָבַד אֶת־הַבַּעַל מְעָט
יֵהוּא יַעַבְדֶנּוּ הַרְבֵּה׃

19 Therefore, summon to me all the *Neviim* of Baal, all his worshipers, and all his *Kohanim*: let no one fail to come, for I am going to hold a great sacrifice for Baal. Whoever fails to come shall forfeit his life." *Yehu* was acting with guile in order to exterminate the worshipers of Baal.

יט וְעַתָּה כׇל־נְבִיאֵי הַבַּעַל כׇּל־עֹבְדָיו וְכׇל־
כֹּהֲנָיו קִרְאוּ אֵלַי אִישׁ אַל־יִפָּקֵד כִּי זֶבַח
גָּדוֹל לִי לַבַּעַל כֹּל אֲשֶׁר־יִפָּקֵד לֹא יִחְיֶה
וְיֵהוּא עָשָׂה בְעׇקְבָּה לְמַעַן הַאֲבִיד אֶת־
עֹבְדֵי הַבָּעַל׃

20 *Yehu* gave orders to convoke a solemn assembly for Baal, and one was proclaimed.

כ וַיֹּאמֶר יֵהוּא קַדְּשׁוּ עֲצָרָה לַבַּעַל
וַיִּקְרָאוּ׃

21 *Yehu* sent word throughout *Yisrael*, and all the worshipers of Baal came, not a single one remained behind. They came into the temple of Baal, and the temple of Baal was filled from end to end.

כא וַיִּשְׁלַח יֵהוּא בְּכׇל־יִשְׂרָאֵל וַיָּבֹאוּ כׇּל־
עֹבְדֵי הַבַּעַל וְלֹא־נִשְׁאַר אִישׁ אֲשֶׁר לֹא־
בָא וַיָּבֹאוּ בֵּית הַבַּעַל וַיִּמָּלֵא בֵית־הַבַּעַל
פֶּה לָפֶה׃

22 He said to the man in charge of the wardrobe, "Bring out the vestments for all the worshipers of Baal"; and he brought vestments out for them.

כב וַיֹּאמֶר לַאֲשֶׁר עַל־הַמֶּלְתָּחָה הוֹצֵא
לְבוּשׁ לְכֹל עֹבְדֵי הַבָּעַל וַיֹּצֵא לָהֶם
הַמַּלְבּוּשׁ׃

23 Then *Yehu* and Jehonadab son of Rechab came into the temple of Baal, and they said to the worshipers of Baal, "Search and make sure that there are no worshipers of *Hashem* among you, but only worshipers of Baal."

כג וַיָּבֹא יֵהוּא וִיהוֹנָדָב בֶּן־רֵכָב בֵּית הַבָּעַל
וַיֹּאמֶר לְעֹבְדֵי הַבַּעַל חַפְּשׂוּ וּרְאוּ
פֶּן־יֶשׁ־פֹּה עִמָּכֶם מֵעַבְדֵי יְהֹוָה כִּי אִם־
עֹבְדֵי הַבַּעַל לְבַדָּם׃

24 So they went in to offer sacrifices and burnt offerings. But *Yehu* had stationed eighty of his men outside and had said, "Whoever permits the escape of a single one of the men I commit to your charge shall forfeit life for life."

כד וַיָּבֹאוּ לַעֲשׂוֹת זְבָחִים וְעֹלוֹת וְיֵהוּא
שָׂם־לוֹ בַחוּץ שְׁמֹנִים אִישׁ וַיֹּאמֶר
הָאִישׁ אֲשֶׁר־יִמָּלֵט מִן־הָאֲנָשִׁים אֲשֶׁר
אֲנִי מֵבִיא עַל־יְדֵיכֶם נַפְשׁוֹ תַּחַת נַפְשׁוֹ׃

25 When *Yehu* had finished presenting the burnt offering, he said to the guards and to the officers, "Come in and strike them down; let no man get away!" The guards and the officers struck them down with the sword and left them lying where they were; then they proceeded to the interior of the temple of Baal.

כה וַיְהִי כְּכַלֹּתוֹ לַעֲשׂוֹת הָעֹלָה וַיֹּאמֶר יֵהוּא
לָרָצִים וְלַשָּׁלִשִׁים בֹּאוּ הַכּוּם אִישׁ אַל־
יֵצֵא וַיַּכּוּם לְפִי־חָרֶב וַיַּשְׁלִכוּ הָרָצִים
וְהַשָּׁלִשִׁים וַיֵּלְכוּ עַד־עִיר בֵּית־הַבָּעַל׃

26 They brought out the pillars of the temple of Baal and burned them.

כו וַיֹּצִאוּ אֶת־מַצְּבוֹת בֵּית־הַבַּעַל
וַיִּשְׂרְפוּהָ׃

27 They destroyed the pillar of Baal, and they tore down the temple of Baal and turned it into latrines, as is still the case.

כז וַיִּתְּצוּ אֵת מַצְּבַת הַבָּעַל וַיִּתְּצוּ אֶת־בֵּית הַבָּעַל וַיְשִׂמֻהוּ למחראות [לְמוֹצָאוֹת] עַד־הַיּוֹם:

va-yi-t'-TZU AYT ma-tz'-VAT ha-BA-al va-yi-t'-TZU et BAYT ha-BA-al vai-si-MU-hu l'-mo-tza-OT ad ha-YOM

28 Thus *Yehu* eradicated the Baal from *Yisrael*.

כח וַיַּשְׁמֵד יֵהוּא אֶת־הַבָּעַל מִיִּשְׂרָאֵל:

29 However, *Yehu* did not turn away from the sinful objects by which *Yerovam* son of Nebat had caused *Yisrael* to sin, namely, the golden calves at *Beit El* and at *Dan*.

כט רַק חֲטָאֵי יָרָבְעָם בֶּן־נְבָט אֲשֶׁר הֶחֱטִיא אֶת־יִשְׂרָאֵל לֹא־סָר יֵהוּא מֵאַחֲרֵיהֶם עֶגְלֵי הַזָּהָב אֲשֶׁר בֵּית־אֵל וַאֲשֶׁר בְּדָן:

30 *Hashem* said to *Yehu*, "Because you have acted well and done what was pleasing to Me, having carried out all that I desired upon the House of *Achav*, four generations of your descendants shall occupy the throne of *Yisrael*."

ל וַיֹּאמֶר יְהֹוָה אֶל־יֵהוּא יַעַן אֲשֶׁר־הֱטִיבֹתָ לַעֲשׂוֹת הַיָּשָׁר בְּעֵינַי כְּכֹל אֲשֶׁר בִּלְבָבִי עָשִׂיתָ לְבֵית אַחְאָב בְּנֵי רְבִעִים יֵשְׁבוּ לְךָ עַל־כִּסֵּא יִשְׂרָאֵל:

31 But *Yehu* was not careful to follow the Teaching of *Hashem*, the God of *Yisrael*, with all his heart; he did not turn away from the sins that *Yerovam* had caused *Yisrael* to commit.

לא וְיֵהוּא לֹא שָׁמַר לָלֶכֶת בְּתוֹרַת־יְהֹוָה אֱלֹהֵי־יִשְׂרָאֵל בְּכָל־לְבָבוֹ לֹא סָר מֵעַל חַטֹּאות יָרָבְעָם אֲשֶׁר הֶחֱטִיא אֶת־יִשְׂרָאֵל:

32 In those days *Hashem* began to reduce *Yisrael*; and Hazael harassed them throughout the territory of *Yisrael*

לב בַּיָּמִים הָהֵם הֵחֵל יְהֹוָה לְקַצּוֹת בְּיִשְׂרָאֵל וַיַּכֵּם חֲזָאֵל בְּכָל־גְּבוּל יִשְׂרָאֵל:

33 east of the *Yarden*, all the land of *Gilad* – the Gadites, the Reubenites, and the Manassites – from Aroer, by the Wadi Arnon, up to *Gilad* and Bashan.

לג מִן־הַיַּרְדֵּן מִזְרַח הַשֶּׁמֶשׁ אֵת כָּל־אֶרֶץ הַגִּלְעָד הַגָּדִי וְהָראוּבֵנִי וְהַמְנַשִּׁי מֵעֲרֹעֵר אֲשֶׁר עַל־נַחַל אַרְנֹן וְהַגִּלְעָד וְהַבָּשָׁן:

Kings

10:27 They destroyed the pillar of Baal While *Hashem* requires only the Jewish people to keep the *Torah*'s many commandments, there are seven laws that, according to Jewish tradition, are universal and incumbent upon all of mankind (*Sanhedrin* 56a). These seven "Noahide laws" ensure that society functions with a basic level of morality and religious values. Maimonides writes that anyone who keeps these laws properly is considered "righteous among the nations" and earns a share in the world to come. These seven universal commandments are:

1. Establish courts of justice
2. Do not curse God
3. Do not engage in idol worship
4. Do not engage in acts of sexual immorality such as adultery and incest
5. Do not murder
6. Do not steal
7. Do not eat the limb of a live animal

The requirement to renounce idolatry and serve the Lord exclusively is included in these laws. *Hashem* has no tolerance for idolatry, which brings with it sins such as human sacrifice, especially in the Land of Israel. In fact, engaging in idol worship results in exile from the land (see Deuteronomy 29:23–27). Furthermore, there is a commandment to destroy places of idol worship found in the Holy Land. God has made clear that there can be no tolerance for idolatry in the "palace of the King," particularly when it ensnares the hearts of the Children of Israel.

Valley of Hinnom outside the Old City of *Yerushalayim*, site of idol worship in the Bible

34 The other events of *Yehu*'s reign, and all his actions,
and all his exploits, are recorded in the Annals of
the Kings of *Yisrael*.

לד וְיֶתֶר דִּבְרֵי יֵהוּא וְכָל־אֲשֶׁר עָשָׂה וְכָל־
גְּבוּרָתוֹ הֲלוֹא־הֵם כְּתוּבִים עַל־סֵפֶר
דִּבְרֵי הַיָּמִים לְמַלְכֵי יִשְׂרָאֵל׃

35 *Yehu* slept with his fathers and he was buried in
Shomron; he was succeeded as king by his son
Yehoachaz.

לה וַיִּשְׁכַּב יֵהוּא עִם־אֲבֹתָיו וַיִּקְבְּרוּ אֹתוֹ
בְּשֹׁמְרוֹן וַיִּמְלֹךְ יְהוֹאָחָז בְּנוֹ תַּחְתָּיו׃

36 *Yehu* reigned over *Yisrael* for twenty-eight years in
Shomron.

לו וְהַיָּמִים אֲשֶׁר מָלַךְ יֵהוּא עַל־יִשְׂרָאֵל
עֶשְׂרִים וּשְׁמֹנֶה־שָׁנָה בְּשֹׁמְרוֹן׃

11 1 When *Atalya*, the mother of *Achazyahu*, learned
that her son was dead, she promptly killed off all
who were of royal stock.

א וַעֲתַלְיָה אֵם אֲחַזְיָהוּ וראתה [רָאֲתָה]
כִּי מֵת בְּנָהּ וַתָּקָם וַתְּאַבֵּד אֵת כָּל־זֶרַע
הַמַּמְלָכָה׃

2 But *Yehosheva*, daughter of King *Yoram* and sister
of *Achazyahu*, secretly took *Achazyahu*'s son *Yoash*
away from among the princes who were being slain,
and [put] him and his nurse in a bedroom. And
they kept him hidden from *Atalya* so that he was
not put to death.

ב וַתִּקַּח יְהוֹשֶׁבַע בַּת־הַמֶּלֶךְ־יוֹרָם אֲחוֹת
אֲחַזְיָהוּ אֶת־יוֹאָשׁ בֶּן־אֲחַזְיָה וַתִּגְנֹב
אֹתוֹ מִתּוֹךְ בְּנֵי־הַמֶּלֶךְ הממותתים
[הַמּוּמָתִים] אֹתוֹ וְאֶת־מֵינִקְתּוֹ בַּחֲדַר
הַמִּטּוֹת וַיַּסְתִּרוּ אֹתוֹ מִפְּנֵי עֲתַלְיָהוּ וְלֹא
הוּמָת׃

3 He stayed with her for six years, hidden in the
House of *Hashem*, while *Atalya* reigned over the
land.

ג וַיְהִי אִתָּהּ בֵּית יְהֹוָה מִתְחַבֵּא שֵׁשׁ
שָׁנִים וַעֲתַלְיָה מֹלֶכֶת עַל־הָאָרֶץ׃

4 In the seventh year, *Yehoyada* sent for the chiefs of
the hundreds of the Carites and of the guards, and
had them come to him in the House of *Hashem*. He
made a pact with them, exacting an oath from them
in the House of *Hashem*, and he showed them the
king's son.

ד וּבַשָּׁנָה הַשְּׁבִיעִית שָׁלַח יְהוֹיָדָע וַיִּקַּח
אֶת־שָׂרֵי המאיות [הַמֵּאוֹת] לַכָּרִי
וְלָרָצִים וַיָּבֵא אֹתָם אֵלָיו בֵּית יְהֹוָה
וַיִּכְרֹת לָהֶם בְּרִית וַיַּשְׁבַּע אֹתָם בְּבֵית
יְהֹוָה וַיַּרְא אֹתָם אֶת־בֶּן־הַמֶּלֶךְ׃

5 He instructed them: "This is what you must do:
One-third of those who are on duty for the week
shall maintain guard over the royal palace;

ה וַיְצַוֵּם לֵאמֹר זֶה הַדָּבָר אֲשֶׁר תַּעֲשׂוּן
הַשְּׁלִשִׁית מִכֶּם בָּאֵי הַשַּׁבָּת וְשֹׁמְרֵי
מִשְׁמֶרֶת בֵּית הַמֶּלֶךְ׃

6 another third shall be [stationed] at the Sur Gate;
and the other third shall be at the gate behind the
guards; you shall keep guard over the House on
every side.

ו וְהַשְּׁלִשִׁית בְּשַׁעַר סוּר וְהַשְּׁלִשִׁית
בַּשַּׁעַר אַחַר הָרָצִים וּשְׁמַרְתֶּם אֶת־
מִשְׁמֶרֶת הַבַּיִת מַסָּח׃

7 The two divisions of yours who are off duty this
week shall keep guard over the House of *Hashem*
for the protection of the king.

ז וּשְׁתֵּי הַיָּדוֹת בָּכֶם כֹּל יֹצְאֵי הַשַּׁבָּת
וְשָׁמְרוּ אֶת־מִשְׁמֶרֶת בֵּית־יְהֹוָה אֶל־
הַמֶּלֶךְ׃

8 You shall surround the king on every side, every
man with his weapons at the ready; and whoever
breaks through the ranks shall be killed. Stay close
to the king in his comings and goings."

ח וְהִקַּפְתֶּם עַל־הַמֶּלֶךְ סָבִיב אִישׁ וְכֵלָיו
בְּיָדוֹ וְהַבָּא אֶל־הַשְּׂדֵרוֹת יוּמָת וִהְיוּ
אֶת־הַמֶּלֶךְ בְּצֵאתוֹ וּבְבֹאוֹ׃

9 The chiefs of hundreds did just as *Yehoyada*
ordered: Each took his men – those who were on
duty that week and those who were off duty that
week – and they presented themselves to *Yehoyada*
the *Kohen*.

ט וַיַּעֲשׂוּ שָׂרֵי המאיות [הַמֵּאוֹת] כְּכֹל
אֲשֶׁר־צִוָּה יְהוֹיָדָע הַכֹּהֵן וַיִּקְחוּ אִישׁ
אֶת־אֲנָשָׁיו בָּאֵי הַשַּׁבָּת עִם יֹצְאֵי
הַשַּׁבָּת וַיָּבֹאוּ אֶל־יְהוֹיָדָע הַכֹּהֵן׃

10 The *Kohen* gave the chiefs of hundreds King *David*'s spears and quivers that were kept in the House of *Hashem*.

י וַיִּתֵּן הַכֹּהֵן לְשָׂרֵי המאיות [הַמֵּאוֹת]
אֶת־הַחֲנִית וְאֶת־הַשְּׁלָטִים אֲשֶׁר לַמֶּלֶךְ
דָּוִד אֲשֶׁר בְּבֵית יְהֹוָה׃

11 The guards, each with his weapons at the ready, stationed themselves – from the south end of the House to the north end of the House, at the *Mizbayach* and the House – to guard the king on every side.

יא וַיַּעַמְדוּ הָרָצִים אִישׁ וְכֵלָיו בְּיָדוֹ
מִכֶּתֶף הַבַּיִת הַיְמָנִית עַד־כֶּתֶף הַבַּיִת
הַשְּׂמָאלִית לַמִּזְבֵּחַ וְלַבָּיִת עַל־הַמֶּלֶךְ
סָבִיב׃

12 [*Yehoyada*] then brought out the king's son, and placed upon him the crown and the insignia. They anointed him and proclaimed him king; they clapped their hands and shouted, "Long live the king!"

יב וַיּוֹצִא אֶת־בֶּן־הַמֶּלֶךְ וַיִּתֵּן עָלָיו
אֶת־הַנֵּזֶר וְאֶת־הָעֵדוּת וַיַּמְלִכוּ אֹתוֹ
וַיִּמְשָׁחֻהוּ וַיַּכּוּ־כָף וַיֹּאמְרוּ יְחִי הַמֶּלֶךְ׃

va-yo-TZI et ben ha-ME-lekh va-yi-TAYN a-LAV et ha-NAY-zer
v'-et HA-ay-DUT va-yam-LI-khu o-TO va-yim-sha-KHU-hu
va-YA-ku KHAF va-yo-m'-RU y'-KHEE ha-ME-lekh

13 When *Atalya* heard the shouting of the guards [and] the people, she came out to the people in the House of *Hashem*.

יג וַתִּשְׁמַע עֲתַלְיָה אֶת־קוֹל הָרָצִין הָעָם
וַתָּבֹא אֶל־הָעָם בֵּית יְהֹוָה׃

14 She looked about and saw the king standing by the pillar, as was the custom, the chiefs with their trumpets beside the king, and all the people of the land rejoicing and blowing trumpets. *Atalya* rent her garments and cried out, "Treason, treason!"

יד וַתֵּרֶא וְהִנֵּה הַמֶּלֶךְ עֹמֵד עַל־הָעַמּוּד
כַּמִּשְׁפָּט וְהַשָּׂרִים וְהַחֲצֹצְרוֹת אֶל־
הַמֶּלֶךְ וְכָל־עַם הָאָרֶץ שָׂמֵחַ וְתֹקֵעַ
בַּחֲצֹצְרוֹת וַתִּקְרַע עֲתַלְיָה אֶת־בְּגָדֶיהָ
וַתִּקְרָא קֶשֶׁר קָשֶׁר׃

15 Then the *Kohen Yehoyada* gave the command to the army officers, the chiefs of hundreds, and said to them, "Take her out between the ranks and, if anyone follows her, put him to the sword." For the *Kohen* thought: "Let her not be put to death in the House of *Hashem*."

טו וַיְצַו יְהוֹיָדָע הַכֹּהֵן אֶת־שָׂרֵי המיאות
[הַמֵּאוֹת] פְּקֻדֵי הַחַיִל וַיֹּאמֶר אֲלֵיהֶם
הוֹצִיאוּ אֹתָהּ אֶל־מִבֵּית לַשְּׂדֵרֹת וְהַבָּא
אַחֲרֶיהָ הָמֵת בֶּחָרֶב כִּי אָמַר הַכֹּהֵן אַל־
תּוּמַת בֵּית יְהֹוָה׃

16 They cleared a passageway for her and she entered the royal palace through the horses' entrance: there she was put to death.

טז וַיָּשִׂמוּ לָהּ יָדַיִם וַתָּבוֹא דֶּרֶךְ־מְבוֹא
הַסּוּסִים בֵּית הַמֶּלֶךְ וַתּוּמַת שָׁם׃

Kings

א **11:12 And placed upon him the crown and the insignia** The Hebrew word used for 'insignia' in the verse is *aydut* (עדות). This term, usually translated as 'testimony,' is often used to refer to the tablets on which the Ten Commandments were written and the ark that contained them (see Exodus 32:15 and 26:33). As the Ten Commandments are representative of the entire *Torah*, *Rashi* explains that in this verse, the term *aydut* hints to the fact that the new king is not only given a crown, but also a *Torah* scroll. This practice is based on the command for a king to write a *Torah* scroll and have it in his presence at all times (Deuteronomy 17:19). The king must always remember that he is subservient to God, Who is the King of Kings, and is expected to follow His *Torah*. The *Torah* is the testimony and insignia of the People of Israel. When they properly observe its laws they are then deserving of *Hashem*'s promise to possess the Land of Israel.

An open *Torah* scroll

17 And *Yehoyada* solemnized the covenant between *Hashem,* on the one hand, and the king and the people, on the other – as well as between the king and the people – that they should be the people of *Hashem.*

יז וַיִּכְרֹת יְהוֹיָדָע אֶת־הַבְּרִית בֵּין יְהוָה
וּבֵין הַמֶּלֶךְ וּבֵין הָעָם לִהְיוֹת לְעָם
לַיהוָה וּבֵין הַמֶּלֶךְ וּבֵין הָעָם׃

18 Thereupon all the people of the land went to the temple of Baal. They tore it down and smashed its altars and images to bits, and they slew Mattan, the priest of Baal, in front of the altars. [*Yehoyada*] the *Kohen* then placed guards over the House of *Hashem.*

יח וַיָּבֹאוּ כָל־עַם הָאָרֶץ בֵּית־הַבַּעַל
וַיִּתְּצֻהוּ אֶת־מזבחתו [מִזְבְּחֹתָיו]
וְאֶת־צְלָמָיו שִׁבְּרוּ הֵיטֵב וְאֵת מַתָּן כֹּהֵן
הַבַּעַל הָרְגוּ לִפְנֵי הַמִּזְבְּחוֹת וַיָּשֶׂם הַכֹּהֵן
פְּקֻדֹּת עַל־בֵּית יְהוָה׃

19 He took the chiefs of hundreds, the Carites, the guards, and all the people of the land, and they escorted the king from the House of *Hashem* into the royal palace by the gate of the guards. And he ascended the royal throne.

יט וַיִּקַּח אֶת־שָׂרֵי הַמֵּאוֹת וְאֶת־הַכָּרִי
וְאֶת־הָרָצִים וְאֵת כָּל־עַם הָאָרֶץ וַיֹּרִידוּ
אֶת־הַמֶּלֶךְ מִבֵּית יְהוָה וַיָּבוֹאוּ דֶּרֶךְ־
שַׁעַר הָרָצִים בֵּית הַמֶּלֶךְ וַיֵּשֶׁב עַל־כִּסֵּא
הַמְּלָכִים׃

20 All the people of the land rejoiced, and the city was quiet. As for *Atalya,* she had been put to the sword in the royal palace.

כ וַיִּשְׂמַח כָּל־עַם־הָאָרֶץ וְהָעִיר שָׁקָטָה
וְאֶת־עֲתַלְיָהוּ הֵמִיתוּ בַחֶרֶב בֵּית מלך
[הַמֶּלֶךְ׃]

12 1 *Yehoash* was seven years old when he became king.

א בֶּן־שֶׁבַע שָׁנִים יְהוֹאָשׁ בְּמָלְכוֹ׃

2 *Yehoash* began his reign in the seventh year of *Yehu,* and he reigned in *Yerushalayim* forty years. His mother's name was Zibiah of *Be'er Sheva.*

ב בִּשְׁנַת־שֶׁבַע לְיֵהוּא מָלַךְ יְהוֹאָשׁ
וְאַרְבָּעִים שָׁנָה מָלַךְ בִּירוּשָׁלָ‍ִם וְשֵׁם
אִמּוֹ צִבְיָה מִבְּאֵר שָׁבַע׃

3 All his days *Yehoash* did what was pleasing to *Hashem,* as the *Kohen Yehoyada* instructed him.

ג וַיַּעַשׂ יְהוֹאָשׁ הַיָּשָׁר בְּעֵינֵי יְהוָה כָּל־
יָמָיו אֲשֶׁר הוֹרָהוּ יְהוֹיָדָע הַכֹּהֵן׃

4 The shrines, however, were not removed; the people continued to sacrifice and offer at the shrines.

ד רַק הַבָּמוֹת לֹא־סָרוּ עוֹד הָעָם מְזַבְּחִים
וּמְקַטְּרִים בַּבָּמוֹת׃

5 *Yehoash* said to the *Kohanim,* "All the money, current money, brought into the House of *Hashem* as sacred donations – any money a man may pay as the money equivalent of persons, or any other money that a man may be minded to bring to the House of *Hashem* –

ה וַיֹּאמֶר יְהוֹאָשׁ אֶל־הַכֹּהֲנִים כֹּל כֶּסֶף
הַקֳּדָשִׁים אֲשֶׁר־יוּבָא בֵית־יְהוָה כֶּסֶף
עוֹבֵר אִישׁ כֶּסֶף נַפְשׁוֹת עֶרְכּוֹ כָּל־כֶּסֶף
אֲשֶׁר יַעֲלֶה עַל לֶב־אִישׁ לְהָבִיא בֵּית
יְהוָה׃

6 let the *Kohanim* receive it, each from his benefactor; they, in turn, shall make repairs on the House, wherever damage may be found."

ו יִקְחוּ לָהֶם הַכֹּהֲנִים אִישׁ מֵאֵת מַכָּרוֹ
וְהֵם יְחַזְּקוּ אֶת־בֶּדֶק הַבַּיִת לְכֹל אֲשֶׁר־
יִמָּצֵא שָׁם בָּדֶק׃

7 But in the twenty-third year of King *Yehoash,* [it was found that] the *Kohanim* had not made the repairs on the House.

ז וַיְהִי בִּשְׁנַת עֶשְׂרִים וְשָׁלֹשׁ שָׁנָה לַמֶּלֶךְ
יְהוֹאָשׁ לֹא־חִזְּקוּ הַכֹּהֲנִים אֶת־בֶּדֶק
הַבָּיִת׃

8 So King *Yehoash* summoned the *Kohen Yehoyada* and the other *Kohanim* and said to them, "Why have you not kept the House in repair? Now do not accept money from your benefactors any more, but have it donated for the repair of the House."

ח וַיִּקְרָא הַמֶּלֶךְ יְהוֹאָשׁ לִיהוֹיָדָע הַכֹּהֵן
וְלַכֹּהֲנִים וַיֹּאמֶר אֲלֵהֶם מַדּוּעַ אֵינְכֶם
מְחַזְּקִים אֶת־בֶּדֶק הַבָּיִת וְעַתָּה אַל־
תִּקְחוּ־כֶסֶף מֵאֵת מַכָּרֵיכֶם כִּי־לְבֶדֶק
הַבַּיִת תִּתְּנֻהוּ׃

9 The *Kohanim* agreed that they would neither accept money from the people nor make repairs on the House.

ט וַיֵּאֹתוּ הַכֹּהֲנִים לְבִלְתִּי קְחַת־כֶּסֶף מֵאֵת
הָעָם וּלְבִלְתִּי חַזֵּק אֶת־בֶּדֶק הַבָּיִת׃

10 And the *Kohen Yehoyada* took a chest and bored a hole in its lid. He placed it at the right side of the *Mizbayach* as one entered the House of *Hashem*, and the priestly guards of the threshold deposited there all the money that was brought into the House of *Hashem*.

י וַיִּקַּח יְהוֹיָדָע הַכֹּהֵן אֲרוֹן אֶחָד וַיִּקֹּב
חֹר בְּדַלְתּוֹ וַיִּתֵּן אֹתוֹ אֵצֶל הַמִּזְבֵּחַ
בימין [מִיָּמִין] בְּבוֹא־אִישׁ בֵּית יְהֹוָה
וְנָתְנוּ־שָׁמָּה הַכֹּהֲנִים שֹׁמְרֵי הַסַּף אֶת־
כָּל־הַכֶּסֶף הַמּוּבָא בֵית־יְהֹוָה׃

va-yi-KAKH y'-ho-ya-DA ha-ko-HAYN a-RON e-KHAD va-yi-KOV KHOR b'-dal-TO va-yi-TAYN ot-TO AY-tzel ha-miz-BAY-akh mi-ya-MIN b'-vo EESH BAYT a-do-NAI v'-na-t'-nu SHA-mah ha-ko-ha-NEEM sho-m'-RAY ha-SAF et kol ha-KE-sef ha-mu-VA vayt a-do-NAI

11 Whenever they saw that there was much money in the chest, the royal scribe and the *Kohen Gadol* would come up and put the money accumulated in the House of *Hashem* into bags, and they would count it.

יא וַיְהִי כִּרְאוֹתָם כִּי־רַב הַכֶּסֶף בָּאָרוֹן וַיַּעַל
סֹפֵר הַמֶּלֶךְ וְהַכֹּהֵן הַגָּדוֹל וַיָּצֻרוּ וַיִּמְנוּ
אֶת־הַכֶּסֶף הַנִּמְצָא בֵית־יְהֹוָה׃

12 Then they would deliver the money that was weighed out to the overseers of the work, who were in charge of the House of *Hashem*. These, in turn, used to pay the carpenters and the laborers who worked on the House of *Hashem*,

יב וְנָתְנוּ אֶת־הַכֶּסֶף הַמְתֻכָּן עַל־יד [יְדֵי]
עֹשֵׂי הַמְּלָאכָה הפקדים [הַמֻּפְקָדִים]
בֵּית יְהֹוָה וַיּוֹצִיאֻהוּ לְחָרָשֵׁי הָעֵץ
וְלַבֹּנִים הָעֹשִׂים בֵּית יְהֹוָה׃

13 and the masons and the stonecutters. They also paid for wood and for quarried stone with which to make the repairs on the House of *Hashem*, and for every other expenditure that had to be made in repairing the House.

יג וְלַגֹּדְרִים וּלְחֹצְבֵי הָאֶבֶן וְלִקְנוֹת עֵצִים
וְאַבְנֵי מַחְצֵב לְחַזֵּק אֶת־בֶּדֶק בֵּית־יְהֹוָה
וּלְכֹל אֲשֶׁר־יֵצֵא עַל־הַבַּיִת לְחָזְקָה׃

14 However, no silver bowls and no snuffers, basins, or trumpets – no vessels of gold or silver – were made at the House of *Hashem* from the money brought into the House of *Hashem*;

יד אַךְ לֹא יֵעָשֶׂה בֵּית יְהֹוָה סִפּוֹת כֶּסֶף
מְזַמְּרוֹת מִזְרָקוֹת חֲצֹצְרוֹת כָּל־כְּלִי זָהָב
וּכְלִי־כֶסֶף מִן־הַכֶּסֶף הַמּוּבָא בֵית־יְהֹוָה׃

12:10 Deposited there all the money that was brought into the House of *Hashem* According to Jewish law, money that is designated for use in the *Beit Hamikdash* is endowed with a special status and must be used only for its intended purpose. In the Holy Temple, it is therefore necessary to ensure that donated funds are properly secured and then distributed for care of the *Beit Hamikdash* and communal offerings. Today, without a *Beit Hamikdash*, we are likewise required to make sure that we are completely honest in our financial dealings, and that money is used for its intended purpose.

Ancient half-shekel coins from approximately 68 CE

¹⁵ this was given only to the overseers of the work for the repair of the House of *Hashem*.

¹⁶ No check was kept on the men to whom the money was delivered to pay the workers; for they dealt honestly.

¹⁷ Money brought as a guilt offering or as a sin offering was not deposited in the House of *Hashem*; it went to the *Kohanim*.

¹⁸ At that time, King Hazael of Aram came up and attacked Gath and captured it; and Hazael proceeded to march on *Yerushalayim*.

¹⁹ Thereupon King *Yoash* of *Yehuda* took all the objects that had been consecrated by his fathers, Kings *Yehoshafat*, *Yehoram*, and *Achazyahu* of *Yehuda*, and by himself, and all the gold that there was in the treasuries of the Temple of *Hashem* and in the royal palace, and he sent them to King Hazael of Aram, who then turned back from his march on *Yerushalayim*.

²⁰ The other events of *Yoash's* reign, and all his actions, are recorded in the Annals of the Kings of *Yehuda*.

²¹ His courtiers formed a conspiracy against *Yoash* and assassinated him at Beth-millo that leads down to Silla.

²² The courtiers who assassinated him were Jozacar son of Shimeath and Jehozabad son of Shomer. He died and was buried with his fathers in the City of *David*; and his son *Amatzya* succeeded him as king.

13 ¹ In the twenty-third year of King *Yoash* son of *Achazyahu* of *Yehuda*, *Yehoachaz* son of *Yehu* became king over *Yisrael* in *Shomron* – for seventeen years.

² He did what was displeasing to *Hashem*. He persisted in the sins which *Yerovam* son of Nebat had caused *Yisrael* to commit; he did not depart from them.

³ *Hashem* was angry with *Yisrael* and He repeatedly delivered them into the hands of King Hazael of Aram and into the hands of Ben-hadad son of Hazael.

⁴ But *Yehoachaz* pleaded with *Hashem*; and *Hashem* listened to him, for He saw the suffering that the king of Aram inflicted upon *Yisrael*.

טו כִּי־לְעֹשֵׂי הַמְּלָאכָה יִתְּנֻהוּ וְחִזְּקוּ־בוֹ אֶת־בֵּית יְהֹוָה:

טז וְלֹא יְחַשְּׁבוּ אֶת־הָאֲנָשִׁים אֲשֶׁר יִתְּנוּ אֶת־הַכֶּסֶף עַל־יָדָם לָתֵת לְעֹשֵׂי הַמְּלָאכָה כִּי בֶאֱמֻנָה הֵם עֹשִׂים:

יז כֶּסֶף אָשָׁם וְכֶסֶף חַטָּאוֹת לֹא יוּבָא בֵּית יְהֹוָה לַכֹּהֲנִים יִהְיוּ:

יח אָז יַעֲלֶה חֲזָאֵל מֶלֶךְ אֲרָם וַיִּלָּחֶם עַל־גַּת וַיִּלְכְּדָהּ וַיָּשֶׂם חֲזָאֵל פָּנָיו לַעֲלוֹת עַל־יְרוּשָׁלָ‍ִם:

יט וַיִּקַּח יְהוֹאָשׁ מֶלֶךְ־יְהוּדָה אֵת כָּל־הַקֳּדָשִׁים אֲשֶׁר־הִקְדִּישׁוּ יְהוֹשָׁפָט וִיהוֹרָם וַאֲחַזְיָהוּ אֲבֹתָיו מַלְכֵי יְהוּדָה וְאֶת־קֳדָשָׁיו וְאֵת כָּל־הַזָּהָב הַנִּמְצָא בְּאֹצְרוֹת בֵּית־יְהֹוָה וּבֵית הַמֶּלֶךְ וַיִּשְׁלַח לַחֲזָאֵל מֶלֶךְ אֲרָם וַיַּעַל מֵעַל יְרוּשָׁלָ‍ִם:

כ וְיֶתֶר דִּבְרֵי יוֹאָשׁ וְכָל־אֲשֶׁר עָשָׂה הֲלוֹא־הֵם כְּתוּבִים עַל־סֵפֶר דִּבְרֵי הַיָּמִים לְמַלְכֵי יְהוּדָה:

כא וַיָּקֻמוּ עֲבָדָיו וַיִּקְשְׁרוּ־קָשֶׁר וַיַּכּוּ אֶת־יוֹאָשׁ בֵּית מִלֹּא הַיּוֹרֵד סִלָּא:

כב וְיוֹזָבָד בֶּן־שִׁמְעָת וִיהוֹזָבָד בֶּן־שֹׁמֵר עֲבָדָיו הִכֻּהוּ וַיָּמֹת וַיִּקְבְּרוּ אֹתוֹ עִם־אֲבֹתָיו בְּעִיר דָּוִד וַיִּמְלֹךְ אֲמַצְיָה בְנוֹ תַּחְתָּיו:

א בִּשְׁנַת עֶשְׂרִים וְשָׁלֹשׁ שָׁנָה לְיוֹאָשׁ בֶּן־אֲחַזְיָהוּ מֶלֶךְ יְהוּדָה מָלַךְ יְהוֹאָחָז בֶּן־יֵהוּא עַל־יִשְׂרָאֵל בְּשֹׁמְרוֹן שְׁבַע עֶשְׂרֵה שָׁנָה:

ב וַיַּעַשׂ הָרַע בְּעֵינֵי יְהֹוָה וַיֵּלֶךְ אַחַר חַטֹּאת יָרָבְעָם בֶּן־נְבָט אֲשֶׁר־הֶחֱטִיא אֶת־יִשְׂרָאֵל לֹא־סָר מִמֶּנָּה:

ג וַיִּחַר־אַף יְהֹוָה בְּיִשְׂרָאֵל וַיִּתְּנֵם בְּיַד חֲזָאֵל מֶלֶךְ־אֲרָם וּבְיַד בֶּן־הֲדַד בֶּן־חֲזָאֵל כָּל־הַיָּמִים:

ד וַיְחַל יְהוֹאָחָז אֶת־פְּנֵי יְהֹוָה וַיִּשְׁמַע אֵלָיו יְהֹוָה כִּי רָאָה אֶת־לַחַץ יִשְׂרָאֵל כִּי־לָחַץ אֹתָם מֶלֶךְ אֲרָם:

5 So *Hashem* granted *Yisrael* a deliverer, and they gained their freedom from Aram; and *Yisrael* dwelt in its homes as before.

ה וַיִּתֵּן יְהֹוָה לְיִשְׂרָאֵל מוֹשִׁיעַ וַיֵּצְאוּ
מִתַּחַת יַד־אֲרָם וַיֵּשְׁבוּ בְנֵי־יִשְׂרָאֵל
בְּאָהֳלֵיהֶם כִּתְמוֹל שִׁלְשׁוֹם׃

6 However, they did not depart from the sins which the House of *Yerovam* had caused *Yisrael* to commit; they persisted in them. Even the sacred post stood in *Shomron.*

ו אַךְ לֹא־סָרוּ מֵחַטֹּאות בֵּית־יָרׇבְעָם
אֲשֶׁר־החטי [הֶחֱטִיא] אֶת־יִשְׂרָאֵל בָּהּ
הָלָךְ וְגַם הָאֲשֵׁרָה עָמְדָה בְּשֹׁמְרוֹן׃

7 In fact, *Yehoachaz* was left with a force of only fifty horsemen, ten chariots, and ten thousand foot soldiers; for the king of Aram had decimated them and trampled them like the dust under his feet.

ז כִּי לֹא הִשְׁאִיר לִיהוֹאָחָז עָם כִּי אִם־
חֲמִשִּׁים פָּרָשִׁים וַעֲשָׂרָה רֶכֶב וַעֲשֶׂרֶת
אֲלָפִים רַגְלִי כִּי אִבְּדָם מֶלֶךְ אֲרָם
וַיְשִׂמֵם כֶּעָפָר לָדֻשׁ׃

8 The other events of *Yehoachaz*'s reign, and all his actions and his exploits, are recorded in the Annals of the Kings of *Yisrael.*

ח וְיֶתֶר דִּבְרֵי יְהוֹאָחָז וְכׇל־אֲשֶׁר עָשָׂה
וּגְבוּרָתוֹ הֲלוֹא־הֵם כְּתוּבִים עַל־סֵפֶר
דִּבְרֵי הַיָּמִים לְמַלְכֵי יִשְׂרָאֵל׃

9 *Yehoachaz* slept with his fathers and he was buried in *Shomron*; his son *Yoash* succeeded him as king.

ט וַיִּשְׁכַּב יְהוֹאָחָז עִם־אֲבֹתָיו וַיִּקְבְּרֻהוּ
בְּשֹׁמְרוֹן וַיִּמְלֹךְ יוֹאָשׁ בְּנוֹ תַּחְתָּיו׃

10 In the thirty-seventh year of King *Yoash* of *Yehuda*, *Yehoash* son of *Yehoachaz* became king of *Yisrael* in *Shomron* – for sixteen years.

י בִּשְׁנַת שְׁלֹשִׁים וָשֶׁבַע שָׁנָה לְיוֹאָשׁ מֶלֶךְ
יְהוּדָה מָלַךְ יְהוֹאָשׁ בֶּן־יְהוֹאָחָז עַל־
יִשְׂרָאֵל בְּשֹׁמְרוֹן שֵׁשׁ עֶשְׂרֵה שָׁנָה׃

11 He did what was displeasing to *Hashem*; he did not depart from any of the sins which *Yerovam* son of Nebat had caused *Yisrael* to commit; he persisted in them.

יא וַיַּעֲשֶׂה הָרַע בְּעֵינֵי יְהֹוָה לֹא סָר מִכׇּל־
חַטֹּאות יָרׇבְעָם בֶּן־נְבָט אֲשֶׁר־הֶחֱטִיא
אֶת־יִשְׂרָאֵל בָּהּ הָלָךְ׃

12 The other events of *Yoash*'s reign, and all his actions, and his exploits in his war with King *Amatzya* of *Yehuda*, are recorded in the Annals of the Kings of *Yisrael.*

יב וְיֶתֶר דִּבְרֵי יוֹאָשׁ וְכׇל־אֲשֶׁר עָשָׂה
וּגְבוּרָתוֹ אֲשֶׁר נִלְחַם עִם אֲמַצְיָה מֶלֶךְ־
יְהוּדָה הֲלוֹא־הֵם כְּתוּבִים עַל־סֵפֶר
דִּבְרֵי הַיָּמִים לְמַלְכֵי יִשְׂרָאֵל׃

13 *Yoash* slept with his fathers and *Yerovam* occupied his throne; *Yoash* was buried in *Shomron* with the kings of *Yisrael.*

יג וַיִּשְׁכַּב יוֹאָשׁ עִם־אֲבֹתָיו וְיָרׇבְעָם יָשַׁב
עַל־כִּסְאוֹ וַיִּקָּבֵר יוֹאָשׁ בְּשֹׁמְרוֹן עִם
מַלְכֵי יִשְׂרָאֵל׃

14 *Elisha* had been stricken with the illness of which he was to die, and King *Yoash* of *Yisrael* went down to see him. He wept over him and cried, "Father, father! *Yisrael*'s chariots and horsemen!"

יד וֶאֱלִישָׁע חָלָה אֶת־חׇלְיוֹ אֲשֶׁר יָמוּת
בּוֹ וַיֵּרֶד אֵלָיו יוֹאָשׁ מֶלֶךְ־יִשְׂרָאֵל וַיֵּבְךְּ
עַל־פָּנָיו וַיֹּאמַר אָבִי אָבִי רֶכֶב יִשְׂרָאֵל
וּפָרָשָׁיו׃

15 *Elisha* said to him, "Get a bow and arrows"; and he brought him a bow and arrows.

טו וַיֹּאמֶר לוֹ אֱלִישָׁע קַח קֶשֶׁת וְחִצִּים
וַיִּקַּח אֵלָיו קֶשֶׁת וְחִצִּים׃

16 Then he said to the king of *Yisrael*, "Grasp the bow!" And when he had grasped it, *Elisha* put his hands over the king's hands.

טז וַיֹּאמֶר לְמֶלֶךְ יִשְׂרָאֵל הַרְכֵּב יָדְךָ עַל־
הַקֶּשֶׁת וַיַּרְכֵּב יָדוֹ וַיָּשֶׂם אֱלִישָׁע יָדָיו
עַל־יְדֵי הַמֶּלֶךְ׃

17 "Open the window toward the east," he said; and he opened it. *Elisha* said, "Shoot!" and he shot. Then he said, "An arrow of victory for *Hashem*! An arrow of victory over Aram! You shall rout Aram completely at Aphek."

יז וַיֹּאמֶר פְּתַח הַחַלּוֹן קֵדְמָה וַיִּפְתָּח
וַיֹּאמֶר אֱלִישָׁע יְרֵה וַיּוֹר וַיֹּאמֶר חֵץ־
תְּשׁוּעָה לַיהֹוָה וְחֵץ תְּשׁוּעָה בַאֲרָם
וְהִכִּיתָ אֶת־אֲרָם בַּאֲפֵק עַד־כַּלֵּה׃

18 He said, "Now pick up the arrows." And he picked them up. "Strike the ground!" he said to the king of *Yisrael*; and he struck three times and stopped.

יח וַיֹּאמֶר קַח הַחִצִּים וַיִּקָּח וַיֹּאמֶר לְמֶלֶךְ־
יִשְׂרָאֵל הַךְ־אַרְצָה וַיַּךְ שָׁלֹשׁ־פְּעָמִים
וַיַּעֲמֹד׃

19 The man of *Hashem* was angry with him and said to him, "If only you had struck five or six times! Then you would have annihilated Aram; as it is, you shall defeat Aram only three times."

יט וַיִּקְצֹף עָלָיו אִישׁ הָאֱלֹהִים וַיֹּאמֶר
לְהַכּוֹת חָמֵשׁ אוֹ־שֵׁשׁ פְּעָמִים אָז הִכִּיתָ
אֶת־אֲרָם עַד־כַּלֵּה וְעַתָּה שָׁלֹשׁ פְּעָמִים
תַּכֶּה אֶת־אֲרָם׃

20 *Elisha* died and he was buried. Now bands of Moabites used to invade the land at the coming of every year.

כ וַיָּמָת אֱלִישָׁע וַיִּקְבְּרֻהוּ וּגְדוּדֵי מוֹאָב
יָבֹאוּ בָאָרֶץ בָּא שָׁנָה׃

21 Once a man was being buried, when the people caught sight of such a band; so they threw the corpse into *Elisha*'s grave and made off. When the [dead] man came in contact with *Elisha*'s bones, he came to life and stood up.

כא וַיְהִי הֵם קֹבְרִים אִישׁ וְהִנֵּה רָאוּ אֶת־
הַגְּדוּד וַיַּשְׁלִיכוּ אֶת־הָאִישׁ בְּקֶבֶר
אֱלִישָׁע וַיֵּלֶךְ וַיִּגַּע הָאִישׁ בְּעַצְמוֹת
אֱלִישָׁע וַיְחִי וַיָּקָם עַל־רַגְלָיו׃

22 King Hazael of Aram had oppressed the Israelites throughout the reign of *Yehoachaz*.

כב וַחֲזָאֵל מֶלֶךְ אֲרָם לָחַץ אֶת־יִשְׂרָאֵל כֹּל
יְמֵי יְהוֹאָחָז׃

23 But *Hashem* was gracious and merciful to them, and He turned back to them for the sake of His covenant with *Avraham*, *Yitzchak*, and *Yaakov*. He refrained from destroying them, and He still did not cast them out from His presence.

כג וַיָּחָן יְהֹוָה אֹתָם וַיְרַחֲמֵם וַיִּפֶן אֲלֵיהֶם
לְמַעַן בְּרִיתוֹ אֶת־אַבְרָהָם יִצְחָק וְיַעֲקֹב
וְלֹא אָבָה הַשְׁחִיתָם וְלֹא־הִשְׁלִיכָם
מֵעַל־פָּנָיו עַד־עָתָּה׃

va-ya-KHON a-do-NAI o-TAM va-ra-kha-MAYM vai-YI-fen a-lay-HEM
l'-MA-an b'-ree-TO et av-ra-HAM yitz-KHAK v'-ya-a-KOV v'-LO a-VAH
hash-khee-TAM v'-lo hish-lee-KHAM may-al pa-NAV ad A-tah

24 When King Hazael of Aram died, his son Ben-hadad succeeded him as king;

כד וַיָּמָת חֲזָאֵל מֶלֶךְ־אֲרָם וַיִּמְלֹךְ בֶּן־הֲדַד
בְּנוֹ תַּחְתָּיו׃

25 and then *Yehoash* son of *Yehoachaz* recovered from Ben-hadad son of Hazael the towns which had been taken from his father *Yehoachaz* in war. Three times *Yoash* defeated him, and he recovered the towns of *Yisrael*.

כה וַיָּשָׁב יְהוֹאָשׁ בֶּן־יְהוֹאָחָז וַיִּקַּח אֶת־
הֶעָרִים מִיַּד בֶּן־הֲדַד בֶּן־חֲזָאֵל אֲשֶׁר
לָקַח מִיַּד יְהוֹאָחָז אָבִיו בַּמִּלְחָמָה שָׁלֹשׁ
פְּעָמִים הִכָּהוּ יוֹאָשׁ וַיָּשֶׁב אֶת־עָרֵי
יִשְׂרָאֵל׃

רחמים

א

13:23 Gracious and merciful to them Because of His everlasting covenant with the People of Israel, *Hashem* has compassion for them. In Hebrew, the word for 'compassion,' *rachamim* (רחמים), comes from the word that means 'womb,' *rechem* (רחם). A mother always feels compassion for the child she lovingly carried in her womb for nine months. We pray for *Hashem* to have the same compassion upon His children, whom He has lovingly carried for millennia, and when we show compassion to others, we emulate one of God's attributes.

Mother and son at sunset in *Tel Aviv*

14 1 In the second year of King *Yoash* son of Joahaz of *Yisrael*, *Amatzya* son of King *Yoash* of *Yehuda* became king.

יד א בִּשְׁנַת שְׁתַּיִם לְיוֹאָשׁ בֶּן־יוֹאָחָז מֶלֶךְ
יִשְׂרָאֵל מָלַךְ אֲמַצְיָהוּ בֶן־יוֹאָשׁ מֶלֶךְ
יְהוּדָה׃

2 He was twenty-five years old when he became king, and he reigned twenty-nine years in *Yerushalayim*; his mother's name was Jehoaddan of *Yerushalayim*.

ב בֶּן־עֶשְׂרִים וְחָמֵשׁ שָׁנָה הָיָה בְמָלְכוֹ
וְעֶשְׂרִים וָתֵשַׁע שָׁנָה מָלַךְ בִּירוּשָׁלָ͏ִם
וְשֵׁם אִמּוֹ יהועדין [יְהוֹעַדָּן] מִן־
יְרוּשָׁלָ͏ִם׃

3 He did what was pleasing to *Hashem*, but not like his ancestor *David*; he did just as his father *Yoash* had done.

ג וַיַּעַשׂ הַיָּשָׁר בְּעֵינֵי יְהֹוָה רַק לֹא כְּדָוִד
אָבִיו כְּכֹל אֲשֶׁר־עָשָׂה יוֹאָשׁ אָבִיו
עָשָׂה׃

4 However, the shrines were not removed; the people continued to sacrifice and make offerings at the shrines.

ד רַק הַבָּמוֹת לֹא־סָרוּ עוֹד הָעָם מְזַבְּחִים
וּמְקַטְּרִים בַּבָּמוֹת׃

5 Once he had the kingdom firmly in his grasp, he put to death the courtiers who had assassinated his father the king.

ה וַיְהִי כַּאֲשֶׁר חָזְקָה הַמַּמְלָכָה בְּיָדוֹ וַיַּךְ
אֶת־עֲבָדָיו הַמַּכִּים אֶת־הַמֶּלֶךְ אָבִיו׃

6 But he did not put to death the children of the assassins, in accordance with what is written in the Book of the Teaching of *Moshe*, where *Hashem* commanded, "Parents shall not be put to death for children, nor children be put to death for parents; a person shall be put to death only for his own crime."

ו וְאֶת־בְּנֵי הַמַּכִּים לֹא הֵמִית כַּכָּתוּב
בְּסֵפֶר תּוֹרַת־מֹשֶׁה אֲשֶׁר־צִוָּה יְהֹוָה
לֵאמֹר לֹא־יוּמְתוּ אָבוֹת עַל־בָּנִים וּבָנִים
לֹא־יוּמְתוּ עַל־אָבוֹת כִּי אִם־אִישׁ
בְּחֶטְאוֹ ימות [יוּמָת׃]

7 He defeated ten thousand Edomites in the Valley of Salt, and he captured Sela in battle and renamed it Joktheel, as is still the case.

ז הוּא־הִכָּה אֶת־אֱדוֹם בְּגֵיא־המלח
[מֶלַח] עֲשֶׂרֶת אֲלָפִים וְתָפַשׂ אֶת־
הַסֶּלַע בַּמִּלְחָמָה וַיִּקְרָא אֶת־שְׁמָהּ
יָקְתְאֵל עַד הַיּוֹם הַזֶּה׃

8 Then *Amatzya* sent envoys to King *Yehoash* son of *Yehoachaz* son of *Yehu* of *Yisrael*, with this message: "Come, let us confront each other."

ח אָז שָׁלַח אֲמַצְיָה מַלְאָכִים אֶל־יְהוֹאָשׁ
בֶּן־יְהוֹאָחָז בֶּן־יֵהוּא מֶלֶךְ יִשְׂרָאֵל לֵאמֹר
לְכָה נִתְרָאֶה פָנִים׃

9 King *Yehoash* of *Yisrael* sent back this message to King *Amatzya* of *Yehuda*: "The thistle in Lebanon sent this message to the cedar in Lebanon, 'Give your daughter to my son in marriage.' But a wild beast in Lebanon went by and trampled down the thistle.

ט וַיִּשְׁלַח יְהוֹאָשׁ מֶלֶךְ־יִשְׂרָאֵל אֶל־
אֲמַצְיָהוּ מֶלֶךְ־יְהוּדָה לֵאמֹר הַחוֹחַ אֲשֶׁר
בַּלְּבָנוֹן שָׁלַח אֶל־הָאֶרֶז אֲשֶׁר בַּלְּבָנוֹן
לֵאמֹר תְּנָה־אֶת־בִּתְּךָ לִבְנִי לְאִשָּׁה
וַתַּעֲבֹר חַיַּת הַשָּׂדֶה אֲשֶׁר בַּלְּבָנוֹן
וַתִּרְמֹס אֶת־הַחוֹחַ׃

10 Because you have defeated Edom, you have become arrogant. Stay home and enjoy your glory, rather than provoke disaster and fall, dragging *Yehuda* down with you."

י הַכֵּה הִכִּיתָ אֶת־אֱדוֹם וּנְשָׂאֲךָ לִבֶּךָ
הִכָּבֵד וְשֵׁב בְּבֵיתֶךָ וְלָמָּה תִתְגָּרֶה בְּרָעָה
וְנָפַלְתָּה אַתָּה וִיהוּדָה עִמָּךְ׃

11 But *Amatzya* paid no heed; so King *Yehoash* of *Yisrael* advanced, and he and King *Amatzya* of *Yehuda* confronted each other at *Beit Shemesh* in *Yehuda*.

יא וְלֹא־שָׁמַע אֲמַצְיָהוּ וַיַּעַל יְהוֹאָשׁ מֶלֶךְ־
יִשְׂרָאֵל וַיִּתְרָאוּ פָנִים הוּא וַאֲמַצְיָהוּ
מֶלֶךְ־יְהוּדָה בְּבֵית שֶׁמֶשׁ אֲשֶׁר לִיהוּדָה׃

12 The Judites were routed by *Yisrael*, and they all fled to their homes.

יב וַיִּנָּגֶף יְהוּדָה לִפְנֵי יִשְׂרָאֵל וַיָּנֻסוּ אִישׁ לאהלו [לְאֹהָלָיו׃]

13 King *Yehoash* of *Yisrael* captured King *Amatzya* son of *Yehoash* son of *Achazyahu* of *Yehuda* at *Beit Shemesh*. He marched on *Yerushalayim*, and he made a breach of four hundred *amot* in the wall of *Yerushalayim*, from the *Efraim* Gate to the Corner Gate.

יג וְאֵת אֲמַצְיָהוּ מֶלֶךְ־יְהוּדָה בֶּן־יְהוֹאָשׁ בֶּן־אֲחַזְיָהוּ תָּפַשׂ יְהוֹאָשׁ מֶלֶךְ־יִשְׂרָאֵל בְּבֵית שָׁמֶשׁ ויבאו [וַיָּבֹא] יְרוּשָׁלַ͏ִם וַיִּפְרֹץ בְּחוֹמַת יְרוּשָׁלַ͏ִם בְּשַׁעַר אֶפְרַיִם עַד־שַׁעַר הַפִּנָּה אַרְבַּע מֵאוֹת אַמָּה׃

14 He carried off all the gold and silver and all the vessels that there were in the House of *Hashem* and in the treasuries of the royal palace, as well as hostages; and he returned to *Shomron*.

יד וְלָקַח אֶת־כָּל־הַזָּהָב־וְהַכֶּסֶף וְאֵת כָּל־הַכֵּלִים הַנִּמְצְאִים בֵּית־יְהֹוָה וּבְאֹצְרוֹת בֵּית הַמֶּלֶךְ וְאֵת בְּנֵי הַתַּעֲרֻבוֹת וַיָּשָׁב שֹׁמְרוֹנָה׃

15 The other events of *Yehoash*'s reign, and all his actions and exploits, and his war with King *Amatzya* of *Yehuda*, are recorded in the Annals of the Kings of *Yisrael*.

טו וְיֶתֶר דִּבְרֵי יְהוֹאָשׁ אֲשֶׁר עָשָׂה וּגְבוּרָתוֹ וַאֲשֶׁר נִלְחַם עִם אֲמַצְיָהוּ מֶלֶךְ־יְהוּדָה הֲלֹא־הֵם כְּתוּבִים עַל־סֵפֶר דִּבְרֵי הַיָּמִים לְמַלְכֵי יִשְׂרָאֵל׃

16 *Yehoash* slept with his fathers, and was buried in *Shomron* with the kings of *Yisrael*; his son *Yerovam* succeeded him as king.

טז וַיִּשְׁכַּב יְהוֹאָשׁ עִם־אֲבֹתָיו וַיִּקָּבֵר בְּשֹׁמְרוֹן עִם מַלְכֵי יִשְׂרָאֵל וַיִּמְלֹךְ יָרָבְעָם בְּנוֹ תַּחְתָּיו׃

17 King *Amatzya* son of *Yoash* of *Yehuda* lived fifteen years after the death of King *Yehoash* son of *Yehoachaz* of *Yisrael*.

יז וַיְחִי אֲמַצְיָהוּ בֶן־יוֹאָשׁ מֶלֶךְ יְהוּדָה אַחֲרֵי מוֹת יְהוֹאָשׁ בֶּן־יְהוֹאָחָז מֶלֶךְ יִשְׂרָאֵל חֲמֵשׁ עֶשְׂרֵה שָׁנָה׃

18 The other events of *Amatzya*'s reign are recorded in the Annals of the Kings of *Yehuda*.

יח וְיֶתֶר דִּבְרֵי אֲמַצְיָהוּ הֲלֹא־הֵם כְּתוּבִים עַל־סֵפֶר דִּבְרֵי הַיָּמִים לְמַלְכֵי יְהוּדָה׃

19 A conspiracy was formed against him in *Yerushalayim* and he fled to *Lachish*; but they sent men after him to *Lachish*, and they killed him there.

יט וַיִּקְשְׁרוּ עָלָיו קֶשֶׁר בִּירוּשָׁלַ͏ִם וַיָּנָס לָכִישָׁה וַיִּשְׁלְחוּ אַחֲרָיו לָכִישָׁה וַיְמִתֻהוּ שָׁם׃

20 They brought back his body on horses, and he was buried with his fathers in *Yerushalayim*, in the City of *David*.

כ וַיִּשְׂאוּ אֹתוֹ עַל־הַסּוּסִים וַיִּקָּבֵר בִּירוּשָׁלַ͏ִם עִם־אֲבֹתָיו בְּעִיר דָּוִד׃

21 Then all the people of *Yehuda* took *Azarya*, who was sixteen years old, and proclaimed him king to succeed his father *Amatzya*.

כא וַיִּקְחוּ כָּל־עַם יְהוּדָה אֶת־עֲזַרְיָה וְהוּא בֶּן־שֵׁשׁ עֶשְׂרֵה שָׁנָה וַיַּמְלִכוּ אֹתוֹ תַּחַת אָבִיו אֲמַצְיָהוּ׃

22 It was he who rebuilt *Eilat* and restored it to *Yehuda*, after King [*Amatzya*] slept with his fathers.

כב הוּא בָּנָה אֶת־אֵילַת וַיְשִׁבֶהָ לִיהוּדָה אַחֲרֵי שְׁכַב־הַמֶּלֶךְ עִם־אֲבֹתָיו׃

23 In the fifteenth year of King *Amatzya* son of *Yoash* of *Yehuda*, King *Yerovam* son of *Yoash* of *Yisrael* became king in *Shomron* – for forty-one years.

כג בִּשְׁנַת חֲמֵשׁ־עֶשְׂרֵה שָׁנָה לַאֲמַצְיָהוּ בֶן־יוֹאָשׁ מֶלֶךְ יְהוּדָה מָלַךְ יָרָבְעָם בֶּן־יוֹאָשׁ מֶלֶךְ־יִשְׂרָאֵל בְּשֹׁמְרוֹן אַרְבָּעִים וְאַחַת שָׁנָה׃

24 He did what was displeasing to *Hashem*; he did not depart from all the sins that *Yerovam* son of Nebat had caused *Yisrael* to commit.

כד וַיַּעַשׂ הָרַע בְּעֵינֵי יְהֹוָה לֹא סָר מִכָּל־חַטֹּאות יָרָבְעָם בֶּן־נְבָט אֲשֶׁר הֶחֱטִיא אֶת־יִשְׂרָאֵל׃

25 It was he who restored the territory of *Yisrael* from Lebo-hamath to the sea of the Arabah, in accordance with the promise that *Hashem*, the God of *Yisrael*, had made through His servant, the *Navi Yona* son of *Amitai* from Gath-hepher.

כה הוּא הֵשִׁיב אֶת־גְּבוּל יִשְׂרָאֵל מִלְּבוֹא חֲמָת עַד־יָם הָעֲרָבָה כִּדְבַר יְהֹוָה אֱלֹהֵי יִשְׂרָאֵל אֲשֶׁר דִּבֶּר בְּיַד־עַבְדּוֹ יוֹנָה בֶן־אֲמִתַּי הַנָּבִיא אֲשֶׁר מִגַּת הַחֵפֶר׃

HU hay-SHEEV et g'-VUL yis-ra-AYL mi-l'-VO kha-MAT ad YAM ha-a-ra-VAH kid-VAR a-do-NAI e-lo-HAY yis-ra-AYL a-SHER di-BER b'-yad av-DO yo-NAH ven a-mi-TAI ha-na-VEE a-SHER mi-GAT ha-KHAY-fer

26 For *Hashem* saw the very bitter plight of *Yisrael*, with neither bond nor free left, and with none to help *Yisrael*.

כו כִּי־רָאָה יְהֹוָה אֶת־עֳנִי יִשְׂרָאֵל מֹרֶה מְאֹד וְאֶפֶס עָצוּר וְאֶפֶס עָזוּב וְאֵין עֹזֵר לְיִשְׂרָאֵל׃

27 And *Hashem* resolved not to blot out the name of *Yisrael* from under heaven; and he delivered them through *Yerovam* son of *Yoash*.

כז וְלֹא־דִבֶּר יְהֹוָה לִמְחוֹת אֶת־שֵׁם יִשְׂרָאֵל מִתַּחַת הַשָּׁמָיִם וַיּוֹשִׁיעֵם בְּיַד יָרָבְעָם בֶּן־יוֹאָשׁ׃

28 The other events of *Yerovam*'s reign, and all his actions and exploits, how he fought and recovered Damascus and Hamath for *Yehuda* in *Yisrael*, are recorded in the Annals of the Kings of *Yisrael*.

כח וְיֶתֶר דִּבְרֵי יָרָבְעָם וְכָל־אֲשֶׁר עָשָׂה וּגְבוּרָתוֹ אֲשֶׁר־נִלְחָם וַאֲשֶׁר הֵשִׁיב אֶת־דַּמֶּשֶׂק וְאֶת־חֲמָת לִיהוּדָה בְּיִשְׂרָאֵל הֲלֹא־הֵם כְּתוּבִים עַל־סֵפֶר דִּבְרֵי הַיָּמִים לְמַלְכֵי יִשְׂרָאֵל׃

29 *Yerovam* slept with his fathers, the kings of *Yisrael*, and his son *Zecharya* succeeded him as king.

כט וַיִּשְׁכַּב יָרָבְעָם עִם־אֲבֹתָיו עִם מַלְכֵי יִשְׂרָאֵל וַיִּמְלֹךְ זְכַרְיָה בְנוֹ תַּחְתָּיו׃

1 In the twenty-seventh year of King *Yerovam* of *Yisrael*, *Azarya* son of King *Amatzya* of *Yehuda* became king.

טו א בִּשְׁנַת עֶשְׂרִים וָשֶׁבַע שָׁנָה לְיָרָבְעָם מֶלֶךְ יִשְׂרָאֵל מָלַךְ עֲזַרְיָה בֶן־אֲמַצְיָה מֶלֶךְ יְהוּדָה׃

2 He was sixteen years old when he became king, and he reigned fifty-two years in *Yerushalayim*; his mother's name was Jecoliah of *Yerushalayim*.

ב בֶּן־שֵׁשׁ עֶשְׂרֵה שָׁנָה הָיָה בְמָלְכוֹ וַחֲמִשִּׁים וּשְׁתַּיִם שָׁנָה מָלַךְ בִּירוּשָׁלָ͏ִם וְשֵׁם אִמּוֹ יְכָלְיָהוּ מִירוּשָׁלָ͏ִם׃

3 He did what was pleasing to *Hashem*, just as his father *Amatzya* had done.

ג וַיַּעַשׂ הַיָּשָׁר בְּעֵינֵי יְהֹוָה כְּכֹל אֲשֶׁר־עָשָׂה אֲמַצְיָהוּ אָבִיו׃

4 However, the shrines were not removed; the people continued to sacrifice and make offerings at the shrines.

ד רַק הַבָּמוֹת לֹא־סָרוּ עוֹד הָעָם מְזַבְּחִים וּמְקַטְּרִים בַּבָּמוֹת׃

14:25 Had made through His servant, the *Navi Yona* son of *Amittai* The prophet *Yona* mentioned here is the same prophet we learn about in *Sefer Yona*, who runs away to avoid traveling to the large Assyrian city Nineveh to deliver *Hashem*'s word. *Rashi* suggests that *Yona* is afraid that Nineveh will obey God's word, in contrast to the People of Israel who had not done so. This would look bad for the Children of Israel and give God even more reason to punish them. Therefore, *Yona* decides the only way to protect the Israelites is to flee by boat from the Land of Israel, so that he would no longer have to deliver the prophecy to Nineveh. But he ultimately learns that one can flee neither *Hashem* nor His commandments, and returns to fulfill his mission.

Port in Old Jaffa from where *Yona* fled Israel

5 *Hashem* struck the king with a plague, and he was a leper until the day of his death; he lived in isolated quarters, while *Yotam*, the king's son, was in charge of the palace and governed the people of the land.

ה וַיְנַגַּע יְהֹוָה אֶת־הַמֶּלֶךְ וַיְהִי מְצֹרָע עַד־יוֹם מֹתוֹ וַיֵּשֶׁב בְּבֵית הַחָפְשִׁית וְיוֹתָם בֶּן־הַמֶּלֶךְ עַל־הַבַּיִת שֹׁפֵט אֶת־עַם הָאָרֶץ׃

6 The other events of *Azarya*'s reign, and all his actions, are recorded in the Annals of the Kings of *Yehuda*.

ו וְיֶתֶר דִּבְרֵי עֲזַרְיָהוּ וְכָל־אֲשֶׁר עָשָׂה הֲלֹא־הֵם כְּתוּבִים עַל־סֵפֶר דִּבְרֵי הַיָּמִים לְמַלְכֵי יְהוּדָה׃

7 *Azarya* slept with his fathers, and he was buried with his fathers in the City of *David*; his son *Yotam* succeeded him as king.

ז וַיִּשְׁכַּב עֲזַרְיָה עִם־אֲבֹתָיו וַיִּקְבְּרוּ אֹתוֹ עִם־אֲבֹתָיו בְּעִיר דָּוִד וַיִּמְלֹךְ יוֹתָם בְּנוֹ תַּחְתָּיו׃

8 In the thirty-eighth year of King *Azarya* of *Yehuda*, *Zecharya* son of *Yerovam* became king over *Yisrael* in *Shomron* – for six months.

ח בִּשְׁנַת שְׁלֹשִׁים וּשְׁמֹנֶה שָׁנָה לַעֲזַרְיָהוּ מֶלֶךְ יְהוּדָה מָלַךְ זְכַרְיָהוּ בֶן־יָרָבְעָם עַל־יִשְׂרָאֵל בְּשֹׁמְרוֹן שִׁשָּׁה חֳדָשִׁים׃

9 He did what was displeasing to *Hashem*, as his fathers had done; he did not depart from the sins which *Yerovam* son of Nebat had caused *Yisrael* to commit.

ט וַיַּעַשׂ הָרַע בְּעֵינֵי יְהֹוָה כַּאֲשֶׁר עָשׂוּ אֲבֹתָיו לֹא סָר מֵחַטֹּאות יָרָבְעָם בֶּן־נְבָט אֲשֶׁר הֶחֱטִיא אֶת־יִשְׂרָאֵל׃

10 *Shalum* son of Jabesh conspired against him and struck him down before the people and killed him, and succeeded him as king.

י וַיִּקְשֹׁר עָלָיו שַׁלֻּם בֶּן־יָבֵשׁ וַיַּכֵּהוּ קָבָל־עָם וַיְמִיתֵהוּ וַיִּמְלֹךְ תַּחְתָּיו׃

11 The other events of *Zecharya*'s reign are recorded in the Annals of the Kings of *Yisrael*.

יא וְיֶתֶר דִּבְרֵי זְכַרְיָה הִנָּם כְּתוּבִים עַל־סֵפֶר דִּבְרֵי הַיָּמִים לְמַלְכֵי יִשְׂרָאֵל׃

12 This was in accord with the word that *Hashem* had spoken to *Yehu*: "Four generations of your descendants shall occupy the throne of *Yisrael*." And so it came about.

יב הוּא דְבַר־יְהֹוָה אֲשֶׁר דִּבֶּר אֶל־יֵהוּא לֵאמֹר בְּנֵי רְבִיעִים יֵשְׁבוּ לְךָ עַל־כִּסֵּא יִשְׂרָאֵל וַיְהִי־כֵן׃

13 *Shalum* son of Jabesh became king in the thirty-ninth year of King *Uzziyahu* of *Yehuda*, and he reigned in *Shomron* one month.

יג שַׁלּוּם בֶּן־יָבֵישׁ מָלַךְ בִּשְׁנַת שְׁלֹשִׁים וָתֵשַׁע שָׁנָה לְעֻזִּיָּה מֶלֶךְ יְהוּדָה וַיִּמְלֹךְ יֶרַח־יָמִים בְּשֹׁמְרוֹן׃

14 Then *Menachem* son of Gadi set out from *Tirtza* and came to *Shomron*; he attacked *Shalum* son of Jabesh in *Shomron* and killed him, and he succeeded him as king.

יד וַיַּעַל מְנַחֵם בֶּן־גָּדִי מִתִּרְצָה וַיָּבֹא שֹׁמְרוֹן וַיַּךְ אֶת־שַׁלּוּם בֶּן־יָבֵישׁ בְּשֹׁמְרוֹן וַיְמִיתֵהוּ וַיִּמְלֹךְ תַּחְתָּיו׃

va-YA-al m'-na-KHAYM ben ga-DEE mi-tir-TZAH
va-ya-VO sho-m'-RON va-YAKH et sha-LUM ben ya-VAYSH
b'-sho-m'-RON vai-mee-TAY-hu va-yim-LOKH takh-TAV

15:14 Then *Menachem* son of Gadi The name Menacham, meaning 'he brings comfort,' is a very special one in Jewish tradition. There is an opinion in the Talmud (*Sanhedrin* 98b) that the *Mashiach* will have this name, as his role will be to bring comfort to the Children of Israel and the entire world. The potential for greatness in the name *Menachem* makes it all the more tragic that this *Menachem* is so evil.

Menachem Begin Road in *Tel Aviv*

15 The other events of *Shalum's* reign, and the conspiracy that he formed, are recorded in the Annals of the Kings of *Yisrael*.

טו וְיֶ֣תֶר דִּבְרֵ֤י שַׁלּוּם֙ וְקִשְׁר֣וֹ אֲשֶׁ֣ר קָשָׁ֔ר הִנָּ֣ם כְּתֻבִ֗ים עַל־סֵ֛פֶר דִּבְרֵ֥י הַיָּמִ֖ים לְמַלְכֵ֥י יִשְׂרָאֵֽל׃

16 At that time, [marching] from *Tirtza, Menachem* subdued Tiphsah and all who were in it, and its territory; and because it did not surrender, he massacred [its people] and ripped open all its pregnant women.

טז אָ֣ז יַכֶּֽה־מְ֠נַחֵ֠ם אֶת־תִּפְסַ֨ח וְאֶת־כָּל־ אֲשֶׁר־בָּ֤הּ וְאֶת־גְּבוּלֶ֙יהָ֙ מִתִּרְצָ֔ה כִּ֛י לֹ֥א פָתַ֖ח וַיַּ֑ךְ אֵ֛ת כָּל־הֶהָרוֹתֶ֖יהָ בִּקֵּֽעַ׃

17 In the thirty-ninth year of King *Azarya* of *Yehuda, Menachem* son of *Gadi* became king over *Yisrael* in *Shomron* – for ten years.

יז בִּשְׁנַ֨ת שְׁלֹשִׁ֤ים וָתֵ֙שַׁע֙ שָׁנָ֔ה לַעֲזַרְיָ֖ה מֶ֣לֶךְ יְהוּדָ֑ה מָלַ֣ךְ מְנַחֵ֤ם בֶּן־גָּדִי֙ עַל־ יִשְׂרָאֵ֔ל עֶ֥שֶׂר שָׁנִ֖ים בְּשֹׁמְרֽוֹן׃

18 He did what was displeasing to *Hashem*; throughout his days he did not depart from the sins which *Yerovam* son of Nebat had caused *Yisrael* to commit.

יח וַיַּ֥עַשׂ הָרַ֖ע בְּעֵינֵ֣י יְהֹוָ֑ה לֹ֣א סָ֠ר מֵעַ֨ל חַטֹּ֜אות יָרׇבְעָ֧ם בֶּן־נְבָ֛ט אֲשֶׁר־הֶחֱטִ֥יא אֶת־יִשְׂרָאֵ֖ל כָּל־יָמָֽיו׃

19 King Pul of Assyria invaded the land, and *Menachem* gave Pul a thousand *kikarim* of silver that he might support him and strengthen his hold on the kingdom.

יט בָּ֣א פ֤וּל מֶֽלֶךְ־אַשּׁוּר֙ עַל־הָאָ֔רֶץ וַיִּתֵּ֤ן מְנַחֵם֙ לְפ֔וּל אֶ֖לֶף כִּכַּר־כָּ֑סֶף לִהְי֤וֹת יָדָיו֙ אִתּ֔וֹ לְהַחֲזִ֖יק הַמַּמְלָכָ֥ה בְּיָדֽוֹ׃

20 *Menachem* exacted the money from *Yisrael*: every man of means had to pay fifty *shekalim* of silver for the king of Assyria. The king of Assyria withdrew and did not remain in the land.

כ וַיֹּצֵא֩ מְנַחֵ֨ם אֶת־הַכֶּ֜סֶף עַל־יִשְׂרָאֵ֗ל עַ֚ל כָּל־גִּבּוֹרֵ֣י הַחַ֔יִל לָתֵת֙ לְמֶ֣לֶךְ אַשּׁ֔וּר חֲמִשִּׁ֧ים שְׁקָלִ֛ים כֶּ֖סֶף לְאִ֣ישׁ אֶחָ֑ד וַיָּ֙שׇׁב֙ מֶ֣לֶךְ אַשּׁ֔וּר וְלֹא־עָ֥מַד שָׁ֖ם בָּאָֽרֶץ׃

21 The other events of *Menachem's* reign, and all his actions, are recorded in the Annals of the Kings of *Yisrael*.

כא וְיֶ֛תֶר דִּבְרֵ֥י מְנַחֵ֖ם וְכָל־אֲשֶׁ֣ר עָשָׂ֑ה הֲלוֹא־הֵ֣ם כְּתוּבִ֗ים עַל־סֵ֛פֶר דִּבְרֵ֥י הַיָּמִ֖ים לְמַלְכֵ֥י יִשְׂרָאֵֽל׃

22 *Menachem* slept with his fathers, and his son *Pekachya* succeeded him as king.

כב וַיִּשְׁכַּ֤ב מְנַחֵם֙ עִם־אֲבֹתָ֔יו וַיִּמְלֹ֛ךְ פְּקַחְיָ֥ה בְנ֖וֹ תַּחְתָּֽיו׃

23 In the fiftieth year of King *Azarya* of *Yehuda, Pekachya* son of *Menachem* became king over *Yisrael* in *Shomron* – for two years.

כג בִּשְׁנַ֨ת חֲמִשִּׁ֤ים שָׁנָה֙ לַעֲזַרְיָ֣ה מֶ֣לֶךְ יְהוּדָ֔ה מָלַ֛ךְ פְּקַחְיָ֥ה בֶן־מְנַחֵ֖ם עַל־ יִשְׂרָאֵ֥ל בְּשֹׁמְר֖וֹן שְׁנָתָֽיִם׃

24 He did what was displeasing to *Hashem*; he did not depart from the sins which *Yerovam* son of Nebat had caused *Yisrael* to commit.

כד וַיַּ֥עַשׂ הָרַ֖ע בְּעֵינֵ֣י יְהֹוָ֑ה לֹ֣א סָ֗ר מֵֽחַטֹּאות֙ יָרׇבְעָ֣ם בֶּן־נְבָ֔ט אֲשֶׁ֥ר הֶחֱטִ֖יא אֶת־יִשְׂרָאֵֽל׃

25 His aide, *Pekach* son of Remaliah, conspired against him and struck him down in the royal palace in *Shomron*; with him were fifty Giladites, with men from Argob and Arieh; and he killed him and succeeded him as king.

כה וַיִּקְשֹׁ֣ר עָלָ֡יו פֶּ֣קַח בֶּן־רְמַלְיָ֩הוּ֩ שָׁלִ֨ישׁ֥וֹ וַיַּכֵּ֤הוּ בְשֹׁמְרוֹן֙ בְּאַרְמ֣וֹן בֵּֽית־מֶ֣לֶךְ [הַמֶּ֔לֶךְ] אֶת־אַרְגֹּ֖ב וְאֶת־הָאַרְיֵ֑ה וְעִמּ֛וֹ חֲמִשִּׁ֥ים אִ֖ישׁ מִבְּנֵ֣י גִלְעָדִ֑ים וַיְמִתֵ֖הוּ וַיִּמְלֹ֥ךְ תַּחְתָּֽיו׃

26 The other events of *Pekachya's* reign, and all his actions, are recorded in the Annals of the Kings of *Yisrael*.

כו וְיֶ֛תֶר דִּבְרֵ֥י פְקַחְיָ֖ה וְכָל־אֲשֶׁ֣ר עָשָׂ֑ה הִנָּ֣ם כְּתוּבִ֗ים עַל־סֵ֛פֶר דִּבְרֵ֥י הַיָּמִ֖ים לְמַלְכֵ֥י יִשְׂרָאֵֽל׃

27 In the fifty-second year of King *Azarya* of *Yehuda*, *Pekach* son of Remaliah became king over *Yisrael* and *Shomron* – for twenty years.

כז בִּשְׁנַת חֲמִשִּׁים וּשְׁתַּיִם שָׁנָה לַעֲזַרְיָה
מֶלֶךְ יְהוּדָה מָלַךְ פֶּקַח בֶּן־רְמַלְיָהוּ עַל־
יִשְׂרָאֵל בְּשֹׁמְרוֹן עֶשְׂרִים שָׁנָה׃

28 He did what was displeasing to *Hashem*; he did not depart from the sins which *Yerovam* son of Nebat had caused *Yisrael* to commit.

כח וַיַּעַשׂ הָרַע בְּעֵינֵי יְהֹוָה לֹא סָר מִן־
חַטֹּאות יָרָבְעָם בֶּן־נְבָט אֲשֶׁר הֶחֱטִיא
אֶת־יִשְׂרָאֵל׃

29 In the days of King *Pekach* of *Yisrael*, King Tiglath-Pileser of Assyria came and captured Ijon, Abel-bethmaacah, Janoah, Kedesh, Hazor – *Gilad*, Galilee, the entire region of *Naftali*; and he deported the inhabitants to Assyria.

כט בִּימֵי פֶּקַח מֶלֶךְ־יִשְׂרָאֵל בָּא תִּגְלַת
פִּלְאֶסֶר מֶלֶךְ אַשּׁוּר וַיִּקַּח אֶת־עִיּוֹן
וְאֶת־אָבֵל בֵּית־מַעֲכָה וְאֶת־יָנוֹחַ וְאֶת־
קֶדֶשׁ וְאֶת־חָצוֹר וְאֶת־הַגִּלְעָד וְאֶת־
הַגָּלִילָה כֹּל אֶרֶץ נַפְתָּלִי וַיַּגְלֵם אַשּׁוּרָה׃

30 *Hoshea* son of *Eila* conspired against *Pekach* son of Remaliah, attacked him, and killed him. He succeeded him as king in the twentieth year of *Yotam* son of *Uzziyahu*.

ל וַיִּקְשָׁר־קֶשֶׁר הוֹשֵׁעַ בֶּן־אֵלָה עַל־פֶּקַח
בֶּן־רְמַלְיָהוּ וַיַּכֵּהוּ וַיְמִיתֵהוּ וַיִּמְלֹךְ
תַּחְתָּיו בִּשְׁנַת עֶשְׂרִים לְיוֹתָם בֶּן־עֻזִּיָּה׃

31 The other events of *Pekach*'s reign, and all his actions, are recorded in the Annals of the Kings of *Yisrael*.

לא וְיֶתֶר דִּבְרֵי־פֶקַח וְכָל־אֲשֶׁר עָשָׂה הִנָּם
כְּתוּבִים עַל־סֵפֶר דִּבְרֵי הַיָּמִים לְמַלְכֵי
יִשְׂרָאֵל׃

32 In the second year of King *Pekach* son of Remaliah of *Yisrael*, *Yotam* son of King *Uzziyahu* of *Yehuda* became king.

לב בִּשְׁנַת שְׁתַּיִם לְפֶקַח בֶּן־רְמַלְיָהוּ מֶלֶךְ
יִשְׂרָאֵל מָלַךְ יוֹתָם בֶּן־עֻזִּיָּהוּ מֶלֶךְ
יְהוּדָה׃

33 He was twenty-five years old when he became king, and he reigned sixteen years in *Yerushalayim*; his mother's name was Jerusha daughter of *Tzadok*.

לג בֶּן־עֶשְׂרִים וְחָמֵשׁ שָׁנָה הָיָה בְמָלְכוֹ
וְשֵׁשׁ־עֶשְׂרֵה שָׁנָה מָלַךְ בִּירוּשָׁלָם וְשֵׁם
אִמּוֹ יְרוּשָׁא בַּת־צָדוֹק׃

34 He did what was pleasing to *Hashem*, just as his father *Uzziyahu* had done.

לד וַיַּעַשׂ הַיָּשָׁר בְּעֵינֵי יְהֹוָה כְּכֹל אֲשֶׁר־
עָשָׂה עֻזִּיָּהוּ אָבִיו עָשָׂה׃

35 However, the shrines were not removed; the people continued to sacrifice and make offerings at the shrines. It was he who built the Upper Gate of the House of *Hashem*.

לה רַק הַבָּמוֹת לֹא סָרוּ עוֹד הָעָם מְזַבְּחִים
וּמְקַטְּרִים בַּבָּמוֹת הוּא בָּנָה אֶת־שַׁעַר
בֵּית־יְהֹוָה הָעֶלְיוֹן׃

36 The other events of *Yotam*'s reign, and all his actions, are recorded in the Annals of the Kings of *Yehuda*.

לו וְיֶתֶר דִּבְרֵי יוֹתָם אֲשֶׁר עָשָׂה הֲלֹא־הֵם
כְּתוּבִים עַל־סֵפֶר דִּבְרֵי הַיָּמִים לְמַלְכֵי
יְהוּדָה׃

37 In those days, *Hashem* began to incite King Rezin of Aram and *Pekach* son of Remaliah against *Yehuda*.

לז בַּיָּמִים הָהֵם הֵחֵל יְהֹוָה לְהַשְׁלִיחַ
בִּיהוּדָה רְצִין מֶלֶךְ אֲרָם וְאֵת פֶּקַח בֶּן־
רְמַלְיָהוּ׃

38 *Yotam* slept with his fathers, and he was buried with his fathers in the city of his ancestor *David*; his son *Achaz* succeeded him as king.

לח וַיִּשְׁכַּב יוֹתָם עִם־אֲבֹתָיו וַיִּקָּבֵר עִם־
אֲבֹתָיו בְּעִיר דָּוִד אָבִיו וַיִּמְלֹךְ אָחָז בְּנוֹ
תַּחְתָּיו׃

16 1 In the seventeenth year of *Pekach* son of Remaliah, *Achaz* son of King *Yotam* of *Yehuda* became king.

א בִּשְׁנַת שְׁבַע־עֶשְׂרֵה שָׁנָה לְפֶקַח בֶּן־
רְמַלְיָהוּ מָלַךְ אָחָז בֶּן־יוֹתָם מֶלֶךְ יְהוּדָה׃

2 *Achaz* was twenty years old when he became king, and he reigned sixteen years in *Yerushalayim*. He did not do what was pleasing to *Hashem* his God, as his ancestor *David* had done,

ב בֶּן־עֶשְׂרִים שָׁנָה אָחָז בְּמָלְכוֹ וְשֵׁשׁ־
עֶשְׂרֵה שָׁנָה מָלַךְ בִּירוּשָׁלָ͏ִם וְלֹא־עָשָׂה
הַיָּשָׁר בְּעֵינֵי יְהֹוָה אֱלֹהָיו כְּדָוִד אָבִיו:

3 but followed the ways of the kings of *Yisrael*. He even consigned his son to the fire, in the abhorrent fashion of the nations which *Hashem* had dispossessed before the Israelites.

ג וַיֵּלֶךְ בְּדֶרֶךְ מַלְכֵי יִשְׂרָאֵל וְגַם אֶת־בְּנוֹ
הֶעֱבִיר בָּאֵשׁ כְּתֹעֲבוֹת הַגּוֹיִם אֲשֶׁר
הוֹרִישׁ יְהֹוָה אֹתָם מִפְּנֵי בְּנֵי יִשְׂרָאֵל:

4 He sacrificed and made offerings at the shrines, on the hills, and under every leafy tree.

ד וַיְזַבֵּחַ וַיְקַטֵּר בַּבָּמוֹת וְעַל־הַגְּבָעוֹת
וְתַחַת כָּל־עֵץ רַעֲנָן:

5 Then King Rezin of Aram and King *Pekach* son of Remaliah of *Yisrael* advanced on *Yerushalayim* for battle. They besieged *Achaz*, but could not overcome [him].

ה אָז יַעֲלֶה רְצִין מֶלֶךְ־אֲרָם וּפֶקַח
בֶּן־רְמַלְיָהוּ מֶלֶךְ־יִשְׂרָאֵל יְרוּשָׁלַ͏ִם
לַמִּלְחָמָה וַיָּצֻרוּ עַל־אָחָז וְלֹא יָכְלוּ
לְהִלָּחֵם:

6 At that time King Rezin of Aram recovered *Eilat* for Aram; he drove out the Judites from *Eilat*, and Edomites came to *Eilat* and settled there, as is still the case.

ו בָּעֵת הַהִיא הֵשִׁיב רְצִין מֶלֶךְ־אֲרָם
אֶת־אֵילַת לַאֲרָם וַיְנַשֵּׁל אֶת־הַיְהוּדִים
מֵאֵילוֹת וארמים [וַאֲדוֹמִים] בָּאוּ
אֵילַת וַיֵּשְׁבוּ שָׁם עַד הַיּוֹם הַזֶּה:

ba-AYT ha-HEE hay-SHEEV r'-TZEEN me-lekh a-RAM et ay-LAT
la-a-RAM vai-na-SHAYL et ha-y'-hu-DEEM may-ay-LOT va-a-do-MEEM
BA-u ay-LAT va-yay-sh'-VU SHAM AD ha-YOM ha-ZEH

7 *Achaz* sent messengers to King Tiglath-Pileser of Assyria to say, "I am your servant and your son; come and deliver me from the hands of the king of Aram and from the hands of the king of *Yisrael*, who are attacking me."

ז וַיִּשְׁלַח אָחָז מַלְאָכִים אֶל־תִּגְלַת פְּלֶסֶר
מֶלֶךְ־אַשּׁוּר לֵאמֹר עַבְדְּךָ וּבִנְךָ אָנִי עֲלֵה
וְהוֹשִׁעֵנִי מִכַּף מֶלֶךְ־אֲרָם וּמִכַּף מֶלֶךְ
יִשְׂרָאֵל הַקּוֹמִים עָלָי:

8 *Achaz* took the gold and silver that were on hand in the House of *Hashem* and in the treasuries of the royal palace and sent them as a gift to the king of Assyria.

ח וַיִּקַּח אָחָז אֶת־הַכֶּסֶף וְאֶת־הַזָּהָב
הַנִּמְצָא בֵּית יְהֹוָה וּבְאֹצְרוֹת בֵּית הַמֶּלֶךְ
וַיִּשְׁלַח לְמֶלֶךְ־אַשּׁוּר שֹׁחַד:

9 The king of Assyria responded to his request; the king of Assyria marched against Damascus and captured it. He deported its inhabitants to Kir and put Rezin to death.

ט וַיִּשְׁמַע אֵלָיו מֶלֶךְ אַשּׁוּר וַיַּעַל מֶלֶךְ
אַשּׁוּר אֶל־דַּמֶּשֶׂק וַיִּתְפְּשֶׂהָ וַיַּגְלֶהָ קִירָה
וְאֶת־רְצִין הֵמִית:

16:6 And Edomites came to *Eilat* The city of *Eilat*, located on the shores of the Red Sea, had been conquered by King *David* and built as an important port by King *Shlomo*. Here it is reconquered by Edom, the descendants of Esau. But foreign rule over any part of *Eretz Yisrael* is only temporary. During Israel's War of Independence in 1949, the Israel Defense Forces were able to reclaim *Eilat*. Today, this city serves as an important port city, naval base, and a popular destination for tourists. Just as in the time of King *Shlomo*, it plays a critical role in Israel's economy and defense.

Aeriel view of *Eilat*

10 When King *Achaz* went to Damascus to greet King Tiglath-Pileser of Assyria, he saw the altar in Damascus. King *Achaz* sent the *Kohen Uriya* a sketch of the altar and a detailed plan of its construction.

י וַיֵּלֶךְ הַמֶּלֶךְ אָחָז לִקְרַאת תִּגְלַת פִּלְאֶסֶר
מֶלֶךְ־אַשּׁוּר דּוּמֶּשֶׂק וַיַּרְא אֶת־הַמִּזְבֵּחַ
אֲשֶׁר בְּדַמָּשֶׂק וַיִּשְׁלַח הַמֶּלֶךְ אָחָז אֶל־
אוּרִיָּה הַכֹּהֵן אֶת־דְּמוּת הַמִּזְבֵּחַ וְאֶת־
תַּבְנִיתוֹ לְכָל־מַעֲשֵׂהוּ׃

11 The *Kohen Uriya* did just as King *Achaz* had instructed him from Damascus; the *Kohen Uriya* built the altar before King *Achaz* returned from Damascus.

יא וַיִּבֶן אוּרִיָּה הַכֹּהֵן אֶת־הַמִּזְבֵּחַ כְּכֹל
אֲשֶׁר־שָׁלַח הַמֶּלֶךְ אָחָז מִדַּמֶּשֶׂק כֵּן
עָשָׂה אוּרִיָּה הַכֹּהֵן עַד־בּוֹא הַמֶּלֶךְ־אָחָז
מִדַּמָּשֶׂק׃

12 When the king returned from Damascus, and when the king saw the altar, the king drew near the altar, ascended it,

יב וַיָּבֹא הַמֶּלֶךְ מִדַּמֶּשֶׂק וַיַּרְא הַמֶּלֶךְ אֶת־
הַמִּזְבֵּחַ וַיִּקְרַב הַמֶּלֶךְ עַל־הַמִּזְבֵּחַ וַיַּעַל
עָלָיו׃

13 and offered his burnt offering and meal offering; he poured his libation, and he dashed the blood of his offering of well-being against the altar.

יג וַיַּקְטֵר אֶת־עֹלָתוֹ וְאֶת־מִנְחָתוֹ וַיַּסֵּךְ
אֶת־נִסְכּוֹ וַיִּזְרֹק אֶת־דַּם־הַשְּׁלָמִים
אֲשֶׁר־לוֹ עַל־הַמִּזְבֵּחַ׃

14 As for the bronze *Mizbayach* which had been before *Hashem*, he moved it from its place in front of the Temple, between the [new] altar and the House of *Hashem*, and placed it on the north side of the [new] altar.

יד וְאֵת הַמִּזְבַּח הַנְּחֹשֶׁת אֲשֶׁר לִפְנֵי יְהֹוָה
וַיַּקְרֵב מֵאֵת פְּנֵי הַבַּיִת מִבֵּין הַמִּזְבֵּחַ
וּמִבֵּין בֵּית יְהֹוָה וַיִּתֵּן אֹתוֹ עַל־יֶרֶךְ
הַמִּזְבֵּחַ צָפוֹנָה׃

15 And King *Achaz* commanded the *Kohen Uriya*: "On the great altar you shall offer the morning burnt offering and the evening meal offering and the king's burnt offering and his meal offering, with the burnt offerings of all the people of the land, their meal offerings and their libations. And against it you shall dash the blood of all the burnt offerings and all the blood of the sacrifices. And I will decide about the bronze *Mizbayach*."

טו ויצוהו [וַיְצַוֶּה] הַמֶּלֶךְ־אָחָז אֶת־אוּרִיָּה
הַכֹּהֵן לֵאמֹר עַל הַמִּזְבֵּחַ הַגָּדוֹל הַקְטֵר
אֶת־עֹלַת־הַבֹּקֶר וְאֶת־מִנְחַת הָעֶרֶב
וְאֶת־עֹלַת הַמֶּלֶךְ וְאֶת־מִנְחָתוֹ וְאֵת
עֹלַת כָּל־עַם הָאָרֶץ וּמִנְחָתָם וְנִסְכֵּיהֶם
וְכָל־דַּם עֹלָה וְכָל־דַּם־זֶבַח עָלָיו תִּזְרֹק
וּמִזְבַּח הַנְּחֹשֶׁת יִהְיֶה־לִּי לְבַקֵּר׃

16 *Uriya* did just as King *Achaz* commanded.

טז וַיַּעַשׂ אוּרִיָּה הַכֹּהֵן כְּכֹל אֲשֶׁר־צִוָּה
הַמֶּלֶךְ אָחָז׃

17 King *Achaz* cut off the insets – the laver stands – and removed the lavers from them. He also removed the tank from the bronze oxen that supported it and set it on a stone pavement

יז וַיְקַצֵּץ הַמֶּלֶךְ אָחָז אֶת־הַמִּסְגְּרוֹת
הַמְּכֹנוֹת וַיָּסַר מֵעֲלֵיהֶם ואת־[אֶת־]
הַכִּיֹּר וְאֶת־הַיָּם הוֹרִד מֵעַל הַבָּקָר
הַנְּחֹשֶׁת אֲשֶׁר תַּחְתֶּיהָ וַיִּתֵּן אֹתוֹ עַל
מַרְצֶפֶת אֲבָנִים׃

18 on account of the king of Assyria. He also extended to the House of *Hashem* the *Shabbat* passage that had been built in the palace and the king's outer entrance.

יח וְאֶת־מיסך [מוּסַךְ] הַשַּׁבָּת אֲשֶׁר־בָּנוּ
בַבַּיִת וְאֶת־מְבוֹא הַמֶּלֶךְ הַחִיצוֹנָה הֵסֵב
בֵּית יְהֹוָה מִפְּנֵי מֶלֶךְ אַשּׁוּר׃

19 The other events of *Achaz*'s reign, and his actions, are recorded in the Annals of the Kings of *Yehuda*.

יט וְיֶתֶר דִּבְרֵי אָחָז אֲשֶׁר עָשָׂה הֲלֹא־הֵם
כְּתוּבִים עַל־סֵפֶר דִּבְרֵי הַיָּמִים לְמַלְכֵי
יְהוּדָה׃

20 *Achaz* slept with his fathers and was buried with his fathers in the City of *David*; his son *Chizkiyahu* succeeded him as king.

כ וַיִּשְׁכַּב אָחָז עִם־אֲבֹתָיו וַיִּקָּבֵר עִם־
אֲבֹתָיו בְּעִיר דָּוִד וַיִּמְלֹךְ חִזְקִיָּהוּ בְנוֹ
תַּחְתָּיו׃

1 In the twelfth year of King *Achaz* of *Yehuda*, *Hoshea* son of *Eila* became king over *Yisrael* in *Shomron* – for nine years.

יז א בִּשְׁנַת שְׁתֵּים עֶשְׂרֵה לְאָחָז מֶלֶךְ יְהוּדָה
מָלַךְ הוֹשֵׁעַ בֶּן־אֵלָה בְשֹׁמְרוֹן עַל־
יִשְׂרָאֵל תֵּשַׁע שָׁנִים׃

2 He did what was displeasing to *Hashem*, though not as much as the kings of *Yisrael* who preceded him.

ב וַיַּעַשׂ הָרַע בְּעֵינֵי יְהֹוָה רַק לֹא כְּמַלְכֵי
יִשְׂרָאֵל אֲשֶׁר הָיוּ לְפָנָיו׃

3 King Shalmaneser marched against him, and *Hoshea* became his vassal and paid him tribute.

ג עָלָיו עָלָה שַׁלְמַנְאֶסֶר מֶלֶךְ אַשּׁוּר וַיְהִי־
לוֹ הוֹשֵׁעַ עֶבֶד וַיָּשֶׁב לוֹ מִנְחָה׃

4 But the king of Assyria caught *Hoshea* in an act of treachery: he had sent envoys to King So of Egypt, and he had not paid the tribute to the king of Assyria, as in previous years. And the king of Assyria arrested him and put him in prison.

ד וַיִּמְצָא מֶלֶךְ־אַשּׁוּר בְּהוֹשֵׁעַ קֶשֶׁר אֲשֶׁר
שָׁלַח מַלְאָכִים אֶל־סוֹא מֶלֶךְ־מִצְרַיִם
וְלֹא־הֶעֱלָה מִנְחָה לְמֶלֶךְ אַשּׁוּר כְּשָׁנָה
בְשָׁנָה וַיַּעַצְרֵהוּ מֶלֶךְ אַשּׁוּר וַיַּאַסְרֵהוּ
בֵּית כֶּלֶא׃

5 Then the king of Assyria marched against the whole land; he came to *Shomron* and besieged it for three years.

ה וַיַּעַל מֶלֶךְ־אַשּׁוּר בְּכָל־הָאָרֶץ וַיַּעַל
שֹׁמְרוֹן וַיָּצַר עָלֶיהָ שָׁלֹשׁ שָׁנִים׃

6 In the ninth year of *Hoshea*, the king of Assyria captured *Shomron*. He deported the Israelites to Assyria and settled them in Halah, at the [River] Habor, at the River Gozan, and in the towns of Media.

ו בִּשְׁנַת הַתְּשִׁיעִית לְהוֹשֵׁעַ לָכַד מֶלֶךְ־
אַשּׁוּר אֶת־שֹׁמְרוֹן וַיֶּגֶל אֶת־יִשְׂרָאֵל
אַשּׁוּרָה וַיֹּשֶׁב אֹתָם בַּחְלַח וּבְחָבוֹר נְהַר
גּוֹזָן וְעָרֵי מָדָי׃

7 This happened because the Israelites sinned against *Hashem* their God, who had freed them from the land of Egypt, from the hand of Pharaoh king of Egypt. They worshiped other gods

ז וַיְהִי כִּי־חָטְאוּ בְנֵי־יִשְׂרָאֵל לַיהֹוָה
אֱלֹהֵיהֶם הַמַּעֲלֶה אֹתָם מֵאֶרֶץ מִצְרַיִם
מִתַּחַת יַד פַּרְעֹה מֶלֶךְ־מִצְרָיִם וַיִּירְאוּ
אֱלֹהִים אֲחֵרִים׃

8 and followed the customs of the nations which *Hashem* had dispossessed before the Israelites and the customs which the kings of *Yisrael* had practiced.

ח וַיֵּלְכוּ בְּחֻקּוֹת הַגּוֹיִם אֲשֶׁר הוֹרִישׁ יְהֹוָה
מִפְּנֵי בְּנֵי יִשְׂרָאֵל וּמַלְכֵי יִשְׂרָאֵל אֲשֶׁר
עָשׂוּ׃

9 The Israelites committed against *Hashem* their God acts which were not right: They built for themselves shrines in all their settlements, from watchtowers to fortified cities;

ט וַיְחַפְּאוּ בְנֵי־יִשְׂרָאֵל דְּבָרִים אֲשֶׁר לֹא־כֵן
עַל־יְהֹוָה אֱלֹהֵיהֶם וַיִּבְנוּ לָהֶם בָּמוֹת
בְּכָל־עָרֵיהֶם מִמִּגְדַּל נוֹצְרִים עַד־עִיר
מִבְצָר׃

10 they set up pillars and sacred posts for themselves on every lofty hill and under every leafy tree;

י וַיַּצִּבוּ לָהֶם מַצֵּבוֹת וַאֲשֵׁרִים עַל כָּל־
גִּבְעָה גְבֹהָה וְתַחַת כָּל־עֵץ רַעֲנָן׃

11 and they offered sacrifices there, at all the shrines, like the nations whom *Hashem* had driven into exile before them. They committed wicked acts to vex *Hashem*,

יא וַיְקַטְּרוּ־שָׁם בְּכָל־בָּמוֹת כַּגּוֹיִם אֲשֶׁר־
הֶגְלָה יְהֹוָה מִפְּנֵיהֶם וַיַּעֲשׂוּ דְּבָרִים
רָעִים לְהַכְעִיס אֶת־יְהֹוָה׃

12 and they worshiped fetishes concerning which *Hashem* had said to them, "You must not do this thing."

יב וַיַּעַבְדוּ הַגִּלֻּלִים אֲשֶׁר אָמַר יְהֹוָה לָהֶם לֹא תַעֲשׂוּ אֶת־הַדָּבָר הַזֶּה׃

13 *Hashem* warned *Yisrael* and *Yehuda* by every *Navi* [and] every seer, saying: "Turn back from your wicked ways, and observe My commandments and My laws, according to all the Teaching that I commanded your fathers and that I transmitted to you through My servants the *Neviim*."

יג וַיָּעַד יְהֹוָה בְּיִשְׂרָאֵל וּבִיהוּדָה בְּיַד כָּל־נביאו [נְבִיאֵי] כָל־חֹזֶה לֵאמֹר שֻׁבוּ מִדַּרְכֵיכֶם הָרָעִים וְשִׁמְרוּ מִצְוֺתַי חֻקּוֹתַי כְּכָל־הַתּוֹרָה אֲשֶׁר צִוִּיתִי אֶת־אֲבֹתֵיכֶם וַאֲשֶׁר שָׁלַחְתִּי אֲלֵיכֶם בְּיַד עֲבָדַי הַנְּבִיאִים׃

14 But they did not obey; they stiffened their necks, like their fathers who did not have faith in *Hashem* their God;

יד וְלֹא שָׁמֵעוּ וַיַּקְשׁוּ אֶת־עָרְפָּם כְּעֹרֶף אֲבוֹתָם אֲשֶׁר לֹא הֶאֱמִינוּ בַּיהֹוָה אֱלֹהֵיהֶם׃

15 they spurned His laws and the covenant that He had made with their fathers, and the warnings He had given them. They went after delusion and were deluded; [they imitated] the nations that were about them, which *Hashem* had forbidden them to emulate.

טו וַיִּמְאֲסוּ אֶת־חֻקָּיו וְאֶת־בְּרִיתוֹ אֲשֶׁר כָּרַת אֶת־אֲבוֹתָם וְאֵת עֵדְוֺתָיו אֲשֶׁר הֵעִיד בָּם וַיֵּלְכוּ אַחֲרֵי הַהֶבֶל וַיֶּהְבָּלוּ וְאַחֲרֵי הַגּוֹיִם אֲשֶׁר סְבִיבֹתָם אֲשֶׁר צִוָּה יְהֹוָה אֹתָם לְבִלְתִּי עֲשׂוֹת כָּהֶם׃

16 They rejected all the commandments of *Hashem* their God; they made molten idols for themselves – two calves – and they made a sacred post and they bowed down to all the host of heaven, and they worshiped Baal.

טז וַיַּעַזְבוּ אֶת־כָּל־מִצְוֺת יְהֹוָה אֱלֹהֵיהֶם וַיַּעֲשׂוּ לָהֶם מַסֵּכָה שנים [שְׁנֵי] עֲגָלִים וַיַּעֲשׂוּ אֲשֵׁירָה וַיִּשְׁתַּחֲווּ לְכָל־צְבָא הַשָּׁמַיִם וַיַּעַבְדוּ אֶת־הַבָּעַל׃

17 They consigned their sons and daughters to the fire; they practiced augury and divination, and gave themselves over to what was displeasing to *Hashem* and vexed Him.

יז וַיַּעֲבִירוּ אֶת־בְּנֵיהֶם וְאֶת־בְּנוֹתֵיהֶם בָּאֵשׁ וַיִּקְסְמוּ קְסָמִים וַיְנַחֵשׁוּ וַיִּתְמַכְּרוּ לַעֲשׂוֹת הָרַע בְּעֵינֵי יְהֹוָה לְהַכְעִיסוֹ׃

18 *Hashem* was incensed at *Yisrael* and He banished them from His presence; none was left but the tribe of *Yehuda* alone.

יח וַיִּתְאַנַּף יְהֹוָה מְאֹד בְּיִשְׂרָאֵל וַיְסִרֵם מֵעַל פָּנָיו לֹא נִשְׁאַר רַק שֵׁבֶט יְהוּדָה לְבַדּוֹ׃

19 Nor did *Yehuda* keep the commandments of *Hashem* their God; they followed the customs that *Yisrael* had practiced.

יט גַּם־יְהוּדָה לֹא שָׁמַר אֶת־מִצְוֺת יְהֹוָה אֱלֹהֵיהֶם וַיֵּלְכוּ בְּחֻקּוֹת יִשְׂרָאֵל אֲשֶׁר עָשׂוּ׃

20 So *Hashem* spurned all the offspring of *Yisrael*, and He afflicted them and delivered them into the hands of plunderers, and finally He cast them out from His presence.

כ וַיִּמְאַס יְהֹוָה בְּכָל־זֶרַע יִשְׂרָאֵל וַיְעַנֵּם וַיִּתְּנֵם בְּיַד־שֹׁסִים עַד אֲשֶׁר הִשְׁלִיכָם מִפָּנָיו׃

21 For *Yisrael* broke away from the House of *David*, and they made *Yerovam* son of Nebat king. *Yerovam* caused *Yisrael* to stray from *Hashem* and to commit great sin,

כא כִּי־קָרַע יִשְׂרָאֵל מֵעַל בֵּית דָּוִד וַיַּמְלִיכוּ אֶת־יָרָבְעָם בֶּן־נְבָט וידא [וַיַּדַּח] יָרָבְעָם אֶת־יִשְׂרָאֵל מֵאַחֲרֵי יְהֹוָה וְהֶחֱטִיאָם חֲטָאָה גְדוֹלָה׃

22 and the Israelites persisted in all the sins which *Yerovam* had committed; they did not depart from them.

כב וַיֵּלְכוּ בְּנֵי יִשְׂרָאֵל בְּכָל־חַטֹּאות יָרָבְעָם אֲשֶׁר עָשָׂה לֹא־סָרוּ מִמֶּנָּה׃

23 In the end, *Hashem* removed *Yisrael* from His presence, as He had warned them through all His servants the *Neviim*. So the Israelites were deported from their land to Assyria, as is still the case.

כג עַד אֲשֶׁר־הֵסִיר יְהֹוָה אֶת־יִשְׂרָאֵל מֵעַל פָּנָיו כַּאֲשֶׁר דִּבֶּר בְּיַד כָּל־עֲבָדָיו הַנְּבִיאִים וַיִּגֶל יִשְׂרָאֵל מֵעַל אַדְמָתוֹ אַשּׁוּרָה עַד הַיּוֹם הַזֶּה:

*AD a-sher hay-SEER a-do-NAI et yis-ra-AYL may-AL pa-NAV
ka-a-SHER di-BER b'-YAD kol a-va-DAV ha-n'-vee-EEM va-YI-gel
yis-ra-AYL may-AL ad-ma-TO a-SHU-rah AD ha-YOM ha-ZEH*

24 The king of Assyria brought [people] from Babylon, Cuthah, Avva, Hamath, and Sephar-vaim, and he settled them in the towns of *Shomron* in place of the Israelites; they took possession of *Shomron* and dwelt in its towns.

כד וַיָּבֵא מֶלֶךְ־אַשּׁוּר מִבָּבֶל וּמִכּוּתָה וּמֵעַוָּא וּמֵחֲמָת וּסְפַרְוַיִם וַיֹּשֶׁב בְּעָרֵי שֹׁמְרוֹן תַּחַת בְּנֵי יִשְׂרָאֵל וַיִּרְשׁוּ אֶת־שֹׁמְרוֹן וַיֵּשְׁבוּ בְּעָרֶיהָ:

25 When they first settled there, they did not worship *Hashem*; so *Hashem* sent lions against them which killed some of them.

כה וַיְהִי בִּתְחִלַּת שִׁבְתָּם שָׁם לֹא יָרְאוּ אֶת־יְהֹוָה וַיְשַׁלַּח יְהֹוָה בָּהֶם אֶת־הָאֲרָיוֹת וַיִּהְיוּ הֹרְגִים בָּהֶם:

26 They said to the king of Assyria: "The nations which you deported and resettled in the towns of *Shomron* do not know the rules of the God of the land; therefore He has let lions loose against them which are killing them – for they do not know the rules of the God of the land."

כו וַיֹּאמְרוּ לְמֶלֶךְ אַשּׁוּר לֵאמֹר הַגּוֹיִם אֲשֶׁר הִגְלִיתָ וַתּוֹשֶׁב בְּעָרֵי שֹׁמְרוֹן לֹא יָדְעוּ אֶת־מִשְׁפַּט אֱלֹהֵי הָאָרֶץ וַיְשַׁלַּח־בָּם אֶת־הָאֲרָיוֹת וְהִנָּם מְמִיתִים אוֹתָם כַּאֲשֶׁר אֵינָם יֹדְעִים אֶת־מִשְׁפַּט אֱלֹהֵי הָאָרֶץ:

27 The king of Assyria gave an order: "Send there one of the *Kohanim* whom you have deported; let him go and dwell there, and let him teach them the practices of the God of the land."

כז וַיְצַו מֶלֶךְ־אַשּׁוּר לֵאמֹר הֹלִיכוּ שָׁמָּה אֶחָד מֵהַכֹּהֲנִים אֲשֶׁר הִגְלִיתֶם מִשָּׁם וְיֵלְכוּ וְיֵשְׁבוּ שָׁם וְיֹרֵם אֶת־מִשְׁפַּט אֱלֹהֵי הָאָרֶץ:

28 So one of the *Kohanim* whom they had exiled from *Shomron* came and settled in *Beit El*; he taught them how to worship *Hashem*.

כח וַיָּבֹא אֶחָד מֵהַכֹּהֲנִים אֲשֶׁר הִגְלוּ מִשֹּׁמְרוֹן וַיֵּשֶׁב בְּבֵית־אֵל וַיְהִי מוֹרֶה אֹתָם אֵיךְ יִירְאוּ אֶת־יְהֹוָה:

29 However, each nation continued to make its own gods and to set them up in the cult places which had been made by the people of *Shomron*; each nation [set them up] in the towns in which it lived.

כט וַיִּהְיוּ עֹשִׂים גּוֹי גּוֹי אֱלֹהָיו וַיַּנִּיחוּ בְּבֵית הַבָּמוֹת אֲשֶׁר עָשׂוּ הַשֹּׁמְרֹנִים גּוֹי גּוֹי בְּעָרֵיהֶם אֲשֶׁר הֵם יֹשְׁבִים שָׁם:

17:23 So the Israelites were deported from their land to Assyria The northern kingdom of Israel is destroyed, and its ten tribes are exiled to Assyria. Unlike the exiles of *Yehuda*, who return from Babylonia after seventy years, the ten tribes remain in exile. These tribes are known as "the lost tribes of Israel," as they disappeared due to persecution and assimilation. However, according to Jewish tradition (*Sanhedrin* 110b), these tribes will return to Israel in the era of the *Mashiach*. The *Bnei Menashe*, 'children of *Menashe*,' are members of a tribe from northeast India who claim descent from the lost tribe of *Menashe*. For thousands of years they have continued the Jewish practices of their ancestors, including observing the *Shabbat* and Jewish dietary laws, celebrating the festivals and following the laws of family purity. And, throughout that time they dreamed of returning to the Land of Israel. In recent years, thousands of *Bnei Menashe* have been brought back home to the loving embrace of their brothers and sisters in Israel. The return of the lost tribes to *Eretz Yisrael* is additional proof that we are living through the dawn of the era of redemption.

Members of the *Bnei Menashe* arrive at Ben Gurion airport

30 The Babylonians made Succoth-benoth, and the men of Cuth made Nergal, and the men of Hamath made Ashima,

ל וְאַנְשֵׁי בָבֶל עָשׂוּ אֶת־סֻכּוֹת בְּנוֹת
וְאַנְשֵׁי־כוּת עָשׂוּ אֶת־נֵרְגַל וְאַנְשֵׁי חֲמָת
עָשׂוּ אֶת־אֲשִׁימָא:

31 and the Avvites made Nibhaz and Tartak; and the Sepharvites burned their children [as offerings] to Adrammelech and Anamelech, the gods of Sepharvaim.

לא וְהָעַוִּים עָשׂוּ נִבְחַז וְאֶת־תַּרְתָּק
וְהַסְפַרְוִים שֹׂרְפִים אֶת־בְּנֵיהֶם בָּאֵשׁ
לְאַדְרַמֶּלֶךְ וַעֲנַמֶּלֶךְ אלה [אֱלֹהֵי]
ספרים [סְפַרְוָיִם:]

32 They worshiped *Hashem*, but they also appointed from their own ranks *Kohanim* of the shrines, who officiated for them in the cult places.

לב וַיִּהְיוּ יְרֵאִים אֶת־יְהֹוָה וַיַּעֲשׂוּ לָהֶם
מִקְצוֹתָם כֹּהֲנֵי בָמוֹת וַיִּהְיוּ עֹשִׂים לָהֶם
בְּבֵית הַבָּמוֹת:

33 They worshiped *Hashem*, while serving their own gods according to the practices of the nations from which they had been deported.

לג אֶת־יְהֹוָה הָיוּ יְרֵאִים וְאֶת־אֱלֹהֵיהֶם
הָיוּ עֹבְדִים כְּמִשְׁפַּט הַגּוֹיִם אֲשֶׁר־הִגְלוּ
אֹתָם מִשָּׁם:

34 To this day, they follow their former practices. They do not worship *Hashem* [properly]. They do not follow the laws and practices, the Teaching and Instruction that *Hashem* enjoined upon the descendants of *Yaakov* – who was given the name *Yisrael*

לד עַד הַיּוֹם הַזֶּה הֵם עֹשִׂים כַּמִּשְׁפָּטִים
הָרִאשֹׁנִים אֵינָם יְרֵאִים אֶת־יְהֹוָה וְאֵינָם
עֹשִׂים כְּחֻקֹּתָם וּכְמִשְׁפָּטָם וְכַתּוֹרָה
וְכַמִּצְוָה אֲשֶׁר צִוָּה יְהֹוָה אֶת־בְּנֵי יַעֲקֹב
אֲשֶׁר־שָׂם שְׁמוֹ יִשְׂרָאֵל:

35 with whom He made a covenant and whom He commanded: "You shall worship no other gods; you shall not bow down to them nor serve them nor sacrifice to them.

לה וַיִּכְרֹת יְהֹוָה אִתָּם בְּרִית וַיְצַוֵּם לֵאמֹר
לֹא תִירְאוּ אֱלֹהִים אֲחֵרִים וְלֹא־
תִשְׁתַּחֲווּ לָהֶם וְלֹא תַעַבְדוּם וְלֹא
תִזְבְּחוּ לָהֶם:

36 You must worship only *Hashem* your God, who brought you out of the land of Egypt with great might and with an outstretched arm: to Him alone shall you bow down and to Him alone shall you sacrifice.

לו כִּי אִם־אֶת־יְהֹוָה אֲשֶׁר הֶעֱלָה אֶתְכֶם
מֵאֶרֶץ מִצְרַיִם בְּכֹחַ גָּדוֹל וּבִזְרוֹעַ נְטוּיָה
אֹתוֹ תִירָאוּ וְלוֹ תִשְׁתַּחֲווּ וְלוֹ תִזְבָּחוּ:

37 You shall observe faithfully, all your days, the laws and the practices; the Teaching and Instruction that I wrote down for you; do not worship other gods.

לז וְאֶת־הַחֻקִּים וְאֶת־הַמִּשְׁפָּטִים וְהַתּוֹרָה
וְהַמִּצְוָה אֲשֶׁר כָּתַב לָכֶם תִּשְׁמְרוּן
לַעֲשׂוֹת כָּל־הַיָּמִים וְלֹא תִירְאוּ אֱלֹהִים
אֲחֵרִים:

38 Do not forget the covenant that I made with you; do not worship other gods.

לח וְהַבְּרִית אֲשֶׁר־כָּרַתִּי אִתְּכֶם לֹא תִשְׁכָּחוּ
וְלֹא תִירְאוּ אֱלֹהִים אֲחֵרִים:

39 Worship only *Hashem* your God, and He will save you from the hands of all your enemies."

לט כִּי אִם־אֶת־יְהֹוָה אֱלֹהֵיכֶם תִּירָאוּ וְהוּא
יַצִּיל אֶתְכֶם מִיַּד כָּל־אֹיְבֵיכֶם:

40 But they did not obey; they continued their former practices.

מ וְלֹא שָׁמֵעוּ כִּי אִם־כְּמִשְׁפָּטָם הָרִאשׁוֹן
הֵם עֹשִׂים:

41 Those nations worshiped *Hashem*, but they also served their idols. To this day their children and their children's children do as their ancestors did.

מא וַיִּהְיוּ הַגּוֹיִם הָאֵלֶּה יְרֵאִים אֶת־יְהֹוָה
וְאֶת־פְּסִילֵיהֶם הָיוּ עֹבְדִים גַּם־בְּנֵיהֶם
וּבְנֵי בְנֵיהֶם כַּאֲשֶׁר עָשׂוּ אֲבֹתָם הֵם
עֹשִׂים עַד הַיּוֹם הַזֶּה:

<table>
<tr><td>

18 ¹ In the third year of King *Hoshea* son of *Eila* of *Yisrael*, *Chizkiyahu* son of King *Achaz* of *Yehuda* became king.

² He was twenty-five years old when he became king, and he reigned in *Yerushalayim* twenty-nine years; his mother's name was Abi daughter of *Zecharya*.

³ He did what was pleasing to *Hashem*, just as his father *David* had done.

⁴ He abolished the shrines and smashed the pillars and cut down the sacred post. He also broke into pieces the bronze serpent that *Moshe* had made, for until that time the Israelites had been offering sacrifices to it; it was called Nehushtan.

⁵ He trusted only in *Hashem* the God of *Yisrael*; there was none like him among all the kings of *Yehuda* after him, nor among those before him.

⁶ He clung to *Hashem*; he did not turn away from following Him, but kept the commandments that *Hashem* had given to *Moshe*.

⁷ And *Hashem* was always with him; he was successful wherever he turned. He rebelled against the king of Assyria and would not serve him.

v'-ha-YAH a-do-NAI i-MO b'-KHOL a-sher yay-TZAY yas-KEEL
va-yim-ROD b'-ME-lekh a-SHUR v'-LO a-va-DO

⁸ He overran Philistia as far as *Azza* and its border areas, from watchtower to fortified town.

⁹ In the fourth year of King *Chizkiyahu*, which was the seventh year of King *Hoshea* son of *Eila* of *Yisrael*, King Shalmaneser of Assyria marched against *Shomron* and besieged it,

¹⁰ and he captured it at the end of three years. In the sixth year of *Chizkiyahu*, which was the ninth year of King *Hoshea* of *Yisrael*, *Shomron* was captured;

</td><td>

יח א וַיְהִי בִּשְׁנַת שָׁלֹשׁ לְהוֹשֵׁעַ בֶּן־אֵלָה מֶלֶךְ יִשְׂרָאֵל מָלַךְ חִזְקִיָּה בֶן־אָחָז מֶלֶךְ יְהוּדָה:

ב בֶּן־עֶשְׂרִים וְחָמֵשׁ שָׁנָה הָיָה בְמָלְכוֹ וְעֶשְׂרִים וָתֵשַׁע שָׁנָה מָלַךְ בִּירוּשָׁלִָם וְשֵׁם אִמּוֹ אֲבִי בַּת־זְכַרְיָה:

ג וַיַּעַשׂ הַיָּשָׁר בְּעֵינֵי יְהֹוָה כְּכֹל אֲשֶׁר־עָשָׂה דָּוִד אָבִיו:

ד הוּא הֵסִיר אֶת־הַבָּמוֹת וְשִׁבַּר אֶת־הַמַּצֵּבֹת וְכָרַת אֶת־הָאֲשֵׁרָה וְכִתַּת נְחַשׁ הַנְּחֹשֶׁת אֲשֶׁר־עָשָׂה מֹשֶׁה כִּי עַד־הַיָּמִים הָהֵמָּה הָיוּ בְנֵי־יִשְׂרָאֵל מְקַטְּרִים לוֹ וַיִּקְרָא־לוֹ נְחֻשְׁתָּן:

ה בַּיהֹוָה אֱלֹהֵי־יִשְׂרָאֵל בָּטָח וְאַחֲרָיו לֹא־הָיָה כָמֹהוּ בְּכֹל מַלְכֵי יְהוּדָה וַאֲשֶׁר הָיוּ לְפָנָיו:

ו וַיִּדְבַּק בַּיהֹוָה לֹא־סָר מֵאַחֲרָיו וַיִּשְׁמֹר מִצְוֹתָיו אֲשֶׁר־צִוָּה יְהֹוָה אֶת־מֹשֶׁה:

ז וְהָיָה יְהֹוָה עִמּוֹ בְּכֹל אֲשֶׁר־יֵצֵא יַשְׂכִּיל וַיִּמְרֹד בְּמֶלֶךְ־אַשּׁוּר וְלֹא עֲבָדוֹ:

ח הוּא־הִכָּה אֶת־פְּלִשְׁתִּים עַד־עַזָּה וְאֶת־גְּבוּלֶיהָ מִמִּגְדַּל נוֹצְרִים עַד־עִיר מִבְצָר:

ט וַיְהִי בַּשָּׁנָה הָרְבִיעִית לַמֶּלֶךְ חִזְקִיָּהוּ הִיא הַשָּׁנָה הַשְּׁבִיעִית לְהוֹשֵׁעַ בֶּן־אֵלָה מֶלֶךְ יִשְׂרָאֵל עָלָה שַׁלְמַנְאֶסֶר מֶלֶךְ־אַשּׁוּר עַל־שֹׁמְרוֹן וַיָּצַר עָלֶיהָ:

י וַיִּלְכְּדֻהָ מִקְצֵה שָׁלֹשׁ שָׁנִים בִּשְׁנַת־שֵׁשׁ לְחִזְקִיָּה הִיא שְׁנַת־תֵּשַׁע לְהוֹשֵׁעַ מֶלֶךְ יִשְׂרָאֵל נִלְכְּדָה שֹׁמְרוֹן:

</td></tr>
</table>

Kings

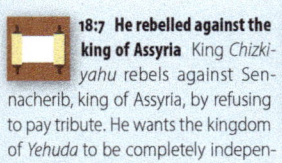

Ministry of Defense of Israel in *Tel Aviv*

18:7 He rebelled against the king of Assyria King *Chizkiyahu* rebels against Sennacherib, king of Assyria, by refusing to pay tribute. He wants the kingdom of *Yehuda* to be completely independent. *Ramban* writes that since the Land of Israel is the inheritance of the People of Israel, the Jewish people are required not only to reside in *Eretz Yisrael*, but also to be the sovereign rulers of the land, with their own government, military and political structure. The State of Israel is thus a miraculous fulfillment of the centuries-old words of *Ramban*.

11 and the king of Assyria deported the Israelites to Assyria. He settled them in Halah, along the Habor [and] the River Gozan, and in the towns of Media.

יא וַיֶּגֶל מֶלֶךְ־אַשּׁוּר אֶת־יִשְׂרָאֵל אַשּׁוּרָה
וַיַּנְחֵם בַּחְלַח וּבְחָבוֹר נְהַר גּוֹזָן וְעָרֵי
מָדָי:

12 [This happened] because they did not obey *Hashem* their God; they transgressed His covenant – all that *Moshe* the servant of *Hashem* had commanded. They did not obey and they did not fulfill it.

יב עַל אֲשֶׁר לֹא־שָׁמְעוּ בְּקוֹל יְהֹוָה
אֱלֹהֵיהֶם וַיַּעַבְרוּ אֶת־בְּרִיתוֹ אֵת כׇּל־
אֲשֶׁר צִוָּה מֹשֶׁה עֶבֶד יְהֹוָה וְלֹא שָׁמְעוּ
וְלֹא עָשׂוּ:

13 In the fourteenth year of King *Chizkiyahu*, King Sennacherib of Assyria marched against all the fortified towns of *Yehuda* and seized them.

יג וּבְאַרְבַּע עֶשְׂרֵה שָׁנָה לַמֶּלֶךְ חִזְקִיָּה
עָלָה סַנְחֵרִיב מֶלֶךְ־אַשּׁוּר עַל כׇּל־עָרֵי
יְהוּדָה הַבְּצֻרוֹת וַיִּתְפְּשֵׂם:

14 King *Chizkiyahu* sent this message to the king of Assyria at Lachish: "I have done wrong; withdraw from me; and I shall bear whatever you impose on me." So the king of Assyria imposed upon King *Chizkiyahu* of *Yehuda* a payment of three hundred *kikarim* of silver and thirty *kikarim* of gold.

יד וַיִּשְׁלַח חִזְקִיָּה מֶלֶךְ־יְהוּדָה אֶל־מֶלֶךְ־
אַשּׁוּר לָכִישָׁה לֵאמֹר חָטָאתִי שׁוּב
מֵעָלַי אֵת אֲשֶׁר־תִּתֵּן עָלַי אֶשָּׂא וַיָּשֶׂם
מֶלֶךְ־אַשּׁוּר עַל־חִזְקִיָּה מֶלֶךְ־יְהוּדָה
שְׁלֹשׁ מֵאוֹת כִּכַּר־כֶּסֶף וּשְׁלֹשִׁים כִּכַּר
זָהָב:

15 *Chizkiyahu* gave him all the silver that was on hand in the House of *Hashem* and in the treasuries of the palace.

טו וַיִּתֵּן חִזְקִיָּה אֶת־כׇּל־הַכֶּסֶף הַנִּמְצָא
בֵית־יְהֹוָה וּבְאֹצְרוֹת בֵּית הַמֶּלֶךְ:

16 At that time *Chizkiyahu* cut down the doors and the doorposts of the Temple of *Hashem*, which King *Chizkiyahu* had overlaid [with gold], and gave them to the king of Assyria.

טז בָּעֵת הַהִיא קִצַּץ חִזְקִיָּה אֶת־דַּלְתוֹת
הֵיכַל יְהֹוָה וְאֶת־הָאֹמְנוֹת אֲשֶׁר צִפָּה
חִזְקִיָּה מֶלֶךְ יְהוּדָה וַיִּתְּנֵם לְמֶלֶךְ אַשּׁוּר:

17 But the king of Assyria sent the Tartan, the Rabsaris, and the Rabshakeh from Lachish with a large force to King *Chizkiyahu* in *Yerushalayim*. They marched up to *Yerushalayim*; and when they arrived, they took up a position near the conduit of the Upper Pool, by the road of the Fuller's Field.

יז וַיִּשְׁלַח מֶלֶךְ־אַשּׁוּר אֶת־תַּרְתָּן וְאֶת־
רַב־סָרִיס וְאֶת־רַב־שָׁקֵה מִן־לָכִישׁ
אֶל־הַמֶּלֶךְ חִזְקִיָּהוּ בְּחֵיל כָּבֵד יְרוּשָׁלָ͏ִם
וַיַּעֲלוּ וַיָּבֹאוּ יְרוּשָׁלַ͏ִם וַיַּעֲלוּ וַיָּבֹאוּ
וַיַּעַמְדוּ בִּתְעָלַת הַבְּרֵכָה הָעֶלְיוֹנָה אֲשֶׁר
בִּמְסִלַּת שְׂדֵה כוֹבֵס:

18 They summoned the king; and Eliakim son of *Chilkiyahu*, who was in charge of the palace, Shebna the scribe, and Joah son of *Asaf* the recorder went out to them.

יח וַיִּקְרְאוּ אֶל־הַמֶּלֶךְ וַיֵּצֵא אֲלֵהֶם אֶלְיָקִים
בֶּן־חִלְקִיָּהוּ אֲשֶׁר עַל־הַבָּיִת וְשֶׁבְנָה
הַסֹּפֵר וְיוֹאָח בֶּן־אָסָף הַמַּזְכִּיר:

19 The Rabshakeh said to them, "You tell *Chizkiyahu*: Thus said the Great King, the King of Assyria: What makes you so confident?

יט וַיֹּאמֶר אֲלֵהֶם רַב־שָׁקֵה אִמְרוּ־נָא אֶל־
חִזְקִיָּהוּ כֹּה־אָמַר הַמֶּלֶךְ הַגָּדוֹל מֶלֶךְ
אַשּׁוּר מָה הַבִּטָּחוֹן הַזֶּה אֲשֶׁר בָּטָחְתָּ:

20 You must think that mere talk is counsel and valor for war! Look, on whom are you relying, that you have rebelled against me?

כ אָמַרְתָּ אַךְ־דְּבַר־שְׂפָתַיִם עֵצָה וּגְבוּרָה
לַמִּלְחָמָה עַתָּה עַל־מִי בָטַחְתָּ כִּי מָרַדְתָּ
בִּי:

21 You rely, of all things, on Egypt, that splintered reed of a staff, which enters and punctures the palm of anyone who leans on it! That's what Pharaoh king of Egypt is like to all who rely on him.

כא עַתָּה הִנֵּה בָטַחְתָּ לְּךָ עַל־מִשְׁעֶנֶת הַקָּנֶה
הָרָצוּץ הַזֶּה עַל־מִצְרַיִם אֲשֶׁר יִסָּמֵךְ
אִישׁ עָלָיו וּבָא בְכַפּוֹ וּנְקָבָהּ כֵּן פַּרְעֹה
מֶלֶךְ־מִצְרַיִם לְכׇל־הַבֹּטְחִים עָלָיו:

22 And if you tell me that you are relying on *Hashem* your God, He is the very one whose shrines and altars *Chizkiyahu* did away with, telling *Yehuda* and *Yerushalayim*, 'You must worship only at this *Mizbayach* in *Yerushalayim*.'

כב וְכִי־תֹאמְרוּן אֵלַי אֶל־יְהֹוָה אֱלֹהֵינוּ
בָּטָחְנוּ הֲלוֹא־הוּא אֲשֶׁר הֵסִיר חִזְקִיָּהוּ
אֶת־בָּמֹתָיו וְאֶת־מִזְבְּחֹתָיו וַיֹּאמֶר
לִיהוּדָה וְלִירוּשָׁלַםִ לִפְנֵי הַמִּזְבֵּחַ הַזֶּה
תִּשְׁתַּחֲווּ בִּירוּשָׁלָםִ:

23 Come now, make this wager with my master, the king of Assyria: I'll give you two thousand horses if you can produce riders to mount them.

כג וְעַתָּה הִתְעָרֶב נָא אֶת־אֲדֹנִי אֶת־מֶלֶךְ
אַשּׁוּר וְאֶתְּנָה לְךָ אַלְפַּיִם סוּסִים אִם־
תּוּכַל לָתֶת לְךָ רֹכְבִים עֲלֵיהֶם:

24 So how could you refuse anything even to the deputy of one of my master's lesser servants, relying on Egypt for chariots and horsemen?

כד וְאֵיךְ תָּשִׁיב אֵת פְּנֵי פַחַת אַחַד עַבְדֵי
אֲדֹנִי הַקְּטַנִּים וַתִּבְטַח לְךָ עַל־מִצְרַיִם
לְרֶכֶב וּלְפָרָשִׁים:

25 And do you think I have marched against this land to destroy it without *Hashem*? *Hashem* Himself told me: Go up against that land and destroy it."

כה עַתָּה הֲמִבַּלְעֲדֵי יְהֹוָה עָלִיתִי עַל־
הַמָּקוֹם הַזֶּה לְהַשְׁחִתוֹ יְהֹוָה אָמַר אֵלַי
עֲלֵה עַל־הָאָרֶץ הַזֹּאת וְהַשְׁחִיתָהּ:

26 Eliakim son of *Chilkiyahu*, Shebna, and Joah replied to the Rabshakeh, "Please, speak to your servants in Aramaic, for we understand it; do not speak to us in Judean in the hearing of the people on the wall."

כו וַיֹּאמֶר אֶלְיָקִים בֶּן־חִלְקִיָּהוּ וְשֶׁבְנָה
וְיוֹאָח אֶל־רַב־שָׁקֵה דַּבֶּר־נָא אֶל־עֲבָדֶיךָ
אֲרָמִית כִּי שֹׁמְעִים אֲנָחְנוּ וְאַל־תְּדַבֵּר
עִמָּנוּ יְהוּדִית בְּאָזְנֵי הָעָם אֲשֶׁר עַל־
הַחֹמָה:

27 But the Rabshakeh answered them, "Was it to your master and to you that my master sent me to speak those words? It was precisely to the men who are sitting on the wall – who will have to eat their dung and drink their urine with you."

כז וַיֹּאמֶר אֲלֵיהֶם רַב־שָׁקֵה הַעַל אֲדֹנֶיךָ
וְאֵלֶיךָ שְׁלָחַנִי אֲדֹנִי לְדַבֵּר אֶת־הַדְּבָרִים
הָאֵלֶּה הֲלֹא עַל־הָאֲנָשִׁים הַיֹּשְׁבִים עַל־
הַחֹמָה לֶאֱכֹל אֶת חריהם [צוֹאָתָם]
וְלִשְׁתּוֹת אֶת־שיניהם [מֵימֵי
[רַגְלֵיהֶם] עִמָּכֶם:

28 And the Rabshakeh stood and called out in a loud voice in Judean: "Hear the words of the Great King, the King of Assyria.

כח וַיַּעֲמֹד רַב־שָׁקֵה וַיִּקְרָא בְקוֹל־גָּדוֹל
יְהוּדִית וַיְדַבֵּר וַיֹּאמֶר שִׁמְעוּ דְּבַר־
הַמֶּלֶךְ הַגָּדוֹל מֶלֶךְ אַשּׁוּר:

29 Thus said the king: Don't let *Chizkiyahu* deceive you, for he will not be able to deliver you from my hands.

כט כֹּה אָמַר הַמֶּלֶךְ אַל־יַשִּׁא לָכֶם חִזְקִיָּהוּ
כִּי־לֹא יוּכַל לְהַצִּיל אֶתְכֶם מִיָּדוֹ:

30 Don't let *Chizkiyahu* make you rely on *Hashem*, saying: *Hashem* will surely save us: this city will not fall into the hands of the king of Assyria.

ל וְאַל־יַבְטַח אֶתְכֶם חִזְקִיָּהוּ אֶל־יְהֹוָה
לֵאמֹר הַצֵּל יַצִּילֵנוּ יְהֹוָה וְלֹא תִנָּתֵן אֶת־
הָעִיר הַזֹּאת בְּיַד מֶלֶךְ אַשּׁוּר:

31 Don't listen to *Chizkiyahu*. For thus said the king of Assyria: Make your peace with me and come out to me, so that you may all eat from your vines and your fig trees and drink water from your cisterns,

לא אַל־תִּשְׁמְעוּ אֶל־חִזְקִיָּהוּ כִּי כֹה אָמַר
מֶלֶךְ אַשּׁוּר עֲשׂוּ־אִתִּי בְרָכָה וּצְאוּ אֵלַי
וְאִכְלוּ אִישׁ־גַּפְנוֹ וְאִישׁ תְּאֵנָתוֹ וּשְׁתוּ
אִישׁ מֵי־בוֹרוֹ:

32 until I come and take you away to a land like your own, a land of grain [fields] and vineyards, of bread and wine, of olive oil and honey, so that you may live and not die. Don't listen to *Chizkiyahu*, who misleads you by saying, '*Hashem* will save us.'

לב עַד־בֹּאִי וְלָקַחְתִּי אֶתְכֶם אֶל־אֶרֶץ
כְּאַרְצְכֶם אֶרֶץ דָּגָן וְתִירוֹשׁ אֶרֶץ לֶחֶם
וּכְרָמִים אֶרֶץ זֵית יִצְהָר וּדְבַשׁ וִחְיוּ וְלֹא
תָמֻתוּ וְאַל־תִּשְׁמְעוּ אֶל־חִזְקִיָּהוּ כִּי־
יַסִּית אֶתְכֶם לֵאמֹר יְהֹוָה יַצִּילֵנוּ:

33 Did any of the gods of other nations save his land from the king of Assyria?

לג הַהַצֵּל הִצִּילוּ אֱלֹהֵי הַגּוֹיִם אִישׁ אֶת־אַרְצוֹ מִיַּד מֶלֶךְ אַשּׁוּר׃

34 Where were the gods of Hamath and Arpad? Where were the gods of Sepharvaim, Hena, and Ivvah? [And] did they save *Shomron* from me?

לד אַיֵּה אֱלֹהֵי חֲמָת וְאַרְפָּד אַיֵּה אֱלֹהֵי סְפַרְוַיִם הֵנַע וְעִוָּה כִּי־הִצִּילוּ אֶת־שֹׁמְרוֹן מִיָּדִי׃

35 Which among all the gods of [those] countries saved their countries from me, that *Hashem* should save *Yerushalayim* from me?"

לה מִי בְּכָל־אֱלֹהֵי הָאֲרָצוֹת אֲשֶׁר־הִצִּילוּ אֶת־אַרְצָם מִיָּדִי כִּי־יַצִּיל יְהֹוָה אֶת־יְרוּשָׁלַםִ מִיָּדִי׃

36 But the people were silent and did not say a word in reply; for the king's order was: "Do not answer him."

לו וְהֶחֱרִישׁוּ הָעָם וְלֹא־עָנוּ אֹתוֹ דָּבָר כִּי־מִצְוַת הַמֶּלֶךְ הִיא לֵאמֹר לֹא תַעֲנֻהוּ׃

37 And so Eliakim son of *Chilkiyahu*, who was in charge of the palace, Shebna the scribe, and Joah son of *Asaf* the recorder came to *Chizkiyahu* with their clothes rent, and they reported to him what the Rabshakeh had said.

לז וַיָּבֹא אֶלְיָקִים בֶּן־חִלְקִיָּה אֲשֶׁר־עַל־הַבַּיִת וְשֶׁבְנָא הַסֹּפֵר וְיוֹאָח בֶּן־אָסָף הַמַּזְכִּיר אֶל־חִזְקִיָּהוּ קְרוּעֵי בְגָדִים וַיַּגִּדוּ לוֹ דִּבְרֵי רַב־שָׁקֵה׃

19

1 When King *Chizkiyahu* heard this, he rent his clothes, and covered himself with sackcloth, and went into the House of *Hashem*.

א וַיְהִי כִּשְׁמֹעַ הַמֶּלֶךְ חִזְקִיָּהוּ וַיִּקְרַע אֶת־בְּגָדָיו וַיִּתְכַּס בַּשָּׂק וַיָּבֹא בֵּית יְהֹוָה׃

2 He also sent Eliakim, who was in charge of the palace, Shebna the scribe, and the senior *Kohanim*, covered with sackcloth, to the *Navi Yeshayahu* son of *Amotz*.

ב וַיִּשְׁלַח אֶת־אֶלְיָקִים אֲשֶׁר־עַל־הַבַּיִת וְשֶׁבְנָא הַסֹּפֵר וְאֵת זִקְנֵי הַכֹּהֲנִים מִתְכַּסִּים בַּשַּׂקִּים אֶל־יְשַׁעְיָהוּ הַנָּבִיא בֶּן־אָמוֹץ׃

3 They said to him, "Thus said *Chizkiyahu*: This day is a day of distress, of chastisement, and of disgrace. The babes have reached the birthstool, but the strength to give birth is lacking.

ג וַיֹּאמְרוּ אֵלָיו כֹּה אָמַר חִזְקִיָּהוּ יוֹם־צָרָה וְתוֹכֵחָה וּנְאָצָה הַיּוֹם הַזֶּה כִּי בָאוּ בָנִים עַד־מַשְׁבֵּר וְכֹחַ אַיִן לְלֵדָה׃

4 Perhaps *Hashem* your God will take note of all the words of the Rabshakeh, whom his master the king of Assyria has sent to blaspheme the living *Hashem*, and will mete out judgment for the words that *Hashem* your God has heard – if you will offer up prayer for the surviving remnant."

ד אוּלַי יִשְׁמַע יְהֹוָה אֱלֹהֶיךָ אֵת כָּל־דִּבְרֵי רַב־שָׁקֵה אֲשֶׁר שְׁלָחוֹ מֶלֶךְ־אַשּׁוּר אֲדֹנָיו לְחָרֵף אֱלֹהִים חַי וְהוֹכִיחַ בַּדְּבָרִים אֲשֶׁר שָׁמַע יְהֹוָה אֱלֹהֶיךָ וְנָשָׂאתָ תְפִלָּה בְּעַד הַשְּׁאֵרִית הַנִּמְצָאָה׃

5 When King *Chizkiyahu*'s ministers came to *Yeshayahu*,

ה וַיָּבֹאוּ עַבְדֵי הַמֶּלֶךְ חִזְקִיָּהוּ אֶל־יְשַׁעְיָהוּ׃

6 *Yeshayahu* said to them, "Tell your master as follows: Thus said *Hashem*: Do not be frightened by the words of blasphemy against Me that you have heard from the minions of the king of Assyria.

ו וַיֹּאמֶר לָהֶם יְשַׁעְיָהוּ כֹּה תֹאמְרוּן אֶל־אֲדֹנֵיכֶם כֹּה אָמַר יְהֹוָה אַל־תִּירָא מִפְּנֵי הַדְּבָרִים אֲשֶׁר שָׁמַעְתָּ אֲשֶׁר גִּדְּפוּ נַעֲרֵי מֶלֶךְ־אַשּׁוּר אֹתִי׃

7 I will delude him; he will hear a rumor and return to his land, and I will make him fall by the sword in his land."

ז הִנְנִי נֹתֵן בּוֹ רוּחַ וְשָׁמַע שְׁמוּעָה וְשָׁב לְאַרְצוֹ וְהִפַּלְתִּיו בַּחֶרֶב בְּאַרְצוֹ׃

8 The Rabshakeh, meanwhile, heard that [the king] had left Lachish; he turned back and found the king of Assyria attacking Libnah.

ח וַיָּשָׁב רַב־שָׁקֵה וַיִּמְצָא אֶת־מֶלֶךְ אַשּׁוּר נִלְחָם עַל־לִבְנָה כִּי שָׁמַע כִּי נָסַע מִלָּכִישׁ׃

9 But [the king of Assyria] learned that King Tirhakah of Nubia had come out to fight him; so he again sent messengers to *Chizkiyahu*, saying,

ט וַיִּשְׁמַע אֶל־תִּרְהָקָה מֶלֶךְ־כּוּשׁ לֵאמֹר הִנֵּה יָצָא לְהִלָּחֵם אִתָּךְ וַיָּשָׁב וַיִּשְׁלַח מַלְאָכִים אֶל־חִזְקִיָּהוּ לֵאמֹר׃

10 "Tell this to King *Chizkiyahu* of *Yehuda*: Do not let your God, on whom you are relying, mislead you into thinking that *Yerushalayim* will not be delivered into the hands of the king of Assyria.

י כֹּה תֹאמְרוּן אֶל־חִזְקִיָּהוּ מֶלֶךְ־יְהוּדָה לֵאמֹר אַל־יַשִּׁאֲךָ אֱלֹהֶיךָ אֲשֶׁר אַתָּה בֹּטֵחַ בּוֹ לֵאמֹר לֹא תִנָּתֵן יְרוּשָׁלַםִ בְּיַד מֶלֶךְ אַשּׁוּר׃

11 You yourself have heard what the kings of Assyria have done to all the lands, how they have annihilated them; and can you escape?

יא הִנֵּה אַתָּה שָׁמַעְתָּ אֵת אֲשֶׁר עָשׂוּ מַלְכֵי אַשּׁוּר לְכָל־הָאֲרָצוֹת לְהַחֲרִימָם וְאַתָּה תִּנָּצֵל׃

12 Were the nations that my predecessors destroyed – Gozan, Haran, Rezeph, and the Beth-edenites in Telassar – saved by their gods?

יב הַהִצִּילוּ אֹתָם אֱלֹהֵי הַגּוֹיִם אֲשֶׁר שִׁחֲתוּ אֲבוֹתַי אֶת־גּוֹזָן וְאֶת־חָרָן וְרֶצֶף וּבְנֵי־עֶדֶן אֲשֶׁר בִּתְלַאשָּׂר׃

13 Where is the king of Hamath? And the king of Arpad? And the kings of Lair, Sepharvaim, Hena, and Ivvah?"

יג אַיּוֹ מֶלֶךְ־חֲמָת וּמֶלֶךְ אַרְפָּד וּמֶלֶךְ לָעִיר סְפַרְוָיִם הֵנַע וְעִוָּה׃

14 *Chizkiyahu* took the letter from the messengers and read it. *Chizkiyahu* then went up to the House of *Hashem* and spread it out before *Hashem*.

יד וַיִּקַּח חִזְקִיָּהוּ אֶת־הַסְּפָרִים מִיַּד הַמַּלְאָכִים וַיִּקְרָאֵם וַיַּעַל בֵּית יְהֹוָה וַיִּפְרְשֵׂהוּ חִזְקִיָּהוּ לִפְנֵי יְהֹוָה׃

15 And *Chizkiyahu* prayed to *Hashem* and said, "Lord of Hosts, Enthroned on the *Keruvim*! You alone are God of all the kingdoms of the earth. You made the heavens and the earth.

טו וַיִּתְפַּלֵּל חִזְקִיָּהוּ לִפְנֵי יְהֹוָה וַיֹּאמַר יְהֹוָה אֱלֹהֵי יִשְׂרָאֵל יֹשֵׁב הַכְּרֻבִים אַתָּה־הוּא הָאֱלֹהִים לְבַדְּךָ לְכֹל מַמְלְכוֹת הָאָרֶץ אַתָּה עָשִׂיתָ אֶת־הַשָּׁמַיִם וְאֶת־הָאָרֶץ׃

16 *Hashem*, incline Your ear and hear; open Your eyes and see. Hear the words that Sennacherib has sent to blaspheme the living *Hashem*!

טז הַטֵּה יְהֹוָה אָזְנְךָ וּשְׁמָע פְּקַח יְהֹוָה עֵינֶיךָ וּרְאֵה וּשְׁמַע אֵת דִּבְרֵי סַנְחֵרִיב אֲשֶׁר שְׁלָחוֹ לְחָרֵף אֱלֹהִים חָי׃

17 True, *Hashem*, the kings of Assyria have annihilated the nations and their lands,

יז אָמְנָם יְהֹוָה הֶחֱרִיבוּ מַלְכֵי אַשּׁוּר אֶת־הַגּוֹיִם וְאֶת־אַרְצָם׃

18 and have committed their gods to the flames and have destroyed them; for they are not gods, but man's handiwork of wood and stone.

יח וְנָתְנוּ אֶת־אֱלֹהֵיהֶם בָּאֵשׁ כִּי לֹא אֱלֹהִים הֵמָּה כִּי אִם־מַעֲשֵׂה יְדֵי־אָדָם עֵץ וָאֶבֶן וַיְאַבְּדוּם׃

19 But now, *Hashem* our God, deliver us from his hands, and let all the kingdoms of the earth know that You alone, *Hashem*, are *Hashem*."

יט וְעַתָּה יְהֹוָה אֱלֹהֵינוּ הוֹשִׁיעֵנוּ נָא מִיָּדוֹ וְיֵדְעוּ כָּל־מַמְלְכוֹת הָאָרֶץ כִּי אַתָּה יְהֹוָה אֱלֹהִים לְבַדֶּךָ׃

20 Then *Yeshayahu* son of *Amotz* sent this message to *Chizkiyahu*: "Thus said *Hashem*, the God of *Yisrael*: I have heard the prayer you have offered to Me concerning King Sennacherib of Assyria.

כ וַיִּשְׁלַח יְשַׁעְיָהוּ בֶן־אָמוֹץ אֶל־חִזְקִיָּהוּ לֵאמֹר כֹּה־אָמַר יְהֹוָה אֱלֹהֵי יִשְׂרָאֵל אֲשֶׁר הִתְפַּלַּלְתָּ אֵלַי אֶל־סַנְחֵרִב מֶלֶךְ־אַשּׁוּר שָׁמָעְתִּי׃

21 This is the word that *Hashem* has spoken concerning him: "Fair Maiden *Tzion* despises you, She mocks at you; Fair *Yerushalayim* shakes Her head at you.

כא זֶה הַדָּבָר אֲשֶׁר־דִּבֶּר יְהֹוָה עָלָיו בָּזָה לְךָ
לָעֲגָה לְךָ בְּתוּלַת בַּת־צִיּוֹן אַחֲרֶיךָ רֹאשׁ
הֵנִיעָה בַּת יְרוּשָׁלָ͏ִם׃

22 Whom have you blasphemed and reviled? Against whom made loud your voice And haughtily raised your eyes? Against the Holy One of *Yisrael*!

כב אֶת־מִי חֵרַפְתָּ וְגִדַּפְתָּ וְעַל־מִי הֲרִימוֹתָ
קּוֹל וַתִּשָּׂא מָרוֹם עֵינֶיךָ עַל־קְדוֹשׁ
יִשְׂרָאֵל׃

23 Through your envoys you have blasphemed my Lord. Because you thought, 'Thanks to my vast chariotry, It is I who have climbed the highest mountains, To the remotest parts of the Lebanon, And have cut down its loftiest cedars, Its choicest cypresses, And have reached its remotest lodge, Its densest forest.

כג בְּיַד מַלְאָכֶיךָ חֵרַפְתָּ אֲדֹנָי וַתֹּאמֶר
ברכב [בְּרֹב] רִכְבִּי אֲנִי עָלִיתִי מְרוֹם
הָרִים יַרְכְּתֵי לְבָנוֹן וְאֶכְרֹת קוֹמַת אֲרָזָיו
מִבְחוֹר בְּרֹשָׁיו וְאָבוֹאָה מְלוֹן קִצֹּה יַעַר
כַּרְמִלּוֹ׃

24 It is I who have drawn and drunk the waters of strangers; I have dried up with the soles of my feet All the streams of Egypt.'

כד אֲנִי קַרְתִּי וְשָׁתִיתִי מַיִם זָרִים וְאַחְרִב
בְּכַף־פְּעָמַי כֹּל יְאֹרֵי מָצוֹר׃

25 Have you not heard? Of old I planned that very thing, I designed it long ago, And now have fulfilled it. And it has come to pass, Laying waste fortified towns In desolate heaps.

כה הֲלֹא־שָׁמַעְתָּ לְמֵרָחוֹק אֹתָהּ עָשִׂיתִי
לְמִימֵי קֶדֶם וִיצַרְתִּיהָ עַתָּה הֲבֵיאתִיהָ
וּתְהִי לַהְשׁוֹת גַּלִּים נִצִּים עָרִים בְּצֻרוֹת׃

26 Their inhabitants are helpless, Dismayed and shamed. They were but grass of the field And green herbage, Grass of the roofs that is blasted Before the standing grain.

כו וְיֹשְׁבֵיהֶן קִצְרֵי־יָד חַתּוּ וַיֵּבֹשׁוּ הָיוּ עֵשֶׂב
שָׂדֶה וִירַק דֶּשֶׁא חֲצִיר גַּגּוֹת וּשְׁדֵפָה
לִפְנֵי קָמָה׃

27 I know your stayings And your goings and comings, And how you have raged against Me.

כז וְשִׁבְתְּךָ וְצֵאתְךָ וּבֹאֲךָ יָדָעְתִּי וְאֵת
הִתְרַגֶּזְךָ אֵלָי׃

28 Because you have raged against Me, And your tumult has reached My ears, I will place My hook in your nose And My bit between your jaws; And I will make you go back by the road By which you came.

כח יַעַן הִתְרַגֶּזְךָ אֵלַי וְשַׁאֲנַנְךָ עָלָה בְאָזְנָי
וְשַׂמְתִּי חַחִי בְּאַפֶּךָ וּמִתְגִּי בִּשְׂפָתֶיךָ
וַהֲשִׁבֹתִיךָ בַּדֶּרֶךְ אֲשֶׁר־בָּאתָ בָּהּ׃

29 "And this is the sign for you: This year you eat what grows of itself, and the next year what springs from that; and in the third year, sow and reap, and plant vineyards and eat their fruit.

כט וְזֶה־לְּךָ הָאוֹת אָכוֹל הַשָּׁנָה סָפִיחַ
וּבַשָּׁנָה הַשֵּׁנִית סָחִישׁ וּבַשָּׁנָה
הַשְּׁלִישִׁית זִרְעוּ וְקִצְרוּ וְנִטְעוּ כְרָמִים
וְאִכְלוּ פִרְיָם׃

30 And the survivors of the House of *Yehuda* that have escaped shall regenerate its stock below and produce boughs above.

ל וְיָסְפָה פְּלֵיטַת בֵּית־יְהוּדָה הַנִּשְׁאָרָה
שֹׁרֶשׁ לְמָטָּה וְעָשָׂה פְרִי לְמָעְלָה׃

31 For a remnant shall come forth from *Yerushalayim*, Survivors from Mount *Tzion*. The zeal of the LORD of Hosts Shall bring this to pass.

לא כִּי מִירוּשָׁלַ͏ִם תֵּצֵא שְׁאֵרִית וּפְלֵיטָה
מֵהַר צִיּוֹן קִנְאַת יְהֹוָה [צְבָאוֹת]
תַּעֲשֶׂה־זֹּאת׃

32 Assuredly, thus said *Hashem* concerning the king of Assyria: He shall not enter this city: He shall not shoot an arrow at it, Or advance upon it with a shield, Or pile up a siege mound against it.

לב לָכֵן כֹּה־אָמַר יְהֹוָה אֶל־מֶלֶךְ אַשּׁוּר לֹא
יָבֹא אֶל־הָעִיר הַזֹּאת וְלֹא־יוֹרֶה שָׁם
חֵץ וְלֹא־יְקַדְּמֶנָּה מָגֵן וְלֹא־יִשְׁפֹּךְ עָלֶיהָ
סֹלְלָה:

33 He shall go back By the way he came; He shall not enter this city – declares *Hashem*.

לג בַּדֶּרֶךְ אֲשֶׁר־יָבֹא בָּהּ יָשׁוּב וְאֶל־הָעִיר
הַזֹּאת לֹא יָבֹא נְאֻם־יְהֹוָה:

34 I will protect and save this city for My sake, And for the sake of My servant *David*."

לד וְגַנּוֹתִי אֶל־הָעִיר הַזֹּאת לְהוֹשִׁיעָהּ
לְמַעֲנִי וּלְמַעַן דָּוִד עַבְדִּי:

35 That night an angel of *Hashem* went out and struck down one hundred and eighty-five thousand in the Assyrian camp, and the following morning they were all dead corpses.

לה וַיְהִי בַּלַּיְלָה הַהוּא וַיֵּצֵא מַלְאַךְ יְהֹוָה
וַיַּךְ בְּמַחֲנֵה אַשּׁוּר מֵאָה שְׁמוֹנִים
וַחֲמִשָּׁה אָלֶף וַיַּשְׁכִּימוּ בַבֹּקֶר וְהִנֵּה
כֻלָּם פְּגָרִים מֵתִים:

vai-HEE ba-LAI-lah ha-HU va-yay-TZAY mal-AKH a-do-NAI va-YAKH b'-ma-kha-NAY a-SHUR may-AH sh'-mo-NEEM va-kha-mi-SHAH A-lef va-yash-KEE-mu va-BO-ker v'-hi-NAY khu-LAM p'-ga-REEM may-TEEM

36 So King Sennacherib of Assyria broke camp and retreated, and stayed in Nineveh.

לו וַיִּסַּע וַיֵּלֶךְ וַיָּשָׁב סַנְחֵרִיב מֶלֶךְ־אַשּׁוּר
וַיֵּשֶׁב בְּנִינְוֵה:

37 While he was worshiping in the temple of his god Nisroch, his sons Adrammelech and Sarezer struck him down with the sword. They fled to the land of Ararat, and his son Esarhaddon succeeded him as king.

לז וַיְהִי הוּא מִשְׁתַּחֲוֶה בֵּית נִסְרֹךְ אֱלֹהָיו
וְאַדְרַמֶּלֶךְ וְשַׂרְאֶצֶר [בָּנָיו] הִכֻּהוּ בַחֶרֶב
וְהֵמָּה נִמְלְטוּ אֶרֶץ אֲרָרָט וַיִּמְלֹךְ אֵסַר־
חַדֹּן בְּנוֹ תַּחְתָּיו:

20 1 In those days *Chizkiyahu* fell dangerously ill. The *Navi Yeshayahu* son of *Amotz* came and said to him, "Thus said *Hashem*: Set your affairs in order, for you are going to die; you will not get well."

כ א בַּיָּמִים הָהֵם חָלָה חִזְקִיָּהוּ לָמוּת וַיָּבֹא
אֵלָיו יְשַׁעְיָהוּ בֶן־אָמוֹץ הַנָּבִיא וַיֹּאמֶר
אֵלָיו כֹּה־אָמַר יְהֹוָה צַו לְבֵיתֶךָ כִּי מֵת
אַתָּה וְלֹא תִחְיֶה:

ba-ya-MEEM ha-HAYM kha-LAH khiz-ki-YA-hu la-MUT va-ya-VO ay-LAV y'-sha-YA-hu ven a-MOTZ ha-na-VEE va-YO-mer ay-LAV koh a-MAR a-do-NAI TZAV l'-vay-TE-kha KEE MAYT a-TAH v'-LO tikh-YEH

19:35 An angel of *Hashem* went out and struck down After the threats of the Assyrians and the supplications of King *Chizkiyahu*, *Hashem* performs a wondrous miracle. The Assyrian soldiers besieging *Yerushalayim* are struck down in one night, thereby saving the city and its inhabitants. This miracle was repeated in the twentieth century, during the Six Day War. The surrounding Arab nations had threatened to "throw the Jews into the sea." Many felt all was lost, and tens of thousands of graves were dug throughout Israel to prepare for the mass casualties many thought were impending. Yet in only six days, God struck down Israel's enemies in the most miraculous of fashions. The Egyptian air force was destroyed while still on the ground. The Jordanians then entered the war, leading to Israel's liberation of *Yerushalayim*, Judea and Samaria. And Syria, despite having the advantage of the high ground from which it had terrorized Israeli farmers for decades, was driven from the Golan Heights. The entire world stood in awe of Israel's miraculous victory, reminiscent of *Hashem's* sudden defeat of the Assyrian army long ago.

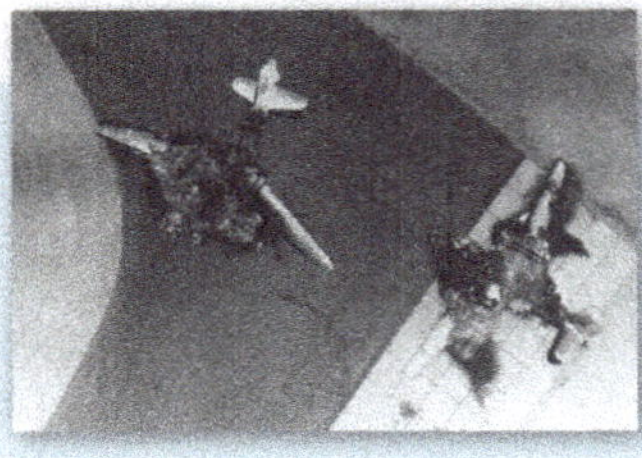

Egyptian war planes destroyed on the ground, 1967

20:1 For you are going to die; you will not get well King *Chizkiyahu* is told that he is going to be punished by losing his life in this world and, as *Rashi* explains, the next world as well. The reason for

2 Thereupon *Chizkiyahu* turned his face to the wall and prayed to *Hashem*. He said,

ב וַיַּסֵּב אֶת־פָּנָיו אֶל־הַקִּיר וַיִּתְפַּלֵּל אֶל־יְהֹוָה לֵאמֹר׃

3 "Please, *Hashem*, remember how I have walked before You sincerely and wholeheartedly, and have done what is pleasing to You." And *Chizkiyahu* wept profusely.

ג אָנָּה יְהֹוָה זְכׇר־נָא אֵת אֲשֶׁר הִתְהַלַּכְתִּי לְפָנֶיךָ בֶּאֱמֶת וּבְלֵבָב שָׁלֵם וְהַטּוֹב בְּעֵינֶיךָ עָשִׂיתִי וַיֵּבְךְּ חִזְקִיָּהוּ בְּכִי גָדוֹל׃

4 Before *Yeshayahu* had gone out of the middle court, the word of *Hashem* came to him:

ד וַיְהִי יְשַׁעְיָהוּ לֹא יָצָא העיר [חָצֵר] הַתִּיכֹנָה וּדְבַר־יְהֹוָה הָיָה אֵלָיו לֵאמֹר׃

5 "Go back and say to *Chizkiyahu*, the ruler of My people: Thus said *Hashem*, the God of your father *David*: I have heard your prayer, I have seen your tears. I am going to heal you; on the third day you shall go up to the House of *Hashem*.

ה שׁוּב וְאָמַרְתָּ אֶל־חִזְקִיָּהוּ נְגִיד־עַמִּי כֹּה־אָמַר יְהֹוָה אֱלֹהֵי דָּוִד אָבִיךָ שָׁמַעְתִּי אֶת־תְּפִלָּתֶךָ רָאִיתִי אֶת־דִּמְעָתֶךָ הִנְנִי רֹפֶא לָךְ בַּיּוֹם הַשְּׁלִישִׁי תַּעֲלֶה בֵּית יְהֹוָה׃

6 And I will add fifteen years to your life. I will also rescue you and this city from the hands of the king of Assyria. I will protect this city for My sake and for the sake of My servant *David*."

ו וְהֹסַפְתִּי עַל־יָמֶיךָ חֲמֵשׁ עֶשְׂרֵה שָׁנָה וּמִכַּף מֶלֶךְ־אַשּׁוּר אַצִּילְךָ וְאֵת הָעִיר הַזֹּאת וְגַנּוֹתִי עַל־הָעִיר הַזֹּאת לְמַעֲנִי וּלְמַעַן דָּוִד עַבְדִּי׃

7 Then *Yeshayahu* said, "Get a cake of figs." And they got one, and they applied it to the rash, and he recovered.

ז וַיֹּאמֶר יְשַׁעְיָהוּ קְחוּ דְּבֶלֶת תְּאֵנִים וַיִּקְחוּ וַיָּשִׂימוּ עַל־הַשְּׁחִין וַיֶּחִי׃

8 *Chizkiyahu* asked *Yeshayahu*, "What is the sign that *Hashem* will heal me and that I shall go up to the House of *Hashem* on the third day?"

ח וַיֹּאמֶר חִזְקִיָּהוּ אֶל־יְשַׁעְיָהוּ מָה אוֹת כִּי־יִרְפָּא יְהֹוָה לִי וְעָלִיתִי בַּיּוֹם הַשְּׁלִישִׁי בֵּית יְהֹוָה׃

9 *Yeshayahu* replied, "This is the sign for you from *Hashem* that *Hashem* will do the thing that He has promised: Shall the shadow advance ten steps or recede ten steps?"

ט וַיֹּאמֶר יְשַׁעְיָהוּ זֶה־לְּךָ הָאוֹת מֵאֵת יְהֹוָה כִּי יַעֲשֶׂה יְהֹוָה אֶת־הַדָּבָר אֲשֶׁר דִּבֵּר הָלַךְ הַצֵּל עֶשֶׂר מַעֲלוֹת אִם־יָשׁוּב עֶשֶׂר מַעֲלוֹת׃

10 *Chizkiyahu* said, "It is easy for the shadow to lengthen ten steps, but not for the shadow to recede ten steps."

י וַיֹּאמֶר יְחִזְקִיָּהוּ נָקֵל לַצֵּל לִנְטוֹת עֶשֶׂר מַעֲלוֹת לֹא כִי יָשׁוּב הַצֵּל אֲחֹרַנִּית עֶשֶׂר מַעֲלוֹת׃

A father and son at the Western Wall

the punishment is that until now he has refrained from getting married and having children. *Chizkiyahu's* intentions are pure, since he has received a prophetic revelation that his son will be evil. As a result, he wishes to refrain from having children, in order to avoid bringing such a person into the world. However, *Chizkiyahu* is told that his responsibility is to follow *Hashem*'s commandment to have children, regardless of the consequences. Rabbi Shlomo Aviner notes that *Chizkiyahu's* decision to avoid having children could be particularly devastating, because his descendants represent the continuation of the Davidic dynasty. After hearing the rebuke, *Chizkiyahu* understands that he has erred, prays to God for forgiveness and corrects his mistake. Though his son *Menashe* is indeed evil, his great-grandson is the righteous King *Yoshiyahu*, who is responsible for creating a religious renaissance in the kingdom. *Yoshiyahu* gets rid of all forms of idolatry, including the altar erected by *Yerovam* (thus fulfilling the prophecy stated in I Kings 13:2), and renews the people's covenant with *Hashem*.

11 So the *Navi Yeshayahu* called to *Hashem*, and He made the shadow which had descended on the dial of *Achaz* recede ten steps.

יא וַיִּקְרָא יְשַׁעְיָהוּ הַנָּבִיא אֶל־יְהֹוָה וַיָּשֶׁב
אֶת־הַצֵּל בַּמַּעֲלוֹת אֲשֶׁר יָרְדָה בְּמַעֲלוֹת
אָחָז אֲחֹרַנִּית עֶשֶׂר מַעֲלוֹת׃

12 At that time, King Berodach-baladan son of Baladan of Babylon sent [envoys with] a letter and a gift to *Chizkiyahu*, for he had heard about *Chizkiyahu*'s illness.

יב בָּעֵת הַהִיא שָׁלַח בְּרֹאדַךְ בַּלְאֲדָן בֶּן־
בַּלְאֲדָן מֶלֶךְ־בָּבֶל סְפָרִים וּמִנְחָה אֶל־
חִזְקִיָּהוּ כִּי שָׁמַע כִּי חָלָה חִזְקִיָּהוּ׃

13 *Chizkiyahu* heard about them and he showed them all his treasure-house – the silver, the gold, the spices, and the fragrant oil – and his armory, and everything that was to be found in his storehouses. There was nothing in his palace or in all his realm that *Chizkiyahu* did not show them.

יג וַיִּשְׁמַע עֲלֵיהֶם חִזְקִיָּהוּ וַיַּרְאֵם אֶת־כָּל־
בֵּית נְכֹתֹה אֶת־הַכֶּסֶף וְאֶת־הַזָּהָב וְאֶת־
הַבְּשָׂמִים וְאֵת שֶׁמֶן הַטּוֹב וְאֵת בֵּית
כֵּלָיו וְאֵת כָּל־אֲשֶׁר נִמְצָא בְּאוֹצְרֹתָיו
לֹא־הָיָה דָבָר אֲשֶׁר לֹא־הֶרְאָם חִזְקִיָּהוּ
בְּבֵיתוֹ וּבְכָל־מֶמְשַׁלְתּוֹ׃

14 Then the *Navi Yeshayahu* came to King *Chizkiyahu*. "What," he demanded of him, "did those men say to you? Where have they come to you from?" "They have come," *Chizkiyahu* replied, "from a far country, from Babylon."

יד וַיָּבֹא יְשַׁעְיָהוּ הַנָּבִיא אֶל־הַמֶּלֶךְ חִזְקִיָּהוּ
וַיֹּאמֶר אֵלָיו מָה אָמְרוּ הָאֲנָשִׁים הָאֵלֶּה
וּמֵאַיִן יָבֹאוּ אֵלֶיךָ וַיֹּאמֶר חִזְקִיָּהוּ מֵאֶרֶץ
רְחוֹקָה בָּאוּ מִבָּבֶל׃

15 Next he asked, "What have they seen in your palace?" And *Chizkiyahu* replied, "They have seen everything that is in my palace. There was nothing in my storehouses that I did not show them."

טו וַיֹּאמֶר מָה רָאוּ בְּבֵיתֶךָ וַיֹּאמֶר חִזְקִיָּהוּ
אֵת כָּל־אֲשֶׁר בְּבֵיתִי רָאוּ לֹא־הָיָה דָבָר
אֲשֶׁר לֹא־הִרְאִיתִם בְּאֹצְרֹתָי׃

16 Then *Yeshayahu* said to *Chizkiyahu*, "Hear the word of *Hashem*:

טז וַיֹּאמֶר יְשַׁעְיָהוּ אֶל־חִזְקִיָּהוּ שְׁמַע דְּבַר־
יְהֹוָה׃

17 A time is coming when everything in your palace which your ancestors have stored up to this day will be carried off to Babylon; nothing will remain behind, said *Hashem*.

יז הִנֵּה יָמִים בָּאִים וְנִשָּׂא כָּל־אֲשֶׁר בְּבֵיתֶךָ
וַאֲשֶׁר אָצְרוּ אֲבֹתֶיךָ עַד־הַיּוֹם הַזֶּה
בָּבֶלָה לֹא־יִוָּתֵר דָּבָר אָמַר יְהֹוָה׃

18 And some of your sons, your own issue, whom you will have fathered, will be taken to serve as eunuchs in the palace of the king of Babylon."

יח וּמִבָּנֶיךָ אֲשֶׁר יֵצְאוּ מִמְּךָ אֲשֶׁר תּוֹלִיד
יקח [יִקָּחוּ] וְהָיוּ סָרִיסִים בְּהֵיכַל מֶלֶךְ
בָּבֶל׃

19 *Chizkiyahu* declared to *Yeshayahu*, "The word of *Hashem* that you have spoken is good." For he thought, "It means that safety is assured for my time."

יט וַיֹּאמֶר חִזְקִיָּהוּ אֶל־יְשַׁעְיָהוּ טוֹב דְּבַר־
יְהֹוָה אֲשֶׁר דִּבַּרְתָּ וַיֹּאמֶר הֲלוֹא אִם־
שָׁלוֹם וֶאֱמֶת יִהְיֶה בְיָמָי׃

20 The other events of *Chizkiyahu*'s reign, and all his exploits, and how he made the pool and the conduit and brought the water into the city, are recorded in the Annals of the Kings of *Yehuda*.

כ וְיֶתֶר דִּבְרֵי חִזְקִיָּהוּ וְכָל־גְּבוּרָתוֹ וַאֲשֶׁר
עָשָׂה אֶת־הַבְּרֵכָה וְאֶת־הַתְּעָלָה וַיָּבֵא
אֶת־הַמַּיִם הָעִירָה הֲלֹא־הֵם כְּתוּבִים
עַל־סֵפֶר דִּבְרֵי הַיָּמִים לְמַלְכֵי יְהוּדָה׃

21 *Chizkiyahu* slept with his fathers, and his son *Menashe* succeeded him as king.

כא וַיִּשְׁכַּב חִזְקִיָּהוּ עִם־אֲבֹתָיו וַיִּמְלֹךְ
מְנַשֶּׁה בְנוֹ תַּחְתָּיו׃

Kings

21 ¹ *Menashe* was twelve years old when he became king, and he reigned fifty-five years in *Yerushalayim*; his mother's name was Hephzibah.

א בֶּן־שְׁתֵּים עֶשְׂרֵה שָׁנָה מְנַשֶּׁה בְמָלְכוֹ וַחֲמִשִּׁים וְחָמֵשׁ שָׁנָה מָלַךְ בִּירוּשָׁלָ͏ִם וְשֵׁם אִמּוֹ חֶפְצִי־בָהּ:

² He did what was displeasing to *Hashem*, following the abhorrent practices of the nations that *Hashem* had dispossessed before the Israelites.

ב וַיַּעַשׂ הָרַע בְּעֵינֵי יְהֹוָה כְּתוֹעֲבֹת הַגּוֹיִם אֲשֶׁר הוֹרִישׁ יְהֹוָה מִפְּנֵי בְּנֵי יִשְׂרָאֵל:

³ He rebuilt the shrines that his father *Chizkiyahu* had destroyed; he erected altars for Baal and made a sacred post, as King *Achav* of *Yisrael* had done. He bowed down to all the host of heaven and worshiped them,

ג וַיָּשָׁב וַיִּבֶן אֶת־הַבָּמוֹת אֲשֶׁר אִבַּד חִזְקִיָּהוּ אָבִיו וַיָּקֶם מִזְבְּחֹת לַבַּעַל וַיַּעַשׂ אֲשֵׁרָה כַּאֲשֶׁר עָשָׂה אַחְאָב מֶלֶךְ יִשְׂרָאֵל וַיִּשְׁתַּחוּ לְכָל־צְבָא הַשָּׁמַיִם וַיַּעֲבֹד אֹתָם:

⁴ and he built altars for them in the House of *Hashem*, of which *Hashem* had said, "I will establish My name in *Yerushalayim*."

ד וּבָנָה מִזְבְּחֹת בְּבֵית יְהֹוָה אֲשֶׁר אָמַר יְהֹוָה בִּירוּשָׁלַ͏ִם אָשִׂים אֶת־שְׁמִי:

⁵ He built altars for all the hosts of heaven in the two courts of the House of *Hashem*.

ה וַיִּבֶן מִזְבְּחוֹת לְכָל־צְבָא הַשָּׁמָיִם בִּשְׁתֵּי חַצְרוֹת בֵּית־יְהֹוָה:

⁶ He consigned his son to the fire; he practiced soothsaying and divination, and consulted ghosts and familiar spirits; he did much that was displeasing to *Hashem*, to vex Him.

ו וְהֶעֱבִיר אֶת־בְּנוֹ בָּאֵשׁ וְעוֹנֵן וְנִחֵשׁ וְעָשָׂה אוֹב וְיִדְּעֹנִים הִרְבָּה לַעֲשׂוֹת הָרַע בְּעֵינֵי יְהֹוָה לְהַכְעִיס:

⁷ The sculptured image of Asherah that he made he placed in the House concerning which *Hashem* had said to *David* and to his son *Shlomo*, "In this House and in *Yerushalayim*, which I chose out of all the tribes of *Yisrael*, I will establish My name forever.

ז וַיָּשֶׂם אֶת־פֶּסֶל הָאֲשֵׁרָה אֲשֶׁר עָשָׂה בַּבַּיִת אֲשֶׁר אָמַר יְהֹוָה אֶל־דָּוִד וְאֶל־שְׁלֹמֹה בְנוֹ בַּבַּיִת הַזֶּה וּבִירוּשָׁלַ͏ִם אֲשֶׁר בָּחַרְתִּי מִכֹּל שִׁבְטֵי יִשְׂרָאֵל אָשִׂים אֶת־שְׁמִי לְעוֹלָם:

⁸ And I will not again cause the feet of *Yisrael* to wander from the land that I gave to their fathers, if they will but faithfully observe all that I have commanded them – all the Teachings with which My servant *Moshe* charged them."

ח וְלֹא אֹסִיף לְהָנִיד רֶגֶל יִשְׂרָאֵל מִן־הָאֲדָמָה אֲשֶׁר נָתַתִּי לַאֲבוֹתָם רַק אִם־יִשְׁמְרוּ לַעֲשׂוֹת כְּכֹל אֲשֶׁר צִוִּיתִים וּלְכָל־הַתּוֹרָה אֲשֶׁר־צִוָּה אֹתָם עַבְדִּי מֹשֶׁה:

v'-LO o-SEEF l'-ha-NEED RE-gel yis-ra-AYL min ha-a-da-MAH a-SHER na-TA-tee la-a-vo-TAM RAK im yish-m'-RU la-a-SOT k'-KHOL a-SHER tzi-vee-TEEM UL-khol ha-to-RAH a-sher tzi-VAH o-TAM av-DEE mo-SHEH

21:8 If they will but faithfully observe all that I have commanded them *Menashe* is the epitome of an evil king. He engages in the worst kinds of idolatry and commits countless acts of murder, influencing the rest of the nation to follow his evil ways. As a result of *Menashe*'s sins, *Hashem* determines that He will exile the Children of Israel. Though *Eretz Yisrael* is an eternal inheritance of the Children of Israel, living in the land depends upon the observance of God's commandments. The Land of Israel is considered to be "the Palace of the King," and the laws of the King of Kings must be followed. Today's State of Israel invests tremendous resources in order to fully facilitate religious life. The Israeli government spends great sums on religious services, such as synagogues and schools, so that the Children of Israel can obey all of *Hashem*'s commandments. This has resulted in the flourishing of religious life throughout *Eretz Yisrael* at levels not seen in millennia.

New synagogue in Or Yehuda, Israel

9 But they did not obey, and *Menashe* led them astray to do greater evil than the nations that *Hashem* had destroyed before the Israelites.

ט וְלֹא שָׁמֵעוּ וַיַּתְעֵם מְנַשֶּׁה לַעֲשׂוֹת אֶת־הָרָע מִן־הַגּוֹיִם אֲשֶׁר הִשְׁמִיד יְהֹוָה מִפְּנֵי בְּנֵי יִשְׂרָאֵל׃

10 Therefore *Hashem* spoke through His servants the *Neviim*:

י וַיְדַבֵּר יְהֹוָה בְּיַד־עֲבָדָיו הַנְּבִיאִים לֵאמֹר׃

11 "Because King *Menashe* of *Yehuda* has done these abhorrent things – he has outdone in wickedness all that the Amorites did before his time – and because he led *Yehuda* to sin with his fetishes,

יא יַעַן אֲשֶׁר עָשָׂה מְנַשֶּׁה מֶלֶךְ־יְהוּדָה הַתֹּעֵבוֹת הָאֵלֶּה הֵרַע מִכֹּל אֲשֶׁר־עָשׂוּ הָאֱמֹרִי אֲשֶׁר לְפָנָיו וַיַּחֲטִא גַם־אֶת־יְהוּדָה בְּגִלּוּלָיו׃

12 assuredly, thus said *Hashem*, the God of *Yisrael*: I am going to bring such a disaster on *Yerushalayim* and *Yehuda* that both ears of everyone who hears about it will tingle.

יב לָכֵן כֹּה־אָמַר יְהֹוָה אֱלֹהֵי יִשְׂרָאֵל הִנְנִי מֵבִיא רָעָה עַל־יְרוּשָׁלַםִ וִיהוּדָה אֲשֶׁר כָּל־שמעיו [שֹׁמְעָהּ] תִּצַּלְנָה שְׁתֵּי אָזְנָיו׃

13 I will apply to *Yerushalayim* the measuring line of *Shomron* and the weights of the House of *Achav*; I will wipe *Yerushalayim* clean as one wipes a dish and turns it upside down.

יג וְנָטִיתִי עַל־יְרוּשָׁלַםִ אֵת קָו שֹׁמְרוֹן וְאֶת־מִשְׁקֹלֶת בֵּית אַחְאָב וּמָחִיתִי אֶת־יְרוּשָׁלַםִ כַּאֲשֶׁר־יִמְחֶה אֶת־הַצַּלַּחַת מָחָה וְהָפַךְ עַל־פָּנֶיהָ׃

14 And I will cast off the remnant of My own people and deliver them into the hands of their enemies. They shall be plunder and prey to all their enemies

יד וְנָטַשְׁתִּי אֵת שְׁאֵרִית נַחֲלָתִי וּנְתַתִּים בְּיַד אֹיְבֵיהֶם וְהָיוּ לְבַז וְלִמְשִׁסָּה לְכָל־אֹיְבֵיהֶם׃

15 because they have done what is displeasing to Me and have been vexing Me from the day that their fathers came out of Egypt to this day."

טו יַעַן אֲשֶׁר עָשׂוּ אֶת־הָרַע בְּעֵינַי וַיִּהְיוּ מַכְעִסִים אֹתִי מִן־הַיּוֹם אֲשֶׁר יָצְאוּ אֲבוֹתָם מִמִּצְרַיִם וְעַד הַיּוֹם הַזֶּה׃

16 Moreover, *Menashe* put so many innocent persons to death that he filled *Yerushalayim* [with blood] from end to end – besides the sin he committed in causing *Yehuda* to do what was displeasing to *Hashem*.

טז וְגַם דָּם נָקִי שָׁפַךְ מְנַשֶּׁה הַרְבֵּה מְאֹד עַד אֲשֶׁר־מִלֵּא אֶת־יְרוּשָׁלַםִ פֶּה לָפֶה לְבַד מֵחַטָּאתוֹ אֲשֶׁר הֶחֱטִיא אֶת־יְהוּדָה לַעֲשׂוֹת הָרַע בְּעֵינֵי יְהֹוָה׃

17 The other events of *Menashe*'s reign, and all his actions, and the sins he committed, are recorded in the Annals of the Kings of *Yehuda*.

יז וְיֶתֶר דִּבְרֵי מְנַשֶּׁה וְכָל־אֲשֶׁר עָשָׂה וְחַטָּאתוֹ אֲשֶׁר חָטָא הֲלֹא־הֵם כְּתוּבִים עַל־סֵפֶר דִּבְרֵי הַיָּמִים לְמַלְכֵי יְהוּדָה׃

18 *Menashe* slept with his fathers and was buried in the garden of his palace, in the garden of Uzza; and his son *Amon* succeeded him as king.

יח וַיִּשְׁכַּב מְנַשֶּׁה עִם־אֲבֹתָיו וַיִּקָּבֵר בְּגַן־בֵּיתוֹ בְּגַן־עֻזָּא וַיִּמְלֹךְ אָמוֹן בְּנוֹ תַּחְתָּיו׃

19 *Amon* was twenty-two years old when he became king, and he reigned two years in *Yerushalayim*; his mother's name was Meshullemeth daughter of Haruz of Jotbah.

יט בֶּן־עֶשְׂרִים וּשְׁתַּיִם שָׁנָה אָמוֹן בְּמָלְכוֹ וּשְׁתַּיִם שָׁנִים מָלַךְ בִּירוּשָׁלָםִ וְשֵׁם אִמּוֹ מְשֻׁלֶּמֶת בַּת־חָרוּץ מִן־יָטְבָה׃

20 He did what was displeasing to *Hashem*, as his father *Menashe* had done.

כ וַיַּעַשׂ הָרַע בְּעֵינֵי יְהֹוָה כַּאֲשֶׁר עָשָׂה מְנַשֶּׁה אָבִיו׃

כא וַיֵּלֶךְ בְּכׇל־הַדֶּרֶךְ אֲשֶׁר־הָלַךְ אָבִיו וַיַּעֲבֹד אֶת־הַגִּלֻּלִים אֲשֶׁר עָבַד אָבִיו וַיִּשְׁתַּחוּ לָהֶם׃

21 He walked in all the ways of his father, worshiping the fetishes which his father had worshiped and bowing down to them.

כב וַיַּעֲזֹב אֶת־יְהֹוָה אֱלֹהֵי אֲבֹתָיו וְלֹא הָלַךְ בְּדֶרֶךְ יְהֹוָה׃

22 He forsook *Hashem*, the God of his fathers, and did not follow the way of *Hashem*.

כג וַיִּקְשְׁרוּ עַבְדֵי־אָמוֹן עָלָיו וַיָּמִיתוּ אֶת־הַמֶּלֶךְ בְּבֵיתוֹ׃

23 *Amon*'s courtiers conspired against him; and they killed the king in his palace.

כד וַיַּךְ עַם־הָאָרֶץ אֵת כׇּל־הַקֹּשְׁרִים עַל־הַמֶּלֶךְ אָמוֹן וַיַּמְלִיכוּ עַם־הָאָרֶץ אֶת־יֹאשִׁיָּהוּ בְנוֹ תַּחְתָּיו׃

24 But the people of the land put to death all who had conspired against King *Amon*, and the people of the land made his son *Yoshiyahu* king in his stead.

כה וְיֶתֶר דִּבְרֵי אָמוֹן אֲשֶׁר עָשָׂה הֲלֹא־הֵם כְּתוּבִים עַל־סֵפֶר דִּבְרֵי הַיָּמִים לְמַלְכֵי יְהוּדָה׃

25 The other events of *Amon*'s reign [and] his actions are recorded in the Annals of the Kings of *Yehuda*.

כו וַיִּקְבֹּר אֹתוֹ בִּקְבֻרָתוֹ בְּגַן־עֻזָּא וַיִּמְלֹךְ יֹאשִׁיָּהוּ בְנוֹ תַּחְתָּיו׃

26 He was buried in his tomb in the garden of Uzza; and his son *Yoshiyahu* succeeded him as king.

22

א בֶּן־שְׁמֹנֶה שָׁנָה יֹאשִׁיָּהוּ בְמׇלְכוֹ וּשְׁלֹשִׁים וְאַחַת שָׁנָה מָלַךְ בִּירוּשָׁלָ͏ִם וְשֵׁם אִמּוֹ יְדִידָה בַת־עֲדָיָה מִבׇּצְקַת׃

1 *Yoshiyahu* was eight years old when he became king, and he reigned thirty-one years in *Yerushalayim*. His mother's name was Jedidah daughter of Adaiah of Bozkath.

ב וַיַּעַשׂ הַיָּשָׁר בְּעֵינֵי יְהֹוָה וַיֵּלֶךְ בְּכׇל־דֶּרֶךְ דָּוִד אָבִיו וְלֹא־סָר יָמִין וּשְׂמֹאול׃

2 He did what was pleasing to *Hashem* and he followed all the ways of his ancestor *David*; he did not deviate to the right or to the left.

ג וַיְהִי בִּשְׁמֹנֶה עֶשְׂרֵה שָׁנָה לַמֶּלֶךְ יֹאשִׁיָּהוּ שָׁלַח הַמֶּלֶךְ אֶת־שָׁפָן בֶּן־אֲצַלְיָהוּ בֶן־מְשֻׁלָּם הַסֹּפֵר בֵּית יְהֹוָה לֵאמֹר׃

3 In the eighteenth year of King *Yoshiyahu*, the king sent the scribe *Shafan* son of Azaliah son of Meshullam to the House of *Hashem*, saying,

ד עֲלֵה אֶל־חִלְקִיָּהוּ הַכֹּהֵן הַגָּדוֹל וְיַתֵּם אֶת־הַכֶּסֶף הַמּוּבָא בֵּית יְהֹוָה אֲשֶׁר אָסְפוּ שֹׁמְרֵי הַסַּף מֵאֵת הָעָם׃

4 "Go to the *Kohen Gadol Chilkiyahu* and let him weigh the silver that has been deposited in the House of *Hashem*, which the guards of the threshold have collected from the people.

ה ויתנה [וְיִתְּנֻהוּ] עַל־יַד עֹשֵׂי הַמְּלָאכָה הַמֻּפְקָדִים בבית [בֵּית] יְהֹוָה וְיִתְּנוּ אֹתוֹ לְעֹשֵׂי הַמְּלָאכָה אֲשֶׁר בְּבֵית יְהֹוָה לְחַזֵּק בֶּדֶק הַבָּיִת׃

5 And let it be delivered to the overseers of the work who are in charge at the House of *Hashem*, that they in turn may pay it out to the workmen that are in the House of *Hashem*, for the repair of the House:

ו לֶחָרָשִׁים וְלַבֹּנִים וְלַגֹּדְרִים וְלִקְנוֹת עֵצִים וְאַבְנֵי מַחְצֵב לְחַזֵּק אֶת־הַבָּיִת׃

6 to the carpenters, the laborers, and the masons, and for the purchase of wood and quarried stones for repairing the House.

ז אַךְ לֹא־יֵחָשֵׁב אִתָּם הַכֶּסֶף הַנִּתָּן עַל־יָדָם כִּי בֶאֱמוּנָה הֵם עֹשִׂים׃

7 However, no check is to be kept on them for the silver that is delivered to them, for they deal honestly."

8 Then the *Kohen Gadol Chilkiyahu* said to the scribe *Shafan*, "I have found a scroll of the Teaching in the House of *Hashem*." And *Chilkiyahu* gave the scroll to *Shafan*, who read it.

ח וַיֹּאמֶר חִלְקִיָּהוּ הַכֹּהֵן הַגָּדוֹל עַל־שָׁפָן
הַסֹּפֵר סֵפֶר הַתּוֹרָה מָצָאתִי בְּבֵית
יְהוָה וַיִּתֵּן חִלְקִיָּה אֶת־הַסֵּפֶר אֶל־שָׁפָן
וַיִּקְרָאֵהוּ׃

9 The scribe *Shafan* then went to the king and reported to the king: "Your servants have melted down the silver that was deposited in the House, and they have delivered it to the overseers of the work who are in charge at the House of *Hashem*."

ט וַיָּבֹא שָׁפָן הַסֹּפֵר אֶל־הַמֶּלֶךְ וַיָּשֶׁב
אֶת־הַמֶּלֶךְ דָּבָר וַיֹּאמֶר הִתִּיכוּ עֲבָדֶיךָ
אֶת־הַכֶּסֶף הַנִּמְצָא בַבַּיִת וַיִּתְּנֻהוּ עַל־יַד
עֹשֵׂי הַמְּלָאכָה הַמֻּפְקָדִים בֵּית יְהוָה׃

10 The scribe *Shafan* also told the king, "The *Kohen Gadol Chilkiyahu* has given me a scroll"; and *Shafan* read it to the king.

י וַיַּגֵּד שָׁפָן הַסֹּפֵר לַמֶּלֶךְ לֵאמֹר סֵפֶר נָתַן
לִי חִלְקִיָּה הַכֹּהֵן וַיִּקְרָאֵהוּ שָׁפָן לִפְנֵי
הַמֶּלֶךְ׃

Kings

11 When the king heard the words of the scroll of the Teaching, he rent his clothes.

יא וַיְהִי כִּשְׁמֹעַ הַמֶּלֶךְ אֶת־דִּבְרֵי סֵפֶר
הַתּוֹרָה וַיִּקְרַע אֶת־בְּגָדָיו׃

vai-HEE kish-MO-a ha-ME-lekh et div-RAY SAY-fer
ha-to-RAH va-yik-RA et b'-ga-DAV

12 And the king gave orders to the *Kohen Chilkiyahu*, and to *Achikam* son of *Shafan*, Achbor son of Michaiah, the scribe *Shafan*, and Asaiah the king's minister:

יב וַיְצַו הַמֶּלֶךְ אֶת־חִלְקִיָּה הַכֹּהֵן וְאֶת־
אֲחִיקָם בֶּן־שָׁפָן וְאֶת־עַכְבּוֹר בֶּן־מִיכָיָה
וְאֵת שָׁפָן הַסֹּפֵר וְאֵת עֲשָׂיָה עֶבֶד־
הַמֶּלֶךְ לֵאמֹר׃

13 "Go, inquire of *Hashem* on my behalf, and on behalf of the people, and on behalf of all *Yehuda*, concerning the words of this scroll that has been found. For great indeed must be the wrath of *Hashem* that has been kindled against us, because our fathers did not obey the words of this scroll to do all that has been prescribed for us."

יג לְכוּ דִרְשׁוּ אֶת־יְהוָה בַּעֲדִי וּבְעַד־הָעָם
וּבְעַד כָּל־יְהוּדָה עַל־דִּבְרֵי הַסֵּפֶר
הַנִּמְצָא הַזֶּה כִּי־גְדוֹלָה חֲמַת יְהוָה
אֲשֶׁר־הִיא נִצְּתָה בָנוּ עַל אֲשֶׁר לֹא־
שָׁמְעוּ אֲבֹתֵינוּ עַל־דִּבְרֵי הַסֵּפֶר הַזֶּה
לַעֲשׂוֹת כְּכָל־הַכָּתוּב עָלֵינוּ׃

14 So the *Kohen Chilkiyahu*, and *Achikam*, Achbor, *Shafan*, and Asaiah went to the *Neviah Chulda* – the wife of *Shalum* son of Tikvah son of Harhas, the keeper of the wardrobe – who was living in *Yerushalayim* in the Mishneh, and they spoke to her.

יד וַיֵּלֶךְ חִלְקִיָּהוּ הַכֹּהֵן וַאֲחִיקָם וְעַכְבּוֹר
וְשָׁפָן וַעֲשָׂיָה אֶל־חֻלְדָּה הַנְּבִיאָה אֵשֶׁת
שַׁלֻּם בֶּן־תִּקְוָה בֶּן־חַרְחַס שֹׁמֵר הַבְּגָדִים
וְהִיא יֹשֶׁבֶת בִּירוּשָׁלִַם בַּמִּשְׁנֶה וַיְדַבְּרוּ
אֵלֶיהָ׃

22:11 He rent his clothes In Jewish tradition, tearing one's garment is a symbol of intense mourning. For the first time, King *Yoshiyahu* hears the words of God's *Torah*, which has been hidden away for many years. He becomes aware of how low the People of Israel have sunk. This is the beginning of his resolve to lead a campaign of repentance and bring the nation back to God. Though *Hashem* has already declared that, due to *Menashe*'s sins, He was going to exile the nation (II Kings 21:10–15), He resolves to gives them another chance. Through the uncovered *Torah* scroll, He sends them the message that even though they have turned their backs on Him, He has not given up on His people. Instead of sending them away, He wants them to repent, and to remain with Him in the Holy Land.

IDF soldiers reading from the *Torah*

15 She responded: "Thus said *Hashem*, the God of *Yisrael*: Say to the man who sent you to me:

טו וַתֹּאמֶר אֲלֵיהֶם כֹּה־אָמַר יְהֹוָה אֱלֹהֵי יִשְׂרָאֵל אִמְרוּ לָאִישׁ אֲשֶׁר־שָׁלַח אֶתְכֶם אֵלָי׃

16 Thus said *Hashem*: I am going to bring disaster upon this place and its inhabitants, in accordance with all the words of the scroll which the king of *Yehuda* has read.

טז כֹּה אָמַר יְהֹוָה הִנְנִי מֵבִיא רָעָה אֶל־הַמָּקוֹם הַזֶּה וְעַל־יֹשְׁבָיו אֵת כָּל־דִּבְרֵי הַסֵּפֶר אֲשֶׁר קָרָא מֶלֶךְ יְהוּדָה׃

17 Because they have forsaken Me and have made offerings to other gods and vexed Me with all their deeds, My wrath is kindled against this place and it shall not be quenched.

יז תַּחַת אֲשֶׁר עֲזָבוּנִי וַיְקַטְּרוּ לֵאלֹהִים אֲחֵרִים לְמַעַן הַכְעִיסֵנִי בְּכֹל מַעֲשֵׂה יְדֵיהֶם וְנִצְּתָה חֲמָתִי בַּמָּקוֹם הַזֶּה וְלֹא תִכְבֶּה׃

Kings

18 But say this to the king of *Yehuda*, who sent you to inquire of *Hashem*: Thus said *Hashem*, the God of *Yisrael*: As for the words which you have heard

יח וְאֶל־מֶלֶךְ יְהוּדָה הַשֹּׁלֵחַ אֶתְכֶם לִדְרֹשׁ אֶת־יְהֹוָה כֹּה תֹאמְרוּ אֵלָיו כֹּה־אָמַר יְהֹוָה אֱלֹהֵי יִשְׂרָאֵל הַדְּבָרִים אֲשֶׁר שָׁמָעְתָּ׃

19 because your heart was softened and you humbled yourself before *Hashem* when you heard what I decreed against this place and its inhabitants – that it will become a desolation and a curse – and because you rent your clothes and wept before Me, I for My part have listened – declares *Hashem*.

יט יַעַן רַךְ־לְבָבְךָ וַתִּכָּנַע מִפְּנֵי יְהֹוָה בְּשָׁמְעֲךָ אֲשֶׁר דִּבַּרְתִּי עַל־הַמָּקוֹם הַזֶּה וְעַל־יֹשְׁבָיו לִהְיוֹת לְשַׁמָּה וְלִקְלָלָה וַתִּקְרַע אֶת־בְּגָדֶיךָ וַתִּבְכֶּה לְפָנָי וְגַם אָנֹכִי שָׁמַעְתִּי נְאֻם־יְהֹוָה׃

20 Assuredly, I will gather you to your fathers and you will be laid in your tomb in peace. Your eyes shall not see all the disaster which I will bring upon this place." So they brought back the reply to the king.

כ לָכֵן הִנְנִי אֹסִפְךָ עַל־אֲבֹתֶיךָ וְנֶאֱסַפְתָּ אֶל־קִבְרֹתֶיךָ בְּשָׁלוֹם וְלֹא־תִרְאֶינָה עֵינֶיךָ בְּכֹל הָרָעָה אֲשֶׁר־אֲנִי מֵבִיא עַל־הַמָּקוֹם הַזֶּה וַיָּשִׁבוּ אֶת־הַמֶּלֶךְ דָּבָר׃

23 1 At the king's summons, all the elders of *Yehuda* and *Yerushalayim* assembled before him.

א וַיִּשְׁלַח הַמֶּלֶךְ וַיַּאַסְפוּ אֵלָיו כָּל־זִקְנֵי יְהוּדָה וִירוּשָׁלִָם׃

2 The king went up to the House of *Hashem*, together with all the men of *Yehuda* and all the inhabitants of *Yerushalayim*, and the *Kohanim* and *Neviim* – all the people, young and old. And he read to them the entire text of the covenant scroll which had been found in the House of *Hashem*.

ב וַיַּעַל הַמֶּלֶךְ בֵּית־יְהֹוָה וְכָל־אִישׁ יְהוּדָה וְכָל־יֹשְׁבֵי יְרוּשָׁלִַם אִתּוֹ וְהַכֹּהֲנִים וְהַנְּבִיאִים וְכָל־הָעָם לְמִקָּטֹן וְעַד־גָּדוֹל וַיִּקְרָא בְאָזְנֵיהֶם אֶת־כָּל־דִּבְרֵי סֵפֶר הַבְּרִית הַנִּמְצָא בְּבֵית יְהֹוָה׃

3 The king stood by the pillar and solemnized the covenant before *Hashem*: that they would follow *Hashem* and observe His commandments, His injunctions, and His laws with all their heart and soul; that they would fulfill all the terms of this covenant as inscribed upon the scroll. And all the people entered into the covenant.

ג וַיַּעֲמֹד הַמֶּלֶךְ עַל־הָעַמּוּד וַיִּכְרֹת אֶת־הַבְּרִית לִפְנֵי יְהֹוָה לָלֶכֶת אַחַר יְהֹוָה וְלִשְׁמֹר מִצְוֺתָיו וְאֶת־עֵדְוֺתָיו וְאֶת־חֻקֹּתָיו בְּכָל־לֵב וּבְכָל־נֶפֶשׁ לְהָקִים אֶת־דִּבְרֵי הַבְּרִית הַזֹּאת הַכְּתֻבִים עַל־הַסֵּפֶר הַזֶּה וַיַּעֲמֹד כָּל־הָעָם בַּבְּרִית׃

4 Then the king ordered the *Kohen Gadol Chilkiyahu*, the *Kohanim* of the second rank, and the guards of the threshold to bring out of the Temple of *Hashem* all the objects made for Baal and Asherah and all the host of heaven. He burned them outside *Yerushalayim* in the fields of Kidron, and he removed the ashes to *Beit El*.

ד וַיְצַו הַמֶּלֶךְ אֶת־חִלְקִיָּהוּ הַכֹּהֵן הַגָּדוֹל
וְאֶת־כֹּהֲנֵי הַמִּשְׁנֶה וְאֶת־שֹׁמְרֵי הַסַּף
לְהוֹצִיא מֵהֵיכַל יְהֹוָה אֵת כָּל־הַכֵּלִים
הָעֲשׂוּיִם לַבַּעַל וְלָאֲשֵׁרָה וּלְכֹל צְבָא
הַשָּׁמָיִם וַיִּשְׂרְפֵם מִחוּץ לִירוּשָׁלַםִ
בְּשַׁדְמוֹת קִדְרוֹן וְנָשָׂא אֶת־עֲפָרָם
בֵּית־אֵל׃

5 He suppressed the idolatrous priests whom the kings of *Yehuda* had appointed to make offerings at the shrines in the towns of *Yehuda* and in the environs of *Yerushalayim*, and those who made offerings to Baal, to the sun and moon and constellations – all the host of heaven.

ה וְהִשְׁבִּית אֶת־הַכְּמָרִים אֲשֶׁר נָתְנוּ מַלְכֵי
יְהוּדָה וַיְקַטֵּר בַּבָּמוֹת בְּעָרֵי יְהוּדָה
וּמְסִבֵּי יְרוּשָׁלָםִ וְאֶת־הַמְקַטְּרִים לַבַּעַל
לַשֶּׁמֶשׁ וְלַיָּרֵחַ וְלַמַּזָּלוֹת וּלְכֹל צְבָא
הַשָּׁמָיִם׃

6 He brought out the [image of] Asherah from the House of *Hashem* to the Kidron Valley outside *Yerushalayim*, and burned it in the Kidron Valley; he beat it to dust and scattered its dust over the burial ground of the common people.

ו וַיֹּצֵא אֶת־הָאֲשֵׁרָה מִבֵּית יְהֹוָה מִחוּץ
לִירוּשָׁלַםִ אֶל־נַחַל קִדְרוֹן וַיִּשְׂרֹף אֹתָהּ
בְּנַחַל קִדְרוֹן וַיָּדֶק לְעָפָר וַיַּשְׁלֵךְ אֶת־
עֲפָרָהּ עַל־קֶבֶר בְּנֵי הָעָם׃

7 He tore down the cubicles of the male prostitutes in the House of *Hashem*, at the place where the women wove coverings for Asherah.

ז וַיִּתֹּץ אֶת־בָּתֵּי הַקְּדֵשִׁים אֲשֶׁר בְּבֵית
יְהֹוָה אֲשֶׁר הַנָּשִׁים אֹרְגוֹת שָׁם בָּתִּים
לָאֲשֵׁרָה׃

8 He brought all the *Kohanim* from the towns of *Yehuda* [to *Yerushalayim*] and defiled the shrines where the *Kohanim* had been making offerings – from Geba to *Be'er Sheva*. He also demolished the shrines of the gates, which were at the entrance of the gate of *Yehoshua*, the city prefect – which were on a person's left [as he entered] the city gate.

ח וַיָּבֵא אֶת־כָּל־הַכֹּהֲנִים מֵעָרֵי יְהוּדָה
וַיְטַמֵּא אֶת־הַבָּמוֹת אֲשֶׁר קִטְּרוּ־שָׁמָּה
הַכֹּהֲנִים מִגֶּבַע עַד־בְּאֵר שָׁבַע וְנָתַץ
אֶת־בָּמוֹת הַשְּׁעָרִים אֲשֶׁר־פֶּתַח שַׁעַר
יְהוֹשֻׁעַ שַׂר־הָעִיר אֲשֶׁר־עַל־שְׂמֹאול
אִישׁ בְּשַׁעַר הָעִיר׃

9 The *Kohanim* of the shrines, however, did not ascend the *Mizbayach* of *Hashem* in *Yerushalayim*, but they ate unleavened bread along with their kinsmen.

ט אַךְ לֹא יַעֲלוּ כֹּהֲנֵי הַבָּמוֹת אֶל־מִזְבַּח
יְהֹוָה בִּירוּשָׁלָםִ כִּי אִם־אָכְלוּ מַצּוֹת
בְּתוֹךְ אֲחֵיהֶם׃

10 He also defiled Topheth, which is in the Valley of Ben-hinnom, so that no one might consign his son or daughter to the fire of Molech.

י וְטִמֵּא אֶת־הַתֹּפֶת אֲשֶׁר בְּגֵי בני־[בֶן־]
הִנֹּם לְבִלְתִּי לְהַעֲבִיר אִישׁ אֶת־בְּנוֹ
וְאֶת־בִּתּוֹ בָּאֵשׁ לַמֹּלֶךְ׃

11 He did away with the horses that the kings of *Yehuda* had dedicated to the sun, at the entrance of the House of *Hashem*, near the chamber of the eunuch Nathan-melech, which was in the precincts. He burned the chariots of the sun.

יא וַיַּשְׁבֵּת אֶת־הַסּוּסִים אֲשֶׁר נָתְנוּ מַלְכֵי
יְהוּדָה לַשֶּׁמֶשׁ מִבֹּא בֵית־יְהֹוָה אֶל־
לִשְׁכַּת נְתַן־מֶלֶךְ הַסָּרִיס אֲשֶׁר בַּפַּרְוָרִים
וְאֶת־מַרְכְּבוֹת הַשֶּׁמֶשׁ שָׂרַף בָּאֵשׁ׃

12 And the king tore down the altars made by the kings of *Yehuda* on the roof by the upper chamber of *Achaz*, and the altars made by *Menashe* in the two courts of the House of *Hashem*. He removed them quickly from there and scattered their rubble in the Kidron Valley.

יב וְאֶת־הַמִּזְבְּחוֹת אֲשֶׁר עַל־הַגָּג עֲלִיַּת אָחָז אֲשֶׁר־עָשׂוּ מַלְכֵי יְהוּדָה וְאֶת־הַמִּזְבְּחוֹת אֲשֶׁר־עָשָׂה מְנַשֶּׁה בִּשְׁתֵּי חַצְרוֹת בֵּית־יְהֹוָה נָתַץ הַמֶּלֶךְ וַיָּרָץ מִשָּׁם וְהִשְׁלִיךְ אֶת־עֲפָרָם אֶל־נַחַל קִדְרוֹן׃

13 The king also defiled the shrines facing *Yerushalayim*, to the south of the Mount of the Destroyer, which King *Shlomo* of *Yisrael* had built for Ashtoreth, the abomination of the Sidonians, for Chemosh, the abomination of Moab, and for Milcom, the detestable thing of the Amonites.

יג וְאֶת־הַבָּמוֹת אֲשֶׁר עַל־פְּנֵי יְרוּשָׁלִַם אֲשֶׁר מִימִין לְהַר־הַמַּשְׁחִית אֲשֶׁר בָּנָה שְׁלֹמֹה מֶלֶךְ־יִשְׂרָאֵל לְעַשְׁתֹּרֶת שִׁקֻּץ צִידֹנִים וְלִכְמוֹשׁ שִׁקֻּץ מוֹאָב וּלְמִלְכֹּם תּוֹעֲבַת בְּנֵי־עַמּוֹן טִמֵּא הַמֶּלֶךְ׃

14 He shattered their pillars and cut down their sacred posts and covered their sites with human bones.

יד וְשִׁבַּר אֶת־הַמַּצֵּבוֹת וַיִּכְרֹת אֶת־הָאֲשֵׁרִים וַיְמַלֵּא אֶת־מְקוֹמָם עַצְמוֹת אָדָם׃

15 As for the altar in *Beit El* [and] the shrine made by *Yerovam* son of Nebat who caused *Yisrael* to sin – that altar, too, and the shrine as well, he tore down. He burned down the shrine and beat it to dust, and he burned the sacred post.

טו וְגַם אֶת־הַמִּזְבֵּחַ אֲשֶׁר בְּבֵית־אֵל הַבָּמָה אֲשֶׁר עָשָׂה יָרָבְעָם בֶּן־נְבָט אֲשֶׁר הֶחֱטִיא אֶת־יִשְׂרָאֵל גַּם אֶת־הַמִּזְבֵּחַ הַהוּא וְאֶת־הַבָּמָה נָתָץ וַיִּשְׂרֹף אֶת־הַבָּמָה הֵדַק לְעָפָר וְשָׂרַף אֲשֵׁרָה׃

16 *Yoshiyahu* turned and saw the graves that were there on the hill; and he had the bones taken out of the graves and burned on the altar. Thus he defiled it, in fulfillment of the word of *Hashem* foretold by the man of *Hashem* who foretold these happenings.

טז וַיִּפֶן יֹאשִׁיָּהוּ וַיַּרְא אֶת־הַקְּבָרִים אֲשֶׁר־שָׁם בָּהָר וַיִּשְׁלַח וַיִּקַּח אֶת־הָעֲצָמוֹת מִן־הַקְּבָרִים וַיִּשְׂרֹף עַל־הַמִּזְבֵּחַ וַיְטַמְּאֵהוּ כִּדְבַר יְהֹוָה אֲשֶׁר קָרָא אִישׁ הָאֱלֹהִים אֲשֶׁר קָרָא אֶת־הַדְּבָרִים הָאֵלֶּה׃

17 He asked, "What is the marker I see there?" And the men of the town replied, "That is the grave of the man of *Hashem* who came from *Yehuda* and foretold these things that you have done to the altar of *Beit El*."

יז וַיֹּאמֶר מָה הַצִּיּוּן הַלָּז אֲשֶׁר אֲנִי רֹאֶה וַיֹּאמְרוּ אֵלָיו אַנְשֵׁי הָעִיר הַקֶּבֶר אִישׁ־הָאֱלֹהִים אֲשֶׁר־בָּא מִיהוּדָה וַיִּקְרָא אֶת־הַדְּבָרִים הָאֵלֶּה אֲשֶׁר עָשִׂיתָ עַל הַמִּזְבַּח בֵּית־אֵל׃

18 "Let him be," he said, "let no one disturb his bones." So they left his bones undisturbed together with the bones of the *Navi* who came from *Shomron*.

יח וַיֹּאמֶר הַנִּיחוּ לוֹ אִישׁ אַל־יָנַע עַצְמֹתָיו וַיְמַלְּטוּ עַצְמֹתָיו אֵת עַצְמוֹת הַנָּבִיא אֲשֶׁר־בָּא מִשֹּׁמְרוֹן׃

19 *Yoshiyahu* also abolished all the cult places in the towns of *Shomron*, which the kings of *Yisrael* had built, vexing [*Hashem*]. He dealt with them just as he had done to *Beit El*:

יט וְגַם אֶת־כָּל־בָּתֵּי הַבָּמוֹת אֲשֶׁר בְּעָרֵי שֹׁמְרוֹן אֲשֶׁר עָשׂוּ מַלְכֵי יִשְׂרָאֵל לְהַכְעִיס הֵסִיר יֹאשִׁיָּהוּ וַיַּעַשׂ לָהֶם כְּכָל־הַמַּעֲשִׂים אֲשֶׁר עָשָׂה בְּבֵית־אֵל׃

20 He slew on the altars all the priests of the shrines who were there, and he burned human bones on them. Then he returned to *Yerushalayim*.

כ וַיִּזְבַּח אֶת־כָּל־כֹּהֲנֵי הַבָּמוֹת אֲשֶׁר־שָׁם עַל־הַמִּזְבְּחוֹת וַיִּשְׂרֹף אֶת־עַצְמוֹת אָדָם עֲלֵיהֶם וַיָּשָׁב יְרוּשָׁלִָם׃

21 The king commanded all the people, "Offer the *Pesach* sacrifice to *Hashem* your God as prescribed in this scroll of the covenant."

כא וַיְצַו הַמֶּלֶךְ אֶת־כָּל־הָעָם לֵאמֹר עֲשׂוּ פֶּסַח לַיהוָה אֱלֹהֵיכֶם כַּכָּתוּב עַל סֵפֶר הַבְּרִית הַזֶּה:

22 Now the *Pesach* sacrifice had not been offered in that manner in the days of the chieftains who ruled *Yisrael*, or during the days of the kings of *Yisrael* and the kings of *Yehuda*.

כב כִּי לֹא נַעֲשָׂה כַּפֶּסַח הַזֶּה מִימֵי הַשֹּׁפְטִים אֲשֶׁר שָׁפְטוּ אֶת־יִשְׂרָאֵל וְכֹל יְמֵי מַלְכֵי יִשְׂרָאֵל וּמַלְכֵי יְהוּדָה:

> *KEE LO na-a-SAH ka-PE-sakh ha-ZEH mee-MAY ha-SHO-f'-TEEM a-SHER sha-f'-TU et yis-ra-AYL v'-KHOL y'-MAY mal-KHAY yis-ra-AYL u-mal-KHAY y'-hu-DAH*

23 Only in the eighteenth year of King *Yoshiyahu* was such a *Pesach* sacrifice offered in that manner to *Hashem* in *Yerushalayim*.

כג כִּי אִם־בִּשְׁמֹנֶה עֶשְׂרֵה שָׁנָה לַמֶּלֶךְ יֹאשִׁיָּהוּ נַעֲשָׂה הַפֶּסַח הַזֶּה לַיהוָה בִּירוּשָׁלָ͏ִם:

24 *Yoshiyahu* also did away with the necromancers and the mediums, the idols and the fetishes – all the detestable things that were to be seen in the land of *Yehuda* and *Yerushalayim*. Thus he fulfilled the terms of the Teaching recorded in the scroll that the *Kohen Chilkiyahu* had found in the House of *Hashem*.

כד וְגַם אֶת־הָאֹבוֹת וְאֶת־הַיִּדְּעֹנִים וְאֶת־הַתְּרָפִים וְאֶת־הַגִּלֻּלִים וְאֵת כָּל־הַשִּׁקֻּצִים אֲשֶׁר נִרְאוּ בְּאֶרֶץ יְהוּדָה וּבִירוּשָׁלַ͏ִם בִּעֵר יֹאשִׁיָּהוּ לְמַעַן הָקִים אֶת־דִּבְרֵי הַתּוֹרָה הַכְּתֻבִים עַל־הַסֵּפֶר אֲשֶׁר מָצָא חִלְקִיָּהוּ הַכֹּהֵן בֵּית יְהוָה:

25 There was no king like him before who turned back to *Hashem* with all his heart and soul and might, in full accord with the Teaching of *Moshe*; nor did any like him arise after him.

כה וְכָמֹהוּ לֹא־הָיָה לְפָנָיו מֶלֶךְ אֲשֶׁר־שָׁב אֶל־יְהוָה בְּכָל־לְבָבוֹ וּבְכָל־נַפְשׁוֹ וּבְכָל־מְאֹדוֹ כְּכֹל תּוֹרַת מֹשֶׁה וְאַחֲרָיו לֹא־קָם כָּמֹהוּ:

26 However, *Hashem* did not turn away from His awesome wrath which had blazed up against *Yehuda* because of all the things *Menashe* did to vex Him.

כו אַךְ לֹא־שָׁב יְהוָה מֵחֲרוֹן אַפּוֹ הַגָּדוֹל אֲשֶׁר־חָרָה אַפּוֹ בִּיהוּדָה עַל כָּל־הַכְּעָסִים אֲשֶׁר הִכְעִיסוֹ מְנַשֶּׁה:

27 *Hashem* said, "I will also banish *Yehuda* from My presence as I banished *Yisrael*; and I will reject the city of *Yerushalayim* which I chose and the House where I said My name would abide."

כז וַיֹּאמֶר יְהוָה גַּם אֶת־יְהוּדָה אָסִיר מֵעַל פָּנַי כַּאֲשֶׁר הֲסִרֹתִי אֶת־יִשְׂרָאֵל וּמָאַסְתִּי אֶת־הָעִיר הַזֹּאת אֲשֶׁר־בָּחַרְתִּי אֶת־יְרוּשָׁלַ͏ִם וְאֶת־הַבַּיִת אֲשֶׁר אָמַרְתִּי יִהְיֶה שְׁמִי שָׁם:

Traditional seder plate used at the festive *Pesach* meal

23:22 Now the *Pesach* sacrifice had not been offered in that manner *Yoshiyahu* is a righteous king who restores service of *Hashem* and observance of His *Torah* among the Children of Israel. His unique ability and success is symbolized by the massive observance of the *Pesach* sacrifice. *Rashi* notes that there had never been as many people observing this commandment. The *Pesach* sacrifice is a central commandment, as it proclaims *Hashem*'s active involvement in history and His selection of the Children of Israel as His holy nation. It also shows that though God may punish the Children of Israel, His bond with them is eternal. This message will take on special significance during the long and arduous exile from the Land of Israel.

28 The other events of *Yoshiyahu*'s reign, and all his actions, are recorded in the Annals of the Kings of *Yehuda*.

כח וְיֶתֶר דִּבְרֵי יֹאשִׁיָּהוּ וְכָל־אֲשֶׁר עָשָׂה הֲלֹא־הֵם כְּתוּבִים עַל־סֵפֶר דִּבְרֵי הַיָּמִים לְמַלְכֵי יְהוּדָה:

29 In his days, Pharaoh Neco, king of Egypt, marched against the king of Assyria to the River Euphrates; King *Yoshiyahu* marched toward him, but when he confronted him at Megiddo, [Pharaoh Neco] slew him.

כט בְּיָמָיו עָלָה פַרְעֹה נְכֹה מֶלֶךְ־מִצְרַיִם עַל־מֶלֶךְ אַשּׁוּר עַל־נְהַר־פְּרָת וַיֵּלֶךְ הַמֶּלֶךְ יֹאשִׁיָּהוּ לִקְרָאתוֹ וַיְמִיתֵהוּ בִּמְגִדּוֹ כִּרְאֹתוֹ אֹתוֹ:

30 His servants conveyed his body in a chariot from Megiddo to *Yerushalayim*, and they buried him in his tomb. Then the people of the land took *Yehoachaz*; they anointed him and made him king in place of his father.

ל וַיַּרְכִּבֻהוּ עֲבָדָיו מֵת מִמְּגִדּוֹ וַיְבִאֻהוּ יְרוּשָׁלִַם וַיִּקְבְּרֻהוּ בִּקְבֻרָתוֹ וַיִּקַּח עַם־הָאָרֶץ אֶת־יְהוֹאָחָז בֶּן־יֹאשִׁיָּהוּ וַיִּמְשְׁחוּ אֹתוֹ וַיַּמְלִיכוּ אֹתוֹ תַּחַת אָבִיו:

31 *Yehoachaz* was twenty-three years old when he became king, and he reigned three months in *Yerushalayim*; his mother's name was Hamutal daughter of *Yirmiyahu* of Libnah.

לא בֶּן־עֶשְׂרִים וְשָׁלֹשׁ שָׁנָה יְהוֹאָחָז בְּמָלְכוֹ וּשְׁלֹשָׁה חֳדָשִׁים מָלַךְ בִּירוּשָׁלִָם וְשֵׁם אִמּוֹ חֲמוּטַל בַּת־יִרְמְיָהוּ מִלִּבְנָה:

32 He did what was displeasing to *Hashem*, just as his fathers had done.

לב וַיַּעַשׂ הָרַע בְּעֵינֵי יְהוָה כְּכֹל אֲשֶׁר־עָשׂוּ אֲבֹתָיו:

33 Pharaoh Neco imprisoned him in Riblah in the region of Hamath, to keep him from reigning in *Yerushalayim*. And he imposed on the land an indemnity of one hundred *kikarim* of silver and a *kikar* of gold.

לג וַיַּאַסְרֵהוּ פַרְעֹה נְכֹה בְרִבְלָה בְּאֶרֶץ חֲמָת במלך [מִמְּלֹךְ] בִּירוּשָׁלִָם וַיִּתֶּן־עֹנֶשׁ עַל־הָאָרֶץ מֵאָה כִכַּר־כֶּסֶף וְכִכַּר זָהָב:

34 Then Pharaoh Neco appointed Eliakim son of *Yoshiyahu* king in place of his father *Yoshiyahu*, changing his name to *Yehoyakim*. He took *Yehoachaz* and brought him to Egypt, where he died.

לד וַיַּמְלֵךְ פַּרְעֹה נְכֹה אֶת־אֶלְיָקִים בֶּן־יֹאשִׁיָּהוּ תַּחַת יֹאשִׁיָּהוּ אָבִיו וַיַּסֵּב אֶת־שְׁמוֹ יְהוֹיָקִים וְאֶת־יְהוֹאָחָז לָקָח וַיָּבֹא מִצְרַיִם וַיָּמָת שָׁם:

35 *Yehoyakim* gave Pharaoh the silver and the gold, and he made an assessment on the land to pay the money demanded by Pharaoh. He exacted from the people of the land the silver and gold to be paid Pharaoh Neco, according to each man's assessment.

לה וְהַכֶּסֶף וְהַזָּהָב נָתַן יְהוֹיָקִים לְפַרְעֹה אַךְ הֶעֱרִיךְ אֶת־הָאָרֶץ לָתֵת אֶת־הַכֶּסֶף עַל־פִּי פַרְעֹה אִישׁ כְּעֶרְכּוֹ נָגַשׂ אֶת־הַכֶּסֶף וְאֶת־הַזָּהָב אֶת־עַם הָאָרֶץ לָתֵת לְפַרְעֹה נְכֹה:

36 *Yehoyakim* was twenty-five years old when he became king, and he reigned eleven years in *Yerushalayim*; his mother's name was Zebudah daughter of Pedaiah of Rumah.

לו בֶּן־עֶשְׂרִים וְחָמֵשׁ שָׁנָה יְהוֹיָקִים בְּמָלְכוֹ וְאַחַת עֶשְׂרֵה שָׁנָה מָלַךְ בִּירוּשָׁלִָם וְשֵׁם אִמּוֹ זבידה [זְבוּדָּה] בַת־פְּדָיָה מִן־רוּמָה:

37 He did what was displeasing to *Hashem*, just as his ancestors had done.

לז וַיַּעַשׂ הָרַע בְּעֵינֵי יְהוָה כְּכֹל אֲשֶׁר־עָשׂוּ אֲבֹתָיו:

24 1 In his days, King Nebuchadnezzar of Babylon came up, and *Yehoyakim* became his vassal for three years. Then he turned and rebelled against him.

א בְּיָמָיו עָלָה נְבֻכַדְנֶאצַּר מֶלֶךְ בָּבֶל וַיְהִי־לוֹ יְהוֹיָקִים עֶבֶד שָׁלֹשׁ שָׁנִים וַיָּשָׁב וַיִּמְרָד־בּוֹ:

2 *Hashem* let loose against him the raiding bands of the Chaldeans, Arameans, Moabites, and Amonites; He let them loose against *Yehuda* to destroy it, in accordance with the word that *Hashem* had spoken through His servants the *Neviim*.

3 All this befell *Yehuda* at the command of *Hashem*, who banished [them] from His presence because of all the sins that *Menashe* had committed,

4 and also because of the blood of the innocent that he shed. For he filled *Yerushalayim* with the blood of the innocent, and *Hashem* would not forgive.

5 The other events of *Yehoyakim*'s reign, and all of his actions, are recorded in the Annals of the Kings of *Yehuda*.

6 *Yehoyakim* slept with his fathers, and his son *Yehoyachin* succeeded him as king.

7 The king of Egypt did not venture out of his country again, for the king of Babylon had seized all the land that had belonged to the king of Egypt, from the Wadi of Egypt to the River Euphrates.

8 *Yehoyachin* was eighteen years old when he became king, and he reigned three months in *Yerushalayim*; his mother's name was Nehushta daughter of Elnathan of *Yerushalayim*.

9 He did what was displeasing to *Hashem*, just as his father had done.

10 At that time, the troops of King Nebuchadnezzar of Babylon marched against *Yerushalayim*, and the city came under siege.

11 King Nebuchadnezzar of Babylon advanced against the city while his troops were besieging it.

12 Thereupon King *Yehoyachin* of *Yehuda*, along with his mother, and his courtiers, commanders, and officers, surrendered to the king of Babylon. The king of Babylon took him captive in the eighth year of his reign.

13 He carried off from *Yerushalayim* all the treasures of the House of *Hashem* and the treasures of the royal palace; he stripped off all the golden decorations in the Temple of *Hashem* – which King *Shlomo* of *Yisrael* had made – as *Hashem* had warned.

ב וַיְשַׁלַּח יְהֹוָה ׀ בּוֹ אֶת־גְּדוּדֵי כַשְׂדִּים וְאֶת־גְּדוּדֵי אֲרָם וְאֵת ׀ גְּדוּדֵי מוֹאָב וְאֵת גְּדוּדֵי בְנֵי־עַמּוֹן וַיְשַׁלְּחֵם בִּיהוּדָה לְהַאֲבִידוֹ כִּדְבַר יְהֹוָה אֲשֶׁר דִּבֶּר בְּיַד עֲבָדָיו הַנְּבִיאִים:

ג אַךְ ׀ עַל־פִּי יְהֹוָה הָיְתָה בִּיהוּדָה לְהָסִיר מֵעַל פָּנָיו בְּחַטֹּאת מְנַשֶּׁה כְּכֹל אֲשֶׁר עָשָׂה:

ד וְגַם דַּם־הַנָּקִי אֲשֶׁר שָׁפָךְ וַיְמַלֵּא אֶת־יְרוּשָׁלַם דָּם נָקִי וְלֹא־אָבָה יְהֹוָה לִסְלֹחַ:

ה וְיֶתֶר דִּבְרֵי יְהוֹיָקִים וְכָל־אֲשֶׁר עָשָׂה הֲלֹא־הֵם כְּתוּבִים עַל־סֵפֶר דִּבְרֵי הַיָּמִים לְמַלְכֵי יְהוּדָה:

ו וַיִּשְׁכַּב יְהוֹיָקִים עִם־אֲבֹתָיו וַיִּמְלֹךְ יְהוֹיָכִין בְּנוֹ תַּחְתָּיו:

ז וְלֹא־הֹסִיף עוֹד מֶלֶךְ מִצְרַיִם לָצֵאת מֵאַרְצוֹ כִּי־לָקַח מֶלֶךְ בָּבֶל מִנַּחַל מִצְרַיִם עַד־נְהַר־פְּרָת כֹּל אֲשֶׁר הָיְתָה לְמֶלֶךְ מִצְרָיִם:

ח בֶּן־שְׁמֹנֶה עֶשְׂרֵה שָׁנָה יְהוֹיָכִין בְּמָלְכוֹ וּשְׁלֹשָׁה חֳדָשִׁים מָלַךְ בִּירוּשָׁלָם וְשֵׁם אִמּוֹ נְחֻשְׁתָּא בַת־אֶלְנָתָן מִירוּשָׁלָם:

ט וַיַּעַשׂ הָרַע בְּעֵינֵי יְהֹוָה כְּכֹל אֲשֶׁר־עָשָׂה אָבִיו:

י בָּעֵת הַהִיא עלה [עָלוּ] עַבְדֵי נְבֻכַדְנֶאצַּר מֶלֶךְ־בָּבֶל יְרוּשָׁלָם וַתָּבֹא הָעִיר בַּמָּצוֹר:

יא וַיָּבֹא נְבוּכַדְנֶאצַּר מֶלֶךְ־בָּבֶל עַל־הָעִיר וַעֲבָדָיו צָרִים עָלֶיהָ:

יב וַיֵּצֵא יְהוֹיָכִין מֶלֶךְ־יְהוּדָה עַל־מֶלֶךְ בָּבֶל הוּא וְאִמּוֹ וַעֲבָדָיו וְשָׂרָיו וְסָרִיסָיו וַיִּקַּח אֹתוֹ מֶלֶךְ בָּבֶל בִּשְׁנַת שְׁמֹנֶה לְמָלְכוֹ:

יג וַיּוֹצֵא מִשָּׁם אֶת־כָּל־אוֹצְרוֹת בֵּית יְהֹוָה וְאוֹצְרוֹת בֵּית הַמֶּלֶךְ וַיְקַצֵּץ אֶת־כָּל־כְּלֵי הַזָּהָב אֲשֶׁר עָשָׂה שְׁלֹמֹה מֶלֶךְ־יִשְׂרָאֵל בְּהֵיכַל יְהֹוָה כַּאֲשֶׁר דִּבֶּר יְהֹוָה:

14 He exiled all of *Yerushalayim*: all the commanders and all the warriors – ten thousand exiles – as well as all the craftsmen and smiths; only the poorest people in the land were left.

יד וְהִגְלָה אֶת־כׇּל־יְרוּשָׁלַ͏ִם וְאֶת־כׇּל־
הַשָּׂרִים וְאֵת כׇּל־גִּבּוֹרֵי הַחַיִל עשרה
[עֲשֶׂרֶת] אֲלָפִים גּוֹלֶה וְכׇל־הֶחָרָשׁ
וְהַמַּסְגֵּר לֹא נִשְׁאַר זוּלַת דַּלַּת עַם־
הָאָרֶץ׃

v'-hig-LAH et kol y'-ru-sha-LA-im v'-et kol ha-sa-REEM v'-AYT kol
gi-bo-RAY ha-KHA-yil a-SE-ret a-la-FEEM go-LEH v'-khol he-kha-RASH
v'-ha-mas-GAYR lo nish-AR zu-LAT da-LAT am ha-A-retz

15 He deported *Yehoyachin* to Babylon; and the king's wives and officers and the notables of the land were brought as exiles from *Yerushalayim* to Babylon.

טו וַיֶּגֶל אֶת־יְהוֹיָכִין בָּבֶלָה וְאֶת־אֵם הַמֶּלֶךְ
וְאֶת־נְשֵׁי הַמֶּלֶךְ וְאֶת־סָרִיסָיו וְאֵת אולי
[אֵילֵי] הָאָרֶץ הוֹלִיךְ גּוֹלָה מִירוּשָׁלַ͏ִם
בָּבֶלָה׃

16 All the able men, to the number of seven thousand – all of them warriors, trained for battle – and a thousand craftsmen and smiths were brought to Babylon as exiles by the king of Babylon.

טז וְאֵת כׇּל־אַנְשֵׁי הַחַיִל שִׁבְעַת אֲלָפִים
וְהֶחָרָשׁ וְהַמַּסְגֵּר אֶלֶף הַכֹּל גִּבּוֹרִים
עֹשֵׂי מִלְחָמָה וַיְבִיאֵם מֶלֶךְ־בָּבֶל גּוֹלָה
בָּבֶלָה׃

17 And the king of Babylon appointed Mattaniah, *Yehoyachin*'s uncle, king in his place, changing his name to *Tzidkiyahu*.

יז וַיַּמְלֵךְ מֶלֶךְ־בָּבֶל אֶת־מַתַּנְיָה דֹדוֹ
תַּחְתָּיו וַיַּסֵּב אֶת־שְׁמוֹ צִדְקִיָּהוּ׃

18 *Tzidkiyahu* was twenty-one years old when he became king, and he reigned eleven years in *Yerushalayim*; his mother's name was Hamutal daughter of *Yirmiyahu* of Libnah.

יח בֶּן־עֶשְׂרִים וְאַחַת שָׁנָה צִדְקִיָּהוּ בְמׇלְכוֹ
וְאַחַת עֶשְׂרֵה שָׁנָה מָלַךְ בִּירוּשָׁלָ͏ִם וְשֵׁם
אִמּוֹ חמיטל [חֲמוּטַל] בַּת־יִרְמְיָהוּ
מִלִּבְנָה׃

19 He did what was displeasing to *Hashem*, just as *Yehoyakim* had done.

יט וַיַּעַשׂ הָרַע בְּעֵינֵי יְהֹוָה כְּכֹל אֲשֶׁר־עָשָׂה
יְהוֹיָקִים׃

20 Indeed, *Yerushalayim* and *Yehuda* were a cause of anger for *Hashem*, so that He cast them out of His presence. *Tzidkiyahu* rebelled against the king of Babylon.

כ כִּי עַל־אַף יְהֹוָה הָיְתָה בִירוּשָׁלַ͏ִם
וּבִיהוּדָה עַד־הִשְׁלִכוֹ אֹתָם מֵעַל פָּנָיו
וַיִּמְרֹד צִדְקִיָּהוּ בְּמֶלֶךְ בָּבֶל׃

25 1 And in the ninth year of his reign, on the tenth day of the tenth month, Nebuchadnezzar moved against *Yerushalayim* with his whole army. He besieged it; and they built towers against it all around.

א וַיְהִי בִשְׁנַת הַתְּשִׁיעִית לְמׇלְכוֹ בַּחֹדֶשׁ
הָעֲשִׂירִי בֶּעָשׂוֹר לַחֹדֶשׁ בָּא נְבֻכַדְנֶאצַּר
מֶלֶךְ־בָּבֶל הוּא וְכׇל־חֵילוֹ עַל־יְרוּשָׁלַ͏ִם
וַיִּחַן עָלֶיהָ וַיִּבְנוּ עָלֶיהָ דָּיֵק סָבִיב׃

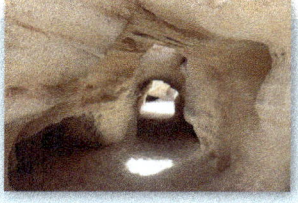

A copper mine at Timna Park

24:14 All the craftsmen and smiths During the first stage of the exile to Babylon, Nebuchadnezzar carried away all the leaders of the Children of Israel, in the stage of exile known as *galut cheresh umasger* (**גלות חרש ומסגר**), 'the exile of the craftsmen and smiths.' During this exile, the royalty, military elite, Torah scholars and all the dignitaries were taken away from *Yerushalayim*. Nebuchadnezzar left behind only the poor people, ruled by a government under his control. By depriving the people of their leadership, Nebuchadnezzar believed that he would end all possibility of revolt against his rule. Yet, due to *Hashem*'s intention to destroy the city, a rebellion leading to the ultimate destruction will take place. Despite the plans of even the most powerful human beings, God's plans can never be thwarted.

2 The city continued in a state of siege until the eleventh year of King *Tzidkiyahu*.

ב וַתָּבֹא הָעִיר בַּמָּצוֹר עַד עַשְׁתֵּי עֶשְׂרֵה
שָׁנָה לַמֶּלֶךְ צִדְקִיָּהוּ׃

3 By the ninth day [of the fourth month] the famine had become acute in the city; there was no food left for the common people.

ג בְּתִשְׁעָה לַחֹדֶשׁ וַיֶּחֱזַק הָרָעָב בָּעִיר
וְלֹא־הָיָה לֶחֶם לְעַם הָאָרֶץ׃

4 Then [the wall of] the city was breached. All the soldiers [left the city] by night through the gate between the double walls, which is near the king's garden – the Chaldeans were all around the city; and [the king] set out for the Arabah.

ד וַתִּבָּקַע הָעִיר וְכָל־אַנְשֵׁי הַמִּלְחָמָה
הַלַּיְלָה דֶּרֶךְ שַׁעַר בֵּין הַחֹמֹתַיִם אֲשֶׁר
עַל־גַּן הַמֶּלֶךְ וְכַשְׂדִּים עַל־הָעִיר סָבִיב
וַיֵּלֶךְ דֶּרֶךְ הָעֲרָבָה׃

5 But the Chaldean troops pursued the king, and they overtook him in the steppes of *Yericho* as his entire force left him and scattered.

ה וַיִּרְדְּפוּ חֵיל־כַּשְׂדִּים אַחַר הַמֶּלֶךְ וַיַּשִּׂגוּ
אֹתוֹ בְּעַרְבוֹת יְרֵחוֹ וְכָל־חֵילוֹ נָפֹצוּ
מֵעָלָיו׃

6 They captured the king and brought him before the king of Babylon at Riblah; and they put him on trial.

ו וַיִּתְפְּשׂוּ אֶת־הַמֶּלֶךְ וַיַּעֲלוּ אֹתוֹ אֶל־מֶלֶךְ
בָּבֶל רִבְלָתָה וַיְדַבְּרוּ אִתּוֹ מִשְׁפָּט׃

7 They slaughtered *Tzidkiyahu*'s sons before his eyes; then *Tzidkiyahu*'s eyes were put out. He was chained in bronze fetters and he was brought to Babylon.

ז וְאֶת־בְּנֵי צִדְקִיָּהוּ שָׁחֲטוּ לְעֵינָיו וְאֶת־
עֵינֵי צִדְקִיָּהוּ עִוֵּר וַיַּאַסְרֵהוּ בַנְחֻשְׁתַּיִם
וַיְבִאֵהוּ בָּבֶל׃

8 On the seventh day of the fifth month – that was the nineteenth year of King Nebuchadnezzar of Babylon – Nebuzaradan, the chief of the guards, an officer of the king of Babylon, came to *Yerushalayim*.

ח וּבַחֹדֶשׁ הַחֲמִישִׁי בְּשִׁבְעָה לַחֹדֶשׁ
הִיא שְׁנַת תְּשַׁע־עֶשְׂרֵה שָׁנָה לַמֶּלֶךְ
נְבֻכַדְנֶאצַּר מֶלֶךְ־בָּבֶל בָּא נְבוּזַרְאֲדָן רַב־
טַבָּחִים עֶבֶד מֶלֶךְ־בָּבֶל יְרוּשָׁלָ͏ִם׃

9 He burned the House of *Hashem*, the king's palace, and all the houses of *Yerushalayim*; he burned down the house of every notable person.

ט וַיִּשְׂרֹף אֶת־בֵּית־יְהֹוָה וְאֶת־בֵּית הַמֶּלֶךְ
וְאֵת כָּל־בָּתֵּי יְרוּשָׁלַ͏ִם וְאֶת־כָּל־בֵּית
גָּדוֹל שָׂרַף בָּאֵשׁ׃

va-yis-ROF et bayt a-do-NAI v'-et BAYT ha-ME-lekh v'-ayt kol ba-TAY y'-ru-sha-LA-im v'-et kol BAYT ga-DOL sa-RAF ba-AYSH

10 The entire Chaldean force that was with the chief of the guard tore down the walls of *Yerushalayim* on every side.

י וְאֶת־חוֹמֹת יְרוּשָׁלַ͏ִם סָבִיב נָתְצוּ כָּל־
חֵיל כַּשְׂדִּים אֲשֶׁר רַב־טַבָּחִים׃

25:9 He burned the House of *Hashem* At the time, this is the greatest calamity to have ever occurred to the Children of Israel. *Hashem* permits Nebuchadnezzar to destroy His *Beit Hamikdash*, the spiritual center of the universe. He also allows the burning of the king's house, which represents the monarchy, and the houses of prayer and study in *Yerushalayim*. The nation is exiled, and only a small group of poor people remains in the land under the leadership of *Gedalya* the son of *Achikam*. When *Gedalya* is killed and the rest of the people flee to Egypt, it seems that all ties between the Children of Israel and their land have been lost, as there isn't even a small Jewish presence left in *Eretz Yisrael*. However, despite the utter desecration, destruction and despair, the People of Israel will again rise and the *Beit Hamikdash* will be rebuilt. *Sefer Melachim* hints to this renewal as it ends on a somewhat positive note with the release of King *Yehoyachin* from prison and his rise in stature.

Stones from the second *Beit Hamikdash* destroyed by the Romans

¹¹ The remnant of the people that was left in the city, the defectors who had gone over to the king of Babylon – and the remnant of the population – were taken into exile by Nebuzaradan, the chief of the guards.

יא וְאֵת יֶתֶר הָעָם הַנִּשְׁאָרִים בָּעִיר וְאֶת־הַנֹּפְלִים אֲשֶׁר נָפְלוּ עַל־הַמֶּלֶךְ בָּבֶל וְאֵת יֶתֶר הֶהָמוֹן הֶגְלָה נְבוּזַרְאֲדָן רַב־טַבָּחִים:

¹² But some of the poorest in the land were left by the chief of the guards, to be vinedressers and field hands.

יב וּמִדַּלַּת הָאָרֶץ הִשְׁאִיר רַב־טַבָּחִים לְכֹרְמִים וּלְיֹגְבִים:

¹³ The Chaldeans broke up the bronze columns of the House of *Hashem*, the stands, and the bronze tank that was in the House of *Hashem*; and they carried the bronze away to Babylon.

יג וְאֶת־עַמּוּדֵי הַנְּחֹשֶׁת אֲשֶׁר בֵּית־יְהוָה וְאֶת־הַמְּכֹנוֹת וְאֶת־יָם הַנְּחֹשֶׁת אֲשֶׁר בְּבֵית־יְהוָה שִׁבְּרוּ כַשְׂדִּים וַיִּשְׂאוּ אֶת־נְחֻשְׁתָּם בָּבֶלָה:

¹⁴ They also took all the pails, scrapers, snuffers, ladles, and all the other bronze vessels used in the service.

יד וְאֶת־הַסִּירֹת וְאֶת־הַיָּעִים וְאֶת־הַמְזַמְּרוֹת וְאֶת־הַכַּפּוֹת וְאֵת כָּל־כְּלֵי הַנְּחֹשֶׁת אֲשֶׁר יְשָׁרְתוּ־בָם לָקָחוּ:

¹⁵ The chief of the guards took whatever was of gold and whatever was of silver: firepans and sprinkling bowls.

טו וְאֶת־הַמַּחְתּוֹת וְאֶת־הַמִּזְרָקוֹת אֲשֶׁר זָהָב זָהָב וַאֲשֶׁר־כֶּסֶף כָּסֶף לָקַח רַב־טַבָּחִים:

¹⁶ The two columns, the one tank, and the stands that *Shlomo* provided for the House of *Hashem* – all these objects contained bronze beyond weighing.

טז הָעַמּוּדִים שְׁנַיִם הַיָּם הָאֶחָד וְהַמְּכֹנוֹת אֲשֶׁר־עָשָׂה שְׁלֹמֹה לְבֵית יְהוָה לֹא־הָיָה מִשְׁקָל לִנְחֹשֶׁת כָּל־הַכֵּלִים הָאֵלֶּה:

¹⁷ The one column was eighteen *amot* high. It had a bronze capital above it; the height of the capital was three *amot*, and there was a meshwork [decorated] with pomegranates about the capital, all made of bronze. And the like was true of the other column with its meshwork.

יז שְׁמֹנֶה עֶשְׂרֵה אַמָּה קוֹמַת הָעַמּוּד הָאֶחָד וְכֹתֶרֶת עָלָיו נְחֹשֶׁת וְקוֹמַת הַכֹּתֶרֶת שָׁלֹשׁ אמה [אַמּוֹת] וּשְׂבָכָה וְרִמֹּנִים עַל־הַכֹּתֶרֶת סָבִיב הַכֹּל נְחֹשֶׁת וְכָאֵלֶּה לַעַמּוּד הַשֵּׁנִי עַל־הַשְּׂבָכָה:

¹⁸ The chief of the guards also took *Seraya*, the chief *Kohen*, *Tzefanya*, the deputy *Kohen*, and the three guardians of the threshold.

יח וַיִּקַּח רַב־טַבָּחִים אֶת־שְׂרָיָה כֹּהֵן הָרֹאשׁ וְאֶת־צְפַנְיָהוּ כֹּהֵן מִשְׁנֶה וְאֶת־שְׁלֹשֶׁת שֹׁמְרֵי הַסַּף:

¹⁹ And from the city he took a eunuch who was in command of the soldiers; five royal privy councillors who were present in the city; the scribe of the army commander, who was in charge of mustering the people of the land; and sixty of the common people who were inside the city.

יט וּמִן־הָעִיר לָקַח סָרִיס אֶחָד אֲשֶׁר־הוּא פָקִיד עַל־אַנְשֵׁי הַמִּלְחָמָה וַחֲמִשָּׁה אֲנָשִׁים מֵרֹאֵי פְנֵי־הַמֶּלֶךְ אֲשֶׁר נִמְצְאוּ בָעִיר וְאֵת הַסֹּפֵר שַׂר הַצָּבָא הַמַּצְבִּא אֶת־עַם הָאָרֶץ וְשִׁשִּׁים אִישׁ מֵעַם הָאָרֶץ הַנִּמְצְאִים בָּעִיר:

²⁰ Nebuzaradan, the chief of the guards, took them and brought them to the king of Babylon at Riblah.

כ וַיִּקַּח אֹתָם נְבוּזַרְאֲדָן רַב־טַבָּחִים וַיֹּלֶךְ אֹתָם עַל־מֶלֶךְ בָּבֶל רִבְלָתָה:

²¹ The king of Babylon had them struck down and put to death at Riblah, in the region of Hamath. Thus *Yehuda* was exiled from its land.

כא וַיַּךְ אֹתָם מֶלֶךְ בָּבֶל וַיְמִיתֵם בְּרִבְלָה בְּאֶרֶץ חֲמָת וַיִּגֶל יְהוּדָה מֵעַל אַדְמָתוֹ:

Kings

22 King Nebuchadnezzar of Babylon put *Gedalya* son of *Achikam* son of *Shafan* in charge of the people whom he left in the land of *Yehuda*.

כב וְהָעָם הַנִּשְׁאָר בְּאֶרֶץ יְהוּדָה אֲשֶׁר
הִשְׁאִיר נְבוּכַדְנֶאצַּר מֶלֶךְ בָּבֶל וַיַּפְקֵד
עֲלֵיהֶם אֶת־גְּדַלְיָהוּ בֶּן־אֲחִיקָם בֶּן־שָׁפָן׃

23 When the officers of the troops and their men heard that the king of Babylon had put *Gedalya* in charge, they came to *Gedalya* at *Mitzpa* with Ishmael son of Nethaniah, *Yochanan* son of Kareah, *Seraya* son of Tanhumeth the Netophathite, and Jaazaniah son of the Maachite, together with their men.

כג וַיִּשְׁמְעוּ כָל־שָׂרֵי הַחֲיָלִים הֵמָּה
וְהָאֲנָשִׁים כִּי־הִפְקִיד מֶלֶךְ־בָּבֶל אֶת־
גְּדַלְיָהוּ וַיָּבֹאוּ אֶל־גְּדַלְיָהוּ הַמִּצְפָּה
וְיִשְׁמָעֵאל בֶּן־נְתַנְיָה וְיוֹחָנָן בֶּן־קָרֵחַ
וּשְׂרָיָה בֶן־תַּנְחֻמֶת הַנְּטֹפָתִי וְיַאֲזַנְיָהוּ
בֶּן־הַמַּעֲכָתִי הֵמָּה וְאַנְשֵׁיהֶם׃

24 *Gedalya* reassured them and their men, saying, "Do not be afraid of the servants of the Chaldeans. Stay in the land and serve the king of Babylon, and it will go well with you."

כד וַיִּשָּׁבַע לָהֶם גְּדַלְיָהוּ וּלְאַנְשֵׁיהֶם וַיֹּאמֶר
לָהֶם אַל־תִּירְאוּ מֵעַבְדֵי הַכַּשְׂדִּים שְׁבוּ
בָאָרֶץ וְעִבְדוּ אֶת־מֶלֶךְ בָּבֶל וְיִטַב לָכֶם׃

25 In the seventh month, Ishmael son of Nethaniah son of Elishama, who was of royal descent, came with ten men, and they struck down *Gedalya* and he died; [they also killed] the Judeans and the Chaldeans who were present with him at *Mitzpa*.

כה וַיְהִי בַּחֹדֶשׁ הַשְּׁבִיעִי בָּא יִשְׁמָעֵאל
בֶּן־נְתַנְיָה בֶּן־אֱלִישָׁמָע מִזֶּרַע הַמְּלוּכָה
וַעֲשָׂרָה אֲנָשִׁים אִתּוֹ וַיַּכּוּ אֶת־גְּדַלְיָהוּ
וַיָּמֹת וְאֶת־הַיְּהוּדִים וְאֶת־הַכַּשְׂדִּים
אֲשֶׁר־הָיוּ אִתּוֹ בַּמִּצְפָּה׃

26 And all the people, young and old, and the officers of the troops set out and went to Egypt because they were afraid of the Chaldeans.

כו וַיָּקֻמוּ כָל־הָעָם מִקָּטֹן וְעַד־גָּדוֹל וְשָׂרֵי
הַחֲיָלִים וַיָּבֹאוּ מִצְרָיִם כִּי יָרְאוּ מִפְּנֵי
כַשְׂדִּים׃

27 In the thirty-seventh year of the exile of King *Yehoyachin* of *Yehuda*, on the twenty-seventh day of the twelfth month, King Evilmerodach of Babylon, in the year he became king, took note of King *Yehoyachin* of *Yehuda* and released him from prison.

כז וַיְהִי בִשְׁלֹשִׁים וָשֶׁבַע שָׁנָה לְגָלוּת
יְהוֹיָכִין מֶלֶךְ־יְהוּדָה בִּשְׁנֵים עָשָׂר חֹדֶשׁ
בְּעֶשְׂרִים וְשִׁבְעָה לַחֹדֶשׁ נָשָׂא אֱוִיל
מְרֹדַךְ מֶלֶךְ בָּבֶל בִּשְׁנַת מָלְכוֹ אֶת־רֹאשׁ
יְהוֹיָכִין מֶלֶךְ־יְהוּדָה מִבֵּית כֶּלֶא׃

28 He spoke kindly to him, and gave him a throne above those of other kings who were with him in Babylon.

כח וַיְדַבֵּר אִתּוֹ טֹבוֹת וַיִּתֵּן אֶת־כִּסְאוֹ מֵעַל
כִּסֵּא הַמְּלָכִים אֲשֶׁר אִתּוֹ בְּבָבֶל׃

29 His prison garments were removed, and [*Yehoyachin*] received regular rations by his favor for the rest of his life.

כט וְשִׁנָּא אֵת בִּגְדֵי כִלְאוֹ וְאָכַל לֶחֶם תָּמִיד
לְפָנָיו כָּל־יְמֵי חַיָּו׃

30 A regular allotment of food was given him at the instance of the king – an allotment for each day – all the days of his life.

ל וַאֲרֻחָתוֹ אֲרֻחַת תָּמִיד נִתְּנָה־לּוֹ מֵאֵת
הַמֶּלֶךְ דְּבַר־יוֹם בְּיוֹמוֹ כֹּל יְמֵי חַיָּו׃

List of Transliterated Words in *The Israel Bible*

The following is a list of nouns which have been transliterated into Hebrew in the English translation and commentary of *The Israel Bible*:

Hebrew Name	English Name	Pronunciation	Hebrew
Achan	Achan	a-KHAN	עָכָן
Achav	Ahab	akh-AV	אַחְאָב
Achaz	Ahaz	a-KHAZ	אָחָז
Achazyahu	Ahaziah	a-khaz-YA-hu	אֲחַזְיָהוּ
Achiezer	Ahiezer	a-khee-E-zer	אֲחִיעֶזֶר
Achihud	Ahihud	a-khee-HUD	אֲחִיהוּד
Achikam	Ahikam	a-khee-KAM	אֲחִיקָם
Achilud	Ahilud	a-khee-LUD	אֲחִילוּד
Achimelech	Ahimelech	a-khee-ME-lekh	אֲחִימֶלֶךְ
Achira	Ahira	a-khee-RA	אֲחִירַע
Achisamach	Ahisamach	a-khee-sa-MAKH	אֲחִיסָמָךְ
Achitofel	Ahithophel	a-khee-TO-fel	אֲחִיתֹפֶל
Achituv	Ahitub	a-khee-TUV	אֲחִיטוּב
Achiya	Ahijah	a-khi-YAH	אֲחִיָּה
Adam	Adam	a-DAM	אָדָם
Adar	Adar	a-DAR	אֲדָר
Adoniyahu	Adonijah	a-do-ni-YA-hu	אֲדֹנִיָּהוּ
Adulam	Adullam	a-du-LAM	עֲדֻלָּם
Agur	Agur	a-GUR	אָגוּר
Aharon	Aaron	a-ha-RON	אַהֲרֹן
Amasa	Amasa	a-ma-SA	עֲמָשָׂא
Amatzya	Amaziah	a-matz-YAH	אֲמַצְיָה
Amen	Amen	a-MAYN	אָמֵן
Amiel	Ammiel	a-mee-AYL	עַמִּיאֵל
Aminadav	Amminadab	a-mee-na-DAV	עַמִּינָדָב
Amitai	Amittai	a-mi-TAI	אֲמִתַּי
Amnon	Amnon	am-NON	אַמְנֹן

Hebrew Name	English Name	Pronunciation	Hebrew
Amon	Amon	a-MON	אָמוֹן
Amos	Amos	a-MOS	עָמוֹס
Amotz	Amoz	a-MOTZ	אָמוֹץ
Amram	Amram	am-RAM	עַמְרָם
Anatot	Anathoth	a-na-TOT	עֲנָתוֹת
Aron	Ark	a-RON	אֲרוֹן
Aron HaBrit	Ark of the Covenant	a-RON ha-b'-REET	אֲרוֹן הַבְּרִית
Arpachshad	Arpachshad	ar-pakh-SHAD	אַרְפַּכְשָׁד
Asa	Asa	a-SA	אָסָא
Asael	Asahel	a-sah-AYL	עֲשָׂהאֵל
Asaf	Asaph	a-SAF	אָסָף
Ashdod	Ashdod	ash-DOD	אַשְׁדּוֹד
Asher	Asher	a-SHAYR	אָשֵׁר
Ashkelon	Ashkelon	ash-k'-LON	אַשְׁקְלוֹן
Atalya	Athaliah	a-tal-YAH	עֲתַלְיָה
Avdon	Abdon	av-DON	עַבְדּוֹן
Avichayil	Abihail	a-vee-KHA-yil	אֲבִיחַיִל
Avidan	Abidan	a-vee-DAN	אֲבִידָן
Avigail	Abigail	a-vee-GA-yil	אֲבִיגַיִל
Avihu	Abihu	a-vee-HU	אֲבִיהוּא
Avimelech	Abimelech	a-vee-ME-lekh	אֲבִימֶלֶךְ
Avinadav	Abinadab	a-vee-na-DAV	אֲבִינָדָב
Aviram	Abiram	a-vee-RAM	אֲבִירָם
Avishai	Abishai	a-vee-SHAI	אֲבִישַׁי
Aviya	Abijah	a-vi-YAH	אֲבִיָּה
Aviyam	Abijam	a-vi-YAM	אֲבִיָּם
Avner	Abner	av-NAYR	אַבְנֵר
Avraham	Abraham	av-ra-HAM	אַבְרָהָם
Avram	Abram	av-RAM	אַבְרָם
Avshalom	Absalom	av-sha-LOM	אַבְשָׁלוֹם
Azarya	Azariah	a-zar-YAH	עֲזַרְיָה
Azeika	Azekah	a-zay-KAH	עֲזֵקָה
Azza	Gaza	a-ZAH	עַזָּה

Hebrew Name	English Name	Pronunciation	Hebrew
B'nei Yisrael	The Children of Israel	b'-NAY yis-ra-AYL	בְּנֵי יִשְׂרָאֵל
Barak	Barak	ba-rakh-AYL	בָּרָק
Baruch	Baruch	ba-RUKH	בָּרוּךְ
Barzilai	Barzillai	bar-zi-LAI	בַּרְזִלַּי
Basha	Baasa	ba-SHA	בַּעְשָׁא
Batsheva	Bath-sheba	bat-SHE-va	בַּת־שֶׁבַע
Be'er Sheva	Beer-sheba	b'-AYR SHE-va	בְּאֵר שֶׁבַע
Be'eri	Beeri	b'-ay-REE	בְּאֵרִי
Beit Aven	Beth-aven	bayt A-ven	בֵּית אָוֶן
Beit El	Beth-el	bayt el	בֵּית אֵל
Beit Hamikdash	Temple	bayt ha-mik-DASH	בֵּית הַמִּקְדָּשׁ
Beit Lechem	Beth-lehem	bayt LE-khem	בֵּית לֶחֶם
Beit Shean	Beth-shean	bayt sh'-AN	בֵּית שְׁאָן
Beit Shemesh	Beth-shemesh	bayt SHE-mesh	בֵּית שֶׁמֶשׁ
Berechya	Berechiah	be-rekh-YAH	בֶּרֶכְיָה
Betzalel	Bezalel	b'-tzal-AYL	בְּצַלְאֵל
Bilha	Bilhah	bil-HAH	בִּלְהָה
Binyamin	Benjamin	bin-ya-MIN	בִּנְיָמִין
Boaz	Boaz	BO-az	בֹּעַז
Buki	Bukki	bu-KEE	בֻּקִּי
Buzi	Buzi	bu-ZEE	בּוּזִי
Carmel	Carmel	kar-MEL	כַּרְמֶל
Chachalya	Hacaliah	kha-khal-YAH	חֲכַלְיָה
Chagai	Haggai	kha-GAI	חַגַּי
Chana	Hannah	kha-NAH	חַנָּה
Chanamel	Hanamel	kha-nam-AYL	חֲנַמְאֵל
Chanani	Hanani	kha-NA-nee	חֲנָנִי
Chananya	Hananiah	kha-nan-YAH	חֲנַנְיָה
Chaniel	Hanniel	kha-nee-AYL	חַנִּיאֵל
Chanoch	Enoch	kha-NOKH	חֲנוֹךְ
Chava	Eve	kha-VAH	חַוָּה
Chavakuk	Habakkuk	kha-va-KUK	חֲבַקּוּק
Chermon	Hermon	kher-MON	חֶרְמוֹן

Hebrew Name	English Name	Pronunciation	Hebrew
Chetzron	Hezron	khetz-RON	חֶצְרוֹן
Chever	Heber	KHE-ver	חֶבֶר
Chevron	Hebron	khev-RON	חֶבְרוֹן
Chilkiyahu	Hilkiah	khil-ki-YA-hu	חִלְקִיָּהוּ
Chizkiyahu	Hezekiah	khiz-ki-YA-hu	חִזְקִיָּהוּ
Chofni	Hophni	khof-NEE	חָפְנִי
Chogla	Hoglah	khog-LAH	חָגְלָה
Chulda	Hulda	khul-DAH	חֻלְדָּה
Chur	Hur	Khur	חוּר
Dan	Dan	Dan	דָּן
Daniel	Daniel	da-ni-YAYL	דָּנִיֵּאל
Datan	Dathan	da-TAN	דָּתָן
David	David	da-VID	דָּוִד
Devora	Deborah	d'-vo-RAH	דְּבוֹרָה
Dina	Dinah	DEE-nah	דִּינָה
Doeg Ha'adomi	Doeg the Edomite	do-AYG ha-a-do-MEE	דּוֹאֵג הָאֲדֹמִי
Efraim	Ephraim	ef-RA-yim	אֶפְרָיִם
Efrat	Ephrat	ef-RAT	אֶפְרָתָה
Efrat	Ephrathah	ef-RA-tah	אֶפְרָתָה
Ehud	Ehud	ay-HUD	אֵהוּד
Eila	Elah	AY-lah	אֵלָה
Eilon	Elon	ay-LON	אֵילוֹן
Ein Gedi	En-gedi	ayn GE-dee	עֵין גֶּדִי
Elazar	Eleazar	el-a-ZAR	אֶלְעָזָר
Elchanan	Elhanan	el-kha-NAN	אֶלְחָנָן
Eli	Eli	ay-LEE	עֵלִי
Eliav	Eliab	e-lee-AV	אֱלִיאָב
Elidad	Elidad	e-lee-DAD	אֱלִידָד
Eliezer	Eliezer	e-lee-E-zer	אֱלִיעֶזֶר
Elimelech	Elimelech	e-lee-ME-lekh	אֱלִימֶלֶךְ
Elisha	Elisha	e-lee-SHA	אֱלִישָׁע
Elishama	Elishama	e-lee-sha-MA	אֱלִישָׁמָע
Elisheva	Elisheba	e-lee-SHE-va	אֱלִישֶׁבַע

Hebrew Name	English Name	Pronunciation	Hebrew
Elitzafan	Eli-zaphan	e-lee-tza-FAN	אֱלִיצָפָן
Elitzur	Elizur	e-lee-TZUR	אֱלִיצוּר
Eliyahu	Elijah	ay-li-YA-hu	אֵלִיָּהוּ
Elkana	Elkanah	el-ka-NAH	אֶלְקָנָה
Elyasaf	Eliasaph	el-ya-SAF	אֶלְיָסָף
Elyashiv	Eliashib	el-ya-SHEEV	אֶלְיָשִׁיב
Enosh	Enosh	e-NOSH	אֱנוֹשׁ
Er	Er	ayr	עֵר
Eshtaol	Eshtaol	esh-ta-OL	אֶשְׁתָּאֹל
Esther	Esther	es-TAYR	אֶסְתֵּר
Eved Melech	Ebed-melech	E-ved ME-lekh	עֶבֶד־מֶלֶךְ
Even Ha-Ezer	Eben-Ezer	E-ven ha-E-zer	אֶבֶן הָעֶזֶר
Ever	Eber	AY-ver	עֵבֶר
Evyatar	Abiathar	ev-ya-TAR	אֶבְיָתָר
Ezra	Ezra	ez-RA	עֶזְרָא
Gad	Gad	gad	גָּד
Gadi	Gaddi	ga-DEE	גַּדִּי
Gadiel	Gaddiel	ga-dee-AYL	גַּדִּיאֵל
Gamliel	Gamaliel	gam-lee-AYL	גַּמְלִיאֵל
Gedalia	Gedaliah	g'-dal-YA (hu)	גְּדַלְיָהוּ
Gedera	Gederah	g'-day-RAH	גְּדֵרָה
Gershom	Gershom	gay-r'-SHOM	גֵּרְשׁוֹם
Gershon	Gershon	gay-r'-SHON	גֵּרְשׁוֹן
Geshem	Geshem	GE-shem	גֶּשֶׁם
Geuel	Geuel	g'-u-AYL	גְּאוּאֵל
Gidon	Gideon	gid-ON	גִּדְעוֹן
Gilad	Gilead	gil-AD	גִּלְעָד
Gilgal	Gilgal	gil-GAL	גִּלְגָּל
Giva	Gibeah	giv-AH	גִּבְעָה
Givon	Gibeon	giv-ON	גִּבְעוֹן
Hadassa	Hadassah	ha-da-SAH	הֲדַסָּה
Har Eival	Mount Ebal	ay-VAL	הַר עֵיבָל
Har Gerizim	Mount Gerizim	g'-ri-ZEEM	הַר גְּרִזִּים

Hebrew Name	English Name	Pronunciation	Hebrew
Har HaBayit	Temple Mount	har ha-BA-yit	הַר הַבַּיִת
Har HaZeitim	the Mount of Olives	har ha-zay-TEEM	הַר הַזֵּיתִים
Hashem	Lord/God		
Hayman	Heman	hay-MAN	הֵימָן
Hoshea	Hosea	ho-SHAY-a	הוֹשֵׁעַ
Ido	Iddo	i-DO	עִדּוֹ
Imanu-El	Immanuel	i-MA-nu ayl	עִמָּנוּ אֵל
Ish-boshet	Ish-bosheth	eesh BO-shet	אִישׁ־בֹּשֶׁת
Itamar	Ithamar	ee-ta-MAR	אִיתָמָר
Itiel	Ithiel	ee-tee-AYL	אִיתִיאֵל
Ivtzan	Ibzan	iv-TZAN	אִבְצָן
Iyov	Job	i-YOV	אִיּוֹב
Kadmiel	Kadmiel	kad-mee-AYL	קַדְמִיאֵל
Kalev	Caleb	ka-LAYV	כָּלֵב
Keesh	Kish	keesh	קִישׁ
Kehat	Kohath	k'-HAT	קְהָת
Keinan	Kenan	kay-NAN	קֵינָן
Kemuel	Kemuel	k'-mu-AYL	קְמוּאֵל
Keruvim	Cherubim	k'-ru-VEEM	כְּרוּבִים
Kilyon	Chilion	kil-YON	כִלְיוֹן
Kiryat Arba	Kiriath-arba	keer-YAT AR-bah	קִרְיַת אַרְבַּע
Kiryat Sefer	Kiriath-sepher	keer-YAT SAY-fer	קִרְיַת־סֵפֶר
Kiryat Ye'arim	Kiriath-jearim	keer-YAT y'-a-REEM	קִרְיַת יְעָרִים
Kislev	Chislev	kis-LAYV	כִּסְלֵו
Kohanim	Priests	ko-ha-NEEM	כֹּהֲנִים
Kohelet	Koheleth	ko-HE-let	קֹהֶלֶת
Kohen	Priest	ko-HAYN	כֹּהֵן
Kohen Gadol	High Priest	ko-HAYN ga-DOL	כֹּהֵן גָּדוֹל
Korach	Korah	KO-rakh	קֹרַח
Kushi	Cushi	ku-SHEE	כּוּשִׁי
Lachish	Lachish	la-KHEESH	לָכִישׁ
Leah	Leah	lay-AH	לֵאָה
Lemech	Lamech	LE-mekh	לֶמֶךְ

Hebrew Name	English Name	Pronunciation	Hebrew
Lemuel	Lemuel	l'-mu-AYL	לְמוּאֵל
Levi	Levi	lay-VEE	לֵוִי
Leviim	Levites	l'-vee-IM	לְוִיִּם
Machla	Mahlah	makh-LAH	מַחְלָה
Machlon	Mahlon	makh-LON	מַחְלוֹן
Machseya	Mahseiah	makh-say-YAH	מַחְסֵיָה
Malachi	Malachi	mal-a-KHEE	מַלְאָכִי
Manoach	Manoah	ma-NO-akh	מָנוֹחַ
Mashiach	Messiah	ma-SHEE-akh	מָשִׁיחַ
Mefiboshet	Mephibosheth	m'-fee-VO-shet	מְפִיבֹשֶׁת
Mehalalel	Mahalalel	ma-ha-lal-AYL	מַהֲלַלְאֵל
Menachem	Menahem	m'-na-KHAYM	מְנַחֵם
Menashe	Menasseh	m'-na-SHEH	מְנַשֶּׁה
Menorah	Candlestick	m'-no-RAH	מְנֹרָה
Merari	Merari	m'-ra-REE	מְרָרִי
Metushelach	Methusaleh	m'-tu-SHE-lakh	מְתוּשֶׁלַח
Micha	Micah	mee-KHAH	מִיכָה
Michael	Michael	mee-kha-AYL	מִיכָאֵל
Michaihu	Micaiah	mee-KHAI-hu	מִיכָיְהוּ
Michal	Michal	mee-KHAL	מִיכַל
Milka	Milcah	mil-KAH	מִלְכָּה
Miriam	Miriam	mir-YAM	מִרְיָם
Mishael	Mishael	mee-sha-AYL	מִישָׁאֵל
Mishkan	Tabernacle	mish-KAN	מִשְׁכַּן
Mitzpa	Mizpah	mitz-PAH	מִצְפָּה
Mizbayach	Altar	miz-BAY-akh	מִזְבֵּחַ
Mordechai	Mordecai	mor-d'-KHAI	מָרְדֳּכַי
Moriah	Moriah	mo-ri-YAH	מוֹרִיָּה
Moshe	Moses	mo-SHEH	מֹשֶׁה
Nachbi	Nahbi	nakh-BEE	נַחְבִּי
Nachor	Nahor	na-KHOR	נָחוֹר
Nachshon	Nahshon	nakh-SHON	נַחְשׁוֹן
Nachum	Nahum	na-KHUM	נַחוּם

Hebrew Name	English Name	Pronunciation	Hebrew
Nadav	Nadab	na-DAV	נָדָב
Naftali	Naphtali	naf-ta-LEE	נַפְתָּלִי
Naomi	Naomi	na-o-MEE	נָעֳמִי
Natan	Nathan	na-TAN	נָתָן
Naval	Nabal	na-VAL	נָבָל
Navi	Prophet	na-VEE	נָבִיא
Navot	Naboth	na-VAL	נָבָל
Nechemya	Nehemiah	n'-khem-YAH	נְחֶמְיָה
Negev	Negeb	NE-gev	נֶגֶב
Nerya	Neriah	nay-ri-YAH	נֵרִיָּה
Netanel	Nethanel	n'-tan-AYL	נְתַנְאֵל
Neviah	Prophetess	n'-vee-AH	נְבִיאָה
Neviim	Prophets	n'-vee-EEM	נְבִיאִים
Nisan	Nisan	nee-SAN	נִיסָן
Noa	Noah	no-AH	נֹעָה
Noach	Noah	NO-akh	נֹחַ
Nov	Nob	nov	נֹב
Nun	Nun	nun	נוּן
Oded	Oded	o-DAYD	עוֹדֵד
Ohola	Oholah	a-ho-LAH	אָהֳלָה
Oholiav	Oholiab	o-ha-lee-AV	אָהֳלִיאָב
Oholiva	Oholibah	a-ho-lee-VAH	אָהֳלִיבָה
Omri	Omri	om-REE	עָמְרִי
Onan	Onan	o-NAN	אוֹנָן
Otniel	Othniel	ot-nee-AYL	עָתְנִיאֵל
Ovadya	Obadiah	o-vad-YAH	עֹבַדְיָה
Oved	Obed	o-VAYD	עוֹבֵד
Oved Edom	Obed Edom	o-VAYD e-DOM	עוֹבֵד אֱדוֹם
Pagiel	Pagiel	pag-ee-AYL	פַּגְעִיאֵל
Palti	Palti	pal-TEE	פַּלְטִי
Paltiel	Paltiel	pal-tee-AYL	פַּלְטִיאֵל
Pekach	Pekah	PE-kakh	פֶּקַח
Pedael	Pedahel	p'-da-AYL	פְּדַהְאֵל

Hebrew Name	English Name	Pronunciation	Hebrew
Pekachya	Pekahiah	p'-kakh-YAH	פְּקַחְיָה
Peleg	Peleg	PE-leg	פֶּלֶג
Penina	Peninnah	p'-ni-NAH	פְּנִנָּה
Peretz	Perez	PE-retz	פֶּרֶץ
Petuel	Pethuel	p'-tu-AYL	פְּתוּאֵל
Pinchas	Phinehas	peen-KHAS	פִּינְחָס
Rachel	Rachel	ra-KHAYL	רָחֵל
Ram	Ram	ram	רָם
Rama	Ramah	ra-MAH	רָמָה
Re'u	Reu	r'-U	רְעוּ
Rechovam	Rehoboam	r'-khav-AM	רְחַבְעָם
Reuven	Reuben	r'-u-VAYN	רְאוּבֵן
Rivka	Rebecca	riv-KAH	רִבְקָה
Rut	Ruth	rut	רוּת
Salma	Salmon/Salmah	sal-MAH	שַׂלְמָה
Salmon	Salmon	sal-MON	שַׂלְמוֹן
Sara	Sarah	sa-RAH	שָׂרָה
Sarai	Sarai	sa-RAI	שָׂרַי
Selah	Selah	SE-lah	סֶלָה
Seraya	Seraiah	s'-ra-YAH	שְׂרָיָה
Serug	Serug	s'-RUG	שְׂרוּג
Setur	Sethur	s'-TUR	סְתוּר
Shaarayim	Shaaraim	sha-a-RA-yim	שַׁעֲרָיִם
Shabbat	Sabbath	sha-BAT	שַׁבָּת
Shabbatot	Sabbaths	sha-ba-TOT	שַׁבָּתוֹת
Shafan	Shaphan	sha-FAN	שָׁפָן
Shafat	Shaphat	sha-FAT	שָׁפָט
Shalem	Salem	sha-LAYM	שָׁלֵם
Shalum	Shallum	sha-LUM	שַׁלּוּם
Shamgar	Shamgar	sham-GAR	שַׁמְגַּר
Shamua	Shammua	sha-MU-a	שַׁמּוּעַ
Shaul	Saul	sha-UL	שָׁאוּל
Shealtiel	Shealtiel	sh'-al-tee-AYL	שְׁאַלְתִּיאֵל

Hebrew Name	English Name	Pronunciation	Hebrew
Shear Yashuv	Shear-Jashub	sh'-AR ya-SHUV	שְׁאָר יָשׁוּב
Shechanya	Shecaniah	sh'-khan-YAH	שְׁכַנְיָה
Shechem	Shechem	sh'-KHEM	שְׁכֶם
Sheila	Shelah	shay-LAH	שֵׁלָה
Shelach	Shelah	SHE-lakh	שֶׁלַח
Shelumiel	Shelumiel	sh'-lu-mee-AYL	שְׁלֻמִיאֵל
Shem	Shem	Shaym	שֵׁם
Shemaya	Shemaiah	sh'-ma-YAH	שְׁמַעְיָה
Sheshbatzar	Sheshbazzar	shaysh-ba-TZAR	שֵׁשְׁבַּצַּר
Shet	Seth	Shayt	שֵׁת
Shevat	Shebat	sh'-VAT	שְׁבָט
Shilo	Shiloh	shi-LOH	שִׁלֹה
Shim'i	Shimei	shim-EE	שִׁמְעִי
Shimon	Simeon	shim-ON	שִׁמְעוֹן
Shimshon	Samson	shim-SHON	שִׁמְשׁוֹן
Shlomo	Solomon	sh'-lo-MOH	שְׁלֹמֹה
Shmuel	Samuel	sh'-mu-AYL	שְׁמוּאֵל
Shofar	Horn	sho-FAR	שׁוֹפָר
Shofarot	Horns	sho-fa-ROT	שׁוֹפָרוֹת
Shomron	Samaria	sho-m'-RON	שֹׁמְרוֹן
Sivan	Sivan	see-VAN	סִיוָן
Tamar	Tamar	ta-MAR	תָּמָר
Tanakh	Hebrew Bible	ta-NAKH	תָּנַ"ךְ
Tapuach	Tappuah	ta-PU-akh	תַּפּוּחַ
Tavor	Tabor	ta-VOR	תָּבוֹר
Tekoa	Tekoa	t'-KO-a	תְּקוֹעָה
Terach	Terah	TE-rakh	תֶּרַח
Teveria	Tiberias	t'-ver-YAH	טְבֶרְיָה
Tevet	Tebeth	tay-VAYT	טֵבֵת
Tirtza	Tirzah	tir-TZAH	תִּרְצָה
Tola	Tola	to-LA	תּוֹלָע
Tzadok	Zadok	tza-DOK	צָדוֹק
Tzefanya	Zephaniah	tz'-fan-YAH	צְפַנְיָה

Hebrew Name	English Name	Pronunciation	Hebrew
Tzelofchad	Zelophehad	tz'-la-f'-KHAD	צְלָפְחָד
Tzeruya	Zeruiah	tz'-ru-YAH	צְרוּיָה
Tzfat	Safed	tz'-FAT	צְפַת
Tzidkiyahu	Zedekiah	tzid-ki-YA-hu	צִדְקִיָּהוּ
Tziklag	Ziklag	tzi-k'-LAG	צִקְלַג
Tzion	Zion	tzi-YON	צִיּוֹן
Tzipora	Zipporah	tzi-po-RAH	צִפֹּרָה
Tzora	Zorah	tzor-AH	צָרְעָה
Tzuriel	Zuriel	tzu-ree-AYL	צוּרִיאֵל
Ukal	Ucal	u-KAL	אֻכָל
Uri	Uri	u-REE	אוּרִי
Uriya	Uriah	u-ri-YAH	אוּרִיָּה
Utz	Uz	Utz	עוּץ
Uzziyahu	Uzziah	u-zi-YA-hu	עֻזִּיָּהוּ
Yaakov	Jacob	ya-a-KOV	יַעֲקֹב
Yachaziel	Jahaziel	ya-kha-zee-AYL	יַחֲזִיאֵל
Yael	Jael	ya-AYL	יָעֵל
Yaffo	Joppa/Jaffa	ya-FO	יָפוֹ
Yair	Jair	ya-EER	יָאִיר
Yakeh	Jakeh	ya-KEH	יָקֶה
Yarden	Jordan	yar-DAYN	יַרְדֵּן
Yarmut	Jarmuth	yar-MUT	יַרְמוּת
Yechezkel	Ezekiel	y'-khez-KAYL	יְחֶזְקֵאל
Yechiel	Jehiel	y'-khee-AYL	יְחִיאֵל
Yechonya	Jeconiah	y'-khon-YAH	יְכָנְיָה
Yedutun	Jeduthun	y'-du-TUN	יְדוּתוּן
Yehoachaz	Jehoahaz	y'-ho-a-KHAZ	יְהוֹאָחָז
Yehoash	Jehoash	y'-ho-ASH	יְהוֹאָשׁ
Yehochanan	Jehohanan	y'-ho-kha-NAN	יְהוֹחָנָן
Yehonatan	Jonathan	y'-ho-na-TAN	יְהוֹנָתָן
Yehoram	Jehoram	y'-ho-RAM	יְהוֹרָם
Yehoshafat	Jehoshaphat	y'-ho-sha-FAT	יְהוֹשָׁפָט
Yehoshavat	Jehoshabeath	y'-ho-shav-AT	יְהוֹשַׁבְעַת

Hebrew Name	English Name	Pronunciation	Hebrew
Yehosheva	Jehosheba	y-ho-SHE-va	יְהוֹשֶׁבַע
Yehoshua	Joshua	y'-ho-SHU-a	יְהוֹשֻׁעַ
Yehotzadak	Jehozadak	y'-ho-tza-DAK	יְהוֹצָדָק
Yehoyachin	Jehoiachin	y'-ho-ya-KHEEN	יְהוֹיָכִין
Yehoyada	Jehoiada	y'-ho-ya-DA	יְהוֹיָדָע
Yehoyakim	Jehoiakim	y'-ho-ya-KEEM	יְהוֹיָקִים
Yehu	Jehu	yay-HU	יֵהוּא
Yehuda	Judah	y'-hu-DAH	יְהוּדָה
Yehudi	Jew	y'-hu-DEE	יְהוּדִי
Yehudim	Jews	y'-hu-DEEM	יְהוּדִים
Yered	Jared	YE-red	יֶרֶד
Yericho	Jericho	y'-ree-KHO	יְרִיחוֹ
Yerovam	Jeroboam	ya-rov-AM	יָרָבְעָם
Yerubaal	Jerubbaal	y'-ru-BA-al	יְרֻבַּעַל
Yerushalayim	Jerusalem	y'-ru-sha-LA-yim	יְרוּשָׁלָיִם
Yeshayahu	Isaiah	y'-sha-YA-hu	יְשַׁעְיָהוּ
Yeshua	Jeshua	yay-SHU-a	יֵשׁוּעַ
Yiftach	Jephthah	yif-TAKH	יִפְתָּח
Yigal	Igal	yig-AL	יִגְאָל
Yirmiyahu	Jeremiah	yir-m'-YA-hu	יִרְמְיָהוּ
Yishai	Jesse	yi-SHAI	יִשָׁי
Yisrael	Israel	yis-ra-AYL	יִשְׂרָאֵל
Yissachar	Issachar	yi-sa-KHAR	יִשָּׂשכָר
Yitzchak	Issac	yitz-KHAK	יִצְחָק
Yizrael	Jezreel	yiz-r'-EL	יִזְרְעֶאל
Yoash	Joash	yo-ASH	יוֹאָשׁ
Yoav	Joab	yo-AV	יוֹאָב
Yochanan	Johanan	yo-kha-NAN	יוֹחָנָן
Yocheved	Jochebed	yo-KHE-ved	יוֹכֶבֶד
Yoel	Joel	yo-AYL	יוֹאֵל
Yona	Jonah	yo-NAH	יוֹנָה
Yonadav	Jonadab	yo-na-DAV	יוֹנָדָב
Yonatan	Jonathan	yo-na-TAN	יוֹנָתָן

Hebrew Name	English Name	Pronunciation	Hebrew
Yoram	Joram	yo-RAM	יוֹרָם
Yosef	Joseph	yo-SAYF	יוֹסֵף
Yoshiyahu	Josiah	yo-shi-YA-hu	יֹאשִׁיָּהוּ
Yotam	Jotham	yo-TAM	יוֹתָם
Yotzadak	Jozadak	yo-tza-DAK	יוֹצָדָק
Yozavad	Jozabad	yo-za-VAD	יוֹזָבָד
Zanoach	Zanoah	za-NO-akh	זָנוֹחַ
Zecharya	Zechariah	z'-khar-YAH	זְכַרְיָה
Zerach	Zerah	ZE-rakh	זֶרַח
Zerubavel	Zerubbabel	z'-ru-ba-VEL	זְרֻבָּבֶל
Zevulun	Zebulun	z'-vu-LUN	זְבוּלֻן
Zilpa	Zilpah	zil-PAH	זִלְפָּה
Zimri	Zimri	zim-REE	זִמְרִי

Jewish Holidays

Chanukah	Hanukkah	kha-nu-KAH	חֲנוּכָּה
Pesach	Passover	PE-sakh	פֶּסַח
Purim	Purim	pu-REEM	פּוּרִים
Rosh Hashana	Jewish New Year	rosh ha-sha-NAH	רֹאשׁ הַשָּׁנָה
Shavuot	Feast of Weeks	sha-vu-OT	שָׁבוּעוֹת
Shemini Atzeret	Eight Day of Assembly	sh'-mee-NEE a-TZE-ret	שְׁמִינִי עֲצֶרֶת
Sukkot	Feast of Tabernacles	su-KOT	סֻכּוֹת
Yom Kippur	Day of Atonement	yom kee-PUR	יוֹם כִּיפּוּר

Biblical Measurements

Amah	Cubit	a-MAH	אַמָּה
Amot	Cubits	a-MOT	אַמּוֹת
Bat	Bath	bat	בַּת
Batim	Baths	ba-TEEM	בַּתִּים
Beka	half-shekel	BE-ka	בֶּקַע
Chomarim	Homers	kho-ma-REEM	חֳמָרִים
Chomer	Homer	KHO-mer	חֹמֶר
Efah	Ephah	ay-FAH	אֵיפָה
Geira	Gerah	gay-RAH	גֵּרָה

Hebrew Name	English Name	Pronunciation	Hebrew
Gomed	Gomed	GO-med	גֹּמֶד
Hin	Hin	heen	הִין
Kav	kab	kav	קַב
Kesita	kesitah	k'-see-TAH	קְשִׂיטָה
Kikar	talent	ki-KAR	כִּכָּר
Kikarim	talents	ki-ka-RIM	כִּכָּרִים
Kor	kor	kor	כֹּר
Letek	lethech	LE-tek	לֶתֶךְ
Log	Log	log	לֹג
Maneh	Mina	ma-NEH	מָנֶה
Manim	Minas	ma-NEEM	מָנִים
Omer	Omer	O-mer	עֹמֶר
Pim	Pim	peem	פִּים
Se'ah	Seah	say-AH	סְאָה
Se'eem	Seahs	s'-EEM	סְאִים
Shekalim	Shekels	sh'-ka-LEEM	שְׁקָלִים
Shekel	Shekel	SHE-kel	שֶׁקֶל
Tefach	Handbreadth	TE-fakh	טֶפַח
Zeret	Span	ZE-ret	זֶרֶת

Photo Credits

I Kings

1:31 Mikhail Semenov/Shutterstock.com, **2:12** Israel Defence Forces via Wikimedia Commons, **3:9** andras_csontos/Shutterstock.com, **4:20** Protasov AN/Shutterstock.com, **5:19** graceenee/Shutterstock.com, **6:13** mikhail/Shutterstock.com, **7:1** Dmitry Pistrov/Shutterstock.com, **8:6** FadiBarghouthy/Shutterstock.com, **8:41** Courtesy of Israel365, **9:15** Berthold Werner via Wikimedia Commons, **10:24** By Israel Police, CC BY-SA 3.0, https://commons.wikimedia.org/w/index.php?curid=33070711, 12:28, **11:1** Amos Ben Gershom, Government Press Office (Israel), **12:28** Stefano Rocca/Shutterstock.com, **13:1** Dvirraz via Wikimedia Commons, **14:13** Jason Busa/Shutterstock.com, **15:2** Andrew Shiva via Wikimedia Commons, **16:24** Alla Khananashvili/Shutterstock.com, **17:14** Haim Zach, Government Press Office (Israel), **18:38** Netanel via Wikimedia Commons, **19:16** Hanay, CC BY-SA 3.0 <https://creativecommons.org/licenses/by-sa/3.0>, via Wikimedia Commons, **20:6** Rob Swanson/Shutterstock.com, **21:19** Markus Mainka/Shutterstock.com, **22:2** volkova natalia/Shutterstock.com

II Kings

1:2 Courtesy of Israel365, **2:11** A.Pushkin/Shutterstock.com, **3:16** Netafim, **5:10** Bill Rice via Wikimedia Commons, **6:1** trabantos/Shutterstock.com **7:3** Arkady Mazor/Shutterstock.com, **8:19** P Maxwell Photography/Shutterstock.com, **9:6** Dmitriy Feldman svarshik/Shutterstock.com, **10:27** John Theodor/Shutterstock.com, **11:12** Lawrie Cate via Wikimedia Commons, **12:10** Classical Numismatic Group, Inc. http://www.cngcoins.com, CC BY-SA 3.0 <http://creativecommons.org/licenses/by-sa/3.0/>, via Wikimedia Commons, **13:23** Prostov AN/Shutterstock.com, **14:25** Iurii Dzivinskyi/Shutterstock.com, **15:14** Shabtay/Shutterstock.com, **16:6** StockSudio/Shutterstock.com, **17:23** Moshe Milner, Government Press Office (Israel), **18:7** Flik47/Shutterstock.com, **19:35** Government Press Office (Israel), **20:1** Dubova/Boris Stroujko/Shutterstock.com, **21:8** emkaplin/Shutterstock.com, **22:11** Moshe Milner, Government Press Office (Israel), **23:22** Shabtay/Shutterstock.com, 24:14, emilyz21/Shutterstock.com, **25:9** By Wilson44691 – Own work, Public Domain, https://commons.wikimedia.org/w/index.php?curid=7586805

Map of Modern-Day Israel and its Neighbors

The following is a map of modern-day Israel and the surrounding countries

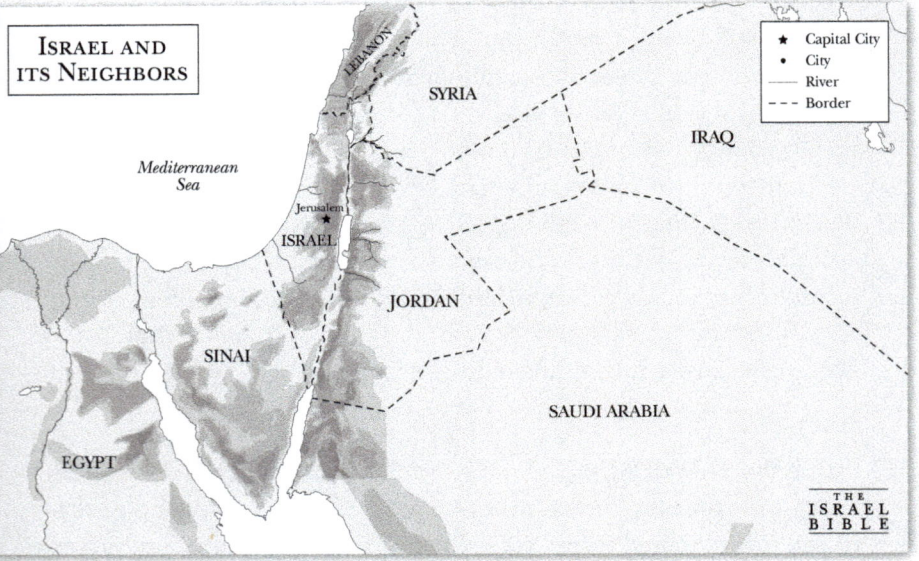

NOTES

NOTES

NOTES

NOTES

NOTES

For more inspiring commentary,
interactive maps, educational videos,
vivid photographs and more,
please visit our website

www.TheIsraelBible.com

THE
ISRAEL
BIBLE